EUROPA BAUEN

Eine Reihe der Verlage
C. H. Beck, München · Basil Blackwell, Oxford
Crítica, Barcelona · Laterza, Rom-Bari
Le Seuil, Paris

Herausgegeben von
Jacques Le Goff

EUROPA BAUEN

Bereits erschienen:

Leonardo Benevolo
Die Stadt in der europäischen Geschichte

Peter Brown
Die Entstehung des christlichen Europa

Umberto Eco
Die Suche nach der vollkommenen Sprache

Josep Fontana
Europa im Spiegel

Aaron J. Gurjewitsch
Das Individuum im europäischen Mittelalter

Ulrich Im Hof
Das Europa der Aufklärung

Michel Mollat du Jourdin
Europa und das Meer

Massimo Montanari
Der Hunger und der Überfluß
Kulturgeschichte der Ernährung in Europa

Werner Rösener
Die Bauern in der europäischen Geschichte

Hagen Schulze
Staat und Nation
in der europäischen Geschichte

Charles Tilly
Die europäischen Revolutionen

PAOLO ROSSI

Die Geburt der modernen Wissenschaft in Europa

Deutsch von
Marion Sattler Charnitzky
und Christiane Büchel

VERLAG C.H.BECK
MÜNCHEN

Titel der italienischen Originalausgabe
La Nascita Della Scienza Moderna in Europa

Die Kapitel 1–8 wurden von Marion Sattler Charnitzky
übersetzt, die Kapitel 9–17 von Christiane Büchel

Die Deutsche Bibliothek – CIP-Einheitsaufnahme

Rossi, Paolo:
Die Geburt der modernen Wissenschaft in Europa / Paolo Rossi.
Dt. von Marion Sattler Charnitzky und Christiane Büchel. –
München : Beck, 1997
(Europa bauen)
Einheitssacht.: La nascita della scienza moderna in Europa ⟨dt.⟩
ISBN 3-406-42812-6

ISBN 3 406 42812 6

Satz: Fotosatz Janß, Pfungstadt
Druck- und Bindearbeiten:
Franz Spiegel Buch GmbH, Ulm-Jungingen
Gedruckt auf säurefreiem, alterungsbeständigem Papier
(hergestellt aus chlorfrei gebleichtem Zellstoff)
Printed in Germany

Europa bauen

Europa wird gebaut. Getragen von großen Hoffnungen. Doch erfüllen werden sie sich nur, wenn sie der Geschichte Rechnung tragen. Ein geschichtsloses Europa wäre ohne Herkunft und ohne Zukunft. Denn das Heute entstammt dem Gestern, und das Morgen entsteht aus dem Vergangenen. Dieses Vergangene soll die Gegenwart jedoch nicht lähmen, sondern sie befähigen, bei allem Bewahren eine andere und im Fortschritt eine neue Gestalt zu gewinnen. Unser zwischen Atlantik, Asien und Afrika gelegenes Europa besteht ja schon seit sehr langer Zeit, so wie die Geographie es gezeichnet, die Geschichte es modelliert hat, seit die Griechen ihm diesen Namen gaben, der stets beibehalten wurde. Auf dieses Erbgut, das seit der Antike, ja seit prähistorischer Zeit dieses Europa befähigt hat, gerade wegen seiner Einheit und Vielfalt einen solchen Reichtum an Kulturgut, eine solch außergewöhnliche Kreativität zu entfalten, muß sich die Zukunft stützen.

Die aus der Initiative von fünf Verlegern unterschiedlicher Sprache und Nationalität entstandene Reihe «Europa bauen» will die Gestaltung Europas und seine nicht zu unterschätzenden Erfolgschancen erhellen, ohne die überkommenen Schwierigkeiten zu vertuschen. Daß dieser Kontinent in seinem Streben nach Einheit so manch internen Zwist, so manchen Konflikt, so manches Trennende und Widersprüchliche erst überwinden mußte, soll in dieser Reihe nicht verschwiegen werden, denn wer sich auf das Unternehmen Europa einlassen will, muß die gesamte Vergangenheit kennen und eine Zukunftsperspektive besitzen. Daraus erklärt sich der «aktive» Titel unserer Reihe. Es scheint uns in der Tat nicht an der Zeit, eine Universalgeschichte Europas zusammenzufügen. Wir wollen das Thema mit Essays umkreisen, die von den besten zeitgenössischen Historikern stammen, wobei es für uns unerheblich ist, ob sie Europäer oder Nicht-Europäer, ob sie schon berühmte oder noch kaum bekannte Autoren sind. Sie werden die entscheidenden Themen europäischer Geschichte aufgreifen – im wirtschaftlichen, politischen, sozialen, religiösen, kulturellen Bereich – und sich dabei auf die lange, von Herodot begründete historiographische Tradition und zugleich auf die in Europa entwickelten neuen Konzeptionen stützen, die die Geschichtswissenschaft im zwanzigsten Jahrhundert und insbesondere in den letzten Jahrzehnten von Grund auf erneuert haben. Durch ihr Bemühen um Klarheit sind all diese Essays für jedermann verständlich.

Wir setzen unseren ganzen Ehrgeiz darein, all denen, die am Aufbau und Ausbau Europas beteiligt sind, aber auch jenen in der Welt, die sich dafür interessieren, Bausteine zur Beantwortung der fundamentalen Frage «Wer sind wir? Woher kommen wir? Wohin gehen wir?» zu liefern.

Jacques Le Goff

Inhalt

Wenn Christoph Kolumbus, Magellan, die Portugiesen [...] von ihren Irrfahrten erzählen, so verzeihen wir ihnen nicht nur, sondern wir möchten ihre Erzählungen nicht einmal missen, weil uns sonst die ganze Unterhaltung beim Lesen entginge. Daher wird man es auch mir nicht als Fehler anrechnen, wenn ich das gleiche aus gleicher Zuneigung zum Leser mit meinem Werk befolgt habe.

Johannes Kepler, *Neue Astronomie* (1609)

Einleitung

Die europäische Wissenschaft

Es gibt in Europa keinen bestimmten Ort, an dem jene komplexe historische Realität entstand, die wir heute als *moderne Wissenschaft* bezeichnen. Europa selbst ist dieser Ort. Rufen wir uns ruhig eine allgemein bekannte Tatsache in Erinnerung: Kopernikus war Pole, Bacon, Harvey und Newton waren Engländer, Descartes, Fermat und Pascal Franzosen, Tycho Brahe Däne, Paracelsus, Kepler und Leibniz Deutsche, Huygens Holländer, Galilei, Torricelli und Malpighi Italiener. Alle diese Persönlichkeiten trugen dazu bei, eine Welt der Ideen zu schaffen, in der es keine Grenzen gab, eine Gelehrtenrepublik, die sich mühsam einen eigenen Raum schuf inmitten politisch-sozialer Gegebenheiten, die immer schwierig, oft dramatisch, zuweilen tragisch waren.

Die moderne Wissenschaft ist nicht in der Stille eines abgeschiedenen *Campus* oder der artifiziellen Atmosphäre von Forschungslaboratorien entstanden. Der Strom aus Blut und Schlamm, den wir Geschichte nennen, scheint sich eher an ihnen vorbeigewälzt zu haben, als durch sie hindurch geflossen zu sein – wie es seit Jahrhunderten bis auf den heutigen Tag in den Klöstern geschieht. Das hat einen einfachen Grund:

Derartige Einrichtungen (als Stätten der Wissenschaft nach unserem heutigen Verständnis) waren noch gar nicht existent; auch standen den Naturphilosophen noch keine *Elfenbeintürme* als Zufluchtsorte zur Verfügung, wie sie im Laufe unseres Jahrhunderts ebenso fruchtbar genutzt, wie zu Unrecht geschmäht worden sind.

Wenngleich nahezu alle Naturforscher des 17. Jahrhunderts an einer Universität studiert haben, sind doch nur wenige unter ihnen, deren wissenschaftliche Laufbahn sich ganz oder überwiegend innerhalb der Universität vollzog. Die Erforschung der Natur ging nicht von den Universitäten aus, die moderne Wissenschaft entstand außerhalb und oft im Widerstreit mit ihnen und entwickelte sich im Verlauf des 17. Jahrhunderts, vor allem aber in den beiden folgenden Jahrhunderten, zu einer sozialen Aktivität, die sich eigene Institutionen zu geben vermochte.

Büchern, die sich mit Physik, Astronomie oder Chemie befassen, ist in der Regel kaum anzumerken, von wie vielen, oft tumultuarischen Wechselfällen ihre Niederschrift begleitet war. Die Leser dieses Buches, das sich mit Ideen, Theorien und Experimenten befaßt und naturgemäß der Darstellung dieser Wechselfälle wenig Raum widmen kann, sollten nicht nur an die Musik von Monteverdi und Bach denken, an das Theater von Corneille und Molière, die Gemälde von Caravaggio und Rembrandt, die Bauwerke von Borromini und die Dichtung eines Milton, wenn sie sich die Zeit vorstellen, in der die sogenannten Gründerväter der modernen Wissenschaft lebten, sondern sich eines vergegenwärtigen: Das Europa, das in den einhundertsechzig Jahren zwischen dem Erscheinen von Kopernikus' *De revolutionibus Orbium coelestium* (1543) und Newtons *Opticks* (1704) eine entscheidende Phase seiner schwierigen und dramatischen Geschichte durchlief, unterschied sich (auch was das Alltagsleben betrifft) radikal von dem Europa, in dem uns heute zu leben vergönnt ist.

In der kleinen Stadt Leonberg in Schwaben wurden im Laufe des Winters 1615–1616 sechs Hexen verbrannt. Unweit davon in einem Dorf mit Namen Weil (heute Weil der Stadt), dessen Bevölkerung nicht mehr als zweihundert Familien zählte, verbrannte man in den Jahren 1615 bis 1629 achtunddreißig Hexen. In Leonberg beschuldigte die Frau eines Glasers eine dort ansässige, etwas merkwürdige, klatschhafte Alte mit Namen Katharine, ihrer Nachbarin einen krankmachenden Zaubertrank verabreicht zu haben. Weiter hieß es, sie habe die Kinder eines Schneiders mit dem bösen Blick belegt und so deren Tod herbeigeführt, einem Totengräber den Totenschädel ihres Vaters abgehandelt, um diesen einem ihrer Söhne, welcher Astrologe und der Schwarzen Magie zugeneigt war, als Kelch zu schenken. Eine Zwölfjährige, die Lehmziegel zum Brennofen trug und der Alten über den Weg lief, verspürte plötzlich einen heftigen Schmerz im Arm; Arm und Finger waren für einige Tage wie gelähmt. Sicher ist es kein Zufall, daß Lendenschmerz und steifer

Hals noch heute in verschiedenen Ländern «Hexenschuß» genannt werden (in Dänemark *Hekseskud* und in Italien *colpo della strega*). Jene Alte, die damals dreiundsiebzig Jahre alt war, wurde der Hexerei beschuldigt, monatelang in Ketten gelegt, in der Folge aufgefordert, in 49 Anklagepunkten ihre Unschuld zu beweisen und schließlich der *Territion* unterworfen, d. h. einem Verhör, bei dem ihr in Anwesenheit des Folterknechtes und, unter genauer Beschreibung der zahlreichen ihm zur Verfügung stehenden Werkzeuge, die Folter angedroht wurde. Nach mehr als einem Jahr Kerkerhaft wurde sie am 4. Oktober 1621 endlich freigesprochen, sechs Jahre, nachdem die ersten Anschuldigungen gegen sie erhoben worden waren. Nach Leonberg konnte sie nicht mehr zurück, weil ihr dort Lynchmord durch die Bevölkerung gedroht hätte (Caspar: 1948).

Die Alte hatte einen berühmten Sohn, der Johannes Kepler hieß. Dieser hatte sich in den Jahren des Prozesses mit Nachdruck um ihre Verteidigung bemüht und neben den über hundert Seiten, mit denen er seine Mutter vor Folter und Scheiterhaufen zu bewahren suchte, auch die *Harmonices mundi* geschrieben, das Werk, in dem sich eine Darstellung dessen findet, was in den Lehrbüchern das dritte Keplersche Gesetz genannt wird. Am Ursprung der Welt gab es für Kepler eine Harmonie der Himmelskörper, die ihm (so steht es im vierten Kapitel des fünften Buches) «wie eine Sonne erschien, deren Licht durch die Wolken dringt». Kepler war sich sehr wohl dessen bewußt, daß auf der Erde keine solche Harmonie herrschte. Im sechsten Kapitel des Buches, das den Tönen gewidmet ist, welche die Planeten hervorbringen, schrieb er, die Erde erzeuge die Töne mi-fa-mi, und daraus könne man den Schluß ziehen, daß auf ihr *Miseria* und *Fames* regierten. Er beendete die Niederschrift drei Monate nach dem Tod seiner Tochter Katharine.

Zur damaligen Zeit gab es nur wenige Wissenschaftler, die sich in aller Stille der Forschung widmen konnten. Wir brauchen nicht so weit zu gehen und an die Verbrennung Giordano Brunos oder das Schicksal Galileo Galileis zu denken, um uns dies vor Augen zu führen. Es reicht aus, zu diesem Zweck die Lebensgeschichte Descartes' *(Vie de monsieur Descartes)* von Adrien Baillet zu lesen. Das Europa jener Jahrzehnte war nicht nur mit den Hexenprozessen und dem Werk der Inquisitionstribunale konfrontiert. Es war auch Schauplatz des *Dreißigjährigen Krieges,* dessen wörtliche Bedeutung uns häufig nicht präsent ist. Im Verlauf dieses Krieges wurde Europa der Länge und Breite nach von Söldnerheeren durchquert, in deren Gefolge Handwerker, Köche, Huren, ausgerissene Halbwüchsige und fliegende Händler auftauchten, die Raub, Schurkereien, Feuersbrünste, vergewaltigte Frauen und ermordete Bauern, zerstörte Ernten, entweihte Kirchen und geplünderte Dörfer zurückließen. Das damalige Europa erlebte, wie die Hälfte der Stadtbevölkerung von Mailand, Sevilla, Neapel und London von der Pest, jener furchtbaren, nicht enden wollenden Epidemie, dahingerafft wurde. Was Defoe über die Pest in London und Manzoni (in *Die Verlobten*) über die Pest in Mailand schrieben, wiederholte sich viele Male.

Nur in der Vorstellung einer geistigen *Res publica,* die sich von den Kämpfen, Gegensätzen und Leiden der Welt zu befreien suchte, konnte Francis Bacon zu der bemerkenswerten Ansicht gelangen, daß eine Wissenschaft, die nur um des Ruhmes und der Macht des eigenen Landes willen ausgeübt wurde, moralisch weniger ehrenvoll sei als eine Wissenschaft, die sich in den Dienst der gesamten Menschheit stelle. Nur in diesem Kontext konnte Marin Mersenne mit Blick auf die kanadischen Indianer und die Bauern des Abendlandes behaupten, daß «kein Mensch etwas tun kann, was ein anderer nicht auf ähnliche Weise zustande bringt, denn jeder enthält in sich all das, was er braucht, um philosophieren und über die Dinge nachdenken zu können» (Mersenne: 1634, 135–136). Die Protagonisten der wissenschaftlichen Revolution einte ein weiteres starkes Band – das Bewußtsein, daß durch ihr Werk etwas *Neues* entstehe. Der Begriff *novus* kehrt mit nahezu obsessiver Häufigkeit in Hunderten von Titeln wissenschaftlicher Bücher des 17. Jahrhunderts wieder – von der *Nova de universis philosophia* Francesco Patrizis und der *Newe Attractive* Robert Normans über das *Novum Organum* Bacons bis hin zur *Astronomia Nova* Keplers und den *Discorsi intorno a due nuove scienze* von Galilei.

Das neue Wissen, das in jenen Jahren aufblüht und sich nach und nach eigene Institutionen und eine eigene Sprache schafft, unterscheidet sich strukturell von den anderen Formen geistiger Produktion. Es verlangt «Sinneserfahrung» und «sichere Beweisführungen» und fordert in Abwendung von der Tradition, daß diese beiden komplizierten Dinge *zusammengehen* und unlösbar miteinander verbunden werden. Jede Behauptung muß «öffentlich» gemacht werden, d. h. überprüfbar sein; sie muß erläutert und bewiesen werden, damit sie von anderen diskutiert und gegebenenfalls auch widerlegt werden kann. In dieser Welt bekennen Personen, daß sie sich geirrt haben, räumen ein, daß es ihnen nicht gelungen ist zu zeigen, was sie sich vorgenommen hatten, und daß sie sich den von anderen vorgebrachten Beweisen beugen müssen. Dies geschieht natürlich äußerst selten, denn die Widerstände gegen Veränderungen sind (wie in allen Gesellschaften) recht stark. Die sich durchsetzende Überzeugung aber, daß die Wahrhaftigkeit von Behauptungen nicht vom Ansehen dessen abhängt, der sie ausspricht, und nicht auf geheimer *Offenbarung* oder *Erleuchtung* beruht, hat ein geistiges Gut geschaffen, das für die Europäer noch heute von unverzichtbarem Wert ist.

Eine Revolution und ihre Vergangenheit

Bei der Entstehung der modernen Wissenschaft spricht man zu Recht von einer «wissenschaftlichen Revolution».

Revolutionen kennzeichnet zweierlei: Zum einen sind sie zukunftsorientiert und rufen etwas zuvor nie Dagewesenes ins Leben; zum anderen konstruieren sie sich als Gegenpol eine imaginäre Vergangenheit, die allgemein negative Merkmale aufweist. Es genügt, die Vorrede aus der großen Enzyklopädie der Aufklärer oder den Anfang des *Discours sur les sciences et les arts* von Jean-Jacques Rousseau zu lesen, um sich vor Augen zu führen, wie sehr noch über die Mitte des 18. Jahrhunderts hinaus das Bild vom Mittelalter als dunklem Zeitalter, als «Rückfall in die Barbarei» verbreitet war, aus der erst die kulturelle Blüte der Renaissance herausführte.

Historiker akzeptieren prinzipiell keine «imaginäre Vergangenheit». Sie üben auch Kritik an den Versuchen der Menschen, sich selbst in den Mittelpunkt historischer Prozesse zu stellen. Die tausend Jahre Geschichte, in deren Verlauf nicht wenige bedeutende geistige Revolutionen stattfanden und die wir im allgemeinen mit dem Etikett «Mittelalter» versehen, sind seit Mitte des 19. Jahrhunderts minuziös erforscht worden. Wir wissen heute, daß der Mythos vom Mittelalter als Epoche der Barbarei in der Tat ein solcher war, der seine Entstehung der Kultur der Humanisten und der Gründungsväter der Moderne «verdankt». Denn in jenen «dunklen» Jahrhunderten wurden unzählige bewundernswerte Kirchen und Kathedralen, Klöster und Windmühlen erbaut, fing man an, schwere Pflüge im Ackerbau einzusetzen, erfand den Steigbügel, der mit der Art zu kämpfen auch die europäische Politik veränderte und den Feudalherren an die Stelle des Centaurus der antiken Sagen setzte (White: 1967, 49).

Die Menschen begannen in Städten zu leben, die nicht nur zu Umschlagplätzen für Waren, sondern auch zu Stätten geistigen Austauschs wurden. Die große mittelalterliche Philosophie entstand aus der Begegnung verschiedener Traditionen – der christlichen, byzantinischen, jüdischen und arabischen (De Libera: 1991). Die Welt des Mittelalters brachte die Universitäten hervor und mit ihnen die Gestalt des *Gelehrten,* der nach seinem eigenen und dem Verständnis seiner Zeitgenossen im 12. und 13. Jahrhundert als jemand galt, der, gleich anderen Stadtbürgern, ein Handwerk oder eine Arbeit *(labor)* ausübte und die Aufgabe hatte, die «freien» Künste weiterzuentwickeln und zu verbreiten (Le Goff: 1992). Die ersten Universitäten entstanden Ende des 12. Jahrhunderts in Bologna, Paris und Oxford und verbreiteten sich im 14. und 15. Jahrhundert in ganz Europa. Sie werden zu privilegierten Stätten eines Wissens, das sich sozialer Anerkennung und finanzieller Vergütung als würdig erweist und eigenen, minuziös festgelegten Gesetzen folgt (Le Goff: 1977, 153–170). Im Unterschied zu den Kloster- oder Domschulen bot die Universität ein *studium generale* und besaß einen präzisen, von einer «universalen» Autorität (dem Papst oder dem Kaiser) begründeten Rechtsstatus. Die den Lehrenden gestattete Freiheit, überall zu unterrichten *(licentia ubique docendi)* und die Mobilität der Studenten trugen wesentlich zur Bildung einer einheitlichen lateinisch-christlichen Kultur bei. «Begünstigt durch die Übernahme des Lateins als Instrument gelehrter Kommunikation, verlieh der *gemeinsame* Markt der Hochschullehrer den mittelalterlichen Universitäten den Charakter internationaler Studienzentren, in denen Menschen und Ideen rasch zirkulieren konnten» (Bianchi:

1997, 27). Die sogenannte scholastische Methode (basierend auf *lectio, quaestio* und *disputatio)* hinterließ unauslöschliche Spuren in der europäischen Kultur. Viele moderne Philosophen, angefangen bei Descartes, sind nur durch die Texte derjenigen Autoren zu verstehen, die sie entschieden bekämpft haben.

Inzwischen liegen zahlreiche Arbeiten vor, die sich mit Philosophie und Wissenschaft des Mittelalters, dem Prozeß der Säkularisierung der Kultur und der theologischen Verurteilung vieler philosophischer Aussagen befassen. Nicht selten wird die Kontinuität betont, die von der Wissenschaft der Gelehrten des Merton College in Oxford (wie Bradwardine) und der «Pariser Physiker» (Nicolaus von Oresme, Giovanni Buridano) zur Wissenschaft Galileis, Descartes' und Newton reicht. Da es an dieser Stelle nicht möglich ist, die Interpretationen eines Pierre Duhem (Duhem: 1914–1958) oder Marshall Clagett (Clagett: 1981) zu diskutieren, beschränke ich mich darauf, einige gute Gründe zu nennen, die für die gegenteilige These, nämlich für eine starke Diskontinuität zwischen der Tradition mittelalterlicher Gelehrsamkeit und der modernen Wissenschaft sprechen und folglich den Gebrauch des Begriffs «wissenschaftliche Revolution» rechtfertigen.

1. Der Naturbegriff der Moderne unterscheidet sich radikal von dem der mittelalterlichen Philosophen, indem er, anders als die Tradition, natürliche und künstliche Körper nicht länger als ihrem *Wesen* nach verschiedene Entitäten auffaßt.

2. Die Natur wird in der Moderne unter künstlich geschaffenen Bedingungen untersucht. Die Erfahrungen, auf die sich die Aristoteliker berufen, um ihre Theorien zu beweisen oder zu veranschaulichen, gehen von der alltäglichen Lebenswelt aus. Die «Erfahrungen» der modernen Forscher beruhen auf künstlichen *Experimenten,* die eigens zu dem Zweck durchgeführt werden, Hypothesen zu bestätigen oder zu widerlegen.

3. Die moderne Wissenschaft ähnelt der Erforschung eines neuen Kontinents, die mittelalterliche der beharrlichen Auslotung von Problemen nach kodifizierten Regeln.

4. Der neuzeitlichen Kritik begegnen die Scholastiker nicht mit einer Untersuchung der Natur, sondern mit einer Untersuchung ihres *Wissens* über die Natur, die *immer* zu befriedigenden Antworten führt. In diesem Wissen ist nur Platz für Lehrer und Schüler, nicht aber für Erfinder.

5. Die modernen Wissenschaftler – allen voran Galilei – gehen mit einer «Unbefangenheit» und einem «methodologischen Opportunismus» zu Werke, die der mittelalterlichen Tradition gänzlich unbekannt sind (Rossi: 1989, 111–113). Der mittelalterliche Anspruch absoluter Genauigkeit hat die Entwicklung einer mathematischen Naturwissenschaft eher behindert als gefördert. Galilei erfand immer genauere Meßsysteme, lenkte aber seine Aufmerksamkeit «von der idealen auf die für Forschungszwecke mit den vorhandenen Instrumenten erreichbaren Präzision. [...] Der lähmende Mythos absoluter Genauigkeit hinderte die Denker des 14. Jahrhunderts daran, von den abstrakten *calculationes* zu einer wirklich quantitativen Untersuchung der Naturerscheinungen zu gelangen» (Bianchi: 1990, 150).

Den Argumenten, die den Autor dieses Buches veranlassen, die moderne Wissenschaft als geistige Revolution zu bezeichnen, sind die folgenden Seiten gewidmet.

Über dieses Buch

Jacques Le Goff hat mir die ehrenvolle Aufgabe anvertraut, ein Buch mit dem Titel *Die Geburt der modernen Wissenschaft in Europa* zu schreiben. Viele Seiten würde allein die Liste derjenigen füllen, die als *Wissenschaftler* (ein übrigens erst im 19. Jahrhundert geprägter Begriff) in der Zeit zwischen der Geburt Nikolaus Kopernikus' und dem Tod Isaac Newtons gelebt haben und würdig wären, in einem Handbuch der Wissenschaftsgeschichte Erwähnung zu finden. Ergänzt durch die Titel der Hauptwerke nähme der Umfang dieser Liste schon dramatische Ausmaße an.

Ich habe daher von vornherein auf den Anspruch der Vollständigkeit und darauf verzichtet, ein *Handbuch* der Wissenschaftsgeschichte schreiben zu wollen. Über die notwendigerweise vorgenommene Auswahl sollen die folgenden Zeilen informieren.

Dieses Buch befaßt sich u. a. mit der neuen Astronomie und den mit dem Fernrohr und Mikroskop durchgeführten Beobachtungen, mit dem Trägheitsprinzip, den Experimenten im luftleeren Raum, dem Blutkreislauf und den großen Fortschritten im mathematischen Bereich. Daneben werden auch die zentralen Ideen und Themen der zuvor angesprochenen «Revolution» vorgestellt – die Zurückweisung der sakralen und *hermetischen* Konzeption des Wissens; die Neubewertung der Technik; der hypothetische Charakter unserer Weltkenntnis; die Versuche, die Modelle der *mechanischen Philosophie* auch auf die Lebenswelt des Menschen zu übertragen; die neue Vorstellung von Gott als Ingenieur und Uhrmacher, die Einführung der Zeitdimension in die Betrachtung der Naturereignisse.

Methodologisch bin ich der Auffassung, daß die spezifischen Theorien, die den *harten Kern* jeder Wissenschaft bilden, keineswegs die Folge bestimmter historisch-sozialer Bedingungen sind. Vielmehr bin ich davon überzeugt – und meine ganze bisherige Arbeit geht in diese Richtung –, daß *Geschichte* viel mit den in der Kultur vorhandenen *Vorstellungen von Wissenschaft* zu tun hat (d. h. mit dem Diskurs darüber, was Wissenschaft *ist* oder *sein soll*). Auf der Grundlage einer bestimmten Vorstellung von Wissenschaft werden in der Tat häufig deren Grenzen festgelegt beziehungsweise die Kriterien, durch die sie sich von Magie, Metaphysik oder Religion unterscheidet. Auf dieser Basis wird dann zunächst die Entscheidung getroffen, welche der zahllosen Probleme zu Beginn möglicher Untersuchungen ausgewählt und gelöst werden sollen.

Was heute als gesichertes Wissen gilt und als solches von den Lehrbüchern der Physik oder Biologie vermittelt wird, ist das Resultat von Entscheidungen, Optionen, Auseinandersetzungen, Alternativen. Es waren reale und nicht imaginäre Alternativen und Entscheidungen, *bevor* ihre Ergebnisse kodifiziert wurden. Jede dieser Entscheidungen brachte Optionen, Schwierigkeiten und Verwerfungen mit sich und verlief zuweilen dramatisch.

Ich hoffe, dieses Buch macht folgendes klar: Das unablässige Flechten am Kontinuitätsstrang ist nichts weiter als eine mediokre Geschichtsphilosophie, die der realen Geschichte übergestülpt wird. Mit Hilfe der historischen Forschung läßt sich in der Vergangenheit keine Phase oder Epoche entdecken, der sich auch nur ein einziges Paradigma zuordnen ließe wie ein Gesicht einer bestimmten Person. Der kritische Dialog zwischen Theorien, wissenschaftlichen Traditionen und Vorstellungen von Wissenschaft war und ist ein kontinuierlicher und beharrlicher Prozeß. Die Wissenschaft des 17. Jahrhunderts fußte gleichzeitig auf den Theorien eines Paracelsus, Descartes, Bacon und Leibniz. Nicht-mechanistische Modelle wirkten mit Nachdruck auch an unvermuteten Orten. Die damals sich herausbildenden Probleme und potentiellen Forschungsfelder waren eng mit Diskussionen über philosophische und metaphysische Theorien verbunden. Die Figur des *Wissenschaftlers* erscheint in den einzelnen Forschungsbereichen zu unterschiedlichen Zeiten und in unterschiedlicher Ausprägung. In einigen Fällen – wie in der Mathematik und Astronomie – werden antike Vorstellungen wieder aufgegriffen, in anderen versucht man, an ganz spezifische Traditionen aus der Vergangenheit anzuknüpfen, in wieder anderen besteht man auf dem neuen oder «alternativen» Charakter der eigenen forschenden und experimentellen Tätigkeiten.

Eine offenkundige Tatsache, die jedoch zuweilen – selbst bei hochgebildeten Philosophen und Wissenschaftlern – in Vergessenheit zu geraten scheint, muß sich der Leser freilich ständig vor Augen führen. Die Menschen, welche in den Geburtsjahren der modernen Wissenschaft arbeiteten, Theorien formulierten und Experimente durchführten, lebten in einer Welt, die sich von der unsrigen gänzlich unterschied, in der Denkweisen nebeneinander fortbestanden, die für uns heute völlig verschiedenen Kulturen anzugehören scheinen. Das 17. Jahrhundert erlebte gleichermaßen eine außergewöhnliche Blüte an alchimistischen Werken wie an mathematischer Kreativität. Newton ist einer der Väter der Infinitesimalrechnung, aber seine Manuskripte zur Alchimie umfassen über eine Millionen Worte (was etwa zehn Bänden vom Umfang des vorliegenden Buches entspricht). Die Wissenschaftler des 17. Jahrhunderts konnten noch nicht wissen, daß die Alchimie des 17. Jahrhunderts die letzte Blüte einer sterbenden Pflanze war, die Mathematik hingegen der erste Sproß einer robusten, ewigjungen Pflanze (Westfall: 1996).

Unbestreitbar scheint mir aber, daß was wir «Wissenschaft» nennen, in jener Zeit einige der grundlegenden Merkmale erwirbt, die auch heute noch gültig sind und den Gründungsvätern zu Recht als neu in der Geschichte der Menschheit erschienen. Dies ist das Entstehen eines kollektiven Unternehmens, das fähig ist, aus sich selbst heraus zu wachsen, mit dem Ziel, die Welt zu erkennen und zu gestalten. Dieses gewiß nicht unproblematische Unternehmen ist im vollen Bewußtsein der ihr innewohnenden Problematik und im Unterschied zu den politischen, künstlerischen, religiösen oder philosophischen Idealen zu der großen einigenden Kraft in der Weltgeschichte geworden.

Der vorliegende Band ist nicht für Wissenschaftshistoriker oder Wissenschaftsphilosophen geschrieben, sondern richtet sich in erster Linie an Leser und Leserinnen, die einen Einstieg in die Ideengeschichte und die rasch sich ausbreitenden komplizierten und faszinierenden Erkenntnisse der Naturwissenschaften und der Philosophie suchen. Bei der Niederschrift dieses Buches hatte ich aber auch eine andere große Gruppe von Personen vor Augen. Zu ihnen gehören zahlreiche enge Freunde, die sich «humanistischen» Studien gewidmet haben, die Naturwissenschaften für etwas «Trockenes» halten und von geringer Relevanz für die Kultur und deren Geschichte. Ferner wendet sich dieses Buch an diejenigen, welche sich von der Naturwissenschaft und ihrer Geschichte aufgrund der Werke vieler oft berühmter Philosophen unseres Jahrhunderts ein vereinfachtes Bild gemacht haben sowie an jene, die oft unwissentlich die Thesen aus den ersten Jahrzehnten des 20. Jahrhunderts über den *Bankrott* der Naturwissenschaften übernehmen.

Da auf den folgenden Seiten der Versuch unternommen wird, meine vor nunmehr vierzig Jahren begonnenen Studien über einige Themen der wissenschaftlichen Revolution zusammenzufassen und zu überarbeiten, müßte ich einer allzu großen Zahl von Personen Dank sagen – vielen Freunden, vielen jungen und inzwischen weniger jungen Schülern. Ich verzichte darauf und widme dieses Buch meiner sanften, beherzten, unerwarteten Enkelin Giorgia, die die zauberhaften blauen Augen ihrer Großmutter Andreina geerbt hat.

1.

Hindernisse

Vergessen, was wir wissen

Historiker interessieren sich mehr für die unterschiedlichen Denkweisen in verschiedenen Epochen als für die zeitlosen Denkstrukturen des menschlichen Geistes. Wenn wir uns einem Denken nähern, das nicht das unsere ist, müssen wir zu vergessen suchen, was wir wissen oder zu wissen glauben. Dazu ist es notwendig, Denkweisen oder sogar metaphysische Grundsätze anzuwenden, die – gestützt auf Überlegungen und Forschungen – in der Vergangenheit die gleiche Gültigkeit hatten wie für uns die Prinzipien der mathematischen Physik und die astronomischen Daten (Koyré: 1971, 77). Es ist von grundlegender Bedeutung, schreibt Thomas Kuhn, den Versuch zu machen, die durch Erfahrung und Wissen induktiv gewonnenen Denkschemata zu verlernen (Kuhn: 1980, 183).

Der Begriff der «epistemologischen Hindernisse» wurde von dem französischen Philosophen Gaston Bachelard in den dreißiger Jahren dieses Jahrhunderts geprägt. Gemeint sind damit im Alltagsverstand wie im wissenschaftlichen Denken fest verwurzelte Überzeugungen, die im Wachstum der wissenschaftlichen Erkenntnisse keine Brüche und Widersprüche zulassen und der Anerkennung neuer Wahrheiten infolgedessen mächtige Widerstände entgegensetzen. Bachelards Fragestellungen haben dazu beigetragen, die Geschichte der Wissenschaft neu zu sehen und sie aus einer «feierlichen Auflistung von Entdeckungen» zu einer Geschichte der schwierigen Wege der Vernunft zu machen.

Ein konkretes Beispiel mag verdeutlichen, worauf sich Bachelard bezog, wenn er erstens von «epistemologischen Hindernissen», also erkenntnistheoretischen Hindernissen, zweitens von der Abkehr der Wissenschaft vom Realismus des gesunden Menschenverstandes und drittens von einer falschen, auf dem Gebrauch derselben Worte basierenden historischen Kontinuität sprach. Bis zum 19. Jahrhundert galt als völlig selbstverständlich, daß man zum *Erleuchten* notwendigerweise etwas *verbrennen* mußte. Bei der elektrischen Glühbirne von Edison geht es hingegen darum, zu *verhindern,* daß etwas brennt. Der Glaskolben dient nicht dazu, die Flamme gegen die Luft zu schützen, sondern den Glühdraht mit einem Vakuum zu umgeben. Nur eine Eigenschaft ist den alten und neuen Lampen gemein: Sie bekämpfen das Dunkel. Beide mit dem gleichen Namen zu bezeichnen ist nur möglich, wenn wir sie unter diesem, aus der Erfahrung des täglichen Lebens gewonnenen Gesichtspunkt betrachten. In Wirklichkeit setzt diese technische Neuerung eine komplizierte *Verbrennungstheorie* voraus, die mit der ebenso komplizierten Entdeckungsgeschichte des Sauerstoffs zu tun hat (Bachelard: 1949, 104; Bachelard: 1995).

Physik

Die heutigen Gymnasiasten können zwischen dem *Gewicht* eines Körpers (das von seiner Entfernung zur Erde abhängt) und der *Masse* desselben unterscheiden (die in der klassischen Physik vor Einstein an allen Punkten des Universums gleich bleibt). Sie kennen das als *Trägheitsprinzip* bekannte erste Newtonsche Gesetz, wissen, daß man eine Kraft aufwenden muß, um einen in geradliniger gleichförmiger Bewegung begriffenen Körper beim Fehlen von äußeren Widerständen anzuhalten, und daß infolgedessen die geradlinige gleichförmige Bewegung – wie der Stillstand – ein «natürlicher» Zustand der Körper ist. Auch das zweite Newtonsche Gesetz, nach dem die *Beschleunigung,* nicht die Geschwindigkeit, sich proportional zur aufgewendeten Kraft verhält, ist diesen Schülern bekannt (im Unterschied zu Aristoteles, der behauptet hatte, die aufgewendete Kraft verleihe einem Körper eine bestimmte Geschwindigkeit). Schließlich wissen sie, was der ganzen antiken Physik unbekannt war, daß nämlich eine *konstante* Kraft einem Körper eine *variable,* d. h. gleichförmig beschleunigte Bewegung überträgt, und jede Kraft, sei sie noch so klein, in der Lage ist, eine solche Bewegung jeder anderen Masse, gleich welcher Größe, zu übertragen. Die heutigen Gymnasiasten wissen auch, daß jede Kreisbewegung eine beschleunigte Bewegung ist und keineswegs das Muster der ewigwährenden Bewegungen im All, aber nicht nur das. Im Unterschied zu dem, was die Physik vor Newton behauptete und Galilei für richtig hielt, ist ihnen bekannt, daß diese Bewegung nicht «natürlich» ist, sondern durch einen Rekurs auf eine Kraft *erklärt* werden muß, die vom Zentrum herrührt und den Körper fortwährend von der geradlinigen Strecke abweichen läßt, die er ohne diese Kraft beschriebe.

Die Geschichte der Physik durchläuft von der spätscholastischen Adaption der *Impetustheorie* bis zu den scharfsinnigen Darlegungen Newtons in den *Principia* einen tiefgreifenden Wandel im Denken, der zu einer nachhaltigen Veränderung der Begriffe Bewegung, Masse, Gewicht, Trägheit, Schwerkraft, Kraft und Beschleunigung führt. Dabei entsteht nicht nur eine neue Methode, sondern eine neue Auffassung vom physikalischen Universum und mit ihnen neue Vorgehensweisen, die Aufgaben, Ziele und Grenzen der Naturerkenntnis zu bestimmen.

Man kann versuchen, eine Reihe von Auffassungen aufzulisten, von denen man sich mühsam lösen mußte, um zur «klassischen Physik» von Galilei und Newton zu gelangen. Die scheinbare Offensichtlichkeit, auf der eben diese Auffassungen gründeten, stellte eines der größten Hemmnisse bei der Begründung der modernen Wissenschaft dar. Die Evidenz des Offensichtlichen wurzelte nicht nur in den auf die Antike zurückgehenden Denktraditionen, sondern auch in ihrer *größeren Nähe zum sogenannten Menschenverstand*. Bei den drei folgenden, von der modernen Wissenschaft gänzlich verworfenen Auffassungen handelt es sich in der Tat um «Verallgemeinerungen» von zufällig gewonnenen empirischen Beobachtungen.

1. Die Körper fallen, weil sie schwer sind; sie streben somit ihrem *natürlichen Ort* zu, der im Mittelpunkt des Universums liegt. Ihnen wohnt also ein Bewegungsprinzip inne, und sie fallen mit um so größerer Geschwindigkeit, je schwerer sie sind. Die Fallgeschwindigkeit ist direkt proportional zum Gewicht, d. h., läßt man gleichzeitig zwei Kugeln von einem bzw. zwei Kilogramm Gewicht fallen, erreicht die zwei Kilogramm schwere Kugel als erste den Boden, die Kugel von einem Kilogramm Gewicht benötigt bis zum Auftreffen die doppelte Zeit.

2. Das Medium, durch welches sich ein Körper bewegt, ist ein wesentlicher Faktor des Bewegungsphänomens und daher

beim Bestimmen der Fallgeschwindigkeit der Körper zu berücksichtigen. Man nahm allgemein an, die (direkt proportional zum Gewicht erscheinende) Geschwindigkeit eines Körpers beim freien Fall sei umgekehrt proportional zur Dichte des Mediums. Im Leeren (einer Umgebung ohne Dichte) müsse sich die Bewegung augenblicklich, also mit unendlicher Geschwindigkeit vollziehen, so daß sich ein Körper im gleichen Moment an verschiedenen Orten befände. Solche Überlegungen lieferten vorzügliche Argumente gegen die Existenz des Vakuums.

3. Da alles, was sich bewegt, durch etwas anderes bewegt wird *(omne quod movetur ab alio movetur)*, wird die gewaltsame Bewegung eines Körpers durch eine auf ihn wirkende Kraft hervorgerufen. Die Bewegung braucht einen *Motor,* der sie auslöst und aufrechterhält. Der Ruhezustand eines Körpers hingegen bedarf keiner Erklärung, weil die Ruhe der natürliche Zustand der Körper ist. Bewegung jeder Art, sei sie natürlich oder gewaltsam, ist unnatürlich und vorübergehend – mit Ausnahme der «vollkommenen» himmlischen Kreisbewegungen; sie endet in dem Augenblick, in dem die Kraft zu wirken aufhört, und ist um so schneller, je größer letztere ist. Bei gleicher Kraft ist die Bewegung um so viel langsamer, als der zu bewegende Körper schwer ist. Hört die Krafteinwirkung auf, endet auch die Bewegung: *cessante causa, cessat effectus,* wenn das Pferd stehenbleibt, hält auch der Wagen an.

Die drei skizzierten Verallgemeinerungen entstammen alle dem täglichen Erfahrungsbereich: Beobachtungen beim Fall einer Feder und eines Steins oder Betrachtungen der Bewegung eines Pferdefuhrwerks. Sie sind an eine anthropomorphe Weltsicht gebunden, die menschliche Sinneseindrücke, Verhaltensweisen und Beobachtungen zu unmittelbaren Wirklichkeitskriterien erhebt. Die tieferen Ursachen für diese «Irrtümer» der antiken Physik liegen in unserer Physiologie und Psychologie. Warum, fragt René Descartes in den *Principia* (1644), trügt uns die Vorstellung, daß zur Bewegung eine größere Krafteinwirkung nötig sei als für die Ruhe? Diesem Irrtum seien wir «von Kindheit» an verfallen, weil wir daran gewöhnt seien, unseren Körper durch Willensanstrengung zu bewegen, und der Körper werde nur durch die einfache Tatsache auf den Ruhezustand aufmerksam, daß er «durch seine Schwere an der Erde haftet, deren Kraft wir nicht wahrnehmen». Da diese Schwere der Bewegung der Körperteile entgegenwirke und zum Ergebnis habe, daß unsere Bewegungen ermüden, «halten wir eine größere Tätigkeit oder Kraft zur Erregung der Bewegung als zur Hemmung derselben für erforderlich» (Descartes: 1992, 42).

Die moderne Wissenschaft ist nicht durch Verallgemeinerung von empirischen Beobachtungen entstanden, sondern beruht auf einer zu *Abstraktionen* fähigen Analyse, die in der Lage ist, sich von den Anschauungen des gesunden Menschenverstandes, der sinnlichen Wahrnehmung und unmittelbaren Erfahrung freizumachen. Wie allgemein bekannt, leitete die *Mathematisierung* der Physik die Wende im Denken ein. Zu ihrer Entwicklung leisteten Galilei, Pascal, Huygens, Newton und Leibniz einen entscheidenden Beitrag.

Kosmologie

Ich halte es für zweckmäßig, noch einmal auf einige andere grundlegende Aspekte jenes tausend Jahre währenden *Weltsystems* einzugehen, an dessen Zerstörung Kopernikus, Tycho Brahe, Descartes, Kepler und Galilei großen Anteil hatten.

Zunächst müssen wir dazu auf die Unterscheidung zwischen *Kosmos* und *Erde,* zwischen *natürlichen* und *gewaltsamen Bewegungen* zu sprechen kommen. In der Aristotelischen Philosophie besteht die irdische oder sublunare Welt aus einer Mischung von vier einfachen Elementen: Erde, Wasser, Luft und Feuer. Die Schwere oder Leichtigkeit der einzelnen Körper hängt demnach von dem unterschiedlichen Verhältnis der in ihnen enthaltenen Elemente ab, denn Erde und Wasser haben eine natürliche Tendenz nach unten, Luft und Feuer nach oben. Das Werden und die Veränderung der sublunaren Welt rührt von der Bewegung oder Mischung der Elemente her. Die natürliche Bewegung eines schweren Körpers ist *nach unten* gerichtet, die eines leichten hingegen *nach oben;* die geradlinige Bewegung nach oben oder nach unten (Begriffe, die als absolut, nicht als relativ verstanden werden) hängt von der natürlichen Bewegung der Körper in bezug auf diesen, ihnen von Natur aus zukommenden Ort ab. Die alltägliche Beobachtung des Falls eines festen Körpers durch die Luft, des nach oben steigenden Feuers und der im kochenden Wasser an die Oberfläche steigenden Luftblasen scheinen diese Theorie zu bestätigen. Aber die Erfahrung führt uns fortwährend auch andere Bewegungen vor Augen: ein nach oben geworfener Stein, ein mit dem Bogen abgeschossener Pfeil oder eine vom Wind nach unten geblasene Flamme. All dies sind *gewaltsame Bewegungen,* die auf eine von außen wirkende Kraft zurückgehen und sich der Natur des Objektes widersetzen. *Cessante causa, cessat effectus* – wenn die Kraft nachläßt, strebt das Objekt danach, den ihm von Natur aus zukommenden Platz wieder einzunehmen.

Der Bewegungsbegriff der Aristotelischen unterscheidet sich von dem der modernen Physik. Bewegung ist im allgemeinen jeder Übergang vom Zustand des potentiellen Seins in den des tatsächlichen Seins. Dieser stellt sich für Aristoteles als *Bewegung* im Raum dar, als *Veränderung* der Qualität, als *Entstehung* und *Zerstörung* in der Sphäre des Seins. Diese «Bewegung» umfaßt physikalische Phänomene und solche, die wir chemisch oder biologisch nennen, und ist kein *Zustand* des Körpers, sondern ein Werden oder ein Prozeß. Ein in Bewegung befindlicher Körper verändert sich nicht nur in bezug auf andere Körper, er selbst ist bei der Bewegung einer Veränderung unterworfen. Die Bewegung ist eine *Qualität,* die dem Körper eigen ist.

Die irdische Welt ist die Welt der Veränderung und des Umbruchs, des Entstehens und Vergehens, der Zeugung und Zersetzung. Der Himmel hingegen ist unveränderlich und ewig, die Bewegung der Himmelskörper regelmäßig. Dort entsteht nichts und nichts vergeht, alles ist immerwährend und unvergänglich. Die Sterne und die um die Erde sich bewegenden Planeten (wovon einer die Sonne ist) sind nicht aus den Elementen der sublunaren Welt zusammengesetzt, sondern aus einem fünften Element, dem Äther oder der *Quintessenz*, eine feste, kristalline, unveränderliche, durchsichtige Substanz, die keinen Veränderungen unterliegt. Aus dieser Materie bestehen auch die Himmelssphären. Auf dem Äquator dieser kreisenden Hohlkugeln sind (wie «Astlöcher in einem Holzbrett») Sonne, Mond und andere Planeten befestigt.

Der für die Erde typischen geradlinigen, ungleichförmigen und zeitlich begrenzten Bewegung wird die kreisförmige, regelmäßige und immerwährende Bewegung der Sphären und Himmelskörper gegenübergestellt. Die kreisförmige Bewegung ist vollkommen und daher der vollkommenen Natur des Himmels angemessen. Sie kennt keinen Anfang und kein Ende und strebt nirgendwohin, sondern kehrt immer wieder bis in alle Ewigkeit zu sich selbst zurück. Der Äther füllt das ganze Universum mit Ausnahme der irdischen und *sublunaren* Welt aus. Das Universum ist von der Fixsternsphäre begrenzt und daher endlich. Die göttliche Sphäre oder *primum mobile* bewirkt die Bewegung der Fixsterne, die sich auf die anderen Sphären bis zum Mondhimmel überträgt, der die innere Grenze des Himmelsraums darstellt. Der Erde kommt *von Natur aus* keine Kreisbewegung zu. Sie ist der unbewegliche Mittelpunkt des Universums. Die These von der Zentralität und Immobilität wird nicht nur durch die augenscheinliche Erfahrung der menschlichen Anschauung gestützt, sie ist einer der Grundpfeiler der aristotelischen Physik.

Aristoteles' Entwurf von dieser großartigen Himmelsmaschine, der in den nachfolgenden Jahrhunderten mehrfach modifiziert und zusehends komplizierter wurde, war in Wahrheit die Übertragung des rein geometrisch-abstrakten Modells des Eudoxos aus Knidos aus der ersten Hälfte des 4. Jahrhunderts v. Chr. auf die Wirklichkeit und das Gebiet der Physik. Die Sphären, von denen Eudoxos gesprochen hatte, waren keine physisch faßbare Einheiten wie später bei Aristoteles, sondern stellten einen rein mathematischen Kunstgriff dar, um die sinnlichen Erscheinungen mittels einer gedanklichen Konstruktion zu beschreiben, die Plantenbewegungen zu erklären und so die «Erscheinungen» rechtfertigen und «retten» zu können.

Dieser Gegenüberstellung einer Astronomie, die sich als Konstruktion von Hypothesen versteht, und einer Astronomie, die versucht, die wirklichen Verhältnisse darzustellen, kommt eine große Bedeutung zu. Die Trennung zwischen Kosmologie und Physik auf der einen und der «kalkulierenden», mathematischen Astronomie auf der anderen Seite bildet sich in der Epoche, die Alexandria in Ägypten als den Mittelpunkt der philosophischen und wissenschaftlichen Kultur ansah, schärfer heraus. Beim größten Astronom der antiken Welt, dem im 2. Jahrhundert n. Chr. in Alexandria lebenden Claudius Ptolemäus, finden wir sie explizit in Theorie überführt. Für mehr als ein Jahrtausend bleibt seine *Syntaxis,* gemeinhin als *Almagesto* bekannt, das Fundament für das astrologische und astronomische Wissen.

Die Sphären von Aristoteles waren real faßbare Einheiten von fester kristalliner Form. Die Exzenter und Epizyklen von Ptolemäus (der jede seiner Darlegungen über die Planetenbewegungen mit den Worten: «Stellen wir uns einen Kreis vor» einleitet) sind physisch inexistent und, wie Proklos (410–485 n. Chr.) behauptet, nur das einfachste Mittel, um die Planetenbewegungen zu beschreiben. Die Astronomie war für Ptolemäus ein Betätigungsfeld der Mathematiker, nicht der Physiker. Aber das komplizierte Bild vom Universum, das im wesentlichen bis zur Zeit Kopernikus' Bestand hat, läßt sich nicht auf die Lehren reduzieren, auf die bislang verwiesen wurde. In Wirklichkeit handelt es sich um eine Mischung aus Elementen der Aristotelischen Physik und Ptolemäischen Astronomie, eingebettet in eine Kosmologie, die großen Anteil hatte am Mystizismus neuplatonistischer Strömungen, astrologischen Vorstellungen, der Theologie der Kirchenväter und der Philosophie der Scholastiker. Um sich das zu vergegenwärtigen, genügt es, an das Universum Thomas von Aquins (1225–74) zu denken und an das, was in der *Divina Commedia* von Dante Alighieri (1265–1321) beschrieben wird, wo die Himmelssphären den verschiedenen Engelsmächten entsprechen.

Im folgenden sollen in vereinfachter Form die Prämissen genannt werden, die widerlegt und aufgegeben werden mußten, um eine neue Astrologie zu begründen:

1. Die prinzipielle Unterscheidung zwischen einer Himmelsphysik und einer irdischen Physik, die sich aus der Aufteilung des Universums in zwei Sphären ergab, einer vollkommenen und einer im Werden begriffenen.

2. Die sich daraus ableitende Überzeugung, daß die Himmelsbewegungen notwendigerweise kreisförmig zu sein hätten.

3. Die Annahme der Unbeweglichkeit der Erde und ihrer zentralen Position im Universum, welche mit Argumenten verteidigt wurde, die sich auf die Sinneserfahrung stützten (durch die Bewegung der Erde würden Gegenstände und Tiere in die Luft geschleudert) und in der Bibel ihre Bestätigung fanden.

4. Der an die Lehre von den natürlichen Orten gebundene Glaube an die Endlichkeit des Universums und Geschlossenheit der Welt.

5. Die eng an die Unterscheidung zwischen natürlichen und gewaltsamen Bewegungen geknüpfte Überzeugung, daß der Ruhezustand eines Körpers keiner Erklärung bedürfe, jede Bewegung hingegen entweder als eine von Form oder Natur des Körpers abhängige oder durch einen Motor hervorgerufene erklärt werden müsse.

6. Die sich mit der Zeit verstärkende Trennung zwischen den mathematischen Hypothesen der Astronomie und der Physik.

Im Verlauf von ungefähr hundert Jahren (grob gesagt zwischen 1610 und 1710) wird jede einzelne dieser Prämissen diskutiert, kritisiert und schließlich zurückgewiesen. In einem schwierigen Prozeß – mitunter auf Umwegen – entsteht so ein neues Bild des physikalisch faßbaren Universums, das seine Vollendung im Werk Isaac Newtons finden sollte, jenem großartigem Entwurf, den wir seit Einstein als «klassische Physik» bezeichnen. Es handelt sich um eine radikale Wende im Denken, die völlig neue Deutungsschemata voraussetzte, eine neue Sicht der Natur forderte und den Platz des Menschen in der Natur neu definierte.

Banausen

Als ebenso schwer zu überwindende Hindernisse, wie die von Bachelard angesprochenen, erweisen sich im Zeitalter der Begründung der modernen Wissenschaft die festgefügten Auffassungen vom Aufbau der Gesellschaft und der Organisation der Arbeit sowie die Bewertung des Gelehrten innerhalb dieser Gesellschaft und den Organisationen, in denen dieses Wissen hervorgebracht und verbreitet wurde.

Die große wissenschaftliche Revolution des 17. Jahrhunderts wurzelt in der Durchdringung von Technik und Wissenschaft, die – im Guten wie im Schlechten – unserer gesamten abendländischen Kultur ihren Stempel aufgedrückt und in der Form, wie sie sich im 17. und 18. Jahrhundert ausgebildet und anschließend in der ganzen Welt verbreitet hat, der antiken und mittelalterlichen Kultur gänzlich unbekannt war. Das griechische

Wort *banausía* bezeichnet die Handwerkskunst oder handwerkliche Arbeit. Kallikles behauptet im *Gorgias* von Platon, daß der Erbauer von Maschinen verachtet und *bánausos* geschimpft werde und daß niemand bereit sei, ihm seine Tochter zur Frau zu geben. Aristoteles hatte die «handwerklichen Arbeiter» aus der Zahl der Bürger ausgeschlossen und sie von den Sklaven nur deshalb unterschieden, weil sie sich den Bedürfnissen und Nöten mehrerer Personen widmeten, während sich die Sklaven nur um eine Person zu kümmern hatten. Der Gegensatz von Sklaven und Freien schien sich in dem von Technik und Wissenschaft aufzulösen, der Opposition zwischen den für Praxis und Gebrauch bestimmten Kenntnissen und dem sich der Betrachtung der Wahrheit widmenden Wissen. Die Verachtung für die Sklaven, die als von Natur aus minderwertig galten, erstreckte sich auch auf die von ihnen verrichteten Tätigkeiten. Die sieben *freien* Künste des *trivium* (Grammatik, Rhetorik und Dialektik) und *quadrivium* (Arithmetik, Geometrie, Musik und Astronomie) heißen deshalb so, weil sie die eigentlichen Künste der *freien* Männer sind, im Gegensatz zu den mechanischen oder handwerklichen Künsten, die von den Nicht-Freien oder Sklaven ausgeübt werden. Das keinem außer ihm liegenden Zweck unterworfene Wissen stellt nach Aristoteles und gemäß der aristotelischen Tradition das einzige Wissen dar, in dem sich die Essenz des Menschen verwirklicht. Die Ausübung der *sophia* setzt Wohlstand und einen garantierten Lebensunterhalt voraus. Die mechanischen Künste sind zwar notwendige Voraussetzung der Philosophie, stellen aber eine niedrigere Form von Wissen dar, da sie der materiellen und sinnlichen Welt angehören und an die Praxis und der Hände Arbeit gebunden sind. Das Ideal des Weisen und Gelehrten scheint sich (wie die Philosophie der Stoiker und der Epikureer, später das Denken Thomas von Aquins zeigen) mit dem Bild dessen zu decken, der sein Leben der Kontemplation widmet, um – sofern es sich um christliche Denker handelt – die Glückseligkeit der göttlichen Anschauung zu erlangen.

Das Lob des aktiven Lebens, das wir bei vielen Autoren des 15. Jahrhunderts finden, das Lob der Hände in Texten von Giordano Bruno, die Verteidigung der mechanischen Künste in vielen Schriften von Ingenieuren und Konstrukteuren von Maschinen des 16. Jahrhunderts, das auch von Bacon und Descartes wieder aufgenommen wird, gewinnt im Licht dieser Überlegungen große Bedeutung.

In einer der berühmtesten Schriften über die Technik der Renaissance von Georg Agricola mit dem Titel *De re metallica* (1556) finden wir eine leidenschaftliche Verteidigung der metallischen Kunst. Sie wird gemeinhin von den freien Künsten als «unwürdig und niedrig» betrachtet. «Viele sind der Meinung, der Bergbau sei etwas Zufälliges und eine schmutzige Tätigkeit und überhaupt ein Geschäft, das nicht sowohl Kunst und Wissenschaft als körperliche Arbeit verlange». Aber für Agricola muß der «Bergmann» ein Fachmann für das Auffinden von Böden, Gesteinsadern und den verschiedenen Gesteinsarten, von Edelsteinen und Metallen sein. Er benötigt Kenntnisse in der Philosophie, Medizin, Astronomie, der Meß-, Rechen-, Bau- und Zeichenkunst sowie des Rechts, besonders des Bergrechts. Die Arbeit des Technikers kann nicht von der des Wissenschaftlers getrennt werden. Jenen, die gegenteiliger Ansicht waren und sich dabei auf die alte Gegenüberstellung von Freien und Sklaven beriefen, hielt Agricola entgegen, daß es einmal Zeiten gegeben habe, in denen auch der Ackerbau von Sklaven betrieben worden sei, in denen Sklaven einen Beitrag zur Architektur geleistet hätten und nicht wenige berühmte Ärzte Sklaven gewesen seien (Agricola: 1977, 1).

In den 1577 in Pesaro erschienenen *Mechanicorum libri* des Guidobaldo del Monte finden wir eine auf ähnliche Argumente gestützte Verteidigung. In vielen Teilen Italiens «ist es Brauch, andere als Mechaniker zu beschimpfen, um sie Hohn und Spott auszusetzen; und manche entrüsten sich, wenn sie Ingenieur geheißen werden». Der Name «Mechaniker» bezeichnet dagegen einen «Mann von hohem Können, der es versteht, mit Händen und Verstand wunderbare Werke hervorzubringen». Archimedes war vor allem Mechaniker. Mechaniker oder Ingenieur zu sein «ist das Amt einer würdigen und vornehmen Person, und *mechanico* kommt aus dem Griechischen und bezeichnet eine mit Kunstfertigkeit ausgeführte Sache, sei es Bauwerk, Gerät, Werkzeug, Maschine oder Vorrichtung, die meisterhaft erfunden und hergestellt ist» (Guidobaldo: 1581, *Ai lettori*).

Um die Behauptung solcher «Verteidigungen» des kulturellen

Wertes handwerklicher Techniken durch einen anderen Textbeleg zu verdeutlichen, sei zitiert, was sich im *Dictionnaire français* von Richelet (1680) unter dem Eintrag *méchanique* (Handwerk) findet: «Der Begriff *méchanique* bezeichnet auf die Künste bezogen das Gegenteil von frei und ehrenhaft. Er bedeutet soviel wie ‹niedrig› und ‹ungehobelt› und ist einer ehrenwerten Person nicht würdig.» Die Thesen des Kallikles sind auch im 17. Jahrhundert noch lebendig: *Banause* ist eine Beleidigung, die an einen Edelmann gerichtet dazu führen würde, daß dieser das Schwert zieht.

An die Diskussion über die mechanischen Künste, die zwischen Mitte des 16. und Mitte des 17. Jahrhunderts mit außerordentlicher Intensität geführt wurde, knüpfen sich einige der großen Themen der europäischen Kultur. Durch die Werke der Künstler und Experimentatoren, die Traktate der Ingenieure und Techniker verbreiten sich neue Ansichten über die Arbeit, die Funktion des technischen Wissens, die Bedeutung der kunsthandwerklichen Vorgänge bei Eingriffen in die Natur. Auch auf dem Gebiet der Philosophie setzt sich langsam eine Bewertung der Künste durch, die von der traditionellen abweicht. Einige der von Technikern und Handwerkern zur Veränderung natürlicher Vorgänge angewendeten Verfahren dienen der Erkenntnis der natürlichen Wirklichkeit und – in bewußter Polemik gegenüber der traditionellen Philosophie – der Erklärung der «in Bewegung befindlichen Natur».

Erst vor diesem Hintergrund wird die Haltung Galileis verständlich, die auch in seinen großen astronomischen Entdeckungen zum Ausdruck kommt. 1609 richtete Galilei sein Fernrohr zum Himmel. Das eigentlich Revolutionäre daran war sein *Vertrauen* in ein Instrument, das von Mechanikern allein aus der Praxis entwickelt worden war und nur in Militärkreisen wenn auch mit Einschränkungen, anerkannt wurde. Die offizielle Wissenschaft nahm es entweder nicht zur Kenntnis oder strafte es mit Verachtung. Das Fernrohr war von holländischen Handwerkern erfunden worden. Galilei hatte es *nachgebaut* und im August des Jahres 1609 in Venedig vorgestellt, um es der Regierung der Signoria als Geschenk zu vermachen. Für Galilei stellte das Fernrohr keineswegs eines jener zahlreichen wunderlichen Instrumente dar, die zur Unterhaltung des Hofes oder für den unmittelbaren Gebrauch beim Heer konstruiert waren. Er machte es zu einem wissenschaftlichen Instrument. Das durchs Fernrohr Gesehene kann nur für wahr halten, wer daran glaubt, daß dieses Instrument das Sehvermögen *potenziert* und nicht *deformiert.* Das Fernrohr als Quelle des Wissens anerkennen heißt, die antike, tief verwurzelte anthropozentrische Weltsicht aufgeben, nach der die natürliche Betrachtung durch das menschliche Auge der einzige Erkenntnismaßstab ist. *Sehen* bedeutet für die heutige Wissenschaft fast ausschließlich von *Instrumenten hervorgerufene Zeichen interpretieren.* Die Einführung von *Instrumenten in die Wissenschaft* (als Quelle der Wahrheit) war keine leichte Unternehmung. Am Anfang dessen, was wir heute am Himmel *sehen,* steht ein einzelner Akt intellektuellen Muts.

Die Verteidigung der mechanischen Künste, ihre Befreiung vom Vorwurf, unwürdig zu sein, die Weigerung, den kulturellen Horizont auf den der freien Künste zu beschränken und die praktischen Vorgänge mit niedriger Arbeit gleichzusetzen, verlangte nichts Geringeres als die Abkehr von einem tausendjährigen Bild der Wissenschaft und setzte dem Gegensatz von *Wissen* und *Tun* ein Ende.

2.

Geheimnisse

Perlen vor die Säue

An einer Stelle des Matthäus-Evangeliums sagt Jesus: «Ihr sollt das Heilige nicht den Hunden geben und eure Perlen sollt ihr nicht vor die Säue werfen, damit die sie nicht zertreten mit ihren Füßen und sich umwenden und euch zerreißen» (Matth. 6, 7). Das Kostbare ist nicht für alle bestimmt. Die Wahrheit muß geheimgehalten werden. Ihre Verbreitung ist gefährlich. So wurde diese Stelle des Matthäus-Evangeliums jahrhundertelang von zahllosen Exegeten interpretiert.

Die These von einem geheimen Wissen über die wichtigsten Dinge (dessen Verkündung unheilvolle Konsequenzen hätte) wurde im Laufe der Jahrhunderte zu einem beherrschenden Paradigma in der europäischen Kultur. Nur die starke Verbreitung, die historische Beständigkeit und Kontinuität dieses Paradigmas von der Geheimhaltung des Wissens vermag die Härte und Polemik in vielen Texten der sogenannten Gründungsväter der Modernität zu erklären. Sie alle lehnten einhellig die Unterscheidung ab, auf die sich dieses geheime Wissen gründete: die Unterscheidung zwischen der kleinen Schar der Wissenden oder «wahren Menschen» und dem *promiscuum hominum genus,* der großen Zahl der Unwissenden.

Das hermetische Wissen

Die Kommunikation und Verbreitung von Wissen sowie die für uns zur selbstverständlichen Praxis gewordene öffentliche Diskussion von Theorien sind nicht von jeher als Werte an sich erkannt worden. Diese Auffassung hat sich erst durchsetzen müssen. Der Kommunikation als Wert stand seit den Ursprüngen des europäischen Denkens immer eine andere Auffassung entgegen, derzufolge Wissen als Initiation und Vermächtnis verstanden wurde, an dem nur wenige teilhaben durften.

Die Aristoteles zugeschriebenen *Secreta secretorum* waren im Mittelalter sehr verbreitet. In Briefform weiht Aristoteles seinen Schüler Alexander den Großen in die Geheimnisse der Medizin, Astrologie, Physiognomik, Alchimie und Magie ein, welche nur einem engen Kreis von Schülern vorbehalten waren. Von dem Text, den Lynn Thorndike als «das am meisten verbreitete Buch im Mittelalter» bezeichnet, finden sich in den europäischen Bibliotheken über 500 Manuskripte. Die Literatur über die Geheimnisse bleibt der Welt der großen Universitäten des Mittelalters fremd. Dennoch war sie auch bei den wichtigsten Exponenten der neuen Kultur sehr verbreitet. Am Ende des 13. Jahrhunderts entwirft Roger Bacon eine *scientia experimentalis,* die, wie Lynn Thorndike zu Recht bemerkt, zu zwei Dritteln hermetisch abgefaßt und Uneingeweihten nicht mittelbar ist. «Die Wissenden haben diese Inhalte in ihren Schriften weggelassen oder mit einer bildhaften Sprache verschleiert [...]. Wie Aristoteles in seinem Buch über die Geheimnisse und sein Meister Sokrates es gelehrt haben, sind die Geheimnisse nicht auf Ziegen- oder Schafsleder geschrieben, um für die Massen zugänglich zu sein» (Eamon: 1990, 336).

Die in ihren Ursprüngen gnostische und averroistische Unterscheidung zwischen zwei Kategorien von Menschen – der Masse der Einfachen oder Unwissenden und der wenigen Auserwählten, welche die hinter den Buchstaben und Symbolen verborgenen Wahrheiten zu erfassen vermögen und in die heiligen Mysterien eingeweiht sind – ist untrennbar an eine hermetische Weltsicht und Geschichtsauffassung gebunden. Wir finden sie deutlich ausgesprochen in den vierzehn Traktaten des *Corpus hermeticum,* die auf das 2. Jahrhundert n. Chr. zurückgehen und von Marsilio Ficino (1433–99) in den Jahren 1463–1464 übersetzt worden sind. Diese Texte fanden bereits als Handschriften eine sehr weite Verbreitung und wurden zwischen 1471 und dem Ende des 16. Jahrhunderts sechzehnmal aufgelegt. Marsilio Ficino (und nach ihm das ganze 16. Jahrhundert bis in die Anfänge des 17. Jahrhunderts hinein) schrieb sie dem sagenhaften Götterboten Hermes Trismegistos zu, dem Begründer der Religion der Ägypter, Zeitgenossen von Moses und indirekten

Lehrer von Pythagoras und Platon. Die große Renaissance der Magie im späten 15. und 16. Jahrhundert ist an diese Texte geknüpft, die noch bis Mitte des 17. Jahrhunderts einen starken Einfluß auf die europäische Kultur ausübten. Das ganze magisch-astrologische Erbe des antiken und mittelalterlichen Denkens bekam durch diese Schriften ein umfassendes, einheitlich platonisch-hermetisches Gesamtbild. Es ist gekennzeichnet durch die Suche nach der Einheit, die den Unterschieden gemein ist, sowie durch das Bestreben, diese miteinander in Einklang zu bringen und in einem übergeordneten Ganzen aufzuheben.

Die Grenzen zwischen Naturphilosophie und mystischem Wissen, zwischen demjenigen, der die Natur kennt und Erfahrungen sammelt, und dem Menschen, der wie Faust seine Seele dem Teufel verkauft hat, um die Natur zu erkennen und zu beherrschen, erschienen den Menschen jener Zeit durchlässig, fließend. Die *Natur* ist dem magischen Denken nach nicht nur fortwährende, gleichförmige Materie, die den Raum ausfüllt. Sie ist ein lebendiges Ganzes mit einer innewohnenden Seele, einem inneren, aus freiem Antrieb wirkenden Prinzip. Diese beseelte Substanz ist, wie für die antiken ionischen Denker des fünften Jahrhunderts v. Chr., «voller Dämonen und Götter». Jedes Objekt der Welt ist erfüllt von verborgenen Sympathien für das Ganze. Die Materie ist vom Göttlichen durchtränkt, die Sterne selbst sind göttliche Lebewesen. Die Welt ist Abbild und Spiegel Gottes, der Mensch Abbild und Spiegel der Welt. Zwischen der großen und der kleinen Welt, zwischen *Makrokosmos* und *Mikrokosmos* (zu dem der Mensch zählt) gibt es genaue Entsprechungen. So gelten Pflanzen und Wälder als Behaarung der Erde, Felsen als ihre Knochen, die unterirdischen Wasser als das Blut ihrer Venen. Nabel und Mittelpunkt all dessen ist der Mensch, der als Abbild und Spiegel des Universums in der Lage ist, diese geheimen Entsprechungen zu enthüllen und zu erfassen. Allein der Magier jedoch vermag in diese unendlich komplexe Wirklichkeit einzudringen, in dieses System von Entsprechungen und chinesischen Kästchen, die auf das Ganze verweisen und es einschließen. Er kennt die Entsprechungsketten, die von oben nach unten gehen, und weiß, wie durch Anrufungen, Zahlen, Bilder, Namen, Töne, Akkorde, Talismane eine ununterbrochene Kette von aufsteigenden Gliedern zu erstellen ist. Die Liebe ist *nodus* oder *copula,* welche die Teile der Welt unauflöslich miteinander verbinden. Diese erscheinen Ficino «durch eine Art wechselseitiger Caritas miteinander verbunden, [...] als Teile eines einzigen Lebewesens durch die Gemeinsamkeit einer einzigen Natur». Vitalismus und Animismus, Organismusgedanke und Anthropomorphismus sind grundlegende Kategorien des magischen Denkens. In ihm dominiert, wie Freud und Cassirer klar erkannt haben, die Idee der Indentifikation von Ich und Welt, die Idee der «Omnipotenz des Denkens».

Die Welt der Magie ist ein geschlossenes, allumfassendes Gebilde, das weder leicht zu zerstören ist, noch Widerspruch duldet. Denn legen die wunderbaren Taten des Magiers nicht Zeugnis ab von seiner Zugehörigkeit zur Schar der Auserwählten? Und setzt die Unterscheidung zwischen Auserwählten und Uneingeweihten nicht notwendigerweise die Geheimhaltung eines Ideenschatzes voraus, dessen tiefste Wahrheiten bis zur Unkenntlichkeit verschleiert werden müssen? Beruht die äußerste Schwierigkeit der Prozeduren nicht etwa auf der Unfähigkeit der meisten Menschen, sich ihnen zu nähern? Und die zweideutige, nur auf Anspielungen basierende Terminologie, liegt sie nicht begründet in der Kompliziertheit der Methoden und in der Notwendigkeit, die Kenntnis derselben wenigen vorzubehalten? Daß schließlich die Wahrheit nicht *mit Hilfe* der gebräuchlichen Sprache verstehbar ist, sondern *trotz* dieser Sprache, ist doch gerade dazu angetan, die eigene Zugehörigkeit zur kleinen Schar der Auserwählten zu beweisen.

Die Magie neigt – wie oft bemerkt worden ist – stets dazu, sich in Psychologie oder Religion *aufzulösen.* Aber sie wird weder mit der Psychologie, noch mit der Religion, noch mit dem Mystizismus je völlig *deckungsgleich.* So wie in der Astrologie kunstvolle Rechnungen und ein anthropomorpher Vitalismus koexistieren, gehen in der Magie und Alchimie Mystizismus und Experiment Hand in Hand. Die großen Bücher der Magie der Renaissance beinhalten – betrachtet man sie mit heutigen Augen – eine merkwürdige Mischung. In einem einzigen Band finden sich Abhandlungen über Optik, Mechanik, Chemie, medizinische Rezepturen, technische Anleitungen zum Bau von mechanischen Geräten und Spielen, Kodifizierungen von Geheimschriften, Kochrezepte, Giftmischungen gegen Würmer und

Mäuse, Ratschläge für Fischer, Jäger und Landwirte, Hinweise zu Hygiene und Aphrodisiaka, zu Sexualität und Geschlechtsleben, dazu Fragmente über Metaphysik, Reflexionen zur mystischen Theologie, Verweise auf die Weisheit der Ägypter und der biblischen Propheten, Hinweise auf die klassische Philosophie und die Meister der mittelalterlichen Kultur sowie Ratschläge für Taschenspielerkünste. Damit nicht genug; eng verknüpft mit der Magie – denken wir nur an Giordano Bruno, Agrippa von Nettesheim und Tommaso Campanella – sind Chiliasmus, der Wunsch nach Umgestaltung der Kultur und das Streben nach radikaler politischer Erneuerung.

Die Sprache der Alchimie muß zweideutig und notwendigerweise voller Anspielungen sein, da sich ein Geheimnis oder Vorstellungen über eine verbürgte Wahrheit schwerlich ganz unmißverständlich aussprechen lassen. Es ist daher kein Zufall, sondern ein Strukturmerkmal dieser Sprache, daß sie voller semantischer Abweichungen, Metaphern, Analogien und Andeutungen ist. Der Alchimist Bono da Ferrara schreibt zum Beispiel: «Niemand der Alten hat je den göttlichen Gegenstand dieser Kunst durch seine natürliche Begabung erfaßt, weder dank der natürlichen Vernunft, noch dank der Erfahrung, weil jener – wie ein göttliches Mysterium – über Vernunft und Erfahrung steht» (Bono da Ferrara: 1602, 123).

Die Alchimisten sprechen nicht vom konkreten Gold oder vom konkreten Schwefel. Das Objekt ist nie einfach nur es selbst, es ist Zeichen für etwas anderes, Behältnis für eine Wirklichkeit, welche die Ebene transzendiert, auf der jenes existiert. Ein Chemiker, der heute die alchimistischen Werke studiert, «wird eine ähnliche Erfahrung machen wie ein Maurer, der in einem Text der Freimaurer nach praktischen Ratschlägen für seine Arbeit sucht» (Taylor: 1949, 110). Durch ihr Verständnis für die Geheimnisse der Kunst, «beweisen die Eingeweihten ihre Zugehörigkeit zur Gruppe der Erleuchteten». Alle, die diese Kunst pflegen, schreibt Bono da Ferrara, «verstehen einander; es ist, als sprächen sie eine Sprache, die allen anderen unverständlich und nur ihnen allein bekannt ist» (Bono da Ferrara: 1602, 132). Das Wissen, behauptet Thomas Vaughan in der *Magia adamica,* entsteht aus Erscheinungen und Offenbarungen, und nur durch göttliche Erleuchtung könne der Mensch zu einem völligen Verständnis des Universums gelangen (Vaughan: 1888, 103).

Die Unterscheidung zwischen *homo animalis* und *homo spiritualis,* die Trennung zwischen einfachen und gelehrten Menschen wird in der Identifikation der Wissenszwecke mit der Rettung und Vervollkommnung des Individuums aufgehoben. Wissenschaft und Reinheit der Seele werden eins und sind zugleich ein Mittel, dem irdischen Schicksal zu entfliehen. Die intuitive Erkenntnis ist der rationalen überlegen, die okkulte Intelligenz der Dinge wird mit der Befreiung vom Bösen identifiziert: «Ihr aber, Söhne der Wissenschaft und Weisheit, forschet in diesem Buche und suchet unsere zerstreute Meinung, die wir an verschiedenen Orten vorgetragen haben, zusammen, denn was an der einen Stelle euch verborgen ist, das haben wir an einer anderen geoffenbart [...]. Für euch allein ist dieses Buch bestimmt, für euch, deren Gemüt unverdorben, deren Lebenswandel rechtschaffen, deren Sinn züchtig und keusch ist, deren unerschütterlicher Glaube Gott fürchtet und verehrt [...]. Ihr allein werdet die für euch bestimmte Unterweisung und die unter vielem Rätselhaften verhüllten Geheimnisse finden, die nur einer tiefen Einsicht sich erschließen; wenn ihr aber diese erlangt, so wird die magische Wissenschaft in ihrer ganzen Macht vor eure Augen treten und es werden euch jene Kräfte sich zeigen, die einst Hermes, Zoroaster, Apollonius und die übrigen Wundertäter besaßen» (Agrippa: 1987, 576).

Ad laudem et gloriam altissimi et omnipotentis Dei, cuius est revelare suis praedestinatis secreta scientiarum: Das Thema der Geheimhaltung taucht bereits auf den ersten Seiten des *Picatrix* auf und kehrt regelmäßig wieder. Die Philosophen versahen die Magie mit einem Schleier, indem sie eine geheimnisvolle Sprache entwickelten. Sie taten das zu ihrem Nutzen: *si haec scientia hominibus esset discoperta, confunderent universum.* Die Wissenschaft zerfällt in zwei Teile, von denen einer offen und klar ist, der andere verborgen. Der verborgene Teil weist in die Tiefe: Die Worte, welche die Ordnung der Welt betreffen, sind diejenigen, welche Adam von Gott erhalten hat und deren Sinn sich nur ganz wenigen mitteilt (Perrone Compagni: 1975, 298).

Was beim Thema der Geheimhaltung besticht, ist nicht die Verschiedenartigkeit, sondern die Unveränderlichkeit der Formeln. In Schriften aus verschiedenen Epochen finden sich immer die gleichen Autoren, Zitate und Beispiele. Platon – heißt es bei Agrippa – verhinderte die Verbreitung seiner Mysterien, Pythagoras und Porphyr erlegten ihren Schülern ein Schweigegebot auf, Orpheus verlangte ein Schweigegelübde, ebenso wie Tertullian, Theodot wurde blind, weil er versucht hatte, die Mysterien der hebräischen Schriften zu ergründen. Die Inder, Äthiopier, Perser und Ägypter sprachen nur in Rätseln. Plotin, Origenes und die anderen Schüler des Ammonius schworen, die Lehren ihres Meisters nicht zu enthüllen. Christus selbst verdunkelte seine Worte, damit nur die treuesten seiner Jünger sie verstehen konnten, und verhinderte so ausdrücklich, daß die geweihten Knochen vor die Hunde, die Perlen vor die Säue geworfen wurden. «So flieht jedes magische Experiment die Öffentlichkeit, will verborgen sein, wird durch das Stillschweigen verstärkt, durch seine Offenbarung aber verdorben, und man erlangt keinen vollständigen Erfolg» (Agrippa: 1987, 367).

Die Wahrheit teilt sich über den persönlichen Kontakt mit, durch «das Geflüster der Traditionen und das gesprochene Wort». Das persönliche Gespräch zwischen Meister und Schüler wurde zum bevorzugten Instrument der Kommunikation: «Ich weiß nicht, ob sich einem ohne die Hilfe eines vertrauten und kundigen Meisters und allein durch die Lektüre der Bücher der Sinn mitteilt [...] Diese Dinge pflegt man weder Briefen anzuvertrauen, noch werden sie mit der Feder niedergeschrieben, sondern sie vermitteln sich von Geist zu Geist über heilige Worte» (Agrippa: 1550, II, 904).

Das öffentliche Wissen

Ein Jahrtausend lang (die zehn Jahrhunderte des Mittelalters also) wird die Welt der Kultur durch Heilige, Mönche, Ärzte, Universitätsprofessoren, Soldaten, Handwerker und Magier geprägt. Zu diesen gesellen sich später die Humanisten und höfischen Edelleute. Von Mitte des 16. bis Mitte des 17. Jahrhunderts tauchen neue Personen auf: die *Mechaniker,* die *Naturphilosophen* und die *Virtuosen* oder freien Experimentatoren. Diese *Neuen* suchen ihr Ziel weder in der Heiligkeit, noch in literarischer

Unsterblichkeit oder in Wundertaten, um die Uneingeweihten zu beeindrucken. Die neue Wissenschaft entsteht auf dem Boden einer heftigen Auseinandersetzung mit dem Wissen der Mönche, Scholastiker, Humanisten und Professoren. In den Universitäten – schreibt John Hall 1649 in einem ans Parlament gerichteten Antrag – würden weder Chemie noch Anatomie, weder Sprachen noch Experimentieren gelehrt. Es ist, als hätten die Jungen vor dreitausend Jahren die ganze in Hieroglyphen verfaßte Wissenschaft studiert und die ganze Zeit in einem Mumienschlaf verbracht, um nun aufzuwachen.

Noch bevor der Widerstand gegen das geheime Wissen der Magier und Alchimisten auf seiten der Philosophen, Ingenieure und Mechaniker entbrennt, zeigt er sich an anderer Stelle. Vannoccio Biringuccio äußerte sich zu diesem Thema in der *Pirotechnia* aus dem Jahr 1540 sehr dezidiert. Die Alchimisten sind unfähig, die Mittel zu kodifizieren. Sie «stützen sich allerdings mehr auf angesehene Zeugen als auf Vernunftgründe und beweisbare Tatsachen [...]. Sie führen Hermes, Arnoldus, Raymundus, Geber, Ockham, Craterus, den hl. Thomas, Pariginus und einen Bruder Elias vom Franziskanerorden an und wollen durch das Ansehen, das deren philosophische Kenntnisse oder deren Heiligkeit hat, sozusagen Ehrfurcht erwecken, damit der Zuhörer sich unwissend fühlt und schweigt oder ihre Behauptungen bestätigt» (Biringuccio: 1925, 35f.). Im Gegensatz zum weniger gelehrten Biringuccio war Georg Agricola ein belesener Mann. Aber aus *De re metallica* aus dem Jahre 1556 (einem Buch, das an die Altäre der Kirchen der Neuen Welt gekettet wurde, damit es allen als Lehrbuch diene) spricht eine solche polemische Kraft gegen ein Wissen, das aus Prinzip unmittelbar ist: «Es gibt noch viele andere Bücher über diesen Gegenstand; doch sie sind unverständlich, denn die betreffenden Schriftsteller nennen die Dinge mit fremden, nicht mit ihren eigentlichen Namen, und die einen brauchen diese, die anderen jene Bezeichnungen für dieselben Sachen» (Agricola: 1977, XV).

Der Wert der «Geheimhaltung» gewinnt später auch innerhalb der Welt der Mechaniker an Bedeutung. So bestehen viele Handwerker und Ingenieure der Renaissance darauf, ihre Erfindungen geheimzuhalten, jedoch nicht, weil die Uneingeweihten ihrer nicht würdig gewesen wären, sondern aus sozialen und wirtschaftlichen Gründen. Die ersten Patente werden zu Beginn des 15. Jahrhunderts angemeldet, und im 17. Jahrhundert steigt die Zahl sprunghaft an (Eamon: 1990; Maldonado: 1991).

Im Zeitalter der ganz Europa durchziehenden Religionskriege unternahmen kleine Gruppen von Männern, die sich als «Naturphilosophen» bezeichneten, den Versuch, innerhalb der menschlichen Gesellschaft kleinere, tolerantere Gemeinschaften zu bilden. «Als ich in London lebte», schreibt John Wallis 1645, «hatte ich Gelegenheit, die Bekanntschaft verschiedener Personen zu machen, die sich mit der sogenannten neuen oder experimentellen Philosophie beschäftigen. Aus unseren Exkursen schlossen wir die Theologie aus, unser Interesse war auf die Physik, die Anatomie, die Geometrie, die Statistik, den Magnetismus, die Chemie, die Mechanik und die Naturexperimente gerichtet».

Wer den ersten Akademien beitrat, suchte vornehmlich vor zweierlei Schutz, vor der Politik und vor der Einmischung der Theologie und der Kirchen. Die Mitglieder der Accademia dei Lincei «haben aus ihren Studien jede Auseinandersetzung verbannt, die nicht die Natur und die Mathematik betrifft, und die politischen Dinge beiseite geräumt». Von allen Mitgliedern der Gesellschaft – heißt es in einem Text der Royal Society – «wird verlangt, auf eine Art und Weise zu sprechen, die deutlich, nackt, natürlich und von wissenschaftlicher Klarheit ist, wobei die Sprache der Handwerker und der Händler der der Philosophen vorzuziehen ist» (Sprat: 1667, 62).

Einige Punkte, welche die Akademien und die wissenschaftlichen Gesellschaften betreffen, verdienen erwähnt zu werden. Die Gelehrten hielten Versammlungen ab, für die bestimmte Regeln festgelegt waren. Oberstes Prinzip war die kritische Haltung gegen jedwede, gleich von wem aufgestellte Behauptung. Der Wahrheitsgehalt einer Aussage bestimme sich nicht nach der Autorität der sie äußernden Person, sondern zeige sich allein in der Evidenz der Experimente und der Kraft der Beweise.

An zweiter Stelle sei an die Stellungnahme aller Vertreter der neuen Wissenschaft zugunsten sprachlicher Schärfe und Eindeutigkeit in der Terminologie erinnert. Diese geht einher mit der Weigerung, eine prinzipielle Unterscheidung zwischen den Einfachen und den Gelehrten vorzunehmen. Theorien müssen vollständig mitteilbar, Experimente immerzu wiederholbar sein. William Gilbert schreibt: «Wir verwenden zuweilen neue Worte, aber nicht, um – wie es die Alchimisten tun – die Dinge zu verhüllen, sondern damit das Verborgene vollkommen verständlich wird» (Gilbert: 1958, *Praefatio*). Hier sei an den berühmten Anhang der *Abhandlung über die Methode* von Descartes erinnert: «Kein Ding ist in der Welt besser verteilt, als der gesunde Menschenverstand». Die Fähigkeit, «richtige Urteile zu fällen und das Wahre vom Falschen zu unterscheiden», worin sich die Vernunft erweist, ist «von Natur in allen Menschen gleich». Und nicht nur das: Der Verstand, der uns von den Tieren unterscheidet, ist «voll und ganz in einem jeden vorhanden» (Descartes: 1905, 1f.). Die zur Wissenschaft und zur Wahrheit führende, von Hobbes verfolgte Methode ist für alle Menschen gemacht: «Ich bin derjenigen Meinung gefolgt, die auch du wirst benutzen können, wenn sie deinen Beifall findet», so wendet er sich in der Vorrede an den Leser von *De corpore* (Hobbes: 1915, 26). Die wissenschaftliche Methode – hatte auch Bacon bestätigt – neige dazu, die Unterschiede zwischen den Menschen verschwinden zu lassen und ihre Intelligenz gleichzusetzen.

Die zeremonielle Magie wendet sich laut Bacon gegen das Gebot Gottes, nach dem man im Schweiße seines Angesichts sein Brot verdienen soll, und «vertritt die Auffassung, daß die edlen Zusammenhänge, die Gott dem Menschen durch seiner Arbeit Fleiß zu erlangen auferlegt hat, mit Hilfe einiger weniger einfacher und kaum mühevoller Regeln zu erreichen seien». Diesen Erfindungen und Ideen, schreibt er weiter, «widmen sich Wenige in absoluter, fast religiöser Stille». Von dem «geistlichen» Charakter des magischen Wissens und der Vermischung von Wissenschaft und Religion als fundamentalem Bestandteil der hermetischen Tradition sprechen alle Kritiker und Gegner der Magie.

Warum, fragt sich Mersenne, sind die Anhänger der Alchimie nicht bereit, die Ergebnisse ihrer Entdeckungen «ohne dieses geheimnisvolle Dunkel» zu betrachten? (Mersenne: 1625, 105). Neben der Wertschätzung für Galileis geistige Kühnheit, die sich in seinen astronomischen Entdeckungen zeige, lobte Bacon dessen intellektuelle Redlichkeit: «Ehrlich und auf anschauliche Weise haben solche Männer Zug um Zug Zeugnis abgelegt, wie sie zu jedem einzelnen Punkt ihrer Forschung gelangt sind» (Bacon: 1887, III, 736). Jene, die in die Irre gehen, wenn sie außerordentliche Wege beschreiten, so Descartes, seien weniger anzuklagen als diejenigen, welche in der Gemeinschaft mit anderen das Ziel verfehlten. In dieser «tiefen Finsternis des Lebens» – heißt es bei Leibniz – ist es notwendig, gemeinsam voranzuschreiten, denn die Methode in der Wissenschaft sei wichtiger als die Genialität der Einzelnen, weil das Philosophieren nicht der Verbesserung des eigenen Intellekts diene, sondern dem der Menschheit. Auf das Ideal des *advancement of learning*, auf das Anwachsen des Wissens und seine Verbreitung berufen sich in unterschiedlicher Weise Leibniz, Hartlib und Comenius. Das «glühende Verlangen, in aller Welt Schulen zu eröffnen» war für den Autor der *Pansophiae prodromus* ein Charakteristikum der neuen Zeit. Aus diesem «glühenden Verlangen» entsteht laut Comenius «in allen Sprachen und bei allen Völkern eine so große Vielfalt von Büchern, daß sie auch schon Bauern und Weibspersonen bekannt werden [...]. Jetzt schließlich taucht der beharrliche Versuch so mancher auf, die Methode der Studien zu solcher Vollendung zu führen, daß alles, was der menschlichen Erkenntnis würdig ist, mit dem leichtesten Bemühen dem Geist eingeflößt werden kann. Wenn dieser Versuch Fortschritte macht (ich hoffe es) und der gesuchte Weg, allen alles leicht zu lehren, gefunden wird, sehe ich kein Hindernis dafür, daß wir jenes [...] Goldene Zeitalter kennenlernen» (Comenius: 1963, 19, 21).

Die Schlacht zugunsten eines universellen Wissens, das für alle verständlich, weil von allen mitteilbar und rekonstruierbar ist, sollte schon im Verlauf des 17. Jahrhunderts von der Ebene der Ideen und Projekte der Intellektuellen in jene der Institutionen hineingetragen werden: «Was die Mitglieder anbelangt, welche die Gesellschaft konstituieren, so ist festzuhalten, daß sie Männern verschiedener Religionen, Länder und Berufe freien Zugang gewähren [...]. Sie erklären offen, daß sie nicht die Gründung einer englischen, schottischen, irländischen, papistischen oder protestantischen Philosophie, sondern die einer *menschlichen* vorbereiten [...]. Sie haben versucht, ihr Werk unter die Bedingung eines fortwährenden Wachsens zu stellen, indem sie eine unumstößliche Beziehung zwischen Hand und Kopf bekräftigt haben. Sie haben sich bemüht, daraus kein kurzlebiges oder auf glücklichen Umständen beruhendes Unternehmen zu machen, sondern ein Werk, das beständig, dauerhaft und allgemeinverständlich ist. Sie haben versucht, es von Ränken, Launen und der Leidenschaftlichkeit der Sekten zu befreien und in ein Instrument zu verwandeln, mit Hilfe dessen die Menschheit Herrschaft über die Dinge erlangt und nicht nur über das Urteil anderer. Schließlich haben sie begonnen, die Philosophie zu reformieren, nicht so sehr durch den Ernst der Gesetze oder ostentative Zeremonien, sondern über eine solide Praxis und durch Beispiele; nicht durch pompöse feierliche Worte, sondern mittels der wortlosen, effizienten und unwiderlegbaren Argumente der wirklichen Vorgänge» (Sprat: 1667, 62).

Hermetische Tradition und wissenschaftliche Revolution

Im letzten halben Jahrhundert hat die Forschung den großen Einfluß der magisch-hermetischen Tradition auf das Denken von nicht wenigen Vertretern der wissenschaftlichen Revolution immer deutlicher herausgearbeitet. Magie und Wissenschaft bildeten an der Schwelle zur Moderne ein schwer entwirrbares Geflecht. Die illusionistische und positivistische Vorstellung eines Triumphzuges des wissenschaftlichen Wissens durch das Dunkel von Aberglauben und Magie scheint heute völlig überwunden.

In seiner Verteidigung der Zentralität der Sonne beruft sich Nikolaus Kopernikus auf die Autorität des Hermes Trismegistos. Auf ihn und auf Zarathustra bezieht sich auch William Gilbert, der seine Lehre vom irdischen Magnetismus mit der These von der Belebtheit des Universums identifiziert. Francis Bacons *Formenlehre* ist stark geprägt durch die Sprache der Alchimisten und die traditionellen Vorbilder. Johannes Kepler ist ein genauer Kenner des *Corpus hermeticum.* Seine Überzeugung, daß ein geheimer Zusammenhang zwischen geometrischen Strukturen und dem Aufbau des Universums besteht, und seine These einer Musik der Himmelssphären sind vollkommen durchdrungen vom pythagoreischen Mystizismus. Tycho Brahe sieht in der Astrologie eine legitime Anwendung seiner Wissenschaft. René Descartes, dessen Philosophie für die Moderne zum Symbol rationaler Klarheit geworden ist, zog in seiner Jugend die Ergebnisse der

Vorstellung denen der Vernunft vor. Er fand wie viele Magier des 16. Jahrhunderts Gefallen an der Konstruktion von Automaten und «Schattengärten» und bestand mit zahlreichen Vertretern des magischen Lullismus auf der Einheit und Harmonie des Kosmos. Das sind Themen, die in anderer Gestalt auch bei Leibniz wieder auftauchen, in deren Logik Aspekte aus der Tradition des hermetischen und kabbalistischen Lullismus einfließen. Es muß hinzugefügt werden, daß die leibnizsche Idee von Harmonie in der leidenschaftlichen Lektüre von Texten gründet, die schwerlich als «wissenschaftlich» bezeichnet werden können. In den Blättern des *De motu cordis* von William Harvey, zum Lobpreis des Herzens als «Sonne des Mikrokosmos» geschrieben, klingen die Themen der hermetischen und der Sonnenliteratur des 15. und 16. Jahrhunderts an. Zwischen der Definition Harveys vom *ovum* (als nicht vollkommen mit Leben gefüllt, noch vollkommen ohne Leben) und der Definition des *corpo astrale* von Marsilio Ficino (und vieler anderer Paracelsiker und Alchimisten) bestehen genaue Beziehungen. Auch in Newtons Auffassung vom Raum als *sensorium Dei* hat man Einflüsse aus neuplatonischen Strömungen und der jüdischen Kabbala festgestellt. Newton las und faßte alchimistische Texte nicht nur zusammen, sondern widmete viele Stunden seines Lebens alchimistischen Versuchen. Aus seinen Manuskripten wird auch sein Glaube an eine *prisca theologia* deutlich (das zentrale Thema des Hermetismus), deren Wahrheit durch die neue experimentelle Wissenschaft «bewiesen» werden sollte.

Um eine provisorische Demarkationslinie zwischen «Magiern» und «Wissenschaftlern» des späten 16. Jahrhunderts zu ziehen, reicht es nicht aus, die Unterschiede herauszustellen, die sich auf allgemeine Appelle an die Erfahrung oder die Auflehnung gegen die *auctoritates* gründen. Gerolamo Cardano hat sich bekanntlich mit gewissem Erfolg mit der Mathematik beschäftigt, und Giovambattista Della Porta kommt eine nicht völlig zu vernachlässigende Stellung in der Geschichte der Optik zu. Die Berechnungen von vielen Astrologen sind weit weniger fragwürdig als die mathematischen Betrachtungen von Hobbes, und Paracelsus ist viel weniger «Scholastiker» als Descartes.

Im großen Buch der Natur voller Bescheidenheit zu blättern, bedeutete für Bacon den Verzicht auf die Konstruktion einer

Naturphilosophie, die gedanklich und experimentell auf zu schwachen Pfeilern ruhte. Francesco Patrizi und Peter Soerensen (oder Severinus), Bernardino Telesis, Giordano Bruno, Tommaso Campanella, William Gilbert, sie alle waren Bacon als Philosophen erschienen, die einer nach dem anderen die Bühne betreten und willkürlich die Gegenstände ihrer Welten erfinden. Eine andere Einschätzung ist uns im Werk des Veroneser Arztes Girolamo Fracastoro (1483–1553) überliefert, den Bacon für einen ehrlichen und frei urteilenden Mann hält. Es ist nicht schwer, sich die Gründe für die Verschiedenheit der Meinung klarzumachen. In *De sympathia et antipathia rerum* (1546) hatte sich Fracastoro mit einer Reihe gewohnter Themen beschäftigt (warum die magnetische Nadel nach Norden weist, warum der Schildfisch die Einschiffung verhindern kann usw.), aber er hatte seine Forschung über den «Konsens und Dissens» zwischen den Dingen als notwendige Voraussetzung für ein Studium der Seuchen aufgefaßt. Letzteres war bis dahin als Zeichen einer okkulten Tugend angesehen worden. Anstatt nach den wirklichen Ursachen der Seuchen zu forschen, nach der Art, wie sie sich äußern, der unterschiedlichen Schwere der ansteckenden Krankheiten oder den Unterschieden zwischen ansteckenden Krankheiten und Vergiftungen zu fragen, hatte man sich darauf beschränkt, mysteriöse Ursachen anzuführen. Der Grund hierfür liegt darin, daß sich die Philosophen bis dahin fast ausschließlich den «allgemeinen Ursachen» gewidmet und das Studium der «besonderen und bestimmten Ursachen» vernachlässigt haben (Fracastoro: 1574, 57–76). Um «Sympathie» zu erklären, ist es nötig, die Vorstellung einer mysteriösen *Natur* der Körper durch die einer *Kraft* zu ersetzen. Dies läßt sich mit der aristotelischen Theorie aber nicht bewerkstelligen. Indem Fracastoro sich auf Demokrit, Epikur und Lukrez bezieht, erkennt er die Theorie von den *effluxiones* der Körper als Prinzip der Anziehung an. Die Anziehung zweier Körper basiert auf der gegenseitigen Übertragung von Korpuskeln aus dem einen auf den anderen. Die Gesamtheit dieser Korpuskeln bildet ein einheitliches Ganzes, das jedoch ungleich in seinen Teilen ist: Die Partikel, welche die beiden Körper umgeben und sich zwischen ihnen befinden, haben eine andere Dichtigkeit und Verdünnung. In der «Atomwolke» verursachen sie daher Bewegungen, die nach einem Gleichgewicht oder dem größten Konsens der Teile mit dem Ganzen streben. Diese Ordnungsbewegungen bewirken die Tendenz des einen Körpers zum anderen und in manchen Fällen ihre Vereinigung.

Im Kapitel VI des *De contagionibus et contagiosis morbis* (1546) fragt Fracastoro, warum «die Ursache der Kontagien, die auf Distanz wirken, nicht auf die verborgene Eigenschaft zurückzuführen» sei? (Fracastoro: 1968, 20). Einige Seuchen (Krätze, Lepra) werden durch einfachen Kontakt übertragen, andere durch Kleidung, Bettwäsche oder ähnliches, wieder andere (wie im Falle der Pest und der Pocken) verbreiten sich mit Hilfe von unsichtbaren *seminaria* über größere Entfernungen. Die Distanzierung Fracastoros (an dessen berühmtes, in lateinischen Versen verfaßtes Gedicht *Syphilis sive de morbo gallico* von 1530 hier erinnert sei) vom Okkultismus wird auch in der kleinen Schrift *De causis criticorum ciebus* deutlich. Die kritischen Tage oder die «Krisen» der Krankheit fallen ohne Zweifel auf bestimmte Zeiten. Dennoch lassen sich diese Tage weder auf der Basis von starren zahlenmäßigen Übereinstimmungen (wie es die «pythagoreischen Philosophen» tun) noch aufgrund einer Ursache-Wirkung-Beziehung mit der Bewegung der Planeten (wie die Astrologen es tun) bestimmen. Die Ärzte hätten besser daran getan, über diese Themen eine geduldige Forschung zu betreiben und sich nicht «von den Meinungen der Astrologen verführen zu lassen» (Fracastoro: 1574, 48–56).

Innerhalb des allgemeineren philosophischen Kontextes der Gemeinsamkeit der Dinge, der Sympathie und der Antipathie, kristallisieren sich also unterschiedliche Positionen heraus. Aus diesen Kenntnissen konnte man auf unterschiedliche Weise *Nutzen* ziehen; man konnte sie mit einer mystischen Weltansicht in Einklang bringen oder sie als Prüfstein oder Hypothesen für eine «experimentelle» Untersuchung der Natur heranziehen.

Geheimnisse und das öffentliche Wissen

Um den offenkundigen Unterschied zwischen der *Magie* der Renaissancezeit und der modernen *Wissenschaft* zu erfassen, müssen wir nicht nur die Inhalte und die Methoden einer Betrachtung unterziehen, sondern auch das Bild vom Wissen und vom *Wissenden*. In unserer Welt gibt es sicherlich viele Geheimnisse, und ihnen liegen viele Theorien und Praktiken der *arcani imperi* zugrunde. Auch in der Wissenschaftsgeschichte hat es Verschleierungen gegeben. Es muß dennoch unterstrichen werden, daß es nach der ersten wissenschaftlichen Revolution in der wissenschaftlichen Literatur und in der Literatur über die Wissenschaft – im Gegensatz zu dem, was auf breiter Front in der Welt der Politik geschehen ist und geschieht – kein *Lob* und keine Wertschätzung der Verschleierung gibt oder geben kann. Die eigenen Ansichten zu verheimlichen und nicht öffentlich zu machen, kann nur bedeuten, zu betrügen und Verrat zu begehen. Die Wissenschaftler können als Gemeinschaft zur Geheimhaltung zwar gezwungen werden, aber ohne Druck ist dies nicht möglich. Wenn ihnen ein solcher Zwang auferlegt wird, protestieren sie oder, wie in diesem Jahrhundert geschehen, lehnen sich dagegen auf. Der Begriff «Keplersche Gesetze» drückt keinesfalls ein Eigentumsverhältnis aus, er dient nur dazu, das Andenken an eine große Persönlichkeit zu wahren. Geheimhaltung ist für die Wissenschaft und ihr Umfeld zu einem *Unwert* geworden.

3.
Ingenieure

Theorie und Praxis

Im Vorwort seiner 1580 in Paris gedruckten *Discours admirables* wetterte Bernard Palissy gegen die Professoren der Sorbonne und stellte die Frage, ob es nicht möglich sei, Kenntnisse über die Naturerscheinungen zu erwerben, ohne jemals lateinisch verfaßte Bücher gelesen zu haben. Palissy, der bei einem Glasmacher eine Lehre absolviert hatte, war durch seine Versuche, Keramiken mit weißer Glasur zu überziehen, berühmt geworden und anschließend an den Rand des Ruins geraten. In seinem abenteuerlichen Leben hatte er zahlreiche Pläne für Maschinen entworfen, die er jedoch nie verwirklichte. Mehrfach drohten ihm Hungertod und Todesstrafe. Er starb 1589 oder 1590 in der Bastille.

Die Frage, die Palissy sich und seinen Lesern gestellt hatte, beantwortete er positiv. Seiner Ansicht nach vermochte die Praxis sehr wohl die Theorie selbst der angesehensten Philosophen zu widerlegen. Das von ihm eingerichtete Laboratorium und Naturkundemuseum vermittelte in seinen Augen gründlichere philosophische Kenntnisse als das Studium der antiken Philosophen an der Sorbonne (Palissy: 1880).

Ein Jahr nach der Veröffentlichung von Palissys *Discours* erschien in London ein Buch über den Magnetismus und die Inklination der Magnetnadel mit dem Titel *The Newe Attractive, Contayning a Short Discourse of the Magnes or Lodestone,* das William Gilbert für seine Forschungen nutzte. Sein Verfasser war ein englischer Seemann namens Robert Norman (ca. 1560–1596), der rund zwanzig Jahre auf Schiffen verbracht hatte und nun Handel mit Kompassen trieb. Im Vorwort seines Buches bezeichnete sich Norman selbst als «ungelernten Mathematiker», der im Lauf seines Berufslebens umfangreiche Kenntnisse erworben habe. Seinen Gegnern zum Trotz und seinen guten Namen aufs Spiel setzend habe er sich nunmehr entschlossen, die Ergebnisse seiner langjährigen Arbeit zum Lobpreis Gottes und zum Nutzen Englands öffentlich bekanntzugeben. Den Leser bat er zu berücksichtigen, daß er nur ein einfacher Seemann sei und daher nicht in eine Disputation mit den Logikern eintreten oder eine befriedigende Erklärung für den Magnetismus geben könne. Norman ist sich des grundsätzlichen Unterschieds zwischen seinen eigenen Forschungen und denen der «Buchgelehrten» bewußt. Letztere arbeiteten kunstvoll Theorien aus und sähen es am liebsten, wenn alle Handwerker gezwungen wären, ihnen ihren Kenntnisschatz auszuliefern. Zum Glück, schließt Norman, «gibt es in diesem Land einige Handwerker, die [...] ihre Künste mit Fingerspitzengefühl ausüben, und diese für die verschiedenen Zwecke ebenso wirksam und mit größerer Bereitwilligkeit anwenden, als diejenigen, welche sie am meisten ablehnen würden» (Norman: 1581, Vorwort).

Derartige Ideen dringen rasch auch in die Welt der Gelehrten ein. Die gleichen Überlegungen – weniger schlicht formuliert, aber mit dem gleichen Nachdruck vertreten – finden wir bei einem Philosophen wie Juan-Luis Vives (1492–1540), einem Freund von Erasmus und Thomas More, Lehrer am Hof Heinrichs VIII., der als Gelehrter mit umfassender Bildung für das feingeistige Publikum der Humanisten schrieb. In seinem Werk *De tradendis disciplinis* (1531) rät er den europäischen Wissenschaftlern ein ernsthaftes Studium der mit Mechanik, Weben, Landwirtschaft und Schiffahrt zusammenhängenden Probleme. Der Gelehrte müsse seine traditionelle Abneigung gegenüber der Handarbeit überwinden, die Werkstätten und Bauernhöfe aufsuchen und die Handwerker über die Einzelheiten ihrer Arbeit befragen. Die Naturwissenschaft, schreibt Vives in *De causis corruptarum artium* (1531), sei kein Monopol der Philosophen und Dialektiker. Besser als von diesen werde die Natur von den Handwerkern verstanden, die nie auf imaginäre Konstrukte wie *Formen* und *Wesenheiten* zurückgegriffen hätten.

Palissy, Norman und Vives geben auf verschiedenen kulturellen Ebenen und mit unterschiedlichen Intentionen dem Bedürfnis nach einem Wissen Ausdruck, das sich stärker an der praktischen Arbeit und empirischen Forschung orientiert als an einer rein verbalen Vermittlung. Das gleiche Anliegen kommt in einem der bedeutendsten Texte der neuen Wissenschaft zum Ausdruck. In

De humani corporis fabrica (1543) prangert Andreas Vesal energisch eine für die Ärzteschaft seiner Zeit typische Diskrepanz an. Auf der einen Seite gebe es den Medizinprofessor, welcher Leichenöffnungen fernbleibe und vom Katheder aus unter Zuhilfenahme von Büchern doziere, auf der anderen Seite den zum Metzger degradierten Leichenöffner ohne jedes theoretische Wissen.

In den fünfzig Jahren zwischen 1530 und 1580, in denen diese Texte entstanden, artikulieren sich in den Schriften eines Pariser Handwerkers, eines englischen Seemanns, eines spanischen Philosophen und eines der italienischen Kultur verbundenen flämischen Wissenschaftlers gemeinsame Anliegen: die Bedeutung aufzuzeigen, die den Arbeiten der Handwerker, Künstler und Ingenieure für den Fortschritt des Wissens zukommt und ihnen den Rang kultureller Tätigkeiten zusprechen (Rossi: 1971, 9–77).

Ingenieure und Maschinen

Viele in die Volkssprache übertragene Texte der antiken Klassiker wenden sich ausdrücklich an die aufsteigende Schicht der Handwerker. Jean Martin, der 1547 die «Architektur» Vitruvs aus dem 1. Jahrhundert v. Chr. ins Französische übersetzte, schrieb für die handwerklich Arbeitenden und alle, die nicht Latein lesen konnten. Walter Ryff (Gualther Hermenius Rivius), der 1548 die deutsche Fassung des Textes veröffentlichte, wandte sich an Handwerker, Bauleute, Steinmetze, Architekten und Tuchweber. Die zahlreichen Kommentare zu Vitruv, von denen hier stellvertretend die 1556 in Venedig von Daniele Barbaro besorgte Ausgabe *I dieci libri dell'architettura di Vitruvio tradotti e commentati* erwähnt sei, belegen die Wichtigkeit dieser «Erläuterungen» der klassischen Texte.

Nicht wenige der fortgeschritteneren Handwerker, die über die humanistische Vermittlung mit dem kulturellen Erbe der antiken Welt in Berührung gekommen waren, suchen in den Werken des Euklid, Archimedes, Heron oder Vitruv nach Antworten auf ihre Fragen. Die Literatur des 15. und 16. Jahrhunderts ist bekanntlich außerordentlich reich an technischen Abhandlungen, von denen einige regelrechte Handbücher sind. Andere enthalten dagegen nur vereinzelte Betrachtungen über die von Handwerkern oder «Mechanikern» verrichtete Arbeit oder die in den verschiedenen Kunsthandwerken angewendeten Verfahren. Zu dieser reichhaltigen, von Ingenieuren, Künstlern und erfahrenen Handwerkern produzierten Literatur zählen die Schriften von Filippo Brunelleschi (1377–1446), Lorenzo Ghiberti (1378–1455), Piero della Francesca (1406–ca.1492), Leonardo da Vinci (1452–1519), Paolo Lomazzo (1538–1600); die Abhandlungen über Kriegsmaschinen von Konrad Keyser (1366–1405); die Werke über Architektur von Leon Battista Alberti (1404–72), Francesco Averlino, genannt Filarete (1416–1470), Francesco di Giorgio Martini (1439–1502); das Buch über militärische Technologie von Roberto Valturio da Rimini (1472 erschienen und später mehrfach neu gedruckt, so 1482 und 1483 in Verona, 1483 in Bologna, 1493 in Venedig, zwischen 1532 und 1555 gar viermal in Paris); die beiden Traktate von Albrecht Dürer (1471–1528) zur Geometrie (1525) und über Befestigungsanlagen (1527); die *Pirotechnia* von Vannoccio Biringuccio (1480–ca.1539), 1540 erschienen und wieder gedruckt in zwei lateinischen, drei französischen und vier italienischen Ausgaben; das Buch über Ballistik (1537) von Niccoló Fontana, genannt Tartaglia (1500–ca.1557); die beiden Traktate über Bergbauwesen von Georg Bauer oder Georg Agricola (1494–1555), die 1546 und 1556 erschienen; das *Théâtre des instruments mathématiques et méchaniques* (1569) von Jacques Besson; die *Diverse et artificiose machine* (1588) von Agostino Ramelli (1531–1590); die *Mechanicorum libri* (1577) von Guidobaldo del Monte; die drei Bücher über Mechanik von Simon Stevin oder Stevinus (1548–1620); die *Machinae novae* (1595) von Fausto Veranzio (1551–1617); das *Novo teatro die machine et edificii* (1607) von Vittorio Zonca (1568–1602); die Abhandlungen über Navigation von Thomas Hariot (1560–1621) und Robert Hues (1553–1632), die in den Jahren 1594 und 1599 erschienen.

Universitäten und Klöster sind nicht länger die einzigen Orte, an denen Bildung produziert und verbreitet wird. Das sich ausbreitende neue Wissen hat mit der Planung von Maschinen, der Konstruktion von offensivem und defensivem Kriegsgerät, mit Befestigungen, Kanälen und Deichen und mit der Gewinnung von Metallen aus Bergwerken zu tun. Die dieses Wissen erschließenden Ingenieure oder Kunsthandwerker erreichen nach und nach ein Ansehen, das dem des Arztes, des Magiers, des Hofastronomen oder Universitätsprofessors gleichkommt oder es gar übertrifft. Leon Battista Alberti, der Maler, Bildhauer, Architekt, Urbanist und feingeistiger Humanist in einem ist, vertritt die Ansicht, daß die Mathematik (Theorie der Proportionen und der Perspektive) die für den Künstler und Wissenschaftler gleichermaßen verbindliche Grundlage sei. Die perspektivische Vision des Malers ist für ihn, ebenso wie die Malerei selbst, eine Wissenschaft. «Vernunft» und «Regel» vereinen sich im Werk des Architekten. Der Ingenieur wird wegen seiner Fähigkeit gelobt, Berge zu durchbohren, enorme Wasser und Gesteinsmengen zu verschieben, Sümpfe trocken zu legen, Flußläufe zu regulieren, Schiffe, Brücken und Kriegsmaschinen zu konstruieren.

Werkstätten

Im 14. Jahrhundert wurde die Kunst, wie F. Antal in Erinnerung gerufen hat (Antal: 1947), als manuelle Tätigkeit betrachtet. Fast alle Künstler des frühen 14. Jahrhunderts entstammen handwerklichem, bäuerlichem oder kleinbürgerlichem Milieu. Andrea del Castagno war Sohn eines Bauern, Paolo Uccello Sohn eines Barbiers, Filippo Lippi Sohn eines Metzgers, Pollaiolo, wie sein Name (von ital. *pollo* Huhn, Anm.d.Übers.) andeutet, Sohn eines Geflügelhändlers. In Florenz gehörten zu Beginn des Jahrhunderts die Bildhauer und Architekten der niederen Zunft der Maurer und Zimmerleute an, während die Maler als Künstler zusammen mit Tünchern und Farbmischern der gehobeneren Zunft der Ärzte und Gewürzhändler zugeordnet waren. Aus ihren Werkstätten, in denen die Lehre mit allerlei manuellen Arbeiten begann (Herstellung von Farben, Vorbereitung der Leinwand etc.), gingen nicht nur ausgezeichnete Gemälde hervor, sondern auch Wappen, Banner, Intarsien, Modelle für Wandteppiche und Stickarbeiten, Keramiken und Goldschmiedeartikel. Die Architekten entwarfen nicht nur Gebäude, sie beschäftigten sich auch mit mechanischen Instrumenten und Kriegsmaschinen, mit dem Aufbau von Gerüsten, «Maschinen» und mit komplizierten Konstruktionen für Prozessionen und Feste.

In der Mitte des 16. Jahrhunderts, zur Zeit Giorgio Vasaris, sind handwerkliche Aufträge bald nicht mehr vereinbar mit der Würde des Künstlers. Karl V. bückt sich, um Tizian den auf den Boden gefallenen Pinsel zu reichen. Die Geste, ob historisch wahr oder Legende, ist ein Symbol für den Aufstieg der «Künstler» zu einem neuen sozialen *Status*. Noch bevor aber das Bild des Künstlers mit dem des «genialen Schöpfers» unsterblicher Meisterwerke gleichgesetzt wurde, hatte sich bereits in den Florentiner Werkstätten des 15. Jahrhunderts eine Verschmelzung von manueller Arbeit und Theorie vollzogen, wie sie zuvor vermutlich nie erreicht worden war. Einige Werkstätten, wie z. B. die von Lorenzo Ghiberti während der Arbeiten an den Türen des Baptisteriums, verwandelten sich in regelrechte Industrieunternehmen. In diesen Lehr- und Werkstätten werden Maler und Bildhauer, Ingenieure, Techniker, Planer und Konstrukteure von Maschinen ausgebildet. Neben der Kunst der Farbzubereitung, der Steinmetzarbeit, des Bronzegusses, der Malerei und Bildhauerei werden auch die Grundlagen der Anatomie und Optik, der Perspektive und der Geometrie vermittelt. Die Bildung der «Männer ohne Gelehrsamkeit» basiert auf einer praktischen Erziehung, die sich an unterschiedlichen Erfahrungen orientiert und auf einer fragmentarischen, sich auf Euklid und Archimedes berufenden Kenntnis der antiken Wissenschaft beruht. Das empirische Wissen einer Persönlichkeit wie Leonardo da Vinci entstammt einem solchen Milieu.

Leonardo

Leonardo da Vinci (1452–1519), Maler, Ingenieur, Erfinder und Erbauer von Maschinen, Philosoph und «Mann ohne Gelehrsamkeit», ist für die Neuzeit nicht zu Unrecht zum Symbol des vielseitig begabten Menschen, zum Sinnbild für die Überwindung der traditionellen Trennung von mechanischen und freien Künsten, von Praxis und Theorie, von manueller und geistiger Tätigkeit geworden. Seine jugendlichen Interessen erwachsen aus der Arbeit der Werkstätten des 15. Jahrhunderts, und es ist gerade seine handwerkliche Vertrautheit mit den charakteristischen Eigenschaften der Materialien, die in ihm stets das Bewußtsein für die notwendige Verbindung von Theorie und Praxis schärft. Solche Wissenschaften, die «im Verstand beginnen und enden», besitzen keine Wahrhaftigkeit, denn rein geistige Betrachtungen enthalten «keine Erfahrung, ohne die es keine Gewißheit gibt». Andererseits gilt, daß es auch dort keine Gewißheit geben kann, wo die mathematischen Wissenschaften nicht zur Anwendung kommen, und daß diejenigen, welche sich in eine Praxis ohne Wissenschaft verlieben, «wie Seeleute sind, die ohne Steuer und Kompaß ihr Schiff besteigen, und also nie Gewißheit besitzen, wohin sie fahren» (Solmi: 1889, 84, 86). Es hat wenig Sinn, Leonardo Zweideutigkeiten oder Unsicherheiten vorwerfen zu wollen. Die Konvergenz von Praxis und Theorie zu verteidigen, bedeutet für ihn, sich sowohl gegen den Anhänger der reinen Theorie als auch jenen Gegner zu wenden, der – mit Leonardo gesprochen – «nicht soviel Wissenschaft will, weil ihm die Praxis reicht».

1472 tritt Leonardo in die Malerzunft ein und bleibt bis 1476 in der «Werkstatt» Verrocchios. 1482 wird Leonardo als Bildhauer und Bronzegießer an den Hof des Herzogs Lodovico Sforza nach Mailand gerufen. Dort nimmt er den Auftrag des Grafen von Ligny an, einen Bericht über die militärische Verteidigung der Toscana zu verfassen, nach dem Sturz der Sforza 1499 ist er aber gezwungen, Mailand zu verlassen und sich nach Mantua zu begeben. Noch im gleichen Jahr findet er eine Anstellung als Militäringenieur in Venedig. Nach einer Zeit der «Wanderjahre», während der er sich auch in Florenz aufhält, tritt er 1502 als Erster Festungsbauinspizient in die Dienste Cesare Borgias. Bei seinen ständigen Reisen durch Mittelitalien notierte und zeichnete Leonardo in einem Schreibheft (bekannt als Handschrift L) alles, was ihn interessierte. Nach dem Sturz Valentinos kehrt er 1503 nach Florenz zurück. Es ist die Zeit der *Mona Lisa* und der unvollendeten *Schlacht von Anghiari.* Das groß angelegte Projekt der Arno-Umleitung und des Hafens für Florenz wird durch den Krieg zwischen Florenz und Pisa unterbrochen. 1506 ist Leonardo erneut in Mailand, diesmal als Beauftragter des französischen Königs Ludwig XII., für dessen Einzug in die Stadt er die Festlichkeiten organisiert. Dort bleibt er bis zum Rückzug der Franzosen im Jahre 1513 und begibt sich anschließend nach Rom, um seine Dienste Papst Leo X. anzutragen. 1516 verläßt er Italien und geht auf Einladung Franz I. nach Frankreich, wo er bis zu seinem Tod als Ingenieur, Architekt und Mechaniker arbeitet.

Vor allem im Zusammenhang mit seinem zweiten Mailänder Aufenthalt hat man zutreffend von einer fortschreitenden Hinwendung Leonardos zur Theorie gesprochen (Brizio: 1954, 278). Auch wenn unbestreitbar ist, daß die komplexen Projekte für Pumpen, Schleusen, Begradigung und Kanalisierung von Wasserläufen in dieser Zeit entstehen, kann man gleichwohl nicht schon deshalb – wie vielfach versucht worden ist – die Geburt der experimentellen Methode und der neuen Naturwissenschaft dem Geist dieses herausragenden Künstlers und Gelehrten zuschreiben. Nicht zu Unrecht ist daran erinnert worden, daß das «Wunder» Leonardo für den Buchdruck wenig übrig hatte. Die Würdigung der von ihm erhaltenen Handschriften bei ihrer Veröffentlichung verdanken sie der zu dieser Zeit noch geringen Kenntnis vom tatsächlichen Stand der Wissenschaften im 16. Jahrhundert. Leonardos an blitzenden Einfällen und genialen Einsichten reiche Forschungen bleiben stets auf der Ebene des wißbegierigen Experimentierens und erreichen nie jene systematische Verfahrensweise, die eines der grundlegenden Merkmale der modernen Wissenschaft und Technik ist. Seine zwischen Experimenten und Annotationen oszillierenden Untersuchungen erscheinen wie versprengt in einer Reihe kurzer Anmerkungen, verstreuter Betrachtungen und für ihn selbst geschriebenen Notizen, die oft mit Absicht in einer dunklen, schwer entschlüsselbaren Symbolsprache verfaßt sind. Leonardo geht stets von einem ganz konkreten Problem aus und ist nicht an der Ausarbeitung eines systematischen Wissenskanons interessiert. Er verspürt kein Bedürfnis (wie es unserem Verständnis von Wissenschaft und Technik zugrunde liegt), seine Entdeckungen anderen mitzuteilen, zu erklären und zu beweisen. Aus diesem Blickwinkel betrachtet, gewinnen auch die zahllosen berühmten von Leonardo entworfenen Maschinen ihren realen Bezugsrahmen zurück; sie erscheinen weniger als Instrumente, welche die Mühen der Menschen erleichtern und ihre Macht über die Welt vergrößern sollten, sondern waren offensichtlich eher für profanere Zwecke erdacht: Festlichkeiten, Vergnügungen, mechanische Überraschungen. Nicht zufällig ist Leonardo stärker an der *Ausarbeitung* seiner Projekte interessiert als an ihrer *Ausführung.* Seine

Maschinen laufen ständig Gefahr, zu reinen «Spielzeugen» zu werden; sein Begriff von «Kraft», auf den man lange rekurriert hat, steht dem hermetisch-ficinischen Denken vom beseelten Universum näher als dem der beginnenden rationalen Mechanik.

Gleichwohl darf nicht übersehen werden, daß die Fragmente Leonardos Vorstellungen enthalten, die sich auf unterschiedliche Bereichen der Kultur der Neuzeit auswirken sollten: die Idee einer notwendigen Verbindung von Mathematik und Erfahrung sowie die Schwierigkeiten der Bewertung ihres Verhältnisses zueinander; die heftige Polemik gegen die eitlen Anmaßungen der Alchimie; die Invektive gegen die «Nachplapperer und Herolde der Werke anderer»; die Verwahrung gegen den Ruf nach der Autorität, der denjenigen charakterisiere, welcher das Gedächtnis statt des Verstandes benutze; das Bild von der Natur, «die nicht ihre eigenen Gesetze bricht», die eine wunderbare und unerschöpfliche Kette von Wirkungen bilde; die Behauptung, daß die Ergebnisse der Erfahrung «die Zunge der Streitenden verstummen» lasse wie «das ewige Schreien» der Sophisten. Es ist leicht, konkrete Nachwirkungen dieser Aussagen, z. B. bei Galileo Galilei zu belegen, wenn er von der «durch die Augen gegebenen Gewißheit» und den «Gelehrten des Gedächtnisses» spricht oder seine Vorstellung von der Natur darlegt, die, «taub und unerbittlich gegenüber unseren eitlen Wünschen», ihre Wirkungen «in von uns nicht erkennbaren Weisen» hervorbringe. Ein anderes Beispiel ist Bacons Ablehnung des von den reinen Empirikern erarbeiteten Wissens und sein Bild des Menschen, der die Natur nur beherrsche, wenn er in der Lage sei, ihren unerbittlichen Gesetzen zu gehorchen.

Die lange Zeit verbreitete Vorstellung von einer Art «Kindheit der Wissenschaft», die in Leonardo zum Ausdruck kommt, ist zweifellos unzutreffend, wenngleich diese Metapher in Verbindung mit dem Bild des bestaunenswerten Vorläufers nicht ohne Reiz ist. Die großen Tendenzen am Anfang der modernen Wissenschaft (Verbreitung der Mathematik, Korpuskulartheorie und Mechanik) haben Kunst und Wissenschaft veranlaßt, getrennte Wege zu gehen und sich nach auseinanderstrebenden, fortschreitenden, voneinander entfernenden Perspektiven zu entwickeln. Der Versuch, sie wieder einander anzunähern und miteinander zu verschweißen, ist ein müßiges Unterfangen. Die Zeichnungen und Gemälde Leonardos sind allerdings nicht Ausdruck einer wissenschaftlichen Suche ohne jegliche Methodologie. Viele seiner Zeichnungen von Felsen, Pflanzen, Tieren und Wolken, von Teilen des menschlichen Körpers, Gesichtern, Luft- und Wasserströmen sind selbst «Akte eines wissenschaftlichen Bewußtseins, d. h. kritische Untersuchungen der natürlichen Wirklichkeit» (Luporini: 1953, 47). Die von Leonardo erhaltenen Blätter – seine Notizen, Zeichnungen und jene unnachahmliche, außergewöhnliche Mischung von Text und Skizze – führen uns gleichsam an eine Schwelle, von der aus wir einen Blick auf jene Menschen und ihre Umgebung werfen können, denen sich diese für uns heute unmögliche, illusorische Annäherung oder gar Durchdringung von Kunst und Wissenschaft durchaus als realistische Möglichkeit darstellte.

Werkstatt und Gelehrtenstube

Biringuccios *Pirotechnia* (1540) ist einer der bedeutendsten Texte des 16. Jahrhunderts über die Technik. In getreuer Beachtung eines sprachlichen Ideals verzichtet Biringuccio auf jeden Versuch rhetorischer Schönfärberei. Diese überläßt er den Alchimisten, jener Kategorie von Personen, die ihre substantielle Ignoranz gegen den von ihnen behandelten Argumenten hinter «tausend Märchen» verbargen. Unfähig, die «Mittel» zu finden, strebten die Alchimisten nach unmittelbarem Reichtum, schauten dabei zu sehr in die Ferne und übersahen, «was dazwischenliegt» (Biringuccio: 1558, 6v, 7v). Im Unterschied zu Biringuccio ist Georg Agricola ein Mann umfassender Bildung und vielfältiger Interessen. 1494 im sächsischen Glauchau geboren, studierte er in Leipzig, Bologna und Venedig. 1524 läßt er sich als Arzt in Joachimstal (Böhmen) nieder, einem der damals größten Bergbaugebiete Europas. Er war Bürgermeister von Chemnitz, Beauftragter in verschiedenen politischen Missionen bei Karl V. und Ferdinand von Österreich und genoß die Wertschätzung von Erasmus und Melanchthon. Seine Schriften *De ortu et causis subterraneorum* und *De natura fossilium* zählen zu den ersten systematischen Abhandlungen über Geologie und Mineralogie. Das 1556, ein Jahr nach seinem Tod gedruckte Buch *De re me-*

tallica blieb zwei Jahrhunderte lang das Standardwerk über Bergbau und Metallurgie. In der 1545 in Südamerika gegründeten Bergarbeiterstadt Potosi, die ganz Europa mit Gold und Silber belieferte, wurde Agricolas Buch gleichsam als Bibel betrachtet und neben den Altären der Kirchen ausgelegt, damit die Bergleute die Lösung technischer Probleme mit religiöser Hingabe verbanden. Die zwölf Bücher der Abhandlung behandeln sämtliche Aspekte der Metallgewinnung und -verarbeitung und widmen sich dem Auffinden der Erzadern, den Maschinen und Werkzeugen, der Verwaltung, den Goldproben und der Verhüttung. In dem Werk spiegelt sich das Bewußtsein einer tiefen Bildungskrise, deren Entstehung in der Abkehr von den Dingen und der Degeneration der Sprache begründet liegt. «So ist also alles, was ich nicht gesehen, gelesen oder gehört und dann geprüft habe, auch nicht niedergeschrieben worden» (Agricola: 1977, Vorwort). Auf dieser Grundlage kritisiert Agricola scharf die gewollte sprachliche Verschleierung und terminologische Willkür der Alchimisten, deren Bücher alle «unverständlich» seien, da ihre Autoren «die Dinge mit fremden, nicht mit ihren eigentlichen Namen» bezeichneten und die einen «diese, die anderen jene Bezeichnungen für dieselben Sachen» gebrauchten.

In seinem Kommentar zu Vitruv (1556) formulierte Daniele Barbaro in aller Deutlichkeit ein Problem: «Warum haben die Praktiker kein Vertrauen erworben? Weil die Architektur aus der Gelehrsamkeit hervorgeht. Warum nicht die Gelehrten? Weil die Architektur aus der Werkstattarbeit entsteht [...]. Der Architekt ist eine künstlich geschaffene Kreatur und versucht Gelehrsamkeit mit Werkstattarbeit zu verbinden» (Vitruv: 1556, 9). Die tatsächliche Verbindung von Gelehrtenstuben und Werkstatt, von Spekulation und Handarbeit brachte in der Praxis nicht unerhebliche Probleme mit sich. Buonaiuto Lorini, der als Militäringenieur im Dienste Cosimo Medicis und der Republik Venedig stand, war sich dessen voll bewußt. An einer Stelle seines Traktats *Delle fortificationi* (1597) behandelt er das Problem der Beziehung zwischen der Arbeit des «rein spekulativen Mathematikers» und der des «praktischen Mechanikers». Der Mathematiker arbeite mit «erdachten und von der Materie getrennten» Linien, Oberflächen und Körpern. Seine Beweisführungen «treffen nicht so vorzüglich zu, wenn sie auf die materiellen Dinge angewendet werden», weil die Materie, mit welcher der Mechaniker umgehe, immer «Hindernisse» mit sich bringe. Urteilskraft und Fähigkeit des Mechanikers bestünden darin, die Schwierigkeiten und Probleme, die sich aus der Verschiedenartigkeit der zu bearbeitenden Materialien ergeben, vorhersehen zu können (Lorini: 1597, 72). Die problematische Beziehung zwischen der «Unvollkommenheit der Materie» und den «schärfsten mathematischen Beweisen» steht am Anfang der *Discorsi e dimonstrazioni matematiche intorno a due nuove scienze* (Unterredungen und mathematische Demonstrationen über zwei neue Wissenszweige) Galileo Galileis.

Die charakteristische Mischung idealisierter Modelle und «physikalischer» Betrachtung sowie die ständige, direkte Berufung auf Archimedes kennzeichnen auch die Forschungen des 1548 in Brügge geborenen und 1620 in Den Haag verstorbenen Simon Stevin (Stevinus). Er verblüffte die Zeitgenossen mit einem windbetriebenen Segelwagen, den er zum Vergnügen des Prinzen von Oranien baute und am Strand von Scheveningen vorführte. Stevin schrieb über Arithmetik und Geometrie, beschäftigte sich mit Befestigungsanlagen, plante und baute Maschinen und Wassermühlen und druckte Tafeln zur Zinskalkulation. In der Schrift *De Thiende* (1585) beschäftigte er sich mit der Darstellung von Dezimalbrüchen und in *De Havenvinding* (1599) mit der Bestimmung der Längengrade. Er vertrat die Auffassung, daß Holländisch eine der ältesten Sprachen der Welt sei und eine gegenüber anderen Sprachen unübertroffene Präzision habe. Stets um äußerste Klarheit bemüht, wandte er sich an ein Publikum von Handwerkern. Aus beiden Gründen veröffentlichte er seine Schriften in der Volkssprache. Die 1586 gedruckten drei Bücher *De Beghinselen der Weeghconst* (Elemente der Wiegekunst) nehmen im Titel Bezug auf die mittelalterliche *scientia de ponderibus.* In den *Hypomnemata mathematica* (1605–1608) ins Lateinische übersetzt, erschienen sie 1634 auch in einer französischen Ausgabe.

Ein wachsendes Wissen

In den Schriften der Künstler und Forscher des 15. Jahrhunderts sowie in den Abhandlungen über Bergbau, Navigation, Ballistik oder Befestigungswesen des folgenden Jahrhunderts setzte sich, wie wir gesehen haben, allmählich eine neue Bewertung der Handarbeit und der kulturellen Funktion der mechanischen Künste durch. Gleichzeitig wird das Wissen zunehmend als Prozeß fortschreitenden Aufbaus und Zusammenfügens stets komplexerer, sich nach und nach vervollkommnender Erkenntnisse verstanden.

Auch unter diesem Gesichtspunkt bietet das Wissen der Techniker eine historische Alternative zum Wissen der hermetischen Tradition, dessen Vertreter Magier und Alchimisten waren. Diese Tradition gründete auf der Annahme, daß die Wissenden seit Jahrtausenden stets die gleichen unveränderbaren Wahrheiten verkündeten. Die Wahrheit offenbarte sich demnach nicht in der Geschichte und in der Zeit, sie war die fortwährende Enthüllung eines ewigen *logos.* Nur scheinbar besaß die Geschichte ein vielschichtiges Gewebe; in Wirklichkeit enthielt sie nur ein und dieselbe unveränderbare *sapientia.* Mit dieser Vorstellung räumen die Werke der Mechaniker gründlich auf. Die mechanischen Künste, schreibt Agostino Ramelli im Vorwort seiner *Diverse et artificiose maccine* (1588), entsprangen den Bedürfnissen und der mühseligen Arbeit der ersten Menschen, die alle Hände voll damit zu tun hatten, ihr Leben gegenüber einer ihnen feindlichen Umwelt zu verteidigen. Ihre forschreitende Entwicklung ähnele nicht den ungestümen Winden, die Schiffe im Ozean versenken und nach und nach abflauen, sondern dem Lauf der Flüsse, die als kleine Rinnsale beginnen und angereichert durch die Wasser ihrer Nebenflüsse, als große und mächtige Ströme ins Meer münden (Ramelli: 1588, Vorwort). In der Widmung seines Traktats *Hierinn sind begriffen vier Bücher von menschlicher Proportion* (1528) hatte Dürer die Gründe dargelegt, weshalb er als Nichtgelehrter sich mit einem derart anspruchsvollen Thema befasse. Er habe, übles Gerede in Kauf nehmend, den Druck des Buches zum öffentlichen Nutzen aller Künstler beschlossen und auch deshalb, weil er andere dazu bewegen wolle, es ihm gleichzutun, «damit unser nachkommen haben, das sy mehren und pesseren mögen» (Dürer: 1528, Widmung). Der Pariser Chirurg Ambroise Paré (1510–1599), ein in seiner Fakultät unbeliebter, des Lateinischen unkundiger Autodidakt, befand, daß man sich nicht auf dem Lorbeer der antiken Forscher ausruhen dürfe, denn es gäbe «mehr Dinge zu erforschen als solche, die schon erforscht sind, und auch die Künste sind nicht so vollkommen, als daß man sie nicht verbessern könnte» (Paré: 1840, I, 42).

Philosophen wie Bacon, Descartes oder Boyle tragen dazu bei, daß Ideen, die in nicht-philosophischen Milieus entstanden waren und von den Universitäten mit Argwohn, wenn nicht gar Verachtung betrachtet wurden, durch ihre Einbettung in relevante theoretische Zusammenhänge auf die Ebene philosophischer Reflexion gehoben wurden.

Kunst und Natur

Das positivistische Bild von Bacon als «Begründer der modernen Wissenschaft» ist gewiß überholt. Gleichwohl bleibt festzuhalten, daß er Themen und Ideen aus den Randzonen der Wissenschaft, der Welt der Techniker, Erfinder und Ingenieure – zu der Männer wie Biringuccio und Agricola zählten –, zum Gegenstand philosophischer Betrachtung gemacht hat. Bacon beurteilte die mechanischen Künste nach drei Kriterien:

1. Sie dienen dazu, die natürlichen Prozesse aufzuklären und stellen eine Form der Erkenntnis dar.

2. Im Unterschied zum traditionellen Wissen wachsen die mechanischen Künste so schnell an, «daß die Wünsche der Menschen verstummen, noch bevor jene ihre Vollkommenheit erreicht haben».

3. Die mechanischen Künste beruhen auf Zusammenarbeit, sie sind eine Form kollektiven Wissens: «In ihnen fließen die Anstrengungen vieler zusammen, während sich in den freien Künsten die Begabungen vieler dem Talent einer einzigen Person unterwerfen, wodurch deren Anhänger ihr eigenes Talent verkümmern lassen, statt es weiterzuentwickeln» (Bacon: 1887–1892, I, 126, 457).

Das Buch der Natur, die Werkstatt der Handwerker, der Anatomiesaal wurden von dem Baconianer Robert Boyle (1627–1691) mehrfach den Bibliotheken, den Studierzimmern der Gelehrten und Humanisten und ihren rein theoretischen Forschungen gegenübergestellt. Zuweilen grenzt seine Argumentation an einen simplizistischen Szientifismus. In den *Considerations Touching the Usefulness of Experimental Natural Philosophy* (1671) verleiht Boyle den Vorstellungen und Interessen der Anhänger Bacons konkreten Ausdruck. Die von den Meistern in ihren Laboratorien durchgeführten Experimente besitzen zwar den Vorzug der Genauigkeit, doch werde in den Werkstätten der Handwerker die geringere Genauigkeit durch einen größeren Fleiß kompensiert. Die vierte Abhandlung der *Considerations* trägt den bezeichnenden Titel: «Die Güter der Menschheit können erheblich vermehrt werden durch das Interesse der Naturphilosophen am Handwerk».

Die schon bei Bacon erscheinende Idee, nach der die Arbeit der Handwerker Licht auf die Theorien werfe, findet mit Hinweis auf das Werk Galileis und Harveys ihren klaren Ausdruck bei Gottfried Wilhelm Leibniz (1646–1716). In einer Schrift mit dem Titel *Initia et specimina scientiae novae generalis pro instauratione et augmentis scientiarum ad publicam felicitatem* bekennt Leibniz, daß die Forschritte in den mechanischen Künsten von den Gelehrten noch kaum zur Kenntnis genommen würden. Einerseits bleibe den Technikern verborgen, welcher Nutzen aus ihren Experimenten zu ziehen sei, andererseits wüßten Wissenschaftler und Theoretiker nicht, daß viele ihrer *desiderata* durch die Arbeit der Mechaniker befriedigt werden könnten. Sein Vorhaben, eine Geschichte der Künste zu verfassen, wurde in größerem Umfang im *Discours touchant la méthode de la certitude et l'art d'inventer* wieder aufgegriffen. Dort heißt es, daß die nicht schriftlich fixierten Kenntnisse der Menschen, die technischen Tätigkeiten unterschiedlicher Art nachgehen, in qualitativer wie quantitativer Hinsicht bei weitem das in den Büchern enthaltene Wissen übertreffen. Der beste Teil des Schatzes, über den die Spezies Mensch verfüge, sei noch nicht registriert. Auf der anderen Seite sei keine mechanische Kunst so verächtlich, daß sie nicht der Wissenschaft Entdeckungen und Materialien von wesentlicher Bedeutung liefern könne. Man benötige ein aus der Praxis schöpfendes *Theater des menschlichen Lebens,* denn wenn auch nur eine einzige der menschlichen Künste verlorenginge, würden sämtliche Bibliotheken nicht ausreichen, den Verlust zu ersetzen. Die Verrichtungen der Handwerker und Techniker *aufzuschreiben,* erschien Leibniz eine der dringlichsten Aufgaben der neuen Kultur.

Die Vorbemerkungen Jean d'Alemberts (1717–1783) zur *Encyclopédie, ou Dictionnaire raisonné des sciences, des arts et des métiers* (1751) spiegeln das Bewußtsein wider, daß dieses große Unternehmen ein Programm mit präzisen historischen Wurzeln zum Abschluß brachte. In der Enzyklopädie von William Chambers, schrieb d'Alembert, haben wir, was die freien Künste anbetrifft, statt vieler Seiten nur ein Wort gefunden; was aber die mechanischen Künste anbelangt, so sei alles neu zu machen. Chambers beziehe sein Wissen allein aus Büchern, er habe nie einen Handwerker gesehen, dabei ließen sich viele Dinge nur in den Werkstätten lernen. Denis Diderot (1713–1784) äußerte im *Prospectus* (1750) das gleiche Bedürfnis, jene Arbeitsmethoden in der Praxis kennenzulernen: «Wir wandten uns an die tüchtigsten Handwerker in Paris und unserem Königreich. Wir machten uns die Mühe, sie in ihren Werkstätten aufzusuchen, sie auszuforschen, nach ihrem Diktat Aufzeichnungen zu machen, ihre Gedanken zu entwickeln, aus diesen Gedanken die jeweils eigentümlichen Fachausdrücke zutage zu fördern, Verzeichnisse derselben anzufertigen und sie zu erklären» (Diderot: 1969, 48). Unter dem Eintrag *Art* hob Diderot die negativen Auswirkungen der traditionellen Unterscheidung von freien und handwerklichen Künsten hervor. Ihr entstamme das Vorurteil, daß die «Beschäftigung mit Experimenten und mit wahrnehmbaren, materiellen Einzelgegenständen eine Entwürdigung des menschlichen Geistes» bedeute. Dieses Vorurteil aber, fuhr er fort, habe «die Städte mit hochmütigen Schwätzern und unnützen Betrachtern und das Land mit unwissenden, faulenzenden und anmaßenden kleinen Tyrannen» gefüllt (Diderot: ebd., 184f.). Die Verteidigung der mechanischen Künste verband sich so mit dem großen Thema der politischen Gleichheit.

Dädalus und das Labyrinth

Zahlreiche Philosophen, Publizisten und Journalisten unserer Tage haben die gesamte Moderne unter das Signum einer gefährlichen und unannehmbaren Lobeshymne auf die Technik gestellt und in Francis Bacon den geistigen Vater jenes «neutralen Technizismus» gesehen, der am Anfang der für die Moderne typischen Prozesse der Entfremdung und Kommerzialisierung stehe. Genau das Gegenteil trifft zu. Aus der gesamten umfänglichen Literatur über die Technik und ihren zwiespältigen Charakter lassen sich nur wenige Stellen anführen, die den Seiten gleichkommen, auf denen der englische Lordkanzler 1609 den Mythos des *Daedalus sive mechanicus* interpretiert. Die Figur des Daedalus steht für einen zwar äußerst erfindungsreichen, aber verwerflichen Menschen. Mit seinem Namen verbinden sich vor allem «unerlaubte Erfindungen»: das Gestell, das Pasiphaë gestattete, sich von einem Stier begatten zu lassen und den menschenverschlingenden Minotauros zu gebären, oder das Labyrinth, das den Minotauros verbergen und «das Übel mit dem Übel schützen» sollte. Der Mythos des Dädalus lieferte den Stoff für die allgemeine Schlußfolgerung, daß die mechanischen Künste Lebenshilfen, zugleich aber «Instrumente des Lasters und des Todes» erzeugten. In den Augen Bacons besaß das technische Wissen eben diese Eigenschaften: Es erwies sich als potentieller Erzeuger des Üblen und Negativen, bot aber gleichzeitig die Möglichkeit, das Übel zu diagnostizieren und zu heilen. Dädalus konstruierte auch «Heilmittel gegen die Verbrechen». Er war der Erfinder des Fadens, mit dessen Hilfe der Ausgang aus den Mäandern des Labyrinths gefunden werden konnte, und müsse deshalb auch die Handhabung des Leitfadens erklären; «denn Handwerke haben einen doppelten oder zweiseitigen Nutzen, indem sie eben sowohl zur Hervorbringung als zur Abwehr von Unheil und Zerstörung dienen» (Bacon: 1884, 224).

Für die führenden Köpfe der wissenschaftlichen Revolution waren der Fortschritt des Wissens und die Erringung der menschlichen Macht über die Natur nur dann von Wert, wenn sie sich innerhalb eines größeren, Religion, Moral und Politik einschließenden Zusammenhangs vollzogen. Die «universale

Theokratie» Tommaso Campanellas, die *charity* Francis Bacons, das «universale Christentum» von Leibniz und der «universale Friede» von Comenius sind nicht von ihrem Interesse und ihrer Begeisterung an der neuen Wissenschaft zu trennen. Sie verkörpern ebenso viele Bereiche, innerhalb derer dem wissenschaftlichen und technischen Wissen die Funktion eines Instruments der Befreiung zugedacht wurde. Für Bacon und Boyle, ebenso wie für Galilei, Descartes, Kepler, Leibniz und Newton, sind der menschliche Wille und der Wunsch nach Beherrschung der Natur nicht das oberste Prinzip. Die Natur ist gleichzeitig Gegenstand der Beherrschung und der Ehrerbietung. Sie ist zu «quälen» und dem Menschen dienstbar zu machen, aber sie ist auch «das Buch Gottes», das in Demut zu lesen ist.

4. Nie Gesehenes

Der Buchdruck

Wer an das einsame Lesen von Büchern in Ruhe und Abgeschiedenheit gewöhnt ist, macht sich nur schwer einen Begriff davon, daß dieser vertraute Gegenstand einmal als überwältigende Neuheit angesehen werden konnte. In einem bis dahin nicht vorstellbaren Ausmaß ermöglichte das neue Medium die Verbreitung von Ideen und Wissen und ersetzte die zuvor überwiegend gemeinschaftlich und wahrscheinlich in lautem Vortrag vollzogene Lektüre von Texten, in denen jegliche Interpunktion fehlte (McLuhan: 1967). Drei Erfindungen werden oft in einem Atemzug genannt: Buchdruck, Schießpulver und Kompaß. Die Vorstellung, daß diese Errungenschaften mit einer Beschleunigung der Geschichte einhergehen, findet sich sehr ausgeprägt bei Campanella in der *Città del Sole*. Er schreibt von seinem Jahrhundert, das «in hundert Jahren mehr Geschichte erlebt [habe], als der ganze Erdkreis in viertausend!, von der Tatsache, daß in diesen hundert Jahren mehr Bücher herausgegeben worden sind als in den vorausgegangenen fünftausend!, von der wunderbaren Erfindung der Buchdruckerkunst, der Schießgewehre, der Magnetnadel» – all dies seien «großartige Zeichen» für die «Vereinigung aller Erdbewohner in einem Stall!» (Campanella: 1996, 162) Von diesen drei Erfindungen, schreibt Francis Bacon 1620, gingen so unendlich viele Veränderungen aus, daß «keine Staatsumwälzung, keine Religion, keine Constellation einen durchgreifenderen Einfluß in die menschlichen Angelegenheiten hätte haben können» (Bacon: 1962, 96).

Dies waren keine Übertreibungen. Die Bündelung verschiedener Techniken (Herstellung von Papier und Tinte, Eisenverhüttung und Guß beweglicher Metallettern, das Druckverfahren) zu einer völlig neuen Technologie führte in Europa bereits jene «Theorie der austauschbaren Teile» (Steinberg: 1968) ein, die drei Jahrhunderte später in der modernen Serienfertigung der Manufaktur ihre Anwendung finden sollte. Die Buchdrucktechnik Johannes Gutenbergs in Mainz blieb, nachdem sie im 16. Jahrhundert zu voller Blüte gelangt war, bis zum 19. Jahrhundert unverändert (und wird auch heute noch benutzt). Einige Daten sind aufschlußreich. 1480 waren in über 110 europäischen Städten Buchdruckereien in Betrieb, davon 50 in Italien, 30 in Deutschland, je 8 in Holland und Spanien, 5 in Belgien und in der Schweiz, 4 in England, 2 in Böhmen und eine in Polen. Nur zwanzig Jahre später hat sich die Zahl der Städte mit Druckereien auf 286 erhöht. L. Febvre und H. J. Martin haben errechnet, daß bis zum Jahr 1500 rund 35 000 Ausgaben von 10–15 000 verschiedenen Texten gedruckt wurden und von diesen insgesamt rund 200 Millionen Exemplare im Umlauf waren (Febvre/Martin: 1958, 396 f.).

Die kleinformatigen Editionen von Aldus Manutius sind nicht zu Unrecht mit den *Paperbacks* unserer Tage verglichen worden. Neben Paris und Lyon wurde Venedig zu einem der großen Zentren der Buchkunst. Gegen Ende des 16. Jahrhunderts finden in Lyon, Medina del Campo, Leipzig und Frankfurt die ersten internationalen Buchmessen statt. Die Auflagenhöhe eines Buches schwankte zwischen 300 und 3000 Exemplaren; im Durchschnitt wurden von einer Ausgabe etwa 1000 Exemplare gedruckt.

Für die Verleger war die Verbreitung der Ideen, die den Fortschritt des Wissens ermöglichte, mit großem Kapitalaufwand und nicht unerheblichem Risiko verbunden. Als das Wissen noch in der Zelle des Mönchs und in der Gelehrtenstube des Humanisten hervorgebracht wurde, hatte es derartige Probleme nicht gegeben.

Antike Bücher

Die Klassiker der Antike zu lesen, hieß für die großen Vertreter des italienischen Humanismus (Leonardo Bruni, Guarino Veronese, Giannozzo Manetti oder Lorenzo Valla) sich zurückversetzen in eine Zivilisation, die der Zeit, in der sie lebten, überlegen schien und die ein unerreichbares Modell menschlichen Zusammenlebens darstellte. Die Humanisten waren jedoch nicht einfach passive Nachbeter. In ihren Schriften findet sich neben der konstanten Polemik gegen die «Barbarei» der mittelalterlichen Scholastik auch die Warnung vor den Gefahren der Nachahmung und des Klassizismus. Die Abgrenzung von Nach*eifern (aemulatio)* und Nach*ahmen (imitatio)* wurde zum kämpferischen Anliegen vieler europäischer Gelehrter von Angelo Poliziano bis Erasmus von Rotterdam. Die von den Humanisten in beeindruckender Arbeit wiederentdeckten und mit philologischer Akribie erschlossenen Texte stellten für sie nicht nur einfache Dokumente dar. Vielmehr enthielten diese antiken Zeugnisse in ihren Augen Kenntnisse, die unmittelbar für die Wissenschaft und ihre Anwendung von Nutzen waren. Die Verbreitung von Ausgaben, welche direkt auf die griechischen Originale und nicht, wie im Mittelalter, auf arabische Übersetzungen griechischer Werke zurückgriffen, beeinflußte die Entwicklung wissenschaftlicher Erkenntnisse in entscheidendem Maße. Von den großen Ausgaben seien nur einige wenige in Erinnerung gerufen: die Edition des griechischen Textes von Euklid (Basel 1533) und ihre lateinische Übersetzung von Federico Commandino (Pesaro 1572); die Ausgabe des griechischen Textes von Archimedes (Basel 1544) und ihre lateinische Übersetzung von Commandino (Venedig 1558); die ebenfalls von Commandino übersetzten *Konika* des Apollonios von Perge und der Werke des Pappus von Alexandria (Bologna 1566; Pesaro 1588); die Herausgabe des *Almagest* des Ptolemäus (Basel 1538) und der Übersetzungen seiner *Geographia* (ein im Mittelalter praktisch unbekannter Text). Den ersten lateinischen Übersetzungen der Werke des Hippokrates (Rom 1525) folgten die griechischen Ausgaben von 1526 (Venedig) und 1538 (Basel). Die enorme Anzahl der Schriften Galens (im Mittelalter zumeist aus dem Arabischen übersetzt mit einer Interpolation vieler apokrypher Texte) wurde genau geordnet und um bis dahin im Abendland unbekannte Abhandlungen ergänzt. Die erste lateinische Sammlung von Schriften Galens stammt aus dem Jahr 1490 (Venedig); auf die griechische Textausgabe von 1525 (Venedig) folgt die von Joachim Camerarius und Leonhart Fuchs (Basel 1538).

Das Alte und das Neue

Zwischen der Wiederentdeckung der antiken Klassiker und dem Sinn für das Neue, die zusammen die Epoche der sogenannten *Renaissance* (ein eher ambivalenter Begriff) kennzeichnen, besteht ein kompliziertes Verhältnis. Die bedeutendsten Vertreter der wissenschaftlichen Revolution besaßen gegenüber der Antike eine durchaus andere Einstellung als die Humanisten. Dort, wo sich Bacon und Descartes auf Texte aus der Antike beziehen, leugnen sie den vorbildlichen Charakter der klassischen Zivilisation. Sie weisen nicht nur die pedantische Nachahmung und passive Wiederholung zurück, auch die *aemulatio,* auf die sich viele Humanisten berufen hatten, hat in ihren Augen jeden Sinn verloren. Die Idee des «Wettstreits» mit den antiken Größen wird von ihnen abgelehnt. Wenn man zuviel Zeit mit Reisen verbringe, behauptet Descartes, werde man letztlich zum Fremden im eigenen Land, ebenso wie derjenige sich am Ende in der Gegenwart nicht mehr auskenne, welcher sich zu sehr für die Dinge der Vergangenheit interessiere. Das Denken der antiken Griechen erscheint Bacon eng und beschränkt. Würden wir den Weg fortsetzen, auf dem die Menschen der Antike wandelten, könnten wir sie dennoch nicht einfach nachahmen. Es komme darauf an, einen anderen Weg einzuschlagen und «nicht die Rolle der Richter, sondern die der Führer» zu übernehmen (Bacon: 1887–92, I, 640f.).

Noch 1647 ist Blaise Pascal der Auffassung, daß man nicht ungestraft neue Ideen verbreiten könne, denn der Respekt vor dem Althergebrachten «hat solche Formen angenommen, daß man alle Anschauungen für Orakelsprüche und sogar die Unklarheiten für Geheimnisse hält» (Pascal: 1959, 3). Auch die - *aemulatio* sei ohne Sinn. Da die Menschen der Antike auf die Beobachtung mit bloßem Auge angewiesen waren, konnten sie die Milchstraße nicht anders erklären, als sie es taten. Die Tatsache, daß wir die Natur heute besser kennen als sie, erlaubt es uns – ohne ihnen unrecht zu tun und uns undankbar zu zeigen – neue Ansichten zu vertreten. Wir können daher getrost das Gegenteil dessen behaupten, was sie sagten, ohne ihre Leistung zu schmälern (Pascal: 1959, 7f., 9–11).

Durch die ungeheure Ausweitung der Grenzen des Universums, in einigen Fällen gar die Behauptung eines unendlichen Weltalls, gab die neue Astronomie vielen das Gefühl, das traditionelle Wissen sei in eine ausweglose Krise geraten. Wir werden uns dessen bewußt, daß wir nichts wissen, «was nicht bestritten wird oder bestritten werden kann», schrieb Pierre Borel 1657. Astronomie, Physik und Medizin «geraten jeden Tag mehr ins Wanken und sehen ihre Fundamente einstürzen». Pietro Ramo habe die Philosophie des Aristoteles zerstört, Kopernikus die Astronomie des Ptolemäus, Paracelsus schließlich die Medizin Galens. «Wir müssen zugeben, daß, was wir wissen, viel weniger ist als was wir nicht wissen» (Borel: 1657, 3 f.).

Teils aus überschwenglicher Begeisterung, häufiger aber aus Verwunderung oder Bestürzung über die scheinbar hoffnungslose Krise, verbreitete sich – wie zahlreiche Quellen belegen – die Empfindung, das tradierte Wissen stehe an einem entscheidenden Wendepunkt. Ist nicht offensichtlich, schrieb später John Dryden, daß uns im Verlauf des letzten Jahrhunderts eine *neue* Natur enthüllt worden ist? Das Thema des «Neuen» durchzieht die gesamte europäische Kultur und der Begriff *novus* erscheint in nahezu obsessiver Weise in den Titeln von Hunderten wissenschaftlicher Bücher, die im Lauf des 17. Jahrhunderts gedruckt werden: *Novum Organum* von Bacon, *Nova de universis philosophia* von Francesco Patrizi (1591), *De mundo nostro sublunari philosophia nova* von William Gilbert (1651), *Astronomia nova* von Kepler (1609), *Discorsi intorno a due nuove scienze* von Galilei (1638), *Novo teatro di machine* von Vittorio Zonca (1607). (Thorndike: 1971, 459–73)

Die Illustrationen

Wie Erwin Panofsky, der Autor einer 1945 erschienenen bedeutenden Monographie über Albrecht Dürer, hervorgehoben hat, kommt der genauen Darstellung der Natur in den Werken der großen Maler und Kupferstecher des späten 15. bis 17. Jahrhunderts für die Geisteswissenschaften eine ähnliche Bedeutung zu wie der Erfindung von Teleskopen und Mikroskopen für die Astronomie und die Naturwissenschaften. Die Illustrationen in

Büchern über Botanik, Anatomie und Zoologie sind keineswegs als Beigaben zum Text zu verstehen, sondern hatten beschreibende Funktion. Durch das Fehlen einer präzisen Fachsprache (die sich in der Botanik erst im Verlauf des 19. Jahrhunderts durchsetzte) waren die rein verbalen Darstellungen oft unzulänglich. Revolutionär wirkte sich indes die Zusammenarbeit der *Künstler* auf die Geisteswissenschaften aus.

Ein Beispiel dafür sind Leonardo da Vincis Überlegungen über Malerei und Beobachtung, die dem Bedürfnis entspringen, alles *sichtbar* zu machen. Viele seiner Zeichnungen von Felsen, Pflanzen, Tieren, Wolken, Luft- und Wasserströmen sind Zeugnisse einer wissenschaftlichen Annäherung an die Wirklichkeit der Natur. Bei seinen anatomischen Zeichnungen aus der Zeit vor und nach 1506 ist ein bemerkenswerter Fortschritt festgestellt worden, der mit der Lektüre von Galens *De usu partium* und einer größeren Praxis des Sezierens zusammenhängt. Leonardo beschäftigte sich viele Jahre lang begeistert mit der vergleichenden Anatomie der Wirbeltiere, dem Flug der Vögel und der physiologischen Optik. Hunderte von Untersuchungen und Zeichnungen zur Anatomie des Pferdes finden sich im Zusammenhang mit den Plänen eines 1483 begonnenen Denkmals für den Herzog von Mailand und dem 1503 in Angriff genommenen großen Gemälde der Schlacht von Anghiari. Die wissenschaftliche Neugier Leonardos übersteigt bei weitem das Erkenntnisinteresse anderer Bildhauer und Maler, die sich allein aus künstlerischen Gründen für Anatomie oder Oberflächenmuskulatur interessierten. Leonardos methodisch-systematische Vorgehensweise führte ihn zu der These, daß das *Auge* dem *Geist* überlegen und somit die aufmerksame Beobachtung der realen Welt den aus Büchern und Schriften zu gewinnenden Erkenntnissen vorzuziehen sei. In dieser Überzeugung liegt seine eigene Grenze – wie oft mit Recht von denjenigen hervorgehoben worden ist, die sich gegen die mythische Verklärung Leonardos als «moderner Wissenschaftler» wehrten –, aber auch seine unwiederbringliche Größe.

Die Zeichnungen Leonardos blieben in seiner Zeit unbekannt. Auf das Jahr 1461 geht der erste Holzschnitt zurück, der zur Illustration eines mit beweglichen Lettern gedruckten Buches benutzt wurde. Der Übergang vom Holzschnitt zum Kupferstich (unter den berühmtesten sind diejenigen Dürers) und zur Radierung (einer der großen Künstler, die sich dieser Technik bedienen, ist Rembrandt) führt zur fortschreitenden Verfeinerung der Abbildungen. Der erste illustrierte Text über Anatomie erscheint 1521 in Bologna. Es ist ein von Giacomo Berengario da Carpi verfaßter Kommentar zur *Anatomia* des Mondino de' Luzzi (Professor in Bologna zwischen 1315 und 1318). Auf ihn folgen 1523 die *Isagoges breves in anatomiam.* Von den zahlreichen Texten ist vor allem die Schrift *De dissectione partium corporis humani* (1545) von Charles Estienne (Stephanus Riverius) zu nennen. An Präzision werden diese und andere frühe Beispiele von Abbildungen zur Anatomie indes durch die überragenden anatomischen Tafeln in Andreas Vesals *De humani corporis fabrica* (1543) übertroffen, die einen Wendepunkt in den Beobachtungsmethoden der Wirklichkeit markieren. Vasari hat sie Jan Stephan van Kalkar zugeschrieben; sicher ist, daß sie der Schule Tizians entstammen. Ein Vergleich mit den ungenauen anatomischen Zeichnungen, die uns aus dem Mittelalter erhalten sind, macht deutlich, welch qualitativer Sprung sich in der Betrachtung und Darstellung des menschlichen Körpers vollzogen hat. Es ist inzwischen zum Gemeinplatz geworden, die symbolhafte Gleichzeitigkeit von zwei Ereignissen hervorzuheben: 1543 präsentiert Kopernikus ein neues Bild des Universums und Vesal ein neues Bild des menschlichen Körpers.

In Brüssel als Sohn einer Arztfamilie geboren, hatte sich Vesal nach dem Studium der Medizin in Louvain und Paris nach Italien begeben und Venedig zu seinem Aufenthaltsort gewählt. 1537 erhielt er eine Professur für Chirurgie und Anatomie in Padua und unterrichtete später auch in Bologna. 1538 veröffentlichte er die als *Tabulae sex* bekannt gewordenen sechs anatomischen Tafeln. 1543 reiste er nach Basel, um persönlich den Druck der *Fabrica* und der im gleichen Jahr erschienenen *Epitome* zu überwachen. Als sein Meisterwerk das Licht der Welt erblickte, war Vesal erst 28 Jahre alt: «Ich verhehle nicht», schreibt er im Vorwort, «daß mein Versuch, aufgrund meines Alters, nur wenige überzeugen und wegen der häufigen Hinweise auf Fehler in den Axiomen des Galenus nicht ohne Kritik bleiben wird [...] es sei denn mein Werk erschiene unter dem Schutz eines mächtigen Gönners». Der mächtige Gönner war kein Geringerer als Karl V., dem das Buch gewidmet war und der Vesal zu seinem Leibarzt machte.

Vesal folgt Galen in der Anordnung der einzelnen Teile seines Werks wie in der Überzeugung, dem venösen Gefäßsystem komme größere Bedeutung zu als dem arteriellen, und übernimmt von ihm die Erläuterung der Ernährung. Wie Galen glaubt er auch, daß die Venen ihren Ursprung in der Leber haben. Schon im Vorwort aber distanziert er sich entschieden von traditionellen Vorstellungen, indem er Galen vorhält, er habe «keinen der zahlreichen und wesentlichen Unterschiede zwischen dem Körper eines Affen und dem des Menschen» festgestellt – mit Ausnahme der «unterschiedlichen Bewegung von Gliedmaßen und Gelenken» – und sich zudem bei einer einzigen anatomischen Demonstration «über zweihundert Mal in der korrekten Beschreibung der Teile, der Harmonie, des Gebrauchs und der Funktion des menschlichen Körpers geirrt».

Viele zeitgenössische Interpreten, die den «Galenismus» von Vesal hervorhoben, haben nicht nur diese Bemerkungen geflissentlich übersehen, sondern auch die vehementen Angriffe, denen die *Fabrica* durch die Verteidiger der galenischen Orthodoxie ausgesetzt war, unberücksichtigt gelassen. Zu Vesals Hauptgegner und Feind wurde sein alter Lehrer aus Paris Jacques Dubois (Jacobus Sylvius), der ihn mit drastischem Wortspiel *Vesanus* (wahnsinnig) nannte und beschuldigte, mit seinem Werk die Welt der Medizin vergiftet zu haben. Vesal setzte sich mit Nachdruck für eine Verbindung von Heilkunde, Chirurgie und Autopsie, von Theorie und direkter Beobachtung ein und wandte sich entschieden gegen eine nur aus Büchern gewonnene medizinische Gelehrsamkeit. Er entwarf ein neues Bild vom Arzt und von der Beziehung zwischen Hand- und Kopfarbeit bei den «experimentellen» Wissenschaften. In der «Verachtung der Handarbeit» sah er eine der Ursachen für die Degeneration der Medizin. Die Ärzte haben sich auf die Verschreibung von Heilmitteln und Schonkost beschränkt und die übrige Medizin jenen überlassen, die sie «Chirurgen nennen und nahezu als Sklaven ansehen». Seit die gesamte Prozedur der manuellen Operation in die Hände von Badern gelegt worden war, «kam den Ärzten nicht nur die Kenntnis der inneren Organe, sondern auch die Fähigkeit des Sezierens völlig abhanden». Die Ärzte wagten nicht länger zu operieren, während diejenigen, welche jetzt mit dieser Aufgabe betraut wurden, zu ignorant seien, um die Schriften der Doktoren lesen zu können. Auf diese Weise habe sich eine unerträgliche Praxis durchgesetzt. Der eine führe die Schnitte aus, der andere beschreibe die Körperteile. Letzterer «schwätzt von der Höhe des Katheders mit unerhörter Anmaßung» und rede monoton von Dingen, die er nie direkt gesehen, sondern aus Büchern auswendig gelernt habe. Alles werde schlecht gelehrt und «in dieser Verwirrung wird den Studenten weniger vorgeführt, als ein Metzger auf seinem Ladentisch einem Arzt beibringen könnte» (Vesal: 1964, 19, 25, 27). 1555 erscheint, mit einigen Korrekturen, die zweite Auflage der *Fabrica.* 1562 scheidet Vesal aus seinem Amt als Leibarzt Philipps II. von Spanien und stirbt zwei Jahre später an Hunger und Durst auf der Rückreise von einer Pilgerfahrt nach Jerusalem. Sein Ziel war Padua, wohin ihn der Senat der Republik Venedig erneut als akademischen Lehrer berufen hatte.

Das große Werk Vesals ist auch als sichtbarer Beweis für die sich künftig stets enger gestaltende Zusammenarbeit zwischen Naturwissenschaftlern auf der einen, Zeichnern und Kupferstechern auf der anderen Seite zu werten. Die Formen dieser nicht immer einfachen Zusammenarbeit und die Abbildungstechniken auf den Gebieten der Mechanik, Zoologie, Anatomie und Botanik sind eingehend untersucht worden, wobei der im Verlauf des 16. Jahrhunderts sich vollziehende, außergewöhnlich rasche Übergang von der piktographischen Erläuterung der Texte zur bildlichen Darstellung der Natur mehrfach hervorgehoben worden ist. Zwei große in Deutschland erschienene Werke stehen am Anfang der modernen Pflanzen- und Kräuterbücher: die *Herbarum vivae Eicones* (1530–36) von Otto Brunfels mit Abbildungen von Hans Weiditz sowie *De historia stirpium* (1542) von Leonhart Fuchs. In beiden Fällen liegt das Neue eher in den Abbildungen als in den Texten. Fuchs schreibt, er habe die größte Sorgfalt darauf verwendet, «namen, gestalt, statt und zeit der wachsung, natur, krafft und würkung» der Kräuter sowie «derselben wurtzel, stengel, bletter, blumen, samen, frücht, und in summa die gantze gestalt» zu beschreiben (Fuchs: 1543, Titel). Die beiden ersten universitären botanischen Gärten wurden um 1544 in Padua und Pisa angelegt. In den frühen Jahrzehnten des

17. Jahrhunderts werden diese «Gärten» neben dem Anatomiehörsaal zum notwendigen Inventar, an dem sich das Ansehen der Universitäten mißt.

Weniger zahlreich sind die enzyklopädischen Werke zur Zoologie. Von den speziellen «Fachbüchern» über Tiere seien (auch wegen der Abbildungen) in Erinnerung gerufen: *La nature et diversités des poissons* (1555) von Pierre Belon; *De piscibus marinis* (1554) von Guillaume Rondelet und der glänzende Traktat *Dell'anatomia et delle infermità del cavallo* des Bologneser Senators Carlo Ruini. Unter den allgemeineren Darstellungen des 16. Jahrhunderts ragt die *Historia animalium* des Zürichers Conrad Gesner als Monument naturwissenschaftlicher Gelehrsamkeit heraus. Gesner war in seinem kurzen Leben Arzt und Humanist, schrieb daneben Bücher über Botanik, Linguistik, die Alpen und den Alpinismus. 1545, im Alter von 29 Jahren, veröffentlichte er die *Bibliotheca universalis,* eine Bibliographie der in Latein, Griechisch und Hebräisch gedruckten Schriften. Die fünf Foliobände des Hauptwerks, denen die drei Bände der *Eicones* hinzuzurechnen sind (der vierte erschien postum 1587), wurden zwischen 1551 und 1558 gedruckt. Sie umfassten etwa 4500 Seiten und über eintausend Holzschnitte von Züricher Künstlern. Das berühmt gewordene Bild vom Rhinozeros ist Albrecht Dürer entlehnt und nach Materialien aus zweiter Hand entworfen. Es veranschaulicht Dürers Deutung dieses bekanntesten «exotischen» Tieres als schuppengepanzerter Drachen und diente das ganze 17. Jahrhundert hindurch allen Darstellungen des Nashorns als Vorlage (Gombrich: 1967). Dem Horn auf der Nase hatte Dürer ein kleines spiralförmiges Horn weit hinter den Ohren in der Region der Halswirbel hinzugefügt, das erst 1698 aus den Abbildungen verschwand.

Gesner betrieb keine vergleichende Anatomie. Die Klassifizierung der Tiere erfolgt in alphabetischer Reihenfolge *(Hippopotamus* steht zwischen *Hippocampus* und *Hirudo,* Blutegel). Jedes Tier wird in oft sehr ausführlichen Kapiteln beschrieben (dem Pferd sind 176, dem Elefanten 33 Seiten im Folio-Format gewidmet); die Kapitel sind ihrerseits in mit Buchstaben gekennzeichnete Abschnitte untergliedert. Die dort behandelten Tiere werden mit ihren Namen in den alten und neueren Sprachen bezeichnet und jeweils nach den Kriterien Lebensraum, Morphologie, Krankheiten, Verhalten, allgemeiner Nutzen und Aufzucht, Genießbarkeit (wo möglich), Nutzen für die Medizin, Ethymologie und Sprichwörter beschrieben.

Hinsichtlich der «Grenzen der Ähnlichkeit mit der Wirklichkeit» in den Abbildungen ist Ernst Gombrichs These sicher zuzustimmen, daß eine bereits vorhandene Darstellung «immer einen Einfluß auf den Künstler ausüben wird, auch wenn dieser nur das Wahre festhalten will» und daß «man aus dem Nichts kein sichtbares Bild schaffen kann». Ein Vergleich zwischen den von Villard d'Honnecourt gezeichneten Bildern eines Löwen und eines Stachelschweins mit Dürers Aquarell eines Kaninchens macht jedoch deutlich, wie auch Gombrich einräumt, daß sich zwischen 14. und 16. Jahrhundert in der Abbildung Entscheidendes ereignet hat. Der «Stil» hat seine Strenge verloren, man hat gelernt, sich mit ziemlicher Gewandtheit den betrachteten Gegenständen zu nähern (Gombrich: 1996). Diese Veränderung war auch für die Entwicklung der wissenschaftlichen Kenntnisse von nicht unerheblicher Bedeutung.

Neue Sterne

1609 richtet Galilei sein Fernrohr auf die Sterne am Himmel und macht eine Reihe von Beobachtungen, die ihren Niederschlag in einem Büchlein finden, das am 12. März des folgenden Jahres unter dem Titel *Sidereus Nuncius* (Sternenbotschaft) in Venedig erscheint. Galilei *sieht,* «daß die Oberfläche des Mondes nicht glatt, regelmäßig und von vollkommener Rundung ist, wie es eine große Schar von Philosophen vom Mond selbst und von den übrigen Himmelskörpern geglaubt hat, sondern daß sie im Gegenteil uneben, rauh und ganz mit Höhlungen und Schwellungen bedeckt ist, nicht anders als das Antlitz der Erde selbst, das durch Bergrücken und Talsenken allenthalben unterschiedlich gestaltet ist» (Galilei: 1965, 85 f.). Die Grenzen zwischen Licht und Dunkel verlaufen ungleich und sinusförmig; im finsteren Teil des Mondes erscheinen leuchtende Spitzen, die sich nach einer bestimmten Zeit mit dem größer werdenden hellen Teil vereinen. Geschieht auf der Erde nicht Gleiches, wenn vor dem Sonnenaufgang der Schatten noch in den Tälern liegt, die höchsten Bergesgipfel aber bereits im Sonnenlicht erstrahlen? Und wenn die Sonne aufgegangen ist, fließt dann nicht das Licht der beschienenen Ebenen mit dem der Berge zusammen? Die Mondlandschaft ist demnach eine *irdische Landschaft.* Die Erde besitzt Merkmale, die im Universum *nicht einzigartig* sind. Die Himmelskörper haben, jedenfalls was den Mond betrifft, keine von der Erde verschiedene Natur, d. h. sie besitzen nicht jene Merkmale absoluter Vollkommenheit, wie sie ihnen eine tausendjährige Tradition zugeschrieben hat. Die Anzahl der Sterne ist erheblich größer als sich «mit bloßem Auge» erkennen läßt. Das Fernrohr zeigt einen mit unzähligen Sternen bevölkerten Himmel, enthüllt die komplizierte Struktur der schon bekannten Konstellationen, zeigt das Wesen der Milchstraße, «ihre Materie, die mit Hilfe des Fernrohrs so sinnenfällig zu erkennen ist, daß sowohl aller Streit, der die Philosophen durch so viele Jahrhunderte hindurch gequält hat, durch die augenfällige Gewißheit gegenstandslos wird und ich mich nicht auf wortreiche Diskussionen einzulassen brauche» (Galilei: 1965, 107). Die Beobachtung des nicht erleuchteten Teils der Mondoberfläche führt Galilei zu dem Schluß, daß der Glanz der Mondkugel durch das von der Erde reflektierte Sonnenlicht erzeugt wird. Zwischen Fixsternen und Planeten schließlich wird ein grundlegender Unterschied aufgedeckt. Beobachtet man erstere durch das Fernrohr, so bewahren sie ihr Aussehen als leuchtende Punkte mit «funkelnden Strahlen» und werden nicht größer, anders als die Planeten, die in ihrer vollkommen runden und klar gezirkelten Kugelgestalt wie kleine Monde erscheinen. Die Fixsterne sind daher unvergleichlich weiter von der Erde entfernt als die Planeten.

Die Seiten im *Sidereus Nuncius,* auf denen Galilei eine weitere seiner fundamentalen Entdeckungen preisgibt, vermitteln dem Leser noch heute jenes erregende Gefühl, das sich stets bei Entdeckungen von Neuem einstellt. In der Nacht vom 7. Januar 1610 beobachtet er drei kleine, sehr helle Sterne in der Nähe des Jupiter, zwei östlich, den dritten westlich des Planeten. In der folgenden Nacht stehen alle drei Sternchen auf der Westseite; am 10. Januar befinden sich zwei wieder östlich, während der dritte hinter dem Jupiter zu liegen scheint. Am 12. des Monats sieht Galilei nach zweistündiger Beobachtung den dritten Stern wieder auftauchen; am 13. erscheinen gar vier Sterne. Es handelt sich um die Jupitermonde, die Galilei zu Ehren von Cosimo II. aus dem Hause der Medici die «Mediceischen Sterne» nennt (ihre heutigen Bezeichnungen sind: Io, Europa, Ganimed und Callist).

Der revolutionäre Charakter der Entdeckungen Galileis war den Zeitgenossen nicht entgangen. In einem Gedicht auf den «Fürsten der Mathematiker unseres Jahrhunderts» vertrat Johannes Faber die Ansicht, daß Vespucci und Kolumbus, die Befahrer der zuvor unbekannten Meere nunmehr hinter Galilei zurücktreten müßten, da dieser der Menschheit neue Sternenkonstellationen eröffnet habe. Der Vergleich mit den großen geographischen Entdeckungen, mit den Reisen in die neue Welt wird nun öfter herangezogen. In England schreibt William Lower an seinen Freund Thomas Hariot, Galilei habe mit seinen Entdeckungen Bedeutenderes geleistet als Magellan, der gleichwohl den Menschen unerforschte Wege erschlossen hatte. 1612 lobte Bacon in einem der Beschreibung der Gelehrtenwelt seiner Zeit gewidmeten Buch «den Fleiß der Handwerker sowie den Eifer und die Energie gewisser gelehrter Männer, die vor Kurzem mit Hilfe von optischen Instrumenten und durch den Gebrauch von Schaluppen und kleinen Booten begonnen haben, mit den Himmelsphänomenen neuen Handel zu treiben» (Bacon: 1887–1892, V, 512). Ihre Bemühung, fuhr er fort, sei «edel und vornehm für die menschliche Rasse; diese Männer muß man ebenso sehr loben für ihre Ehrlichkeit wie für ihre Kühnheit, denn sie haben aufrichtig und klar dargelegt, was sie zu jedem Schritt ihres Vorgehens veranlaßt hat» (Bacon: 1887–1892, V, 512f.). Der Lordkanzler war, trotz seiner Ablehnung der Kopernikanischen Kosmologie, ein großer Philosoph. Nicht so Henry Wotton, der englische Botschafter in Venedig, der doch gleichwohl ein Mann von großer Gelehrsamkeit und feinsinniger Bildung war. Noch am gleichen Tag, an dem der *Sidereus Nuncius* erscheint, schickt er dem englischen König ein Exemplar mit dem Versprechen, ihm bald ein Fernrohr zukommen zu lassen. Die Worte des Begleitschreibens spiegeln die Verwirrung wider, welche die Erschütterung der traditionellen Vorstellungen vom Universum durch Galileis Werk ausgelöst hat: «Ich schicke Eurer Majestät mit diesem Brief die merkwürdigste Nachricht, die je in dieser

Welt erschienen ist. Es handelt sich um das hier beigefügte Buch des Mathematikprofessors aus Padua [...]. Dieser hat die gesamte Astronomie und Astrologie auf den Kopf gestellt [...]. Der Autor wird entweder über alle Maßen berühmt werden oder sich lächerlich machen.» (Smith: 1927, I, 486f.)

Wie zu erwarten war, rief die Publikation ungläubiges Staunen, scharfen Widerspruch und hartnäckige Ablehnung hervor, vor allem in den Gelehrtenkreisen, die noch dem Aristotelismus verpflichtet waren. Cesare Cremonini, der berühmte Kollege und Freund Galileis in Padua, glaubt nicht daran, daß Galilei etwas Neues entdeckt habe. Er protestiert gegen diese «Brillen», die «den Kopf verwirren», und wirft Galilei vor, sich «in all diese Ränke» begeben zu haben. In Bologna reagiert der Astronom Giovanni Antonio Magini mit Feindseligkeit und Mißgunst. Als sich Galilei am 10. April 1610 dorthin begibt, um die Gelehrten von der Wahrhaftigkeit seiner Entdeckungen zu überzeugen, schreibt Martino Horki, der zu einem seiner heftigsten Widersacher werden sollte, an Kepler: «Ich habe Galileis Instrument auf tausenderlei Weise ausprobiert, sowohl bei geringeren als auch bei höheren Entfernungen; bei ersteren wirkt es Wunder, aber es versagt beim Himmel, weil die Fixsterne doppelt erscheinen.»

Erst später findet Galilei Anerkennung bei Kepler und, nach anfänglichem Mißtrauen, auch bei den römischen Jesuiten. Galilei hatte einen wichtigen Sieg davongetragen, denn, wie er später schrieb, um auch die letzten und hartnäckigsten Gegner zu überzeugen, um jene Professoren zum Schweigen zu bringen, welche die Existenz der Mondgebirge oder der Jupitersatelliten aus logisch-metaphysischen Gründen leugneten, hätte es nicht einmal ausgereicht, «wenn dieselben Sterne auf die Erde gekommen und von ihrer Existenz selbst Zeugnis abgelegt hätten». Die Wahrnehmung des Universums war mit Hilfe eines mechanischen Instruments, das die Sinne des Menschen zu vervollkommnen und verfeinern vermochte, erweitert worden. Die astronomischen Beobachtungen Galileis bezeichneten nicht nur das Ende einer Weltsicht. Den Zeitgenossen erschienen sie als Geburtsstunde eines neuen Erfahrungs- und Wahrheitsbegriffs. Die «durch die Augen gegebene Gewißheit» hatte die endlose Kette der Dispute zerbrochen.

Winzige Welten

Zur Faszination des *Großen* und der unbegrenzten Entfernungen in der Unendlichkeit des Universums trat die nicht geringere Faszination des *Winzigen* und unendlich Kleinen. Die Vorstellung von der Natur als ein *plenum formarum,* als unaufhörliche Abstufung von Formen, als vollständige und unendlich differenzierte Rangordnung des Seins (eine der großen philosophischen Leitideen dieser beiden Jahrhunderte) setzte die Existenz winziger und unsichtbarer Wirklichkeiten voraus, die mit dem begrenzten Vermögen des menschlichen Auges zwangsläufig nicht zu erfassen waren. Henry Power, der 1664 eine *Experimental Philosophy, Containing New Experiments Microscopical, Mercurical, Magnetical* veröffentlicht, sieht sich durch die «neuen Entdeckungen der Dioptrik» in seiner Vermutung bestätigt, daß die kleinsten Körper, die wir mit bloßem Auge zu erkennen vermögen, nur die «Mittelwerte» zwischen zwei sich unserer Sinneswahrnehmung entziehenden Extremen darstellen. Die Idee, daß die Natur durch eine Untersuchung ihrer korpuskularen oder atomaren Struktur erklärbar sei, implizierte ein Interesse an Instrumenten, welche die von der Natur gesetzten Grenzen der Sinneserfahrung auszuweiten vermochten. Francis Bacon stattet die Bewohner seiner *Nova Atlantis* (1627) mit Sehhilfen aus, die den herkömmlichen Brillen und Linsen überlegen sind und dazu befähigen, «kleinste Körperchen vollkommen und genau zu erblicken, wie etwa die Glieder und Farben der kleinen Mücken und Würmer, die Kerne und Kristalle der Edelsteine, die anders nicht sichtbar sind, die Bestandteile des Blutes und des Harns, die sonst nicht zu erkennen sind» (Bacon: 1996, 211).

In der Geschichte des Mikroskops und seiner Beziehung zur Wissenschaft gibt es kein ähnlich einschneidendes Datum, wie es das Jahr 1609 für das Fernrohr darstellt. Während letzteres, wie oft betont worden ist, in einer bereits konsolidierten, auf eine lange und gefestigte Tradition zurückblickenden Wissenschaft zur Anwendung kommt, steht das Mikroskop gleichsam am Anfang eines langwierigen Prozesses, der zur Herausbildung neuer Wissenschaften führt. Histologie und Mikrobiologie setzen sich erst im 18. Jahrhundert durch. Der Name *microscopium* findet sich in einem Brief von Johannes Faber, datiert vom 13. April 1625, an den Fürsten Federico Cesi, der 1603, kaum achtzehnjährig, mit drei jungen Freunden jenen wissenschaftlichen Zusammenschluß gegründet hatte, aus dem die *Accademia dei Lincei* hervorging. Der erste separate Band über Mikroskopie ist die *Centuria observationum microscopiarum* (1655) von Pierre Borel.

In den ersten Jahrzehnten des 17. Jahrhunderts waren kleine röhrenförmige Brillen in Gebrauch, die eine zehnfache Vergrößerung erreichten; an deren einem Ende befand sich eine Linse, am anderen eine Glasplatte als Objektträger. Mit derartigen Instrumenten arbeiteten die ersten Mitglieder der *Accademia dei Lincei,* die ihren Namen von der bekannten Sehschärfe des Luchses ableitet. 1625 ergänzt Federico Cesi sein *Apiarium* mit einer *Tavola dell'ape,* einer Bildtafel über die Biene, die in Stellutis *Persio tradotto* (Rom, 1630) veröffentlicht wird und wahrscheinlich die erste gedruckte Abbildung eines mit einem Mikroskop beobachteten Objekts darstellt. Was auf dieser Tafel zu sehen sei, schreibt Stelluti, «war Aristoteles und jedem anderen Naturforscher unbekannt». Der Darstellung einer «Biene in Bewegung» sind auf der Tafel, durch Buchstaben gekennzeichnet, die «Federn», das «völlig behaarte Auge», der «Rüssel mit den vier kleinen Zungen», die von innen und außen betrachteten Beine usw. hinzugefügt. 1644 untersucht Odierna in Palermo das Facettenauge verschiedener Insektenarten. Zwei Jahre später führt Fontana in Neapel eine Reihe von Beobachtungen an Fadenwürmern (Nematoden) durch.

Der folgenden Generation gehören die sogenannten klassischen Mikroskopisten an: Robert Hooke, Antonie van Leeuwenhoek, Jan Swammerdam, Marcello Malpighi, Nehemiah Grew. Sie arbeiten mit Instrumenten, die eine bis zu hundertfache Vergrößerung bei allerdings nur mittelmäßiger Auflösung erzielen.

Beim zusammengesetzten Mikroskop (das Leeuwenhoek nicht benutzte) befanden sich die Linsen am Ende von Kartonröhren; der Tubus des Okulars steckte im Objektiv und die Schärfe wurde durch Auf- und Abbewegen der Röhren eingestellt. Mikroskope dieses Typs (in Italien von Campani erbaut) waren weit verbreitet. Das von Hooke beschriebene hatte die Form eines großen zylindrischen Körpers und verfügte über eine mit Schrauben verstellbare Vorrichtung zur Schärferegulierung. Das Objektiv bestand aus einer bikonvexen, durch eine Blende regulierten Linse, während sich das Okular aus einer plankonvexen und einer kleinen bikonvexen Linse zusammensetzte (der reflektierende Spiegel wird erst um 1720 eingeführt). Die beschriebenen Mikroskope (ebenso wie die beeindruckenden winzigen Linsen von Leeuwenhoek) ermöglichten mit ihren Vergrößerungen nicht nur eine genauere Einsicht in eine vertraute Welt, sondern (wie im Falle der von Cesi vergrößerten Bienen) eröffneten ein neues Universum formvollendet strukturierter Mineralien und organischer Gewebe, eine dem bloßen Auge unsichtbare, von Lebewesen bevölkerte Welt.

Kehren wir einen Augenblick zur Bedeutung der Abbildungen zurück. Gerade die prächtigen, in Hookes *Micrographia* (1665) abgedruckten Stiche des herausragenden Architekten Christopher Wren sind es, die dieses Werk (ähnlich wie ein Jahrhundert zuvor die anatomischen Tafeln bei Vesal) vor anderen vergleichbaren Publikationen zeitgenössischer Naturforscher auszeichnet. Zu ihnen zählte immerhin ein Marcello Malpighi, der zweifellos ein größerer Biologe als Hooke war und 1661 *De pulmonibus* veröffentlicht hatte. Seit gut anderthalb Jahrhunderten war bekannt, welch große Möglichkeiten sich der Wissenschaft durch die Abbildungen boten, doch blieb die erste Generation der Mikroskopisten nahezu unempfänglich für dieses Thema. Was auf diesem Gebiet geleistet werden konnte, verdeutlichen die 32 prachtvollen Tafeln der *Micrographia,* die sogar noch in einigen Lehrbüchern des 19. Jahrhunderts Verwendung fanden (Hall: 1976, 13).

Nagelspitzen, Flöhe, Fliegen, Ameisen, Läuse: mit einer für seine Zeit ungewöhnlichen Präzision und Liebe zum Detail beschrieb Hooke alles, was er durch sein Mikroskop sah. Die äußere Wölbung des Fliegenauges ist elastisch und transparent und ähnelt der Substanz der Hornhaut des menschlichen Auges. Nachdem er den Augapfel und die dunkelschleimige Substanz darunter entfernt hatte, schreibt Hooke, «erschien es mir durchsichtig wie ein dünnes Stück Haut; es besaß Höhlungen im Innern, die in ihrer Anzahl und Anordnung genau den äußeren Ausbuchtungen entsprachen». Für Hooke besteht kein Zweifel, daß dieser merkwürdige Apparat das Sehorgan der Fliegen und

Krustentiere darstellt (Hooke: 1665, Vorwort). Die achtzehnte Beobachtung trägt den Titel *Über den Schematismus (ein Begriff Bacons) oder die Struktur des Korks und von den Zellen (cells) und Poren anderer poröser Körper.* In ihr wird erstmals der Begriff *cellula* in Analogie zur Wabenzelle der Bienen benutzt, doch kann man Hooke allein aufgrund dieser Erwähnung schwerlich die Entdeckung der Zellen zuschreiben.

Als Wissenschaftler im Baconschen Sinn läßt sich Hooke lange über die Erweiterung der Sinneserfahrung aus. Das Fernrohr hat dem Blick die Himmel geöffnet, es hat «eine große Anzahl neuer Sterne und neuer Bewegungen, die den antiken Astronomen gänzlich unbekannt waren», enthüllt. Gleichzeitig erscheint auch die uns einst vertraute Erde als etwas Neues, und wir entdecken in jedem Teilchen ihrer Materie «eine so große Vielzahl von Lebewesen, wie wir sie zuvor im gesamten Universum gezählt haben». Die neuen Instrumente ermöglichen es, die sichtbare Welt zu untersuchen und jede weitere Vervollkommnung des Teleskops und Mikroskops erschließt unserem Blick «neue Welten und *terrae incognitae*» (Hooke: 1665, 177f.).

Bei einigen Sitzungen der *Royal Society* im Jahre 1677 verlas Hooke einen siebzehnseitigen Brief des Holländers Antonie Leeuwenhoek, den dieser an die angesehene Akademie geschrieben hatte. Leeuwenhoeck war weder Naturphilosoph, noch zählte er zur Welt der Gelehrten. Angestellt als Amtsdiener beim Gericht der südholländischen Stadt Delft, hatte er hunderte winziger bikonvexer Linsen mit kurzer Brennweite und kleine Glaskugeln (mit einem Durchmesser von unter 2,5 mm) hergestellt, die in einer metallischen Einfassung wie einfache Mikroskope funktionierten. Mit seinem herausragenden Können als Optiker (eine seiner Linsen hat sich noch in diesem Jahrhundert jeder anderen bekannten einfachen Linse gegenüber als überlegen erwiesen) und einem unersättlichen Wissensdrang führte Leeuwenhoek Beobachtungen über die Spermatozoen und roten Blutkörperchen durch und entdeckte Protozoen und Bakterien. Die Bewegungen der in einem Wassertropfen vorhandenen kleinen Tierchen, schreibt er im September 1674, erscheinen ihm «schnell und wunderbar anzusehen, und ich denke, daß einige dieser kleinen Lebewesen tausendfach kleiner sind, als die, die ich je in einer Käserinde oder in einem Schimmel gesehen habe». Auch im Innern des menschlichen Körpers leben kleine Tierchen. Im Oktober 1676 werden die Protozoen beschrieben: «Es ist, als ob man mit bloßem Auge kleine Aale betrachtet, die sich umeinander winden, und das ganze Wasser scheint angefüllt mit diesen verschiedenen Tierchen; von allen wunderbaren Dingen, die ich in der Natur beobachtet habe, ist dies für mich das wunderbarste.»

Die Neue Welt

«Auf den westindischen Inseln» – schreibt José d'Acosta – ist alles wunderbar, alles überraschend, alles verschieden und auf einer höheren Stufe als das, was es in der Alten Welt gibt.» Wie später Galilei, Hooke und Leeuwenhoeck hatten auch Christoph Kolumbus, Fernão de Magellan und die zahlreichen anderen Reisenden und Seefahrer der frühen Neuzeit nie zuvor Gesehenes mit eigenen Augen geschaut. Die Entdeckung neuer Länder hatte ebenfalls dazu beigetragen, den Glauben an die Überlegenheit der antiken Geistesgrößen zu erschüttern. Einfache Seeleute, so meinten viele, sind in der Lage, das Gegenteil dessen zu *sehen,* was griechische Philosophen und Kirchenväter über die Bewohnbarkeit der Trockengebiete, die Existenz der Antipoden, die Schiffahrt auf den Ozeanen oder die Unpassierbarkeit der Säulen des Herkules behauptet haben.

In der Neuen Welt finden sich unbekannte Pflanzen (Mais, Maniok, Kartoffel, Bohne, Tomate, Paprika, Kürbis, Avocado, Ananas, Kakao, Tabak, Gummibaum) und nie gesehene Tiere (Truthahn, Lama, Luchs, Puma, Kondor, Jaguar, Tapir, Vikunia, Kaiman). Beschreibungen neuer Tiere und Pflanzen enthält die *Historia general y natural de las Indias* (1526) von Gonzalo Fernández de Oviedo y Valdés, der über vierzig Jahre lang Goldinspektor in Santo Domingo war. Auf Welt- und Landkarten des frühen 16. Jahrhunderts ist der neue Kontinent bevölkert mit Einhörnern, hundsköpfigen Affen und Menschen, bei denen Augen, Nase und Mund auf der Brust liegen. Oviedo verzichtet dagegen auf die Beschreibung von Monstern und Phantasiewesen. Nach seiner Auffassung gibt es eine einzige Natur, die in den verschiedenen Teilen der Welt unterschiedliche Formen annimmt. Pflanzen können in einem Teil der Welt schädlich, im anderen nützlich, Menschen weiß oder schwarz sein, und die Tiger, welche sonst behende und schnell, «sind im Indien Eurer Majestät träge und schwerfällig». Auch der Jesuit José d'Acosta beschreibt in seiner *Historia natural y moral de las Indias* (1590) die besondere Beschaffenheit des Bodens, der Mineralien, Vulkane, Metalle, Pflanzen, Landtiere, Fische und Vögel. Die Neue Welt ist für ihn bevölkert «von Tieren, deren Anzahl und Aussehen ohne Beispiel sind und von denen weder Griechen noch Römer, noch irgendein Volk des *mundo de acá* etwas gewußt haben». Mit den gleichen Themen befaßt sich auch die kurze Schrift *A Briefe and Troue Report of the New Land of Virginia* (1588) von Thomas Hariot, einem der bedeutendsten Mathematiker seiner Zeit, Bewunderer Galileis und Briefpartner Keplers. In Italien erwirbt Federico Cesi das Manuskript des sogenannten *Tesoro messicano* oder *Rerum medicarum Novae Hispaniae thesaurus,* eine monumentale Enzyklopädie der exotischen Botanik und Zoologie, die auf Francisco Hernández, den Leibarzt Philipp II., zurückgeht. Nach verschiedenen Anläufen wird das Buch 1651 von Francesco Stelluti gedruckt.

Über die Menschen der Neuen Welt und ihre Sitten hatte sich Acosta lang und breit ausgelassen. Sein Buch, das ins Englische (1604), Italienische (1606) und Holländische (1624) übersetzt wurde, stand im Mittelpunkt einer ausgedehnten Diskussion, die das gelehrte Europa von Mitte des 16. Jahrhunderts bis zur Zeit Vicos beschäftigte. Es warf eine Reihe von Fragen auf, die nicht einfach zu beantworten waren. Wie läßt sich die biblische Geschichte mit der Existenz von Menschen an einem derart weit vom Zentrum der jüdisch-christlichen Religion entfernten Ort vereinbaren? Sind die Wilden Amerikas in die Barbarei zurückgefallene Abkömmlinge von einst zivilisierten Völkern? Haben die verschiedenen Völker unterschiedliche Ursprünge, oder erschienen die Menschen gleichzeitig in den diversen Regionen der Erde? Wie läßt sich die direkte Abstammung aller Menschen von Adam rechtfertigen? Überschwemmte die Sintflut alle Gebiete der Erde, oder war sie lokal begrenzt? Träfe letzteres zu, wäre dann nicht die biblische Geschichte nur die Geschichte eines besonderen Volkes an einem bestimmten Ort? Wie erklärt sich das Vorhandensein einer anderen als der uns vertrauten Natur? Wie gelangten die Tiere der Neuen Welt in die Arche Noah? Warum überlebte kein einziges dieser Tiere in der Alten Welt? Muß man annehmen, daß Gott nach dem sechsten Schöpfungstag sein Werk fortsetzte und die Neue Welt schuf? Vor allem aber: wie gelangten die Menschen der Alten Welt in die Neue Welt?

Freigeister *(Freethinkers, esprits forts)* unterschiedlicher Herkunft nahmen die Entdeckung der neuen Welt zum Anlaß, um ihre Zweifel an der Gültigkeit der biblischen Geschichte anzumelden und jene Thesen zu verbreiten, die als frevlerisch galten und im späten 17. und im Verlauf des 18. Jahrhunderts als lukrezianisch, spinozistisch oder materialistisch bezeichnet wurden. Gerolamo Cardano (1501–1576) vertrat implizit die These einer unmittelbaren Abstammung der Menschen aus der Materie. Der Aristoteliker Andrea Cesalpino (1519–1603) behauptete gar unverblümt, daß «alle Tiere, einschließlich des Menschen, aus verwesender Materie entstanden sein können». Dies sei nach seiner Ansicht insbesondere in Gebieten mit heißem Klima und üppiger Vegetation wie in der Neuen Welt möglich. Für Giordano Bruno warf die Existenz von Tieren und Menschen in der Neuen Welt keine Fragen auf, sondern gereichte ihm zum Beweis, daß jedes Land alle Arten von Tieren hervorbringe. Den Amerikanern eine Abstammung von Adam zuzuschreiben sei absurd; in Wahrheit «gab es keinen Urwolf, Urlöwen oder Urstier, von dem alle anderen Wölfe, Löwen und Stiere abstammen und über alle Erdteile verbreitet wurden, sondern in allen Gebieten erzeugte die Erde alles von Anfang an». Der Disput zwischen den Vertretern des Polygenismus und den Verteidigern des Monogenismus (zu letzteren zählt d'Acosta) sollte merkwürdige Blüten treiben.

Paracelsus hatte den Amerikanern menschliche Charaktereigenschaften abgesprochen. Wie Riesen, Gnome oder Nymphen «sind sie den Menschen in allem gleich bis auf die Seele». Sie sind «wie die Bienen, die eine Königin, wie Wildenten, die einen Anführer haben; sie leben nicht nach der Ordnung menschlicher Gesetze, sondern nach den ihnen angeborenen Gesetzen der Natur». Neben vielen anderen Schriftstellern, Philosophen und Reisenden hatte auch der Humanist Juan Ginés de Sepulvéda die amerikanischen Eingeborenen als eine Art Untermenschen dargestellt, die zu jeder Art «abscheulicher Niedertracht» fähig seien. Ein gänzlich anderes Bild zeichnet dagegen Michel de Montaigne in einer Stelle seiner berühmten *Essais* (1580), die sich auf brasilianische Volksstämme bezieht. Es sei weder möglich noch statthaft, die nichteuropäischen Völker von einem europäischen und christlichen Standpunkt aus zu beurteilen. Die Menschheit setze sich aus einer unendlichen Vielfalt an Formen zusammen und «jedermann [nennt] dasjenige barbarisch [. . .], was nicht Sitte in seiner eigenen Heimat ist» (Montaigne: 1976, 86).

Die Diskussionen über den «edlen» und den «bösen» Wilden verknüpften sich mit der Entwicklung der Biologie und des politischen Denkens. Bis zu Buffon, dem Abt Corneille de Pauw und den Romantikern sollte sich, was den amerikanischen Kontinent betrifft, die Vorstellung von der «degenerierten», «dekadenten» oder jedenfalls «unterlegenen» *Natur* der Neuen Welt halten. Ihre Fauna, schrieb noch Hegel in seiner *Philosophie der Geschichte,* habe ein kleineres, schwächeres, weniger kämpferisches Aussehen (Hegel: 1992, 108).

5.
Ein neuer Himmel

Nikolaus Kopernikus

Der polnische Astronom Niklas Koppernigk (1473–1543) latinisierte seinen Namen in *Copernicus*. Dieser Name ist in der Neuzeit zum Symbol einer großen Wende des Denkens geworden, mit ihm verbindet man die Geburtsstunde eines neuen Zeitalters und einer geistigen Revolution. Nikolaus Kopernikus hat, wie mehrfach unterstrichen worden ist, nie eine revolutionäre Haltung eingenommen, weder in seinem Leben noch in seinen Werken. Als guter Humanist war er der Ansicht, daß die Möglichkeit einer neuen, die Unsicherheiten der Astronomen beseitigenden Methode zur Berechnung der Planetenbewegungen in den Texten der antiken Philosophen zu suchen sei. Seine Theorie präsentierte er als den Versuch, den Lehrsätzen des Pythagoras und Philolaos neue Geltung zu verschaffen. Dabei ging er äußerst vorsichtig und zögernd zu Werke, denn er befürchtete, seiner merkwürdigen, ungewöhnlichen Lehre von der Erdbewegung würde man in der Welt der Geistlichen und Gelehrten mit Geringschätzung begegnen. Sein Hauptwerk *De revolutionibus orbium coelestium* (1543) war abgefaßt wie der *Almagest* des Ptolemäus und folgte ihm Buch für Buch und Abschnitt für Abschnitt, was Kepler zu der Bemerkung veranlaßte, Kopernikus habe nicht so sehr die Natur als vielmehr Ptolemäus interpretiert.

Kopernikus wurde als Sohn eines Kaufmanns in Thorn an der Weichsel geboren. Die Stadt unterstand seit 1466 der Souveränität des polnischen Königs. Nach dem Studium an der Universität Krakau ermuntert ihn sein Onkel, der Bischof von Ermland war und nach dem Tod des Vaters die Vormundschaft über Kopernikus ausübte, zum Besuch italienischer Universitäten. Sein Name findet sich im Verzeichnis der *Natio Germanorum* der Universität von Bologna, wo Kopernikus ein enger Freund und Schüler des Astronomen Domenico Maria Novara (1454–1504) wurde. 1500 geht er von Bologna nach Rom. Im folgenden Jahr kehrt er in seine Heimat zurück, um die Genehmigung des Domkapitels zu erbitten, wieder nach Italien gehen zu dürfen. Seit 1497 war er Domherr in Frauenburg. 1501 reist er erneut nach Italien. In Padua studiert er vier Jahre Jura und Medizin, in Ferrara erwirbt er den Doktorgrad in kanonischem Recht. 1503, nach insgesamt neun Jahren Aufenthalt in Italien, kehrt er nach Polen zurück und wird Sekretär und Arzt seines Onkels. Nach dessen Tod 1512 läßt er sich in Frauenburg nieder, wo er mehr als dreißig Jahre verbringt und bis zu seinem Tod an seinem Hauptwerk arbeitet.

In den Jahren zwischen 1507 und 1512 (über diese Daten herrschen jedoch unterschiedliche Auffassungen in der wissenschaftlichen Forschung) hatte Kopernikus einen Kommentar über die *De hypothesibus motuum coelestium* verfaßt, der als Handschrift relativ verbreitet war. In ihm wurden die sieben *petitiones* oder *Grundsätze* vorgestellt, die einer neuen Astronomie den Weg ebnen sollten.

Erster Satz: Für alle Himmelskörper oder Sphären gibt es nicht nur einen Mittelpunkt. (Das heißt, entgegen der Behauptung von Ptolemäus gibt es zwei Rotationszentren: die Erde ist das Rotationszentrum des Mondes und die Sonne das der anderen Planeten.)

Zweiter Satz: Der Erdmittelpunkt ist nicht der Mittelpunkt der Welt, sondern nur der Schwere und des Mondbahnkreises. (Mit dieser *petitio* wird das Problem der Erklärung der Schwerkraft wieder aufgeworfen.)

Dritter Satz: Alle Bahnkreise umgeben die Sonne, als stünde sie in aller Mitte, und daher liegt der Mittelpunkt der Welt in Sonnennähe (die Sonne steht daher exzentrisch zum Mittelpunkt des Universums)

Vierter Satz: Das Verhältnis der Entfernung Sonne – Erde zur Höhe des Fixsternhimmels ist kleiner als das vom Erdhalbmesser zur Sonnenentfernung, so daß diese gegenüber der Höhe des Fixsternhimmels unmerklich ist. (Wenn das Universum derart große Dimensionen hat, wird es nicht eintreffen, daß die Bewegung der Erde zu einer sichtbaren Bewegung der Fixsterne führt.)

Fünfter Satz: Alles, was an Bewegung am Fixsternhimmel sichtbar wird, ist nicht von sich aus so, sondern von der Erde aus gesehen. Die Erde also dreht sich mit den ihr anliegenden Elementen (die Atmosphäre und die Gewässer auf ihrer Oberfläche) in täglicher Bewegung einmal ganz um ihre unveränderlichen Pole. Dabei bleibt der Fixsternhimmel unbeweglich als äußerster Himmel.

Sechster Satz: Alles, was uns bei der Sonne an Bewegungen sichtbar wird, entsteht nicht durch sie selbst, sondern durch die Erde und unsern Bahnkreis, mit dem wir uns um die Sonne drehen, wie jeder andere Planet. Und so wird die Erde von mehrfachen Bewegungen dahingetragen.

Siebenter Satz: Was bei den Wandelsternen als Rückgang und Vorrücken erscheint, ist nicht von sich aus so, sondern von der Erde aus gesehen. Ihre Bewegung allein also genügt für so viele verschiedenartige Erscheinungen am Himmel. (Die sogenannten «rückwärtigen Bewegungen» der Planeten werden zu *scheinbaren Bewegungen,* da sie von den Bewegungen der Erde abhängen.) (Kopernikus: 1990, 5–7).

In der Zwischenzeit hatte Kopernikus sein umfangreiches Manuskript *De revolutionibus* dem jungen Georg Joachim Rheticus anvertraut (1514–1576), der seinen Namen Georg Joachim von Lauchen in Rheticus latinisiert hatte, um auf seine Herkunft aus der antiken römischen Provinz Räthien hinzuweisen. Der Schüler und Bewunderer von Kopernikus veröffentlichte 1540 die berühmte *Narratio prima,* die neben einer Serie von astrologischen Betrachtungen über den Zerfall des römischen und die Entstehung der islamischen Reiche sowie das zweite Erscheinen von Christus eine klare Darstellung der Kopernikanischen Kosmologie enthielt. Durch diese Schrift, die ein Jahr später – nun nicht mehr anonym – in Basel gedruckt wurde, fanden die Ideen und das Hauptwerk von Kopernikus größere Verbreitung unter den Gelehrten seiner Zeit.

In seiner Darstellung betonte Rheticus mit Nachdruck immer wieder die größere Einfachheit und Harmonie des Kopernikanischen Systems gegenüber dem des Ptolemäus. Alle Bewegungen der Planeten können durch die gleichförmige Bewegung der Erdkugel erklärt werden. Geht man von einer feststehenden Sonne im Zentrum des Universums aus und von einer Erde, die sich auf einer exzentrischen oder großen Kreisbahn um sie dreht, dann hängt das richtige Verständnis der

Himmelsdinge von den regelmäßigen und gleichförmigen Bewegungen *dieser Erdkugel allein* ab. Warum sollte Kopernikus diese «zweckmäßige Theorie» von der Bewegung der Erde nicht anwenden? Wenn man diese Hypothese annimmt, genügt «die achte Kugel als einzige, und diese unbewegt, die Sonne im feststehenden Mittelpunkt des All, bei den Bewegungen der anderen Planeten aber Epizykel auf Exzentern oder Exzenter auf Exzentern oder Epizykel auf Epizykel» (Rheticus: 1543, 56). Indem man der Erde eine Bewegung zuschrieb, war es möglich, an der kreisförmigen Bewegung der Himmelskörper festzuhalten. Im traditionellen System wurde die Rückläufigkeit der Planeten durch ein Epizykel-Deferenten-Modell erklärt, das den Planeten auf einen gleichmäßigen rotierenden Kreis – den sogenannten Epizykel – setzte, dessen Mittelpunkt auf einem zweiten, größeren Kreis – dem Deferenten – um die Erde rotierte. Im neuen System sind die Planeten dagegen in fortgesetzter Bewegung in der gleichen Richtung. Die Unregelmäßigkeiten ihrer Bewegungen werden der ständig sich verändernden Perspektive des Beobachters auf der sich bewegenden Erde zugeschrieben.

Der im Mai 1534 publizierte Text *De revolutionibus* wurde – so will es die Überlieferung – Kopernikus ans Sterbebett gebracht. In der *Widmungsvorrede* weist Kopernikus wie zuvor bereits Rheticus auf die größere Einfachheit und Harmonie seines Systems hin. Er hielt dem antiken das neue entgegen und betonte die Unstimmigkeiten, Unsicherheiten und Widersprüche unter den Anhängern der Tradition.

Die Kopernikanische Revolution bestand nicht in einer Perfektionierung der astronomischen Methoden oder in der Entdeckung neuer Daten, vielmehr resultiert sie aus der Konstruktion einer neuen Kosmologie, die *auf den alten Daten* der Ptolemäischen Astronomie basierte. Diese Kosmologie ist darüber hinaus einigen grundlegenden Thesen der Aristotelischen Lehre stark verpflichtet. Das Universum des Kopernikus ist vollkommen kreisförmig und endlich. Die Kreisförmigkeit, nach der alle Körper streben, gilt als perfekte Form und in sich geschlossene Ganzheit, die göttlichen Körpern zugeschrieben wird. Die Kreisbewegung der Kristallkugeln rührt von einer der Kugel inhärenten Mobilität *(mobilitas sphaerae est in circulum volvi).* Die

Immobilität der Sonne entspricht ihrer göttlichen Natur: «Wer wollte denn in diesem wunderschönen Heiligtum diese Leuchte sie an einen anderen besseren Ort setzen als den, von wo aus sie das Ganze gleichzeitig erhellen kann? Zumal doch bestimmte Leute durchaus treffend ‹Lampe der Welt›, andere ihren Sinn, andere ihren ‹Lenker› nennen» (Kopernikus: 1990, 137).

Die Einfachheit des neuen Systems war eher augenscheinlich als real. Um die ermittelten Beobachtungsdaten zu rechtfertigen, war Kopernikus erstens gezwungen, das Zentrum des Universums nicht mit der Sonne zusammenfallen zu lassen (sein System ist mit *heliostatisch* besser definiert worden als mit *heliozentrisch),* sondern mit dem Mittelpunkt der Erdumlaufbahn. Zweitens mußte er wie Ptolemäus eine Reihe um andere Kreise rotierender Kreise wiedereinführen und schließlich der Erde (über die Rotationsbewegung um ihre eigene Achse und die Drehung um die Sonne hinaus) eine dritte Bewegung zuschreiben, die der Abweichung *(declinationis motus),* um die Unveränderlichkeit der Erdachsen gegenüber der Sphäre der Fixsterne zu rechtfertigen.

Die kopernikanische Revolution erschöpfte sich aber nicht darin, einige neue Lehrsätze den traditionellen gegenüberzustellen, sondern es gelang ihr wirklich, das Ptolemäische System abzulösen und den *Almagest* hinsichtlich der Berechnungen und der Konstruktion der Planetentafeln zu verbessern. Die neuen, von Erasmus Reinhold (1511–1553) auf kopernikanischen Grundlagen ausgearbeiteten und als *Tabulae Prutenicae* bekannten Tafeln fanden auch die Anerkennung von unermüdlichen Gegnern des neuen Weltsystems; Reinhold selbst war nie Kopernikaner. Das in *De revolutionibus* vorgestellte System basierte auf einer Verfeinerung der pythagoräischen Mathematik, die von den professionellen Astronomen geschätzt wurde. Einigen von ihnen erschien dieses System nicht nur einfacher und harmonischer als das vorherige, sondern zugleich stärker der metaphysischen Annahme von der perfekten Gleichförmigkeit der Kreisbewegungen der Himmelskörper (an der auch Kopernikus festhielt) verpflichtet.

Kopernikus' Schriften entbehren dennoch vieler Grundprinzipien des Phänomens, das wir als «astronomische Revolution» bezeichnen, wie die Beseitigung von Exzentern und Epizyklen, die Abwendung von der Vorstellung der festen Sphären und der Endlichkeit des Universums). Aber es gibt Texte, die geistige Revolutionen in Gang setzen, ohne mit einem revolutionären Anspruch aufzutreten. Das gilt für Kopernikus wie für Darwin. Beide Autoren werden – wenn auch nur oberflächlich – von einer wachsenden Zahl von Nicht-Spezialisten gelesen. Ihre Schriften regen Intellekt und Phantasie der Menschen an, sie schieben auch alte, verfestigte Antworten beiseite und werfen eine große Zahl neuer Fragen auf. Im Falle von Kopernikus lauten diese: Was ist die Schwerkraft, und warum fallen schwere Körper auf die Oberfläche einer Erde, die sich in Bewegung befindet? Was bewegt die Planeten, und wodurch werden sie auf ihren Bahnen gehalten? Wie weit dehnt sich das Universum aus, und wie groß ist die Entfernung zwischen Erde und den Fixsternen? Aber nicht nur die Wissenschaften sahen sich neuen Problemen gegenüber. Die Theorie von der Erdbewegung und die Anerkennung des neuen Systems führte nicht nur zum Zusammenbruch der alten Astronomie und Physik und zu ihrer Umstrukturierung, sondern auch zu einer Veränderung der Weltsicht und einer Neubewertung der Natur wie der Stellung des Menschen in ihr. In jedem System, das sich in einem instabilen Gleichgewicht befindet (und dazu zählte ohne Zweifel die Astronomie zur Zeit des Kopernikus), gibt es problematische Punkte, an die man nicht rühren darf, ohne die ganze Konstruktion zum Einsturz zu bringen. Die Bewegung der Erde war einer davon.

Die Welt zerfällt in Scherben

Schon 1539 nimmt Luther in einer seiner *Tischreden* Bezug auf einen «Dummkopf». «Dieser [...] möchte die ganze Astronomie umstürzen; doch die heilige Schrift sagt uns, daß Josua die Sonne still stehen hieß und nicht die Erde» (Luther: 1916, Nr. 4638). Sechs Jahre nach der Veröffentlichung des Hauptwerks von Kopernikus unterstreicht Philipp Melanchthon in den *Initia doctrinae physicae,* daß diejenigen, welche glauben, die achte Sphäre und die Sonne drehten sich nicht um die Erde, gotteslästerliche und gefährliche Argumente vertreten, die gegen die Wahrhaftigkeit und Schicklichkeit verstoßen. Calvin besteht energisch, ohne jedoch Kopernikus zu zitieren, auf der wörtlichen Bedeutung der Bibel.

Es ist sehr viel über die Haltung von Protestanten und Katholiken gegenüber dem Kopernikanismus diskutiert worden. Eine weit verbreitete Legende der Geschichtsschreibung bescheinigt die substantielle Indifferenz der Römischen Kurie und der Scholastiker. 1546, nur drei Jahre nach dem Tod von Kopernikus, bezog der Dominikaner Giovanni Maria Tolosani in seiner bis 1975 unveröffentlichten Schrift *De veritate Sacrae Scripturae* energisch gegen das neue System Stellung. Tolosani war mit Bartolomeo Spina, dem Haushofmeister des Papstpalastes verbunden, der in dieser Eigenschaft gleichsam als Sprachrohr der Reaktionen der römischen Kurie angesehen werden kann. Nach Auffassung des Dominikaners litt der Kopernikanismus an einem entscheidenden Mangel. Er verletzte das unverzichtbare Grundprinzip der *subalternatio scientiarum*, nach der «eine untergeordnete Wissenschaft auf eine übergeordnete Wissenschaft angewiesen sei.» Es handelt sich hier keineswegs um eine Frage von geringem Gewicht. Die erste Wissenschaft, die Theologie, bietet dem Kosmologen eine Beschreibung der physikalischen Struktur des Universums, und keine Wissenschaft kann im Widerspruch zur Theologie stehen: «Kopernikus, der in der mathematischen und astronomischen Wissenschaft bewandert ist, besitzt nur lückenhafte Kenntnisse in den physikalischen und dialektischen Wissenschaften und ist unerfahren in der Schrift.» Der Text von Tolosani wurde von einem anderen Dominikaner, Tommaso Caccini, genau gelesen, dessen heftige Stellungnahme in der Predigt vom 20. Dezember 1614 in Santa Maria Novella den Weg zur Verurteilung von 1616 ebnete, welche die Kopernikanische Lehre für «töricht und philosophisch absurd» und «formal häretisch» erklärt hatte. In der *Widmungsvorrede* an Paul III. hatte Kopernikus dessen Autorität und Urteil angerufen, damit er «die Bisse von Verleumdern» unterdrücke, «wenn auch in dem Sprichwort gesagt ist, es gebe kein Heilmittel gegen des Intriganten Biß» (Kopernikus: 1990, 77).

Die «Bisse» sollten mit der Zeit zahlreicher werden. Neben erzürnter Ablehnung, Verwirrung und Unsicherheit gab es allerdings auch, wie immer bei Neuem, vorsichtige Zustimmung von Fachleuten sowie stürmische, wenngleich von der Sache her wenig begründete Begeisterung. *De revolutionibus* wurde in Basel 1556 (dreizehn Jahre nach dem Erstdruck) mit der *Narratio prima* von Rheticus im Anhang wiederaufgelegt. Rheticus' Text sollte es dem Nicht-Spezialisten erleichtern, die Bedeutung des neuen Weltsystems zu verstehen. 1557 wurden die 1551 von Reinhold erstellten *Tabulae Prutenicae* durchgesehen und erweitert. Im Jahr zuvor war in London *The castle of knowledge* des Mediziners und Mathematikers Robert Recorde (1510 – ca. 1558) erschienen. In dem dort abgedruckten Dialog zwischen einem Meister und seinem Schüler behauptet der erstere, die Zeit sei noch nicht reif, um die Bewegung der Erde zu diskutieren, denn die Vorstellung von deren Unbeweglichkeit sei so tief in den Köpfen verwurzelt, daß jede Lehre, die das Gegenteil behaupte, verrückt erscheinen müsse. Der Schüler hingegen bestritt, daß Meinungen, die von vielen anerkannt werden, immer wahr seien.

Die Astronomen waren im allgemeinen sehr zurückhaltend. Sieht man von den berühmten Ausnahmen Kepler und Galilei ab, so wiesen sie schon die Idee von sich, das Ptolemäische System für überholt zu erklären. Nach dem Erfolg der neuen Planetentafeln herrschte bei ihnen eine Haltung vor wie die von Thomas Blundeville, der 1594 behauptete, daß es Kopernikus mit Hilfe einer falschen Hypothese gelungen sei, genauere Beweise anzuführen, als zuvor je erbracht worden waren. Der Tübinger Professor für Astronomie Michael Mästlin (1550–1631) fügte seiner letzten Ausgabe des *Epitome astronomiae* (1588) im Anhang eine Darstellung des Kopernikanischen Systems bei. Da er Keplers Lehrer war, ist anzunehmen, daß er seinen Schüler über das neue System unterrichtete. Mästlin sollte später an der Niederschrift und dem Druck des *Mysterium cosmographicum* von Kepler beteiligt sein (1596), der ihn für seine geleistete Arbeit (die auch schwierige Berechnungen einschloß) mit einem Kelch aus vergoldetem Silber und sechs Silbertalern belohnte.

Christoph Rothmann, Astronom des Landgrafen Wilhelm IV. von Hessen-Kassel, verteidigte um 1587 in einem Briefwechsel mit Tycho Brahe lebhaft die Gültigkeit des Kopernikanismus. In seinen Briefen widerlegte er die häufigsten Einwände gegen die Erdbewegung und behauptete die Unhaltbarkeit einer wörtlichen Interpretation der Heiligen Schrift, die dazu zwänge, auch an die Existenz der Himmelswasser zu glauben (eine Frage, die für die Kosmologie des gesamten Mittelalters von grundlegender Wichtigkeit gewesen war).

Die Gültigkeit der aus dem Aristotelismus abgeleiteten Argumente gegen Kopernikus wurde im *Diversarum speculationum mathematicarum et physicarum liber* (1585) von dem Mathematiker Giovanni Battista Benedetti (1530–1590) bestritten. Neben ihm sind noch die Philosophen Thomas Digges und Giordano Bruno zu nennen, sowie Francesco Patrizi von Cherso (1529–1597), der Professor für platonische Philosophie in Ferrara war, bevor er von Clemens VIII. nach Rom berufen wurde. Patrizis Vorstellung vom Universum stellt aus heutiger Sicht ein merkwürdiges Gemisch dar. Die Erde in ihrem System siedelt er noch im Mittelpunkt des Kosmos an, und die Sonne umkreist die Erde, die sich (wie von Kopernikus vertreten) in Bewegung befindet. Von den drei Bewegungen, die Kopernikus angenommen hatte, erkennt Patrizi nur eine, die tägliche Umdrehung, an. Die Sterne bewegen sich wie große Tiere aus eigenem Antrieb aufgrund der ihnen innewohnenden Seele, ohne an die Existenz von Sphären gebunden zu sein. Es gibt nur einen fortwährenden, fließenden Himmel. Die scheinbare Bewegung der Fixsterne beruht auf der täglichen Bewegung der Erde um ihre eigene Achse. Der Abstand der Sterne zur Erde ist nicht gleich, denn sie sind in einer unendlichen Weite verteilt.

Es mag den Astronomen mißfallen, aber die Grenzlinien zwischen denen, die den Kopernikanismus anerkennen, ablehnen oder aber Unsicherheit gegenüber den neuen Lehren bekunden, sind nicht mit der Grenzziehung zwischen Astronomen auf der einen und Philosophen oder Literaten auf der anderen Seite zur Deckung zu bringen. Die ersten Befürworter des Kopernikanischen Systems in England können nicht einfach als «modern» oder als Verkünder und Verteidiger einer neuen wissenschaftlichen Methode angesehen werden. Robert Recorde, an den wir schon erinnert haben, versteht die Astronomie als Dienerin oder helfende Schwester der Astrologie. Der kopernikanische Mathematiker John Dee (1527–1608) hat neben einem berühmten Vorwort zu Euklid die *Monas hieroglyphica* (1564) verfaßt, in der er versucht, die Geheimnisse der überhimmlischen Wahrheiten über die Mysterien der Kabbala, die Zahlenspiele der Pythagoräer und das Siegel von Hermes zu enthüllen. Auf Hermes Trismegistos und auf das Gedicht *Zodiacus vitae* (1534) des Ferraresers Palingenio Stellato (Pier Angelo Manzolli, ca. 1503–1543) beruft sich auch Thomas Digges (1543–1575). In seiner *Perfit description of caelestiall orbes,* die er 1576 den *Prognostication everlasting* seines Vaters Leonhard hinzufügt, spricht er von einer unbeweglichen Bahn der sich unendlich in die Höhe ausdehnenden Fixsterne, in der er «den Palast der Glückseligkeit und den echten Hof der himmlischen Engel (erkennt), die ohne Angst und Sorge den Wohnort der Auserwählten füllen». Um 1585 macht sich Giordano Bruno in England zum Verteidiger der Kopernikanischen Lehre. Im *Aschermittwochsmahl,* in *De l'infinito, universo e mondi* (1584) hatte er die Theorie des Kopernikus vor dem Hintergrund der Astralmagie und der Sonnenkulte dargestellt. Darin hatte er den Kopernikanismus mit der in der Schrift *De vita coelitus comparanda* von Marsilio Ficino dargestellten Thematik in Verbindung gebracht und in dem kopernikanischen «Diagramm» die «Hieroglyphe» der «Göttlichkeit» gesehen. Die Erde bewege sich, weil sie im Umkreis der Sonne lebe. Die Planeten begleiten sie als lebende Sterne auf ihrem Weg. Unzählige andere Welten, die sich wie große lebendige Tiere bewegen, bevölkern das unendliche Universum.

In den Texten von William Gilbert – auch er ist in gewisser Weise «Kopernikaner» – fehlt es nicht an vitalistischen Themen und Hinweisen auf Hermes, Zarathustra und Orpheus.

Die heliozentrische Theorie wurde oft mit einigen für die magisch-hermetische Tradition charakteristischen Themen in Verbindung gebracht. Durch eine Stellungnahme gegen diese Tradition war es durchaus möglich, zusammen mit dem mystischen Platonismus auch die Kopernikanische Lehre und ihre Anhänger zu verurteilen. In dieser von Unsicherheiten und Mißverständnissen geprägten Situation ist auch die Haltung Francis Bacons (in den Jahren zwischen 1610 und 1623) gegenüber der Kopernikanischen Lehre von Bedeutung. Diese war beispielsweise von den Spiritualisten des ausgehenden 19. und von den Neopositivisten und Popperianern des 20. Jahrhunderts benutzt worden, um unhistorische Verurteilungen auszusprechen. Es macht jedoch keinen Sinn, die erwähnten Unsicherheiten jener Jahre als «wissenschaftliche Rückständigkeit» bezeichnen zu wollen. Bacon, der sich 1612 begeistert über die Entdeckungen Galileis äußert, stirbt 1626. Die «Bekehrung» von Marin Mersenne (1588–1648) erfolgt in den Jahren 1630–1634. Im *Novarum observationum libri* von 1634 schreibt der Mathematiker Gilles Personne de Roberval (1632–1675), daß es keine Möglichkeit gebe, um festzustellen, welches der drei Weltsysteme, die sich das Feld streitig machen, das wahre sei, wobei nicht auszuschließen sei, «daß alle drei falsch sind und das Wahre sich unserem Wissen entzieht.»

Die Statuten der Universität Salamanca von 1561 legten fest, daß die Studenten im Studiengang Mathematik zwischen Euklid und Ptolemäus oder Kopernikus wählen konnten. Es scheint, daß Kopernikus nur selten gewählt wurde. Salamanca war allerdings eine große Ausnahme. An den Universitäten wurden – auch in den protestantischen Ländern – bis ins späte 17. Jahrhundert hinein die beiden (bzw. drei) Weltsysteme nebeneinander gelehrt. Es ist wichtig, in diesem Zusammenhang daran zu erinnern, daß diejenigen, welche in den Jahren 1600–1610 die Existenz der Himmelssphären in Zweifel zogen, nicht der akademischen Welt angehörten (wie z. B. Gilbert, Brahe, Rothmann). In den Astronomielehrbüchern setzte sich diese Tendenz erst in den zwanziger Jahren des 17. Jahrhunderts durch, bis die Doktrin in den dreißiger Jahren schließlich ganz aufgegeben wurde. Die Akzeptanz des neuen Systems durch die Gebildeten verlangte Antworten auf schwierige Fragen nicht nur astronomischer Art. In der Entschiedenheit, mit der Galilei und Kepler die Kopernikanische Lehre vertraten, liegt ein Zeichen ihrer Größe. Beide erkannten in Kopernikus ihren Lehrmeister. Beide haben entscheidend dazu beigetragen, daß die mit Kopernikus ihren Anfang nehmende astronomische Revolution Erfolg hatte. Aber auch die Lehren von Galilei und Kepler brachen sich nur mühsam Bahn. Die Verse John Donnes aus *An Anatomy of the World* sind zum Symbol der Verwirrung und Bestürzung geworden, die viele angesichts des Zusammenbruchs der beruhigenden Sicherheiten erlebten:

And new Philosophy calls all in doubt,
The Element of fire is quite put out;
The Sun is lost, and th'earth, and no man's wit
Can well direct him where to looke for it.
And freely men confesse that this world's spent,
When in the Planets, and the Firmament

They seeke so many new; they see that this
Is crumbled out againe to his Atomies.
'Tis all in peeces, all cohaerence gone;
All just supply, and all Relation,
Prince, Subject, Father, Sonne, are things forgot,
For every man alone thinkes he hath got
To be a Phoenix...
(Donne: 1933, 202)

Tycho Brahe

Wir haben oben von einem *dritten Weltsystem* gesprochen. Der Astronom Tyge Brahe (1546–1601), der seinen Namen in Tycho latinisierte und als Autodidakt in Leipzig studiert hatte, war stark an der Alchimie interessiert und von einer Übereinstimmung zwischen kosmischen und irdischen Phänomenen überzeugt. Im Frontispiz einer seiner Schriften, der *Astronomiae instauratae mechanica,* läßt er sich über einen Globus gebeugt darstellen. In der Hand hält er einen Kompaß, der Blick ist zum Himmel gewandt. Auf der Bildunterschrift darunter heißt es *suspiciendo despicio* (ich schaue nach unten, wenn ich nach oben schaue). Eine andere Darstellung zeigt ihn mit einer um den Arm gewundenen Schlange – Symbol des Äskulap – beim Betrachten einer chemischen Apparatur. Das Motto lautet *despiciendo suspicio* (wenn ich nach unten schaue, schaue ich nach oben).

Mehr noch als ein Naturphilosoph war Tycho ein geduldiger und genauer Beobachter, sicherlich der beste Himmelsbeobachter mit bloßem Auge in der Geschichte der Astronomie. 1563, im Alter von sechzehn Jahren, begann er die Sterne zu observieren. Seine Beobachtungen erreichten im Laufe seines Lebens eine Präzision, die vielen Historikern der Astronomie fast unglaublich erschienen ist. Brahe beschaffte sich zahlreiche Instrumente und konstruierte etliche andere von großer Genauigkeit. Im Gegensatz zu vielen seiner Zeitgenossen beobachtete er die Planeten regelmäßig und systematisch und nicht nur bei günstigen Konjunktionen.

Am Abend des 11. November 1572 entdeckte Tycho Brahe (er war damals sechsundzwanzig Jahre alt) auf dem Nachhauseweg einen neuen, sehr hellen Stern im Sternbild der Kassiopeia. Dieses Ereignis veränderte sein Leben. Er ließ den Entschluß, nach Basel zu gehen, fallen und zog auf die Insel Ven, über die ihm der dänische König für seine Beobachtungen die Statthalterschaft verlieh. Dort baute er das mit Sternwarten und Laboratorien reich ausgestattete Schloß Uraniborg, in dem viele junge europäische Astronomen unterrichtet wurden. Der neuentdeckte Stern war so hell wie die Venus zur Zeit ihrer größten Leuchtkraft, wurde aber beständig schwächer, bis er Anfang des Jahres 1574 nicht mehr zu sehen war. «Wenn dieser Stern,» schrieb Kepler später, «nichts anderes zu tun vermochte, so hat er doch der Welt einen großen Astronomen gezeigt und gegeben» (Kepler: Progymnasmata I.). In der Schrift *De stella nova* (1573) erläuterte Brahe seine neuen Beobachtungen. Wenn es sich nicht um einen Kometen handelte und wenn der neue Stern immer wieder an derselben Stelle in der Sphäre der Fixsterne erschien, dann hatte sich in den als unveränderlich angesehenen Himmelsgewölben doch eine Veränderung vollzogen, und der Gegensatz zwischen der Unveränderlichkeit des Himmels und der Veränderlichkeit der sublunaren Welt mußte in Zweifel gezogen werden. Die Beobachtung der Kometen von 1577 und 1585 bestätigte Brahe in seinen Hypothesen. Er versuchte die Parallaxe des Kometen von 1577 zu messen, aber ihre Wertigkeit war zu klein, um ihn mit den Regionen der sublunaren Welt in Beziehung zu bringen. Alle von mir beobachteten Kometen, faßt er zusammen, «bewegen sich in den ätherischen Regionen und nie in der sublunaren Welt, wie Aristoteles und seine Anhänger uns viele Jahrhunderte lang glauben machen wollten.» Wenn die Kometen *über* dem Mond angesiedelt waren, konnten die Planeten nicht auf Kristallsphären befestigt sein, wie die traditionelle Astronomie glaubte. Kepler sollte später schreiben, daß seiner Meinung nach «die Existenz von Sphären im Himmel ausgeschlossen werden müsse». Die Kometen folgten nicht den Gesetzen der Sphären, sondern stünden «im Widerspruch zu ihnen». Die Himmelsmaschine sei kein «harter, undurchdringlicher Körper, der aus Kugelschalen bestehe, wie bisher von vielen angenommen würde. Der Himmel sei fortwährend und fließend, nach allen Seiten hin offen, so daß sich dem Lauf der Planeten kein Hindernis entgegenstelle. Diese würden durch keine Maschinerie, durch kein

Rotieren von Kugeln bewegt, sondern von der regulierenden Weisheit Gottes geleitet. Am Himmel existierten keine Sphären, «sie seien nur um eines besseren Verständnisses willen eingeführt worden» (Kepler: 1858–1871, I, 44, 159).

Die Behauptung Brahes war von revolutionärer Bedeutung, vergleichbar mit der von Kopernikus über die Bewegung der Erde. Auf dem Gebiet der Astronomie (und nicht wie bei Francesco Patrizi auf dem der spekulativen Vorstellung) war damit eines der zentralen Dogmen der traditionellen Kosmologie zu Fall gebracht worden: das der Unversehrbarkeit und Unveränderlichkeit der Himmelsgewölbe. Im achten Kapitel des 1588 in Uraniborg veröffentlichten *De mundi aetheri recentioribus phaenomenis liber secundus* (schon der Titel mit seinem Hinweis auf *jüngste* Ereignisse war eine Herausforderung für die Tradition) legt Brahe auch die Grundzüge seines Weltsystems dar, bei dem er eine doppelte Abkehr vollzieht und sich von der ptolemäischen wie von der kopernikanischen Astronomie distanziert. Kopernikus hatte ein schlüssiges Weltsystem geschaffen, das dem ptolemäischen mathematisch überlegen war. Aber Tycho bezweifelt, im Gegensatz zu Kopernikus, daß dem «trägen und enormen Erdball» eine, geschweige denn drei Bewegungen zugeschrieben werden können. Wenn sich die Erde bewege, behauptete Tycho, könne ein von einem Turm geworfener Stein nicht an dessen Fuße auftreffen. Das Kopernikanische System erschien Tycho auch aus zwei weiteren Gründen unannehmbar. Aufgrund der fehlenden Fixsternparallaxe müßte zwischen der Umlaufbahn des Saturn und den Fixsternen eine immense Distanz angenommen werden. Außerdem stand das Kopernikanische System im Widerspruch zur Heiligen Schrift, in der an mehreren Stellen auf die Unbeweglichkeit der Erde hingewiesen wird. Jedes neue System, forderte Brahe, müsse «mit der Mathematik und Physik vereinbar sein, die kirchliche Zensur vermeiden und völlig übereinstimmen mit dem, was am Himmel zu beobachten» sei (Brahe: 1913–29, IV, 155–57).

Im Tychonischen System steht die Erde unbeweglich im Mittelpunkt des Universums und ist umschlossen von einer Sternensphäre, deren Bewegung durch die tägliche Drehung um die Erde bezeugt wird. Die Erde bildet (wie im Ptolemäischen System) den Mittelpunkt der Mondumlaufbahn, während im Zentrum der fünf anderen Planeten (Merkur, Venus, Mars, Jupiter und Saturn) die Sonne steht. Den Sphären wird keine materielle Eigenschaft zugesprochen, da sich die verschiedenen Umlaufbahnen an mehreren Punkten überschneiden. Auch das Tychonische System stützt sich auf Epizykel, Exzenter und Äquanten.

Hinsichtlich der Berechnungsgrundlage war das Tychonische System dem des Kopernikus gleichwertig und bewahrte dessen mathematischen Vorzüge. Es vermied zudem jeglichen Konflikt mit der Bibel und rührte nicht an der Vorstellung von der Unbeweglichkeit der Erde, die in den Köpfen der einfachen Menschen wie der Gelehrten fest verankert war. Es schuf einen Konsens bei allen, die der Kopernikanischen Revolution nicht zustimmen wollten, und fand günstige Aufnahme auch bei den Jesuiten. Die unbestrittene Autorität Tycho Brahes stellte zweifellos ein Hindernis für die Verbreitung der Kopernikanischen Lehre dar. Aber die durch seine Astronomie aufgeworfenen Fragen beschleunigten die Krise und allmähliche Abkehr vom Ptolemäischen System.

Kepler

Johannes Kepler (1571–1630) entstammte einer lutherischen Familie, die im württembergischen Weil ansässig war. Mit dem Ziel, Pfarrer zu werden, besuchte er die protestantische Universität in Tübingen, wo Mästlin Astronomie lehrte und seinen Schülern sowohl das Ptolemäische als auch das Kopernikanische System vorstellte. 1594 nahm Kepler die Stelle eines Mathematikers an der protestantischen Grazer Stiftsschule in der Steiermark an. Zu seinen Aufgaben gehörte auch das Abfassen von Prognosen. In einer davon gelang es ihm, einen kalten Winter, Bauernaufstände und den Krieg mit den Türken vorherzusagen. Kepler fand sich auch bereit, Horoskope zu erstellen, von denen einige, wie das von Wallenstein, scharfsinnige psychologische Portraits sind. 1595 schrieb er das *Mysterium cosmographicum,* das ein Jahr später mit Mästlins Hilfe publiziert wurde.

Keplers Schriften waren für Historiker immer von besonderem Interesse. Im Gegensatz zu den meisten Wissenschaftlern beschränkte sich Kepler nicht darauf, in seinen Werken lediglich die Resultate seiner Forschungen darzustellen, sondern er beschrieb auch die Ursachen, aufgrund derer er zu seinen Theorien gelangt war, berichtete von seinen Versuchen, den ihn plagenden Zweifeln und Unsicherheiten und hielt seine Irrtümer fest. Die Darlegung der Gründe, die ihn bewogen, ein Buch zu schreiben, sind seiner Ansicht nach für das Verständnis desselben von großer Bedeutung. Als Kepler, überzeugt von der Unzulänglichkeit des traditionellen Weltbildes, das Kopernikanische System kennenlernte, erfaßte ihn – seinen eigenen Worten nach – eine solche Begeisterung, daß er sich an die Verteidigung des Kopernikanismus machte und eine Forschung anstrebte, in der es ihm weniger um die mathematischen, als vielmehr um die «physikalischen und metaphysischen» Ursachen für die Bewegung der Sonne ging. In Keplers Augen befand sich das Kopernikanische System im Einklang mit den Himmelsphänomenen und war imstande, vergangene Bewegungen nachzuweisen und zukünftige mit größerer Exaktheit vorherzusagen als das Ptolemäische oder das anderer Astronomen. Die traditionellen Hypothesen setzten stets die Vorstellung von Sphären voraus, während Kopernikus die Weltmaschine viel einfacher gemacht habe. Und gerade diese Einfachheit beweise die Wahrheit des neuen Systems, da die Natur die Einfachheit und die Einheit liebe, denn in ihr finde sich nie etwas Müßiges oder Überflüssiges.

Hauptziel des *Mysterium cosmographicum* ist aber nicht die Verteidigung des Kopernikus. Es ging Kepler darum zu zeigen, daß Gott bei der Schaffung der Welt und der Verteilung der Himmel «jene fünf regelmäßigen Körper, die seit Pythagoras und Plato bis auf unsere Tage so hohen Ruhm gefunden haben, zu Grunde gelegt und ihrer Natur Zahl und Proportionen der Himmelsbahnen sowie das Verhältnis der Bewegungen angepaßt» habe. Bei diesen festen regelmäßigen oder «kosmischen» Figuren, auf die sich Kepler bezieht, handelt es sich um fünf aus gleichseitigen Flächen zusammengesetzte, symmetrische Körper: Würfel, Tetraeder, Dodekaeder, Ikosaeder und Oktaeder. Keplers Suche nach den Ursachen für Anzahl, Größe und Bewegungen der Planetenbahnen baut auf der bewundernswerten «Harmonie der ruhenden Dinge, nämlich der Sonne, der Fixsterne und des Zwischenraumes mit Gott dem Vater, dem Sohne und dem heiligen Geist» auf (Kepler: 1923, 19f.).

Forschungen darüber, ob eine Umlaufbahn das Zweifache, Dreifache oder Vierfache einer anderen sei, führten ihn zu keinem Ergebnis, auch nicht, als er von der theoretischen Annahme von zwei weiteren, wegen ihrer Kleinheit unsichtbaren Planeten zwischen den Kreisbahnen der anderen ausging. Die fünf festen regelmäßigen Körper schienen ihm nach einer Reihe von mißglückten Versuchen einen Ausweg aus der Sackgasse zu weisen und stellten für Kepler eine außergewöhnliche Entdeckung dar. Der Größe der Himmelsbahnen, die Kopernikus auf sechs festgelegt hatte, entsprechen nur «fünf Figuren unter den übrigen unendlich vielen [...], die vor den anderen besondere Eigenschaften» haben (Kepler: 1923, 23).

Die Erdbahn wurde zum Maß für alle anderen Planetenbahnen: Wenn die Sphäre des Saturns einen Würfel umspannt – überlegte Kepler – und von dem Würfel wiederum die Sphäre des Jupiters umschrieben ist, wenn der Tetraeder, der von der Jupiterbahn umspannt wird, die Marsbahn umschreibt und so weiter (in der oben aufgeführten Reihenfolge der Figuren), dann wären die relativen Größen aller Sphären diejenigen, die Kopernikus errechnet hatte. In Wirklichkeit bestanden einige Unterschiede, aber Kepler vertraute auf die Möglichkeit genauerer Berechnungen und die Arbeit von Tycho Brahe.

Im *Mysterium* erforschte Kepler nicht nur die Gesetze der Struktur des Kosmos, sondern fragte auch danach, *warum* sich die Planeten bewegen und mit welcher Geschwindigkeit (die sich umso mehr verringere, je weiter die Planeten von der Sonne entfernt seien). Er war der Meinung, daß es dafür nur zwei Gründe geben könne. Entweder müsse man sich der Auffassung anschließen, daß der bewegende Geist der einzelnen Planeten umso schwächer würde, je weiter sie von der Erde entfernt seien, oder man müsse annehmen, daß es nur einen einzigen bewegenden Geist gebe, die *anima mortrix* der Sonne, welche vom Zentrum der Planetenumlaufbahnen her alle Körper antreibe, die ihr näheren mit größerer, die ihr entfernteren mit geringerer Kraft, aufgrund der Abschwächung derselben bei zunehmender Distanz. Kepler war von der zweiten der beiden Hypothesen überzeugt und glaubte, die Kraft sei proportional dem Kreis, in dem sie sich ausbreite, und verringere sich mit wachsender Entfernung. Da die Umlaufzeit mit der Größe des Kreises zunehme, «folgt also, daß eine Vergrößerung der Entfernung des Planeten von der Sonne in doppelter Weise zur Vergrößerung der Umlaufzeit beiträgt, und daß umgekehrt der Zuwachs der Umlaufzeit ein doppelter ist im Vergleich zum Unterschied der Entfernungen» (Kepler: 1923, 127).

Die Ergebnisse der Berechnungen waren nicht allzu weit entfernt von denen des Kopernikus, und Kepler hatte das Gefühl, sich «der Wahrheit angenähert» zu haben. In seiner Kosmologie befindet sich die Sonne im Mittelpunkt des Universums (bei Kopernikus fällt der Mittelpunkt des Universums nicht mit der Sonne zusammen, sondern mit dem Mittelpunkt des Erdbahnkreises). Sie ist Sitz des Lebens, der Bewegung und der Weltseele.

Die Fixsterne sind in Ruhestellung; den Planeten kommen «sekundäre Bewegungsakte» zu (ebd., 126). Der Sonne, die in Glanz und Schönheit alles andere überstrahle, komme die vorrangige Bewegung zu, die vornehmer sei als alle anderen Bewegungen. Selbst unbeweglich, sei sie Quelle der Bewegung und damit Ebenbild Gottes. Nicht nur das Universum, sondern die gesamte Astronomie ist somit heliozentrisch geworden. Die Sonne wurde nicht nur als architektonischer Mittelpunkt des Kosmos verstanden, sondern als sein *dynamisches Zentrum*.

Der junge Kepler schickte das von Mästlin sehr geschätzte *Mysterium cosmographicum* an Tycho Brahe. Galilei beglückwünschte Kepler in einem Brief zu seiner Schrift und seinem Bekenntnis zum Kopernikanismus. Vieles spricht dafür, daß er das *Mysterium* zu diesem Zeitpunkt noch nicht gelesen hatte. Als ihn Kepler um einen brieflichen Gedankenaustausch bat, erhielt er keine Antwort. Galileis Ablehnung gegenüber jeder Form von Mystizismus schuf eine unüberbrückbare Distanz zu der Art von Wissenschaft, wie Kepler sie praktizierte. Diese Distanzierung hinderte Galilei in der Folge daran, die weitreichende Bedeutung der Entdeckungen Keplers zu erfassen. Das Zusammentreffen Keplers mit Tycho Brahe, welcher der hermetisch-mystifizierenden Tradition näher stand, hatte hingegen entscheidende Auswirkungen.

Die Harmonie und die Proportionen des Universums, schrieb Brahe an Kepler, müssen *a posteriori* gewonnen und nicht *a priori* festgelegt werden. Jenseits dieser grundsätzlichen Vorbehalte schätzte Brahe die im *Mysterium* geleistete Arbeit in höchstem Maße. Nachdem Brahe Dänemark verlassen hatte, wirkte er als königlicher Mathematiker auf Schloß Benatky bei Prag. Dort bot er Kepler eine Assistentenstelle an. Letzterer erklärte sich 1600 bereit, sich im Hinblick auf die Vorbereitung neuer Planetentafeln (welche die *tabulae prutenicae* ersetzen sollten) mit der Ausarbeitung einer Theorie der Bewegungen des Mars zu beschäftigen. Die *tabulae rudolphinae* genannten neuen Tafeln sollten aber erst 1627 zur Publikation gelangen. Der plötzliche Tod Brahes 1601 schuf eine neue Situation. Kepler trat Brahes Nachfolge als königlicher Mathematiker an und erhielt Zugang zu den Notizen und Schriften Brahes.

Außer Almanachen und Prognosen veröffentlichte Kepler in diesen Jahren *De fundamentis astrologiae certioribus* (1601), *Ad Vitelionem paralipomena* (ein für die Geschichte der Optik fundamental wichtiges Werk, 1604), *De stella nova* (1606) und *De Jesu Christi Salvatoris nostri vero anno natalitio* (1606). Im Jahr 1606 beendigt er auch sein Hauptwerk: Die *Astronomia nova seu Physica coelestis,* die indes erst 1609 publiziert werden sollte. Es war das Jahr, in dem Galileo erstmals sein Fernrohr in den Himmel richtete.

In der *Astronomia nova* legt Kepler Rechenschaft über seine siebzig Versuche ab, die er durchführte, um die von Tycho Brahe erhaltenen Daten über die Bewegungen des Mars mit den verschiedenen Kombinationen von Kreisen der der ptolemäischen und kopernikanischen Astronomie in Deckung zu bringen. Der Unterschied zwischen den vorhergesehenen und den von Brahe beobachteten Daten betrug nur acht Minuten. Dieses Ergebnis wäre allen Astronomen der Zeit akzeptabel erschienen. Kepler verwarf jedoch alle Lösungen und wandte sich in seinem angestrengten Versuch, zu einer annehmbaren Lösung zu gelangen, der Berechnung der Erdumlaufbahn zu. Die Bewegungsgeschwindigkeit der Erde sei größer, wenn sie sich der Sonne nähere und nehme ab, wenn sie sich von ihr entferne. Auf der Basis einer falschen Voraussetzung (daß die Geschwindigkeit der Erde umgekehrt proportional zu ihrer Entfernung zur Sonne sei) und aufgrund von Berechnungen, die nicht unbeträchtliche Fehler enthielten, gelangte Kepler zu dem, was uns heute als das *zweite Keplersche Gesetz* bekannt ist: Eine Gerade, die den Planeten mit der Sonne verbindet, überstreicht gleiche Flächen innerhalb der Umlaufbahn in gleichen Zeiträumen. Im Gegensatz zu dem, was die antike und kopernikanische Astronomie behauptet hatte, sind die Bewegungen der Erde und die der anderen Planeten *wirklich* und nicht nur *scheinbar* ungleich.

Ein einfaches geometrisches Gesetz erklärt diese Unterschiede, deren physikalische Ursache wiederum bei der Sonne zu suchen ist. Die magnetische Philosophie Gilberts, den Kepler neben Kopernikus und Brahe als einen seiner großen Lehrmeister ansieht, bildet das Hauptinstrument, um die physikalischen Ungleichheiten bei der Geschwindigkeit der Planeten zu erklären. Kepler hatte ausdrücklich darauf hingewiesen, daß die Himmelskörper beseelt seien. Aber im Gegensatz zu Giordano Bruno und Francesco Patrizi hatte er nicht nur mathematische Berechnungen und genaue astronomische Beobachtungen vorgenommen, sondern auch darüber nachgedacht, *was* diese Planetenseelen bewirkten. Im Mittelpunkt seines Denkens und der von ihm vorgenommenen Vereinigung von Himmels- und Erdphysik stehen noch immer Kategorien der aristotelischen Physik. Für Kepler, insoweit denkt er aristotelisch, kann allein die Wirkung einer Kraft das Fortbestehen von Bewegung erklären. Kepler kennt weder das Trägheitsprinzip noch die Zentripetalkraft. Nach seiner Auffassung zog die von der Sonne ausgehende Kraft die Planeten nicht an, sondern diente dazu, sie in Bewegung zu setzen und *in Bewegung zu halten*. Die der Sonne zugeschriebene Seele in der Schrift *Astronomia Nova* – in welcher ein Hinweis auf die Existenz der Planetenseelen fehlt – stellt keineswegs eine «Konzession» an eine animistische Metaphysik dar, die mit Leichtigkeit aus dem System zu eliminieren wäre. Die Bewegungskraft der Planeten beruht nach seiner Auffassung auf der Anziehung der Planetenkörper, «wie sie im Magnet vorhanden ist, der nach dem Pol weist und das Eisen anzieht». Das ganze System der Bewegung der Himmelskörper basiert also «auf körperlichen, d. h. magnetischen Kräften». Es gibt allerdings eine Ausnahme, die unerläßlich für das Funktionieren des Systems ist. Davon ausgenommen ist nur «die Drehung des Sonnenkörpers an seinem Ort wofür eine Lebenskraft notwendig zu sein scheint». Kepler schreibt dem Mond keine Rotationsbewegung zu. Aber die Sonne, als zentraler Himmelskörper des Universums, *muß* sich um ihre eigene Achse drehen und den gesamten

Weltkörper mitreißen. Sie verbleibt am gleichen Ort, rotiert aber dennoch «wie in einer Drehbank» und sendet «in die Weite der Welt eine immaterielle Spezies ihres Körpers, analog der immateriellen Spezies ihres Lichts» aus. Diese Spezies kreist bei der Rotation des Sonnenkörpers «ebenfalls nach Art eines reißenden Strudels, der sich über die ganze Weite der Welt hin» erstreckt und die Planeten mit sich herumträgt (Kepler: 1990, 34).

Kepler bricht mit einer Jahrtausende währenden Tradition, wenn er behauptet, daß die Planetenbahn kein Kreis sei, sondern «eine ovale, vollkommen elliptische Bahn» (ebd.). Auch der Übergang vom Oval zur Ellipse war ziemlich kompliziert, und Kepler gibt uns über die begangenen Fehler bei der Berechnung und die eingeschlagenen Sackgassen genau Auskunft. Nur eine vollkommene Ellipse, in deren einem Brennpunkt die Sonne steht (und bei dieser Entdeckung schien es Kepler, als habe sich plötzlich ein Licht eingeschaltet), läßt sich mit den Beobachtungsdaten und den Gesetzen der Flächen in Einklang bringen. Diese Schlußfolgerung ist uns als das *erste Keplersche Gesetz* bekannt. Eine konische Kurve reicht aus, um die Bahn eines jeden Planeten zu beschreiben. Durch die Aufgabe des Dogmas der Kreisförmigkeit wurden Exzenter und Epizykel überflüssig und eine Vereinfachung des Systems erreicht. Im gleichen Augenblick jedoch, als Kepler das Kopernikanische System «perfektionierte», trug er zu seiner Zerstörung bei. (Westfall: 1984, 21).

In der *Astronomia nova* hatte Kepler seine Lehre von den Ursachen der Himmelsphänomene einer kleinen Leserschaft in der schwerverständlichen Sprache der Mathematiker vorgestellt. Er plante ein in Frage- und Antwort-Form verfaßtes *Lehrbuch,* das die gebräuchlichen ersetzen und eine Summa der neuen Astronomie bieten sollte. 1610 veröffentlichte er die *Dissertatio cum Nuncio Sidereo* und 1611 die *Dioptrice.* 1612, nach der Abdankung Rudolfs III., verließ er Prag und übersiedelte nach Linz, wo er vierzehn Jahre lang blieb. Der Krieg zwang ihn, seine Stelle als Mathematiker in der österreichischen Stadt aufzugeben. Seine Hoffnung, nach Deutschland zurückzukehren, erfüllte sich jedoch nie. Er fand bei verschiedenen Mäzenen Arbeit (darunter Wallenstein) und starb 1630 in Regensburg.

Die verschiedenen Bücher der *Epitome astronomiae copernicanae usitati forma quaestionum et responsionum conscripta* wurden in den

Jahren 1617 bis 1621 publiziert. Die astronomischen Entdeckungen werden hier im Rahmen des Pythagoräismus und Neoplatonismus dargestellt, den Kepler bereits im frühen *Mysterium* abgesteckt hatte. Licht, Wärme, Bewegung und die Harmonie derselben machen die Vollkommenheit des Weltgefüges aus und sind analoge Wesenheiten der Seele. Die Sphäre der Fixsterne «hält die Sonnenwärme zurück, damit sie nicht verlorengeht, und dient der Welt als eine Art Wand oder Haut oder Kleidung.» Aufgrund ihres Körpers ist die Sonne die *Ursache* der Planetenbewegungen. Die vegetative Kraft des Äthers sorgt für die Ernährung der Tiere und Pflanzen, der Vitalität entspricht die Wärme, der Köperlichkeit die Bewegung, der Sinneserfahrung das Licht, der Vernunft die Harmonie. Daß Gott der Sonne im Schöpfungsakt einen *impetus* verliehen habe, genüge nicht, um ihre Bewegung zu erklären: «Ihre Beständigkeit und Ewigkeit, auf der alles Leben auf der Erde beruht, läßt sich am ehesten durch das Wirken einer Seele erklären».

Die «pythagoräischen» Leitgedanken treten noch offener in den *Harmonices mundi libri quinque* zutage, die 1619 in Linz erschienen. Auch bei diesen handelt es sich um ein sehr altes Projekt. Kepler hatte bereits 1600 an Herwart von Hohenburg geschrieben, «Gott möge mich von der Astronomie befreien, damit ich meine ganze Zeit der Arbeit über die Harmonien widmen kann». Den geometrischen Beziehungen, die er im *Mysterium* theorisiert hatte (er ergänzte später die fünf Figuren durch die Sternpolyeder), mußten nach Kepler die harmonischen Beziehungen zur Seite gestellt werden, da Gott nicht nur Geometrie, sondern auch Musik sei. Kepler fand einen Weg, jedem Planeten einen Ton oder ein musikalisches Intervall zuzuschreiben. Aus dem Index des fünften Buches geht hervor, daß die einzelnen Planeten Töne oder Tonarten hervorbringen und sich die universalen Kontrapunkte oder Harmonien der Planeten voneinander unterscheiden. In den Planeten drückten sich vier Arten von Stimmen aus: Sopran, Alt, Tenor und Baß. Im dritten Kapitel desselben Buches findet sich neben einer erneuten Darstellung der zentralen Thesen des *Mysterium* auch eine neue Theorie: «Allein es ist ganz sicher und stimmt vollkommen, daß die Proportion, die zwischen den Umlaufszeiten irgend zweier Planeten besteht, genau das Anderthalbe der Proportion der mittleren Abstände, d. h. der Bahnen selber, ist» (Kepler: 1982, 291). Damit ist das *dritte Keplersche Gesetz* aufgestellt: Die Quadrate der Umlaufzeiten von zwei beliebigen Planeten sind proportional der dritten Potenz ihrer mittleren Entfernungen zur Sonne. Wenn erst einmal die Umlaufbahn bestimmt ist, ist notwendigerweise auch die Geschwindigkeit bestimmt und umgekehrt. Dieses Gesetz ordnete nicht nur die Bewegungen der Planeten in ihren eigenen Umlaufbahnen, sondern stellte auch eine Beziehung her zwischen den Umlaufgeschwindigkeiten von Planeten, die sich auf verschiedenen Bahnen bewegen. Die Entdeckung des sogenannten dritten Gesetzes war in den Augen Keplers von großer metaphysischer Bedeutung: «*Gratias ago tibi, Creator Domine* [...] Wohlan ich werfe den Würfel und schreibe ein Buch für die Gegenwart oder die Nachwelt. Mir ist es gleich. Es mag hundert Jahre seines Lesers harren, hat doch auch Gott sechstausend Jahre auf den Beschauer gewartet» (Kepler: 1982, 280).

Kepler folgte ziemlich verschlungenen Wegen; allein Alexandre Koyré brachte die Geduld auf, sie zu rekonstruieren. Zu seinem zweiten Gesetz der Flächen gelangte Kepler nicht nur durch «falsche» Annahmen, er war von dessen Gültigkeit bereits überzeugt, noch *bevor* er den elliptischen Charakter der Planetenbahnen ermittelt hatte. Die drei Gesetze, welche Kepler noch heute in den Lehrbüchern der Physik verzeichnen, entstammen einem Bezugsrahmen, der – nimmt man Descartes oder Galilei als Bezugspunkte – nur schwer als «modern» zu bezeichnen ist.

Alle Historiker haben die außergewöhnliche Mischung aus Zahlenmystizismus und Begeisterung für die Beobachtung bei Kepler unterstrichen. Viele haben auf seine unglaubliche Zähigkeit hingewiesen, mit der er nach Daten suchte, die zu den vorgestellten metaphysischen Hypothesen paßten und sie bestätigten. Wieder andere haben Kepler in die Nähe des Neopythagorismus und der hermetischen Tradition gerückt. Zwischen Galilei und Newton gestellt, nimmt Kepler ohne Zweifel einen wichtigen Platz ein. Ich will dennoch versuchen, einige Unterschiede deutlich zu machen. Es hat sich schon gezeigt, daß Kepler im Unterschied zu Patrizi und den Magiern oder Naturphilosophen der späten Renaissance starkes Interesse an den *Funktionsweisen* der Planetenseelen bekundete. Abgesehen von seinem

Festhalten an den mystischen Vorstellungen des Platonismus beruht seine «Modernität» auf zwei Aspekten: 1. auf der Suche nach den quantitativen Veränderungen der wunderbaren Kräfte, die in Zeit und Raum wirken, 2. auf der partiellen Abkehr von der animistischen Weltsicht zugunsten einer mechanistischen. Die Bewegungen im Raum und die *virtus,* die der Sonne entströmt und sich im Weltraum ausbreitet, sind «geometrische Dinge». Jene *virtus* ist den Gegebenheiten der Geometrie unterworfen. Die Himmelsmaschine ist aus diesem Blickwinkel «nicht einem göttlichen Organismus zu vergleichen [...], sondern vielmehr einem Uhrwerk [...], insofern nämlich, als fast alle die mannigfachen Bewegungen mit Hilfe einer einzigen, einfachen magnetischen Kraft ausgeführt werden, wie im Falle eines Uhrwerks alle Bewegungen durch ein einziges Gewicht verursacht sind» (Crombie: 1977, 428).

Keplers Auffassung, das All sei *kein* göttlicher Organismus, bringt ihn in einen unaufhebbaren Widerspruch zum magischen Denken. Die Reduktion der vielen Planetenseelen auf eine einzige (die der Sonne nämlich) und die Gleichsetzung dieser Seele mit einer *Kraft* wertet er positiv. In der kommentierten Neuauflage des *Mysterium cosmographicum* (1621) wiederholt er seine Aussagen aus der *Astronomia Nova* und behauptet, daß keine spezifischen Seelen für die einzelnen Planeten existieren. Hinsichtlich der Sonne erklärt er: «Wenn man statt des Wortes *Seele* das Wort *Kraft* setzt, hat man gerade das Prinzip, auf dem [meine] Himmelsphysik grundgelegt [...] worden ist.» Einmal schrieb er, er habe fest daran geglaubt, «daß die die Planeten bewegende Ursache eine Seele sei». Beim Nachdenken über das Faktum, daß die «bewegende Ursache» sich im Verhältnis zur Entfernung abschwächt und daß das gleiche beim Sonnenlicht eintritt, «zog ich den Schluß, diese Kraft sei etwas Körperliches, freilich nicht im eigentlichen Sinn, sondern nur der Bezeichnung nach, wie wir auch sagen, das *rechte Licht* sei etwas Körperliches (Kepler: 1923, 129).

Neben dem Mystizismus Keplers steht die Überzeugung, daß eine Annäherung an die Wahrheit nicht über Symbole oder die Hieroglyphen möglich sei, sondern nur über mathematische Beweise. Ohne diese, schrieb er an den Magier Robert Fludd, «bin ich blind». Es gehe nicht wie in der Magie darum, «Vergnügen an den dunkel verhüllten Dingen zu finden, sondern diese zu erhellen». Die erstgenannte Haltung «nehmen die Alchimisten, die Hermetiker und die Gefolgsleute des Paracelsus ein; die zweite ausschließlich die Mathematiker».

Es war sicher nicht leicht für die Zeitgenossen, sich dieser Unterschiede bewußt zu werden, die als göttliche Enthüllungen gepriesenen wissenschaftlichen Ergebnisse anzuerkennen und sich in einem Ideensystem zu bewegen, das weder die inzwischen bekannten Schwierigkeiten der Klassiker noch die Klarheit der Texte der neuen Philosophie aufwies. Galilei unterstrich nicht nur den grundlegenden Unterschied zwischen der «Philosophie» Keplers und seiner eigenen, er war sogar der Ansicht, einige der Gedanken Keplers wären «eher dazu geneigt, die Doktrin von Kopernikus in Frage zu stellen, als sie zu bestätigen» (Galilei: 1890–1909, XVI, 162; XIV, 340). Bacon, der in vielerlei Hinsicht der Tradition des Hermetismus verpflichtet war, ignorierte Kepler völlig. Descartes nennt Kepler in einem Brief an Mersenne vom 31. März 1638 «seinen ersten Lehrmeister in der Optik», im übrigen hält er ihn keiner Aufmerksamkeit für würdig. Giovanni Alfonso Borelli (1608–1679) erkennt die Wichtigkeit der Astronomie Keplers. Seine Gesetze wurden, nachdem sich Newton ihrer bedient hatte, als «wissenschaftlich» erwiesen betrachtet und von der Mehrheit der Astronomen bereits im Laufe der Sechziger Jahre des 17. Jahrhunderts anerkannt.

6.
Galilei

Die frühen Schriften

Galileo Galilei wurde am 15. Februar 1564 in Pisa geboren als Sohn des Florentiner Tuchhändlers, Gesangslehrers und Musiktheoretikers Vincenzio Galilei und dessen Frau Giulia Ammannati aus Pescia. 1581 immatrikulierte sich der junge Galileo an der Universität Pisa für das Fach Medizin, ging in der Folge aber mathematischen Studien nach. 1585 verließ er die Universität, ohne einen akademischen Grad erlangt zu haben. Erstes Ergebnis seiner Beschäftigung mit der Physik und dem Werk des Archimedes sind die *Theoremata circa centrum gravitatis solidorum*. Auf der Grundlage der Archimedischen Theoreme konstruiert er 1586 eine Wasserwaage und veröffentlicht die Schrift *La Bilancetta*.

Auf Fürsprache von Guidobaldo del Monte, der sich beim Großherzog der Toskana Ferdinand I. für ihn einsetzt, erhält Galilei 1589 einen Lehrstuhl für Mathematik an der Universität Pisa. Aus der Pisaner Zeit stammt die Schrift *De Motu* (verfaßt um 1592), in der Galilei im Widerspruch zu Aristoteles behauptet, daß alle Körper an sich schwer seien, die Leichtigkeit mithin nur eine relative Eigenschaft darstelle: Das Feuer steige nach oben, nicht weil es die Qualität der Leichtigkeit besitze, sondern weil es weniger schwer sei als die Luft. Galilei beschäftigt sich hier mit dem Problem der Geschwindigkeit von unterschiedlichen Körpern im gleichen Medium, gleichen Körpern in unterschiedlichen Medien und unterschiedlichen Körpern in unterschiedlichen Medien. Es geht Galilei nicht darum, zu zeigen, daß alle Körper mit der gleichen Geschwindigkeit fallen, sondern daß die Fallgeschwindigkeit eines Körpers proportional zur Differenz zwischen seinem spezifischen Gewicht und der Dichte des Mediums ist, durch das er fällt. Objekte der gleichen Materie und Dichte würden unabhängig von ihrem Gewicht mit der gleichen Geschwindigkeit durch die Luft fallen. Handelte es sich um Objekte unterschiedlicher Materie mit gleichem Gewicht, so fiele dasjenige mit der größten Dichte am schnellsten. Im Unterschied zur Annahme des Aristoteles wird die Bewegung im leeren Raum (nach fortschreitender Abnahme der Dichte des Mediums) möglich: Objekte unterschiedlicher Materie fallen im Vakuum mit unterschiedlichen Geschwindigkeiten.

Dies ist der Beginn eines langen Weges, der Galilei zur Ablehnung der Aristotelischen Lehre führt. Im Verlauf eines halben Jahrhunderts setzt sich Galilei mit zahlreichen Problemen auseinander: Isochronismus der Pendelbewegungen, Fall der Körper, Wurfbewegung, Kohäsionstheorie, Widerstand der Festkörper, der «Stoß». Seine Studien führen ihn immer wieder – auch in Fragen grundsätzlicher Bedeutung – zu neuen Auffassungen und Korrekturen, die ihn in einigen Fällen regelrecht zum Umdenken zwingen. Die bewußte Anlehnung an Prämissen und Lehre des «göttlichen» Archimedes bildet indes ein Element solider Kontinuität in seinen Forschungen. Das schon in *La Bilancetta* zum Ausdruck kommende Interesse an den Problemen der Technik wird auch nach der Übernahme des Lehrstuhls für Mathematik an der Universität Padua (26. September 1592) offenkundig. Zwischen 1592 und 1593 verfaßt er die *Breve Istruzione all'architettura militare,* den *Trattato sulle fortificazioni* sowie *Le Mecaniche* (die erst 1634 in der französischen Fassung von Mersenne puliziert werden). In Padua hält Galilei Vorlesungen über die *Elemente* des Euklid und über den Ptolemäischen *Almagest.* 1597 verfaßt er für die Zwecke der Lehre den *Trattato della Sfera o Cosmografia,* der eine anschauliche Darstellung des geozentrischen Systems bietet. Seine Position ist jedoch schon eine andere. In einem Brief an Johannes Kepler aus dem gleichen Jahr schreibt er, daß er schon seit vielen Jahren Anhänger der kopernikanischen Weltanschauung sei, seine Erkenntnisse aber, erschreckt über das Schicksal des gemeinsamen Lehrers, bisher nicht zu veröffentlichen gewagt habe. In einer neben seinem Studierzimmer eingerichteten Werkstatt läßt er Apparate bauen, die er für seine Vorlesungen braucht. Seine unbändige Leidenschaft für Beobachtung und Messung, Instrumente und Experimente verläßt ihn in all den Jahren nicht und umfaßt zahlreiche Interessengebiete: Militärarchitektur und Bau von Befestigungsanlagen, Ballistik, Hydraulik, Kanalisierung und Heben von Wasser, Forschungen über die Bruchfestigkeit verschiedener Materialien, Konstruktion des Fernrohrs und des Thermoskops. In seiner 1606 publizierten Schrift *Le operazioni del compasso geometrico e militare* erläutert er die Funktionsweise des von ihm konstruierten militärisch-geometrischen Kompasses. In der *Difesa contro le calunnie et imposture di Baldessar Capra* weist er ein Jahr später den von Capra fälschlich erhobenen Anspruch zurück, Erfinder des Proportionenzirkels zu sein.

Die astronomischen Entdeckungen

Das Jahr 1609 ist von entscheidender Bedeutung für die Wissenschaftsgeschichte. Die großen astronomischen Entdeckungen (der *Sidereus Nuncius* erscheint 1610) erschütterten nicht nur ein gefestigtes Weltbild, sondern ließen auch eine Reihe von Einwänden gegen das Kopernikanische System in sich zusammenfallen. Der Mond hat eine *irdische Natur (natura terrestre),* und doch *bewegt* er sich im All. So gesehen erscheint die Bewegung der Erde nicht länger als Absurdität. Mit den um ihn kreisenden Satelliten kann der Jupiter als Modell für das kopernikanische Universum in verkleinertem Maßstab gelten. Die Beobachtungen über die Fixsterne zeigen, daß diese unvergleichlich weiter entfernt sind als die Planeten und sich keineswegs unmittelbar hinter dem Himmel des Saturns befinden. Einer der stärksten Einwände gegen das System des Kopernikus war das Fehlen einer beobachtbaren Parallaxe der Sterne. Das Phänomen der Parallaxe stellt sich dann ein, wenn ein und dasselbe Objekt aus unterschiedlichen Blickwinkeln betrachtet wird (fixiert man zum Beispiel einen Bleistift zunächst mit dem rechten, dann mit dem linken Auge, scheint der Bleistift seine Position zu verändern). Je größer die Entfernung, um so geringer die Verschiebung. Der Einwand, den auch Tycho Brahe erhob, besagte: Wenn sich die Erde im Raum bewegt, müßten die Sternenkonstellationen von Jahreszeit zu Jahreszeit ihr Aussehen verändern. Die Unmöglichkeit, die Parallaxenverschiebung zu bestimmen, wird nun mit der immensen Entfernung der Sterne erklärt.

Neue Argumente *gegen* das Ptolemäische und *für* das Kopernikanische System liefern auch die astronomischen Entdeckungen, die Galilei kurz vor seinem Wechsel von Padua nach Florenz als «Erster Mathematiker und Philosoph des Großherzogs der Toskana» (September 1611) macht. Es handelt sich um die «Dreigestalt» des Saturn (der sogenannte Ring blieb Galileis Fernrohr noch verborgen), die Beobachtung der Sonnenflecken und die Entdeckung der Venusphasen. Die Beobachtung, daß die Venus «ihre Form auf die gleiche Weise verändert wie der Mond», erscheint Galilei zu Recht von entscheidender Bedeutung. Sie enthüllt eine Wirklichkeit, die sich nicht in das ptolemäische Weltbild einfügen oder von dessen Standpunkt aus erklären läßt.

Die «Neuheit» der Sonnenflecken erscheint Galilei, wie er im Mai 1612 an Federico Cesi schreibt, als «Begräbnis oder vielmehr als äußerstes und letztes Urteil der Pseudophilosophie». Die Bildung und Auflösung der Flecken auf der Oberfläche der Sonne selbst, so Galilei in seiner 1612 erschienen Schrift *Istoria e dimostrazioni intorno alle macchie solari,* stellte kein Problem für «freie Geister» dar, da diese nie geglaubt hätten, daß die Welt jenseits der Mondsphäre keinen Veränderungen unterliege (Galilei: 1890–1909, V, 129).

Nach den großen astronomischen Entdeckungen des Jahres 1610 gibt Galilei jegliche vorsichtige Zurückhaltung auf. «Wir haben schlüssige und sichere Lösungen für zwei große Fragen, die unter den größten Denkern dieser Welt umstritten waren», schreibt er im Januar 1611 an Giuliano de' Medici (Galilei, XI, 12). Die eine ist, daß alle Planeten opake Körper sind, die andere, daß sie um die Sonne kreisen. Daran hatten die Pythagoräer, Kopernikus, Kepler und Galilei zwar längst «geglaubt», es aber nicht «schlüssig beweisen» können. Nun können Kepler und die übrigen Kopernikaner «sich rühmen, an das richtige geglaubt und gut philosophiert zu haben, auch wenn wir dafür ertragen mußten und weiter ertragen müssen, von der Gesamtheit der Philosophen *in libris* für wenig sachkundig und für nichts weniger als töricht gehalten zu werden» (Galilei: 1890–1909, XI, 12).

Wenige Monate nach der Veröffentlichung des *Sidereus Nuncius* legte Galilei, der inzwischen den Titel eines Philosophen für sich beanspruchte, dem Sekretär des Großherzogs seine zukünftigen Projekte dar: zwei Bücher über System und Konstitution des Universums; drei Bücher *De motu locali* («eine völlig neue Wissenschaft [...], die von mir bis zu ihren ersten Prinzipien aufgefunden worden ist»); drei Bücher über Mechanik; schließlich Abhandlungen über Klang und Stimme, die Gezeiten, Quantität und Kontinuum, die Bewegung der Tiere. Die neue Physik und Astronomie sollte nicht nur die Richtigkeit der Kopernikanischen Lehre beweisen, sondern auch eine neue Naturwissenschaft begründen. Den Philosophen der Bücher und Professoren hält Galilei nun stolz eine eigene Philosophie entgegen und behauptet, «mehr Jahre Philosophie als Monate reiner Mathematik studiert zu haben» (Galilei: 1890–1909, X, 353).

Die selbstbewußte Haltung hängt mit seinem Wechsel nach Florenz zusammen: Wie neuere Zeugnisse belegen, war die Entscheidung, Padua zu verlassen, folgenschwer. Bis 1992 hatte man angenommen, daß der erste Verdacht des Hl. Offiziums in Rom gegen Galilei in der Generalkongregation vom 17. Mai 1611 geäußert worden sei, als man Nachforschungen darüber anstellen wollte, ob Galilei im Prozeß gegen Cesare Cremonini genannt sei. Dagegen belegen die von Antonio Poppi jüngst entdeckten Dokumente, daß schon sieben Jahre vorher, am 21. April 1604, beim Inquisitionsgericht in Padua eine formelle Anzeige gegen Galilei wegen «Häresie und freizügigem Lebenswandel» eingereicht worden war. Der Denunziant (sehr wahrscheinlich Silvestro Pagnoni, Galileis Schreiber) räumte zwar ein, er habe Galilei «in Glaubenssachen nie etwas Schlechtes sagen hören», beschuldigte ihn aber, Horoskope für verschiedene Personen angefertigt zu haben, die Messe nicht zu besuchen und keine Sakramente zu empfangen, eine Geliebte zu unterhalten und sich wenig erbaulicher Lektüre zu widmen: «Ich habe von seiner Mutter erfahren, daß er nie zur Beichte geht; sie machte mich zuweilen darauf aufmerksam, wenn er, statt an Feiertagen zur Messe zu gehen, seine venezianische Mätresse aufsuchte: sie wohnt am Conton de ponto corbo» (die erwähnte Frau war Marina Gamba, die ihm zwischen 1601 und 1606 drei Kinder gebar: Virginia, Livio und Vincenzio). Weiter heißt es: «Ich glaube, daß die Mutter beim Heiligen Offizium in Florenz gegen ihren Sohn ausgesagt und diese Frau mit übelsten Worten beschimpft und als Hure bezeichnet hat.» Wenn diese Behauptung richtig ist, wäre die erste Anzeige gegen Galilei beim Heiligen Offizium sogar schon 1592 erfolgt.

Vor allem im Licht dieser neuen Dokumente wird deutlich, daß der Wegzug aus Padua sicher keine weise Entscheidung war. Die Regierung der Republik Venedig hatte nämlich mit einer energischen Stellungnahme die angezeigten Professoren aus Padua verteidigt: «Diese Anzeigen entstammen kranken Gemütern und Personen mit eigennützigen Interessen [...] Aus dieser sehr begründeten Annahme heraus und angesichts der möglichen Diffamierung der dortigen Universität, der Zwietracht, Streitigkeiten, Verwirrungen und erheblichen Unruhe, die unter den Gelehrten entstehen könnte, ersuchen wir Euch mit der üblichen Besonnenheit und Umsicht dafür Sorge zu tragen, daß diese Anzeigen nicht weiter verfolgt werden.»

Es mag richtig sein, daß man in der Geschichtsschreibung nicht mit «falls» und «wenn» operieren kann, die Behauptung Cesare Cremoninis, «Oh wie gut hätte auch Herr Galilei daran getan, sich nicht diesen Ränken auszusetzen und die paduanische Freiheit nicht zu verlassen!» erhält aus heutiger Sicht jedoch einen ganz neuen Sinn (Poppi: 1992, 11, 58–60, 26 f., 62 f.).

Galileis Selbstsicherheit ist allerdings auch eng mit Ereignissen verbunden, die auf seinen Umzug nach Florenz folgten. In Rom, wohin er sich 1611 begeben hatte, war er triumphal empfangen worden. Man hatte ihm die Mitgliedschaft in der *Accademia dei Lincei* angetragen. Einflußreiche Kardinäle, das jesuitische Milieu, selbst Papst Paul V. hatten Verständnis und Zustimmung gezeigt. Im Dezember 1612 ist Galilei voller Zuversicht und Optimismus. Ausgerechnet in diesen Jahren aber braute sich ein Gewitter zusammen. Galileo schreibt eine Reihe von Briefen, um Anhänger für die neuen Wahrheiten zu gewinnen. Die Kontroverse um die Kopernikanische Lehre aber war in kultureller wie «politischer» Hinsicht von einer Tragweite, die Galilei in seinem Optimismus nicht überschaute. Er scheint in dieser Zeit an die Möglichkeit eines kurz bevorstehenden Sieges zu glauben. Zwar sieht er sich mit der Ignoranz und Anmaßung einzelner Personen konfrontiert, er ist sich aber weder der in einigen kirchlichen Kreisen zunehmend an Stärke gewinnenden Positionen bewußt, noch der möglichen Folgen seiner eigenen Haltung. Sein Verhalten ist von übertriebener Sicherheit und einer nie versiegenden Bereitschaft zur polemischen Auseinandersetzung, zum rhetorischen Kunstgriff, zur Rabulistik gekennzeichnet.

Natur und Heilige Schrift

An Warnungen und Empfehlungen zur Vorsicht hatte es nicht gefehlt. «Überlegt wohl», schreibt ihm Paolo Gualdo, «ehe Ihr in bestimmter Behauptung diese Eure Meinung als wahr in die Öffentlichkeit bringt, denn vieles kann man disputierenderweise sagen, was sich nicht gut als wahr behaupten läßt.» In einer Predigt am Totensonntag 1612 hatte der Dominikanerpater Niccolò Lorini im Kloster San Marco die Kopernikaner der Ketzerei bezichtigt. Gegen Ende des folgenden Jahres verteidigt Galileos treuer Schüler und Freund Benedetto Castelli in Pisa vor dem Großherzog und der Großherzogin-Mutter Christina von Lothringen die Theorie der Erdbewegung. Die Resonanz auf die Disputation sowie die Furcht, die Gunst der Familie Medici zu verlieren, veranlassen Galilei zu einer direkten Stellungnahme. Sein Brief an Castelli vom 21. Dezember 1613, der große Verbreitung findet, setzt sich explizit mit dem problematischen Verhältnis von Wahrheit der Bibel und Wahrheit der Wissenschaft auseinander.

In den Text der *Istoria e dimostrazioni intorno alle macchie solari,* den Fürst Federico Cesi im gleichen Jahr 1613 in Rom hatte abdrucken lassen, hatte die Zensur sehr stark eingegriffen. Galilei hatte geschrieben, daß die These von der Unveränderlichkeit des Alls nicht nur falsch sei, sondern auch gegen die «unbestreitbaren Wahrheiten der Heiligen Schriften» verstoße, «die uns sagen, daß Himmel und Erde [...] geschaffen, auflösbar und vorübergehend sind». Die kirchlichen Prüfer, hatte ihm Cesi mitgeteilt, wollten diesen Passus nicht, während sie «den ganzen Rest bewilligt» hätten. (Galilei: 1890–1909, V, 238; IX, 428–429) In dem nach mehreren Anläufen freigegebenen Text hatte Galilei schließlich jeden Hinweis auf die Bibel streichen müssen.

Die Aussagen der Heiligen Schrift, schreibt Galilei in seinem Brief an Castelli, seien in der Tat von unanfechtbarer und unumstößlicher Wahrhaftigkeit. Sie könne sich auf keinen Fall irren. Irren könnten sich allerdings ihre Interpreten, vor allem bezüglich jener Sätze, deren Form von der notwendigen Anpassung an die Fähigkeit, das jüdische Volk zu verstehen, abhängig sei. Was die «bloße Bedeutung der Worte» angehe, scheinen zahlreiche Sätze «von der Wahrheit abzuweichen»; sie seien für das einfache Volk bestimmt, und ihr Sinn müsse notwendigerweise von weisen Auslegern geklärt werden. Heilige Schrift und Natur gingen gleichermaßen aus dem göttlichen Wort hervor, die eine als «Einflößung des Heiligen Geistes», die andere als «gehorsamste Vollstreckerin der göttlichen Befehle». Während sich die Heilige Schrift aber dem Verständnis aller Menschen zuneige und ihre Worte unterschiedliche Deutungen zuließen, sei die Natur «unerbittlich und unwandelbar» und kümmerte sich nicht darum, «ob ihre verborgenen Gründe und Wirkungsweisen dem Fassungsvermögen der Menschen erklärlich sind oder nicht». In den Diskussionen über die Natur müsse die Heilige Schrift «den letzten Platz» einnehmen. Die Natur besitze eine Kohärenz und Genauigkeit, die der Bibel fehlten. Nicht jede Aussage der Heiligen Schrift sei «an so strenge Regeln gebunden wie jede Wirkung in der Natur». Die «natürlichen Wirkungen», die uns durch die Sinneserfahrung vor Augen geführt werden, dürfen «keinesfalls in Zweifel gezogen werden durch Stellen der Heiligen Schrift, deren Worte scheinbar einen anderen Sinn haben». Da aber Natur und Heilige Schrift einander nicht widersprechen könnten, sei es Aufgabe der «weisen Ausleger» der Bibeltexte, «sich darum zu bemühen, die wahren Sinngebungen der Stellen aus der Heiligen Schrift zu finden», damit sie mit den wissenschaftlichen, durch Sinneswahrnehmung oder Demonstration gewonnenen Erkenntnissen übereinstimme. Da außerdem die Bibeltexte weite Deutungen zuließen und die göttliche Eingebung ihrer Interpreten keineswegs gesichert sei, sei es vernünftig, niemandem zu gestatten, Stellen aus der Heiligen Schrift zur Unterstützung des Wahrheitsgehaltes von Schlußfolgerungen heranzuziehen, die sich später als falsch erweisen könnten. Die Bibel habe das Ziel, die Menschen von jenen Wahrheiten zu überzeugen, die für ihr Seelenheil notwendig seien.

Der zweite, sehr viel kürzere Teil des Briefes befaßt sich mit dem Nachweis, daß die Stelle im Buch Josua (10, 12), nach der Gott die Sonne stillstehen ließ und die Dauer des Tags verlängerte, nicht mit dem Aristotelischen und Ptolemäischen System, sondern mit dem Kopernikanischen «aufs beste vereinbar» sei (Galilei: 1890–1909, V, 281–88).

Das Bravourstück, mit dem Galilei die größere Nähe der Kopernikanischen Theorie zur Heiligen Schrift zu unterstreichen und gleichzeitig seine Gegner auseinanderzudividieren suchte, klammerte schwierige Fragen nicht aus. Wenn die Bibel nur Aussagen enthalte, die für das Seelenheil notwendig seien, welchen Sinn habe es dann zu behaupten, daß die Stelle aus dem Buch Josua «uns augenfällig die Falschheit und Unmöglichkeit des aristotelischen und ptolemäischen Weltsystems zeige»? Wenn man die klare Sprache der Natur der metaphorischen Sprache der Bibel gegenüberstelle, seien dann nicht die Naturphilosophen die maßgebenden Interpreten dieser Sprache? Müßten nicht die Leser und Deuter des von Gott geschriebenen Buches der Natur auch den Auslegern der Heiligen Schrift jene Sinnbedeutungen vermitteln, die mit den natürlichen Wahrheiten übereinstimmten? Gerieten sie damit nicht automatisch auf das den Theologen vorbehaltene Feld?

Die Verschmelzung von Theologie und Naturphilosophie, seit Jahrhunderten Garant für den Führungsanspruch der Kirche in Fragen des Gewissens und der Kultur, schien vielen unwiderruflich aufgebrochen. Zwar vermochte Niccolò Lorini die Thesen von Kopernikus und Galilei über weite Strecken nur auf grobe und verschwommene Weise wiederzugeben, so hielt er doch in seiner Anzeige vom 7. Februar 1615 einige Punkte mit großer Genauigkeit fest. Galilei habe in seinem Brief an Castelli, der «von Hand zu Hand» gehe, folgende Behauptungen aufgestellt: In den Diskussionen über die Wirkungszusammenhänge in der Natur komme der Heiligen Schrift «der letzte Platz» zu, da ihre Interpreten oft irrten. Zudem besitze die Bibel nur in Glaubensangelegenheiten Gültigkeit, in allen Dingen, die die Natur betreffen, «habe das philosophische oder das astronomische Argument größere Kraft als das heilige und göttliche» (Galilei: 1890–1909, XIX, 297f.). 1615 sollte schließlich auch Kardinal Bellarmin hervorheben, daß die Beschlüsse des Konzils von Trient es nicht zuließen, die Heilige Schrift «gegen die einhellige Ansicht der Kirchenväter auszulegen». Diese und alle neuzeitlichen Kommentare über die Genesis und über die Bücher Josua, Psalmen und Prediger «stimmen *ad litteram* darin überein, daß sich die Sonne am Himmel befindet und mit größter Geschwindigkeit um die Erde kreist und daß die Erde endlos weit vom Himmel entfernt ist und unbeweglich im

Mittelpunkt der Welt ruht». Die Kirche könne nicht dulden, daß man der Heiligen Schrift einen Sinn unterstelle «der den Kirchenvätern und allen griechischen und lateinischen Kommentatoren zuwiderläuft». (Galilei: 1890–1909, XII, 171 f.).

Galilei kämpfte für die Trennung der durch den Glauben vermittelten Wahrheiten von den aus der Beobachtung der Natur gewonnenen Erkenntnissen. Es darf aber nicht vergessen werden, daß er auch den heiklen Versuch unternahm, *in* der Bibel die Bestätigung der Wahrheiten der neuen Wissenschaft zu suchen. In einem Brief an Piero Dini vom 23. März 1614 wagt sich Galilei an die Deutung von Psalm 18 heran, den ihm Dini selbst als eine der dem Kopernikanischen System «am stärksten widersprechende» Bibelstelle angeführt hatte (Galilei: 1890–1909, V, 301): «Dort hat er ein Zelt geschaffen der Sonne [...]» In seinem Kommentar zu diesem Text weist Galilei auf eine «übereinstimmende» Bedeutung mit den Worten des Propheten hin, argumentiert aber noch in typisch neuplatonischer oder «ficinischer» Weise. Eine «hochgradig spirituelle Substanz von sehr zarter und flüchtiger Beschaffenheit», fähig, jeden Gegenstand zu durchdringen, habe ihren Sitz in der Sonne. Von dort breite sie sich über das ganze Universum aus, erwärme die Körper aller Lebewesen und erhalte ihr Leben und ihre Fruchtbarkeit. Das von Gott am ersten Tag erschaffene Licht und der befruchtende Geist vereinigen und verstärken sich im Körper der Sonne, die deshalb im Zentrum des Universums stehe. Galilei sieht die Sonne als Wärmespeicher der Sterne im Schnittpunkt ihrer Strahlen und vergleicht sie als Lebensquell mit dem Herzen eines Tieres, das für eine kontinuierliche Regeneration der vitalen Kräfte sorge (ebd., 297–305).

Galilei versucht so aufzuzeigen, daß in der Bibel einige Annahmen des Kopernikanischen Systems vorhanden sind. Die Bibel enthalte das Wissen darüber, daß die Sonne im Zentrum des Universums stehe und daß ihre Drehung um sich selbst die Ursache für die Bewegung der Planeten sei. Der Psalmist sei mit einer grundlegenden Erkenntnis der modernen Astronomie vertraut. Ihm sei nicht verborgen geblieben, so Galilei, daß die Sonne «alle beweglichen Körper der Welt um sich herum drehen» lasse (ebd., 304).

Während Galilei all seine dialektischen Fähigkeiten aufbietet, um in der Heiligen Schrift eine Bestätigung der neuen Kosmologie nachzuweisen, läuft er gleichzeitig Gefahr, den Kern seiner zentralen These von der Trennung zwischen Wissenschaft und Glauben, zwischen der Betrachtung, wie «der Himmel geht» und wie «man zum Himmel geht», in Frage zu stellen (ebd., 319).

Hypothesen und Realismus

Galileis Geburt fällt in das erste Jahr nach Ende des Konzils von Trient (1563). Die *Professio fidei tridentinae* hatte nach dem 13. November 1564 einen klaren Grenzstrich zwischen Häresie und Orthodoxie gezogen. 1592 wurde Francesco Patrizi verurteilt, weil er die Auffassung vertrat, es gäbe nur einen Himmel, und an die Drehung der Erde, Leben und Intelligenz auf den Sternen sowie an die Existenz eines unendlichen Raumes jenseits der sublunaren Welt glaubte. Innerhalb eines Jahrzehnts, während des Pontifikats von Clemens VIII., wurden die Schriften *Nova philosophia* von Patrizi, *De rerum natura* von Bernardino Telesio und das Gesamtwerk von Giordano Bruno und Tommaso Campanella auf den Index gesetzt, die Ermittlungen gegen Giambattista della Porta und Cesare Cremonini durchgeführt, Francesco Pucci zum Tode verurteilt, Campanella eingekerkert und Bruno auf dem Scheiterhaufen verbrannt.

Am 20. Dezember 1614 bezichtigte der Dominikanermönch Tommaso Caccini von der Kanzel in Santa Maria Novella die Lehre des Kopernikus und deren, die sich anmaßten, die Bibel zu korrigieren, der Häresie. Heftig wandte er sich gegen die «Teufelskunst der Mathematik» und die ketzerischen Mathematiker, die man aus jedem christlichen Staat vertreiben müsse. Anfang 1615, nachdem Galilei bereits formal beim Heiligen Offizium wegen der in seinem Brief an Castelli enthaltenen «verdächtigen und vermessenen» Behauptungen angezeigt worden war, erschien in Neapel die Schrift des Karmeliterpaters Paolo Antonio Foscarini *Über die Meinung der Pythagoräer und des Kopernikus,* in der die These einer Übereinstimmung des Kopernikanischen Systems mit der Bibel vertreten wurde. Die Reaktion des Kardinals Bellarmin auf Foscarinis Argumentation ist von großer Bedeutung. Er riet Foscarini und Galilei, sich damit zu begnügen, ihre Ansichten nur als Hypothesen vorzutragen. Zu sagen, daß unter der Voraussetzung der Erdumdrehung und des Sonnenstillstands alle Erscheinungen am Himmel besser zu erklären seien, heißt «mit lobenswertem, gesunden Menschenverstand sprechen und gar nichts zu riskieren». Behaupte man aber, die Sonne stehe wirklich im Mittelpunkt des Universums und die Erde bewege sich um sie herum, so sei dies «eine sehr gefährliche Haltung, dazu geeignet, nicht nur alle scholastischen Philosophen und Theologen aufzustören, sondern auch durch Widerspruch zur Heiligen Schrift unserem heiligen Glauben Schaden zuzufügen» (Galilei: 1890–1909, XII, 171).

Der Jesuit Robert Bellarmin (1542–1621), 1598 von Clemens VII. zum Kardinal ernannt, war einer der gelehrtesten und einflußreichsten Kirchenfürsten seiner Zeit. Er wiederholte in dem oben zitierten Text die schon bei Simplicio, Giovanni Filopono und Thomas von Aquin zu findende These von der Astronomie als reiner «Mathematik» und «Kalkulation», als Konstruktion von Hypothesen, bei denen es nicht darauf ankomme, ob sie mit der wirklichen Welt übereinstimmten. In neuerer Zeit war diese These von Andrea Osiander in seinem anonymen Vorwort zu *De revolutionibus* von Kopernikus aufgegriffen worden. Schon Giordano Bruno hatte sich heftig gegen sie gewandt, und auch Kepler, der die Annahmen des Ptolemäus als «falsch» und die des Kopernikus als «wahr» bezeichnet hatte.

Galilei stimmte hierin mit Bruno und Kepler überein. Der reinen Astronomie hält er die Philosophie entgegen, dem Denken in Hypothesen die Beschreibung der Wirklichkeit der Dinge. Die Forschungen des Kopernikus waren für ihn kein Mittel, um Berechnungen anzustellen, die im Einklang mit der Beobachtung stehen, sondern ein Diskurs über «die Konstitution der Teile des Universums *in rerum natura*» und die «wahre Konstitution der Teile der Welt». Kopernikus, so Galilei, hielt das Ptolemäische System für nicht vereinbar mit der Realität: «Die Behauptung, Kopernikus habe nicht an die Erdbewegung geglaubt, könnte nur bei demjenigen auf Zustimmung stoßen, der ihn nicht gelesen hat [...] Meiner Ansicht nach ist hier kein Mißverständnis möglich, weil der wichtigste Punkt und das Fundament seiner gesamten Lehre die Bewegung der Erde und der Stillstand der Sonne ist» (Galilei: 1890–1909, V, 298 f.).

Die Verurteilung des Kopernikus

Im Dezember 1615 ist Galilei in Rom und äußert erneut freimütig seine Gedanken. In seinem Brief an Christina von Lothringen trägt er die im Schreiben an Castelli enthaltenen Argumente ausführlicher vor. Ebenfalls in Form eines Briefes, diesmal an den Kardinal Alessandro Orsini, schreibt er 1616 *den Discorso sopra il flusso e il reflusso del mare,* der später in die Gespräche des vierten Tages seines *Dialogo sopra i due massimi sistemi del mondo* aufgenommen wird. Seine Pläne und Wunschvorstellungen aber sollten bald durchkreuzt werden. Am 18. Februar unterzogen die Theologen des Heiligen Offiziums zwei Grundannahmen der kopernikanischen Theorie in ihrer rudimentären Formulierung durch Caccini einer Überprüfung. Die erste Behauptung, daß «die Sonne das Zentrum der Welt und infolgedessen «beweglich» sei, wurde von den theologischen Sachverständigen als «töricht und philosophisch absurd» abgewiesen. Sie sei zudem «formal häretisch» insofern, als sie ausdrücklich den Aussagen der Heiligen Schrift widerspreche. Die zweite Behauptung, die Erde sei «nicht das Zentrum der Welt und nicht unbeweglich», sondern bewege sich «in bezug auf sich selbst als Ganzes und auch in täglicher Umdrehung», verdiene «in philosophischer Hinsicht die gleiche Bewertung wie die erste» und sei bezüglich des theologischen Wahrheitsgehaltes «zumindest ein Glaubensirrtum».

Paul V. hatte angeordnet, Galilei zu *ermahnen,* sich von der kopernikanischen Lehre loszusagen. Im Falle seiner Weigerung sollte er den *Befehl* erhalten, vor einem Notar und Zeugen der zensurierten Lehre abzuschwören. Die Unterscheidung zwischen *Ermahnung (ammonizione)* und *Befehl (precetto)* ist von großer Wichtigkeit, denn auf ihr basieren Anklage und Verurteilung von 1633. Am 26. Februar wurde Galilei von Kardinal Bellarmin vorgeladen. Das Protokoll der Sitzung – es enthält nicht die Unterschriften der Anwesenden und sieht aus wie ein Konzept – berichtet, daß Galilei *ermahnt* und ihm unmittelbar danach *(successive et incontinenti)* im Namen des Papstes und der gesamten Glaubenskongregation *befohlen* wurde, «besagte Meinung aufzugeben, sie auf keinerlei Weise *(quovis modo)* in Wort oder Schrift zu behaupten, zu verteidigen oder zu lehren». Die Worte sollten

Galilei in den tragischen Tagen des zweiten Prozesses «ganz neu und wie noch nie gehört» vorkommen. Viele Historiker stimmen darin überein, daß das Protokoll nicht dem tatsächlichen Verlauf der Sitzung entspricht.

Am 3. März, nach der Unterwerfung Galileis, erschien das Dekret der Indexkongregation, das die Bücher des Kopernikus bis zur Berichtigung verbot. Das gleiche Dekret verdammte und verbot überdies das Werk Foscarinis und alle Bücher, in denen die Lehre des Kopernikus vertreten wurde. Der mit der Anzeige Lorinis begonnene Prozeß fand so seinen Abschluß. Galilei selbst blieb verschont. Seine Schriften waren nicht erwähnt worden. Angesichts böswilliger Unterstellungen und kursierender Gerüchte, er habe Abbitte geleistet, bat Galilei Bellarmin um eine schriftliche Erklärung. Sie bescheinigte ihm, daß er seiner Meinung nie abgeschworen habe und ihm keinerlei Buße auferlegt worden sei. Ihm sei nur die von der Indexkongregation veröffentlichte Anordnung mitgeteilt worden, welche besage, daß die kopernikanische Lehre der Heiligen Schrift zuwiderlaufe und deshalb «weder verfochten noch aufrechtgehalten» werden dürfe.

Das Buch der Natur

1623 veröffentlichte Galilei das Buch *Il Saggiatore,* ein Meisterwerk der Barockliteratur, voll sprühender Ironie und polemischer Schärfe. Den Anstoß hierzu gab ein Disput mit dem Jesuitenpater Horatio Grassi über das Wesen der Kometen. Dieser hatte 1619 eine Schrift mit dem Titel *Libra astronomica et philosophica* veröffentlicht, mit der er auf den *Discorso sulle comete* des Galilei-Schülers Mario Giudicci antwortete. Die darin enthaltenen drei Lektionen waren in Wirklichkeit von Galilei selbst verfaßt. Sowohl im *Discorso* als auch im *Saggiatore* vertrat Galilei bezüglich der Erscheinung der Kometen die Positionen des nunmehr im Abstieg begriffenen Aristotelismus. Der Komet von 1577 zeigte eine deutlich kleinere Parallaxe als die des Mondes, und Tycho Brahe hatte korrekt daraus geschlossen, daß sie sich oberhalb des Mondhimmels befände. Galilei räumt ein, daß sich die Entfernungen mit Hilfe der Parallaxenmessung bestimmen lassen, bestreitet aber, daß sich diese Methode auch auf Erscheinungen *(oggetti apparenti)* anwenden lasse. Er ordnet die Kometen der gleichen Kategorie zu wie die Sonnenstrahlen, welche die Wolken durchdringen. Kometen sind für ihn *optische Phänomene,* keine *physikalischen Objekte.*

Um diese These zu untermauern, griff Galilei scharf die Astronomie Tycho Brahes an, der die Kometen als reale Körper angesehen hatte. Es hieß, Galilei habe die Kometen vom Himmel entfernen wollen, indem er den Ruf Tychos auf Erden zerstörte. Für diesen Angriff auf den größten Astronomen seiner Zeit zahlte er einen hohen Preis, da er in die Rolle eines konservativen Aristotelikers schlüpfen mußte und sich in einem Gestrüpp inkonsistenter Argumentationen verhedderte (Shea: 1974, 117f.).

Il Saggiatore enthält zwei der berühmtesten philosophischen Lehrsätze Galileis. Der erste befaßt sich mit der Behauptung, Bewegung verursache Wärme. Galilei weist zunächst die Auffassung zurück, nach der Wärme eine «der Materie innewohnende» Empfindung oder Eigenschaft sei. Der Begriff Materie oder körperliche Substanz impliziere die Idee einer Gestalt und der Beziehungen zu anderen Körpern, der Existenz an einem Ort und in einer Zeit, des Stillstands oder der Bewegung, der Berührung mit einem anderen Körper. Farbe, Klang, Geruch oder Geschmack aber seien keine notwendig mit dem Begriff des Körpers verbundenen Bedingungen. Ohne unsere sinnliche Wahrnehmung wären Verstand und Einbildungskraft auf derartige Eigenschaften nie gekommen. Klang, Farbe, Geruch oder Geschmack, die dem Körper als objektive Qualitäten innezuwohnen scheinen, seien in Wirklichkeit bloße «Namen». Entferne man den «belebten und sinnlich faßbaren Körper», bedeute die Wärme nichts anderes als eine «einfache Vokabel». Damit nicht genug. Galilei sah sich «geneigt zu glauben», was in uns das Gefühl der Wärme erzeuge, sei «eine Vielzahl kleinster Teilchen unterschiedlicher Beschaffenheit, die sich mit großer Geschwindigkeit bewegen». Ihr spürbarer Kontakt mit unserem Körper sei jene «Empfindung, die wir Wärme nennen». Außer der Gestalt und Menge dieser Partikel, ihrer Bewegung, Durchdringung und Berührung besitze das Feuer keine andere Eigenschaft.

Die reale Welt besteht mithin aus quantitativen und meßbaren Daten, aus dem Raum und winzigen Materieteilchen, die sich im Raum bewegen. Die Wissenschaft ist in der Lage, was objektiv und real in der Welt vorhanden ist, von dem subjektiv durch die Sinne Wahrgenommenen zu unterscheiden. Zwischen dem Universum der Physik und dem der Sinneserfahrung öffnete sich in der Neuzeit – wie Mersenne später in der *Verité des sciences* schrieb – eine größere Kluft, als die Philosophen des skeptischen Empirismus angenommen hatten.

Im Verlauf seiner Darlegungen über primäre und sekundäre Qualitäten vermeidet Galilei durchgängig den Begriff *Atom.* Er spricht von «kleinsten Korpuskeln» *(corpicelli minimi),* von «kleinsten Feuerteilchen» *(minimi ignei, minimi del fuoco)* oder «kleinsten Quanten» *(minimi quanti).* In allen Fällen handelt es sich jedoch um die kleinsten Teile einer bestimmten Substanz (z.B. des Feuers) und nicht um die letzten Bausteine der Materie. Erst gegen Ende des *Saggiatore* spricht Galilei von «real unteilbaren Atomen». Die Stellen, an denen er sich auf die atomistischen Theorien Demokrits bezieht, sind von herausragender Bedeutung. Im Text zum ersten Tag der *Discorsi* kommt Galilei in Zusammenhang mit dem Phänomen der Kohäsion darauf zu sprechen. So wird von Simplicio geringschätzig «ein alter Philosoph» erwähnt und Salviati geraten, solche Tasten nicht anzuschlagen, die nicht zu dessen «Meinung und hohen Bildung» passen, da er «nicht nur religiös und fromm, sondern auch katholisch und gottesfürchtig» sei (Galilei: 1995, 25).

Der Hinweis auf die Theorie der «Korpuskeln» im *Saggiatore* entging nicht der wachsamen Aufmerksamkeit des Paters Grassi. In seiner Erwiderung auf das Buch, die 1626 mit dem Titel *Ratio ponderum Librae et Simbellae* veröffentlicht wurde, hatte Grassi die Nähe der Thesen Galileis zu denen Epikurs, des Leugners Gottes und der Vorsehung, hervorgehoben. Die Reduktion der mit den Sinnen wahrgenommenen Qualitäten auf die Ebene rein subjektiver Erfahrung führt zu einem offenen Konflikt mit dem Dogma der Eucharistie. Denn wenn die Substanzen Brot und Wein in Leib und Blut Jesu Christi verwandelt werden, sind in ihnen auch deren äußere Erscheinungen präsent: die Farbe, der Geruch, der Geschmack – ein Einwand, mit dem sich später auch Descartes auseinandersetzen sollte. Für Galilei handelte es sich einfach um «Namen», und für Namen bedurfte es nicht göttlicher Wunderwirkung.

Der zweite berühmte Satz im *Saggiatore* drückt Galileis Überzeugung aus, daß die Natur, obwohl sie «taub und unerbittlich gegenüber unseren eitlen Wünschen» sei und ihre Wirkungen «in von uns nicht erdenkbaren Weisen» hervorbringe, in ihrem Innern eine harmonische Struktur und Ordnung geometrischen Typs aufweise: «Die Philosophie ist in diesem großen Buch niedergeschrieben, das vor unseren Augen immer offen liegt; ich meine das Universums. Aber wir können es erst lesen, wenn wir die Sprache gelernt haben und mit den Zeichen vertraut sind, in denen es geschrieben ist. Es ist in der Sprache der Mathematik geschrieben, und seine Buchstaben sind Dreiecke, Kreise und andere geometrische Figuren. Ohne diese Mittel ist es dem Menschen unmöglich, auch nur ein einziges Wort zu verstehen; ohne sie irrt er vergeblich durch ein dunkles Labyrinth» (Galilei: 1890–1909, VI, 232).

Die Buchstaben, in denen das Buch der Natur geschrieben ist, sind also andere als die unseres Alphabets, und nicht alle Menschen sind in der Lage, in diesem Buch zu lesen. Auf diese Prämisse gründet Galilei die unerschütterliche Überzeugung, an der er sein ganzes Leben lang festhält. Die Wissenschaft beschränkt sich nicht darauf, Hypothesen zu formulieren oder die «Erscheinungen zu retten», sondern ist in der Lage, Wahres über die Zusammensetzung der Teile des Universums *in rerum natura* auszusagen und die physikalische Struktur der Welt darzustellen. Auf der Seite im *Saggiatore,* die den oben zitierten berühmten Sätzen folgt, bekennt Galilei mit Seneca, er wünsche, die «wahre Konstitution des Universums» zu kennen, und wertet diesen Wunsch als «eine große und von mir sehr ersehnte Erkundung».

Die Bedeutung dieser Worte wurde von jenen wohl verstanden, welche die Idee einer auf den objektiven Strukturen basierenden mathematischen Erkenntnis der Welt für gefährlich und frevlerisch hielten, weil sie sich gewissermaßen anschickte, der göttlichen Erkenntnis ebenbürtig zu werden. Kardinal Maffeo Barberini (1568–1644), seit 1623 Papst Urban VIII., bezog in dieser Frage eine klare Position. Da sich für jede natürliche Wirkung möglicherweise eine andere Erklärung finden ließe als diejenige, welche uns gerade als die beste erscheine, müsse sich jede Theorie auf der Ebene der Hypothesen bewegen und auf dieser Ebene bleiben. Galilei vertritt im *Dialogo* die entgegengesetzte These, daß nämlich die mathematische Erkenntnis durchaus der göttlichen gleichkommen könne. Mit einer Argumentation, die dem Aristoteliker Simplicio «entschieden und kühn» erscheint, behauptet Salviati: «*Extensive,* d. h. bezüglich der Menge der zu begreifenden Dinge, deren Zahl unendlich ist, ist der menschliche Verstand gleich Nichts [...]. Nimmt man aber das Verstehen *intensive,* insofern dieser Ausdruck die Intensität, d. h. die Vollkommenheit in der Erkenntnis irgendeiner einzelnen Wahrheit bedeutet, so behaupte ich, daß der menschliche Intellekt einige Wahrheiten so vollkommen begreift und ihrer so unbedingt gewiß ist, wie es nur die Natur selbst sein kann. Dahin gehören die rein mathematischen Erkenntnisse, nämlich die Geometrie und die Arithmetik. Freilich erkennt der göttliche Geist unendlich viel mehr mathematische Wahrheiten, denn er erkennt sie alle. Die Erkenntnis der wenigen aber, welche der menschliche Geist begriffen, kommt meiner Meinung an objektiver Gewißheit der göttlichen Erkenntnis gleich» (Galilei: 1965, 154f.).

Es steht außer Frage und ist oft unterstrichen worden, daß in der «Philosophie» Galileis Themen aus verschiedenen Traditionen zusammenfließen. Es hat wenig Sinn zu fragen, ob Galilei im Grunde Platoniker, Aristoteliker, ein Anhänger des Archimedes oder Ingenieur gewesen sei, dem es gelang, spezifische Erfahrungen zu verallgemeinern (Schmitt: 1969, 128f.). All diesen Traditionen war Galilei zutiefst verpflichtet. Seine Auffassung vom Universum als mathematisch strukturierte Einheit ist dem Platonismus verbunden; die von ihm vorgenommene Unterscheidung zwischen den Methoden der «Composition» und «Resolution» entstammt dem Aristotelismus; die Übertragung der mathematischen Analyse auf Probleme der Physik hat er von Archimedes; Konstruktion und Gebrauch des Fernrohrs, seine Wertschätzung des Maschinenbaus und des Arsenals der Venezianer geht auf die Tradition der höheren Handwerkskunst der Renaissance zurück. Selbst auf die Metaphysik des Lichts des Pseudo-Dionysios und auf die hermetisch-ficinische Tradition zögerte Galilei nicht sich zu berufen, als er eine Zeitlang nachzuweisen suchte, daß einige Sätze der kopernikanischen Lehre in der Bibel enthalten sind.

Galilei nutzte jede dieser Traditionen. Der mathematische Idealismus im Verein mit dem Erbe des «göttlichen Archimedes» und einer «korpuskularen» Vorstellung sollte sich in der Geschichte der westlichen Welt als explosive Kraft erweisen.

Die beiden Weltsysteme

Der Pontifikat Urbans VIII. schien im Zeichen besonderer Toleranz zu stehen. 1626, drei Jahre nach seiner Wahl, ließ der neue Papst Tommaso Campanella aus der Gefängnishaft befreien und ihm eine Pension zuweisen. In diesem neuen Klima plante Galilei die Publikation eines Dialogs «über Ebbe und Flut» *(Dialogo sopra il flusso e il reflusso del mare).* Der Titel erschien ihm später zu gewagt, so daß er eine scheinbar neutralere Formulierung wählte: Dialog über die beiden hauptsächlichsten Weltsysteme, das ptolemäische und das kopernikanische *(Dialogo sopra i due massimi sistemi del mondo tolemaico e copernicano).* Schon der Titel kündigte damit an, daß das sogenannte «dritte Weltsystem» von Tycho Brahe, das besonders wohlwollend im jesuitischen Milieu aufgenommen worden war, von einer ernsthaften Betrachtung ausgeschlossen wurde.

In der Vorrede «an den geneigten Leser» und im Schlußwort des Werks bekannte sich Galilei zur hypothetischen Verfahrensweise, wie sie Urban VIII. vertrat. Er habe im *Dialogo* «die Partei des Kopernikus ergriffen [und] als rein mathematische Hypothese» dessen System vorausgesetzt, schreibt Galilei im Proömium (Galilei: 1969, 135) und fährt mit der Feststellung fort, daß der Urteilsspruch der Kirche von 1616 nicht aus wissenschaftlicher Unkenntnis, sondern aus Gründen der Frömmigkeit und der Religion erfolgt sei. Aus diesen Gründen sei «die Unbeweglichkeit der Erde» behauptet und die gegenteilige These als «mathematische Grille» bezeichnet worden. Die spitzfindige Argumentation, die Vorsicht des Proömiums und der Hinweis auf die «himmlische Lehre» des Papstes im Nachwort sollten jedoch nicht ausreichen, Galileis Niederlage und Demütigung zu verhindern.

Im *Dialogo* entfernt sich Galilei weit von diesem vorsichtigen Ton. Das Gespräch findet in Venedig im Palazzo des venezianischen Patriziers Giovan Francesco Sagredo (1571–1620) statt, der den Part des freien, unvoreingenommenen, zur Begeisterung und Ironie fähigen Geistes einnimmt. Als überzeugter Kopernikaner und Wissenschaftler tritt der Florentiner Filippo Salviati (1583–1614) auf, der die Festigkeit seiner Überzeugung mit der Bereitschaft zum ruhigen Dialog vereint. Zugleich verkörpert Salviati das Publikum, an das sich der *Dialogo* wendet. Der dritte Gesprächspartner ist der fiktive Simplicio, Aristoteliker und Bewahrer des überlieferten Wissens, weder naiv noch unbegabt, aber um die Verteidigung einer Ordnung bemüht, die er für unveränderlich hält und die ihm jede von dieser Ordnung abweichende These als gefährlich erscheinen läßt: «Diese philosophische Methode führt zur Untergrabung aller Naturphilosophie, zur Verwirrung und Erschütterung von Himmel, Erde und Weltall.» Auf Italienisch verfaßt, ist das Werk nicht darauf angelegt, die von Simplicio verkörperten «Professoren» zu überzeugen. Galilei wendet sich vielmehr an ein Publikum, das der höfischen Lebenswelt, dem Bürgertum, dem Klerus und den neuen Bildungsschichten angehört. Der erste von den vier Tagen, aus denen sich der *Dialogo* zusammensetzt, ist der aristotelischen Kosmologie gewidmet, der zweite und dritte beschäftigt sich mit der täglichen bzw. jährlichen Drehung der Erde, der vierte Tag widmet sich schließlich dem *physikalischen Beweis* der Erdrotation, den Galilei mit der Theorie der Gezeiten erbracht zu haben glaubt.

Der *Dialogo* ist insofern kein Buch über die Astronomie, als er kein Planetensystem darstellt. Er befaßt sich nicht mit den Planetenbewegungen und ihrer Erklärung, sondern zielt allein darauf ab, die Richtigkeit der kopernikanischen Theorie und die Gründe für die Unhaltbarkeit der Kosmologie und Physik des Aristoteles aufzuzeigen. Das kopernikanische System wird in vereinfachter Form dargestellt, ohne Exzenter und Epizyklen. Im Unterschied zu Kopernikus setzt Galilei die Sonne ins Zentrum der kreisförmigen Umlaufbahnen und hält sich nicht mit Betrachtungen zur Begründung der Planetenbewegung auf. Wie richtig gesehen worden ist, besaß Galilei größeres Vertrauen in seine Theorie der Mechanik (nach der die Körper dazu tendieren, in gleichbleibender kreisförmiger Bewegung zu verharren) als in die Genauigkeit der Messungen, denen sich Kepler in den gleichen Jahren mit unerschöpflicher Ausdauer verschrieben hatte. Darauf ist zurückzuführen, daß Galilei die von Kepler gelösten Probleme der planetarischen Kinematik außer acht ließ. (Die Theorie der elliptischen Planetenbahnen war bereits in der *Astronomia Nova* von 1619 verkündet worden.)

Der erste Tag des *Dialogo,* welcher der Unhaltbarkeit des aristotelischen Weltgebäudes gewidmet ist, behandelt die doppelte

Struktur, die auf der Unterscheidung zwischen unvergänglicher Himmelswelt und vergänglicher Welt der Elemente beruht. Aristoteles hatte vor jeden Diskurs die Sinneswahrnehmung gestellt. Deshalb, wendet Salviati gegen Simplicio ein, würdet Ihr eher aristotelisch philosophieren, wenn Ihr sagt, der Himmel ist veränderbar, weil meine Sinne es mir zeigen, als wenn Ihr behauptet, der Himmel sei veränderbar, weil Aristoteles so «gesprochen» hat. Die «Entfernung von den Sinnen», welche die Beobachtung der Himmelskörper unmöglich machte, wurde durch das Fernrohr überwunden. Aber es sind nicht nur die jetzt erkennbaren Mondgebirge, die eine Abkehr vom traditionellen Bild des Universums erzwingen. Äußerlich scheinbar organisch und stabil, zeigt es im Innern Lücken und Widersprüche. Ausgehend von der Vollkommenheit der Kreisbewegungen behauptet es die Vollkommenheit der Himmelskörper, um danach auf die Vollkommenheit ihrer Bewegungen zu schließen. Eigenschaften wie erzeugbar und nicht erzeugbar, veränderbar und unveränderbar, teilbar und unteilbar «treffen auf alle kosmischen Körper zu, auf die himmlischen wie auf die elementaren». Diese Aussage ist von großer Wichtigkeit, da sie behauptet, daß Himmel und Erde dem gleichen kosmischen System angehören und es *nur eine Physik, nur ein und dieselbe* Wissenschaft der Bewegung gibt, die sowohl für die Himmelswelt als die irdische Welt Gültigkeit besitzt. Die Zerstörung der Kosmologie des Aristoteles bedeutet zwangsläufig die Zerstörung seiner Physik.

Die Zerstörung der Aristotelischen Kosmologie

Der Text des zweiten Tages des *Dialogo* ist der minuziösen Widerlegung aller wesentlichen antiken wie neuzeitlichen Einwände gegen die Erdbewegung gewidmet: Ein von der Höhe eines Turmes geworfener Stein müßte den Boden nicht am Fuß der lotrechten Linie, sondern an einem leicht gegen Westen verschobenen Punkt berühren; die gegen Westen geschossenen Kugeln einer Kanone müßten eine längere Flugbahn als die gegen Osten geschossenen haben; fühlt man bei einem Pferderitt die Luft im Gesicht, müßte man stets – vorausgesetzt, die Erde bewegt sich – einen heftigen Wind von Osten verspüren; die auf der Erdoberfläche angesiedelten Häuser und Bäume müßten durch die zentrifugale Kraft der Erdrotation entwurzelt und weit weggeschleudert werden. In einer persönlichen Anmerkung notierte Galilei dazu: «Es ist ein Wunder, daß jemand urinieren kann, wo wir doch so schnell dem Urin hinterherlaufen; oder wenigstens müßten wir auf unsere Knie urinieren» (Galilei: 1890–1909, III, 1, 255).

Wenn man bei einem festliegenden Schiff einen Stein von der Spitze des Mastbaumes fallen läßt, argumentiert Simplicio im Rückgriff auf eine These, derer sich schon Tycho Brahe bedient hatte, so fällt der Stein in einer lotrechten Linie am Mast entlang. Bewegt sich das Schiff, so beschreibt der Stein eine schräge Linie und trifft weit entfernt vom Fuß des Mastes nahe dem Heck auf. Nimmt man an, daß sich die Erde schnell im Raum bewegt, so müßte das gleiche Phänomen beim Fall eines Steins von einem Turm auftreten. In einem Punkt sagt Simplicio die Unwahrheit: Das Experiment auf dem Schiff ist nie durchgeführt worden. Galilei bezieht eine sehr aufschlußreiche Position. Wer immer dieses Experiment durchführt, wird feststellen, daß genau das Gegenteil dessen eintreten wird, was Simplicio behauptet. In Wirklichkeit bedarf es seiner jedoch nicht: «Ich bin ohne Versuch gewiß, daß das Ergebnis so ausfällt, wie ich euch sage, denn es muß so ausfallen» (Galilei: 1965, 177). Den gegen Kopernikus vorgebrachten Argumenten hält Galilei mit den Worten Salviatis und Sagredos das Prinzip der Relativität der Bewegungen entgegen. Die Himmelsbewegungen existieren nur für den irdischen Beobachter, deshalb ist es keinesfalls abwegig, der Erde eine tägliche Umdrehung zuzuschreiben. Da die Bewegung eine Veränderung in den Erscheinungen hervorruft, tritt diese Veränderung abhängig davon auf, ob man die Bewegung der Erde und den Stillstand der Sonne oder die umgekehrte These vertritt. Welche Bewegung der Erde auch immer zugeordnet wird: für uns, als ihre «Bewohner und folglich Teilhaber an dieser Bewegung», wird sie zwangsläufig «völlig unbemerkbar sein, so, als ob es sie nicht gäbe». Das Beispiel, welches Salviati als letzten Beweis für die Nichtigkeit aller aus der alltäglichen Erfahrung abgeleiteten Argumente gegen die Erdbewegung anführt, ist zu Recht berühmt geworden. Wenn sich in einem Raum unter Deck eines mit beliebiger Geschwindigkeit fahrenden Schiffes Fliegen und Schmetterlinge befinden, ein Gefäß mit

Wasser und Fischen darin sowie ein hochgehängter Eimer, aus dem tropfenweise Wasser in ein zweites, enghalsiges daruntergestelltes Gefäß träufelt, so «werdet Ihr – wenn nur die Bewegung gleichförmig ist und nicht hier- und dorthin schwankend – bei allen genannten Erscheinungen nicht die geringste Veränderung eintreten sehen. Aus keiner derselben werdet Ihr entnehmen können, ob das Schiff fährt oder stillsteht» (Galilei: 1965, 188).

Die Behauptung der Relativität der Bewegungen hat weittragende Folgen. Die aristotelische Mechanik basiert auf der Annahme einer notwendigen Verbindung zwischen Bewegung und Wesen der Körper. Aufgrund dieser Vorstellung läßt sich nicht nur festlegen, welche Körper beweglich sind und welche unbeweglich; es läßt sich auch erklären, weshalb nicht alle Bewegungsformen allen Körpern gleichermaßen angemessen sind. Galilei eröffnet hier eine neue Perspektive. Stillstand und Bewegung haben nichts mit der natürlichen Beschaffenheit der Körper zu tun; es gibt keine Körper, die von sich aus beweglich oder unbeweglich sind, zugleich kann nicht *a* priori entschieden werden, welche Körper sich in Bewegung befinden und welche nicht. In der Physik der Aristoteliker ist die räumliche Zuordnung der Dinge sowohl für die Dinge selbst als auch für das Universum von Bedeutung. Bewegung ist Bewegung im Raum; sie ist *Veränderung,* wenn sie sich auf die Qualitäten, *generatio* und *interitus,* wenn sie sich auf das Sein bezieht. Bewegung ist kein *Zustand,* sondern ein *Werden* und ein *Prozeß.* Durch diesen Prozeß bilden, aktualisieren und vollenden sich die Dinge. Ein sich bewegender Körper ändert nicht nur sein Verhältnis zu anderen Körpern, er ist selbst Gegenstand der Veränderung. In der Physik Galileis wird die Idee der Bewegung eines Körpers von der seiner Veränderung getrennt. Sie setzt einer (der Aristotelischen Physik wie der mittelalterlichen Theorie des *Impetus* zugrunde liegenden) Vorstellung ein Ende, nach der die Bewegung einer wirkenden Kraft bedarf, die jene erzeugt und aufrechterhält. Ruhe und Bewegung sind gleichermaßen Körperzustände. Um einen sich bewegenden Körper anzuhalten, wenn es keine äußeren Widerstände gibt, bedarf es einer Kraft. Die Kraft erzeugt aber nicht die Bewegung, sondern die Beschleunigung. Galilei bricht mit verfestigten mentalen Strukturen und ebnet so den Weg, der zur Formulierung des Trägheitsprinzips führen sollte.

Geometrie, Relativität, Trägheit

Auf der Grundlage der im Innern eines Systems vorgenommenen mechanischen Beobachtungen läßt sich nicht entscheiden, ob sich das System selbst in Ruhe oder in einer geradlinig gleichförmigen Bewegung befindet. Dieser in den einschlägigen Handbüchern als galileisches Relativitätsprinzip bezeichnete Satz entspricht nicht der von Galilei formulierten Theorie, nach der es für einen Beobachter vom Boden der Erde aus unmöglich sei, die Drehbewegung der Erde selbst zu bemerken. Galilei verkündet eine «breitere» Lehre, derzufolge eine allen Körpern desselben Systems gemeinsame «nicht hier- und dorthin schwankende» Bewegung keinerlei Einfluß auf das gegenseitige Verhalten dieser Körper ausübt und folglich innerhalb dieses Systems nicht nachgewiesen werden kann. Die «nicht hier- und dorthin schwankende» Bewegung aus Galileis Beispiel des fahrenden Schiffs meint eine geradeaus, den gleichen Erdmeridian entlang verlaufende Bewegung; deshalb wäre es unrichtig, «nicht schwankend» *(non fluttuante)* mit «geradlinig» *(rettilineo)* zu übersetzen (den letzteren Begriff benutzt Galilei häufig, aber in einem anderen Zusammenhang). Die Unterscheidung ist wichtig, denn das klassische Relativitätsprinzip schließt den Begriff der *geradlinig gleichförmigen Bewegung* und die Annahme des Trägheitsprinzips ein (jeder Körper bleibt so lange in seinem Zustand der Ruhe oder der geradlinig gleichförmigen Bewegung, bis eine einwirkende Kraft diesen Zustand ändert).

Dieses am Anfang der modernen Dynamik stehende Trägheitsprinzip wurde von Galilei gerade wegen des Einflusses, den seine kosmologischen Überzeugungen auf seine Physik ausübten, nie formuliert. Im *Dialogo* stellt sich Galilei eine horizontale Ebene vor, eine Oberfläche «weder abschüssig noch ansteigend», auf der ein beweglicher Körper «unterschiedslos weder einen Hang, sich zu bewegen, noch ein Widerstreben gegen die Bewegung» besitzt. Gibt man ihm aber einen «Anstoß», so würde diese Bewegung über die gesamte Länge der Fläche hinweg andauern, und «wäre diese Länge also unbegrenzt, so würde die Bewegung auf ihr gleichfalls ohne Grenzen sein, d. h. ewig». Die Ebene, die sich Galilei hier vorstellt, ist keine horizontale, die

Erdoberfläche nur an einem Punkt berührende, sondern eine «in allen Teilen gleich weit vom Mittelpunkt der Erde» entfernte Ebene, d. h. eine sphärische Fläche: «Eine Fläche, welche weder abschüssig noch ansteigend ist, muß also in allen Teilen gleich weit entfernt vom Mittelpunkt sein. Gibt es denn nun solche Flächen in der Welt? [...] Da habt Ihr die unseres Erdballs, vorausgesetzt, daß sie vollkommen glatt wäre.»

Die Gründe, die ihn in diese Richtung führen, erhellen jene Seiten aus dem ersten Tag des *Dialogo,* auf denen Galilei die aristotelische Unterscheidung zwischen natürlichen und unnatürlichen Bewegungen aufrechterhält, dabei den *natürlichen* Charakter der Kreisbewegung und die *Unmöglichkeit* einer fortgesetzten geradlinigen Bewegung behauptet: «Da [...] die geradlinige Bewegung ihrer Natur nach unendlich ist – denn die gerade Linie ist unendlich und von unbestimmter Länge –, so kann kein beweglicher Körper den natürlichen Trieb haben, sich in gerader Linie dahin zu bewegen, wohin er unmöglich gelangen kann, insofern einer solchen Bewegung kein Ziel gesetzt ist» (Galilei: 1965, 144 f.). Über die geradlinige Bewegung könne man sich vielleicht in Phantasien ergehen» und annehmen, daß sie den Körpern eigen gewesen sei, die sich im Urchaos des ungeordneten Universums bewegten. Die geradlinigen Bewegungen, welche wohlgeordnete Körper in Unordnung zu bringen vermögen, seien andererseits auch «geeignet, die verkehrt angeordneten in Ordnung zu bringen». Die geradlinige Bewegung könne dazu dienen, «die Baustoffe für das Werk herbeizuschaffen; ist dies aber einmal fertiggestellt, so bewegt es sich entweder nicht, oder wenn es sich bewegt, so bewegt es sich kreisförmig» (ebd.). Nach der besten und vollkommenen Anordnung der Teile der Welt könne in den Körpern unmöglich «die natürliche Neigung bestehen bleiben, sich auch fernerhin in gerader Linie zu bewegen, was nunmehr bloß die Wiederentfernung vom gehörigen und natürlichen Ort, also die Unordnung zur Folge haben würde». Wir können also mit Platon sagen, daß sich die Planetenkörper erst in geradlinig beschleunigter Bewegung befanden, bevor diese – nach Erreichen eines bestimmten ihnen zugewiesenen Orts – in eine kreisförmige Bewegung verwandelt wurde, «in welcher sie sich dann behauptet haben und bis auf dem heutigen Tag beharren» (Galilei: 1965, 146 f.).

Es handelt sich hier nicht um literarische Zugeständnisse an die platonische Mythologie. Im Verlauf des Dialogs greift Salviati das gleiche Argument auf breiterer Ebene erneut auf, als er über die Eigenschaften der Kreisbewegung spricht: «Da es sich hier um eine Bewegung handelt, die den Körper beständig vom Ziel entfernt und ihn beständig zu ihm hinführt, so kann zunächst nur sie gleichförmig sein.» Die Beschleunigung entsteht aus der Neigung des Körpers, sich zum angestrebten Ziel der Bewegung hinzubewegen, und die Verzögerung tritt ein durch die Abneigung, sich von diesem Ziel zu entfernen. Da aber in der Kreisbewegung der Körper «sich stets von dem natürlichen Ziele trennt und wieder zu ihm hinbewegt, so sind bei ihm Abneigung und Neigung gleich; aus dieser Gleichheit geht eine weder verzögerte, noch beschleunigte Geschwindigkeit hervor, d. h. eine gleichförmige Bewegung». Die «ewige Fortdauer», die «auf einer unbegrenzten Linie [...] von Natur aus [...] unmöglich» ist, ergibt sich aus dieser «Gleichförmigkeit und Begrenztheit» der Kreisbewegung. Die Schlußfolgerung faßt Galileis Position klar zusammen: Nur die Kreisbewegung ist von Natur aus den natürlichen Körpern des geordneten Universums eigentümlich; die geradlinige Bewegung dagegen «kann höchstens dann von der Natur ihren Körpern und deren Teilen zugewiesen werden, sobald sie sich außerhalb der ihnen vorgeschriebenen Plätze in verkehrter Anordnung befinden».

Die unendliche geradlinige Bewegung ist von Natur aus unmöglich, weil die Natur «niemals dahin treibt, wohin es unmöglich ist zu gelangen». Dieser literarisch so verführerische Satz birgt eines der größten Hindernisse, das der Kopernikaner Galilei nicht zu überwinden vermochte. Die kreisförmige Bewegung bleibt für ihn die Bewegung *par excellence,* die nicht weiter erklärt werden muß. (Die neue Physik sollte sie gerade mit dem Rückgriff auf eine nicht träge Kraft erklären.) Die unvergängliche Errungenschaft Galileis ist die Vereinigung von Physik und Astronomie, wenngleich sie auf der Grundlage des *Trägheitsbegriffs der Kreisbewegungen* erfolgte. Die jahrtausendealte Kosmologie, die sich auf die Vollkommenheit der Bewegungen der Himmelssphären berief, übte einen entscheidenden Einfluß auf seine Physik aus.

Auch wenn bei der Lektüre der Schriften Galileis Ansätze dessen, was Newton später verwirklichen sollte, unübersehbar sind, wäre es ein Trugschluß, wenn wir dem, was *vorher* gedacht wurde, die erst *hinterher* erkennbaren Zusammenhänge zuschreiben wollten. Das Trägheitsprinzip hat eine lange Geschichte; seine Formulierung im ersten Newtonschen Bewegungsgesetz ist die von Descartes und Newton geleistete Fortentwicklung und Ausarbeitung einer großen, evolutionären Idee Galileis. Die Bestimmung des Trägheitsprinzips – von den Begriffen Galileis bis zum ersten Newtonschen Gesetz – vollzog sich, wie William Shea dargelegt hat, in folgenden Phasen: 1. Anerkennung als Naturgesetz; 2. Einbeziehung der Geradlinigkeit; 3. Ausweitung von der Bewegung auf der Erde auf jegliche Bewegung im leeren Raum; 4. Zusammenhang mit der Masse als quantitative Einheit der Materie. Die ersten drei Schritte vollzog Descartes, den vierten Newton allein (Shea: 1974, 9).

Die Gezeiten

Fast zwanzig Jahre lang, seit Erscheinen der kleinen Schrift von 1616 über Flut und Ebbe bis hin zum *Dialog über die hauptsächlichsten Weltsysteme*, sah Galilei in der Bewegung der Gezeiten und ihrer Erklärung einen entscheidenden physikalischen Beweis für die Richtigkeit der Kopernikanischen Lehre. Galileis Erklärung des Gezeitenwechsels geht von einer doppelten Bewegung der Erde aus: die tägliche Rotation von Westen nach Osten um die Erdachse und die jährliche, ebenfalls in west-östlicher Richtung verlaufende Drehung der Erde um die Sonne. Es ist die Kombination dieser beiden Bewegungen, derzufolge sich jeder Punkt auf der Erdoberfläche «fortgesetzt nicht gleichförmig» bewegt und die Geschwindigkeit ändert, indem sich die Bewegung manchmal beschleunigt und manchmal verzögert». Alle Teile der Erde befinden sich also in «bemerkenswert ungleichförmiger Bewegung», obwohl der Erde selbst keine unregelmäßige und ungleichförmige Bewegung zugeschrieben worden ist.

Es ist mehrfach hervorgehoben worden, daß die «Unrichtigkeit» der Erklärung Galileis (nach ihr müßte der Gezeitenwechsel alle 24 Stunden stattfinden) nicht erst auf der Grundlage wissenschaftlicher Erkenntnisfortschritte festgestellt worden ist. Galileis Argumentation läßt sich auch schwer mit den Ergebnissen seiner eigenen physikalischen und astronomischen Beobachtungen in Einklang bringen. Nachdem Galilei, wie Ernst Mach hervorhebt, das klassische Prinzip der Relativität in die Physik eingeführt hat, vermischt er unzulässigerweise zwei verschiedene Bezugssysteme. Der gesamte Text des zweiten Tags des *Dialogo* dient der Beweisführung, daß auf einer sich bewegenden Erde alles so geschieht wie auf einer Erde im Stillstand. Warum sollten sich Änderungen in der Drehgeschwindigkeit der Erdoberfläche allein auf die Ozeane und nicht ebenso auf alle nicht fest mit ihr verbundenen Körper auswirken? Die sich in täglicher Umdrehung bewegende Erde erscheint am vierten Tag des *Dialogo* nicht mehr als Trägheitssystem (Clavelin: 1968, 480).

Zur Erklärung der Gezeiten zieht Galilei ausschließlich mechanische Ursachen in Betracht, d. h. Bewegungen oder zusammengesetzte Bewegungen; jegliche Vorstellung von lunaren «Einflüssen» weist er zurück. Seine starke Abneigung gegen die Lehre von Einflüssen und okkulten Eigenschaften veranlaßt Galilei, jede Theorie der Gezeiten abzulehnen, die sich auf die «Anziehung» zwischen Mond und Wassermassen der Ozeane beruft. Eine solche Theorie ist für ihn keine Alternative zu anderen möglichen Hypothesen; sie ist weder inkohärent noch falsifizierbar durch Beobachtungen, sondern wird einfach als Ausdruck magischer Spekulation verworfen. Es lohne sich nicht, Worte zu verschwenden, um derartige Einfältigkeiten zu widerlegen. Daß Sonne und Mond irgend etwas mit der Erzeugung von Ebbe und Flut zu tun haben, läßt Galilei Salviati sagen, ist «eine Annahme, gegen die meine Vernunft sich aufs äußerste sträubt». Er kann sich nicht entschließen, «an das Wirken verborgener Qualitäten und an ähnliche nichtige Phantastereien zu glauben». Galilei wundert sich zutiefst, daß ein Mann wie Kepler, «bei seiner freien Gesinnung und seinem durchdringenden Scharfblick, wo er die Lehre von der Erdbewegung in Händen hatte, Dinge anhören und billigen» konnte, «wie die Herrschaft des Mondes über das Wasser, die verborgenen Qualitäten und was der Kindereien mehr sind» (Galilei: 1890–1909, VII, 470, 486).

Galileis Tragödie

Mit der polemischen Schärfe des *Saggiatore* hatte sich Galilei die Sympathien der Jesuiten verscherzt. Seine Feinde hatten keine große Mühe, Urban VIII. davon zu überzeugen, daß Galilei im *Dialogo* mit dem Simplicio in den Mund gelegten Hinweis auf die «himmlische Lehre» – nach der sich für jeden natürlichen Wirkungszusammenhang stets eine andere Erklärung finden ließ als die, die wir für die beste hielten, und es daher ratsam sei, in hypothetischer Form zu argumentieren – in Wahrheit nur die Autorität des Papstes verhöhnen wolle. Auf Anordnung des Inquisitors von Florenz wurde der Verkauf des Buches eingestellt und Galilei am 1. Oktober 1632 aufgefordert, sich nach Rom zum Generalkommissar des Heiligen Offiziums zu begeben. Es gelang Galilei, die Abreise bis zum Januar des nächsten Jahres hinauszuschieben. Angesichts der Drohung, «in Ketten gefesselt» nach Rom gebracht zu werden, macht sich Galilei am 20. Januar auf die Reise. Am 13. Februar trifft er in Rom ein, nachdem er wegen der Pest einen längeren Quarantäneaufenthalt in Ponte a Centina einlegen mußte. Körperlich und seelisch entkräftet erscheint er am 12. April vor dem Heiligen Offizium. Die Anklage richtete sich nicht gegen die Publikation des *Dialogo,* sondern warf Galilei vor, sich das Imprimatur auf betrügerische Weise verschafft und der zuständigen Behörde die Anordnung von 1616 verschwiegen zu haben, die verboten hatte, die kopernikanische Theorie *Quovis modo* zu unterrichten und zu verteidigen. Während der Verhöre beruft sich Galilei auf die *Ermahnung* Bellarmins und dessen auf seine Bitte später verfaßtes Zeugnis. Er behauptet, sich nicht daran zu erinnern, daß ihm irgendein Befehl vor Zeugen erteilt worden sei, und schließt mit der Feststellung, daß der *Dialogo* in Wirklichkeit die Unrichtigkeit und Inkonsistenz der Argumente des Kopernikus aufzeigen wollte. Diese letzte, unter dem Diktat der Furcht geäußerte Behauptung lieferte Galilei seinen Richtern aus und raubte ihm jede realistische Verteidigungsmöglichkeit. Den Konsultoren der Inquisition fiel es leicht, nachzuweisen, daß Galilei seine Richter täuschen wollte: «Nicht nur bewaffnet er die Anhänger der kopernikanischen Lehre mit neuen Argumenten, die niemand jenseits der Alpen je verkündet hat; er tut dies gar in italienischer Sprache, die am besten geeignet ist, das ignorante Volk, wo der Irrtum leichte Beute macht, auf seine Seite zu ziehen.» Galilei habe zudem die von den Mathematikern gezogenen Grenzen überschritten: «Der Autor gibt vor, eine mathematische Hypothese diskutiert zu haben, aber er verleiht ihr, was Mathematiker nie tun würden, physikalische Realität.»

In der zu seiner Verteidigung verfaßten Denkschrift behauptet Galilei am 10. Mai mit Nachdruck, daß ihm die Auflagen des Protokolls von 1616 «ganz neu und wie noch nie gehört» erschienen. Nach einem erneuten Verhör erfolgt einen Monat später das Urteil. Am 22. Juni 1633 schwört Galilei im Büßergewand und auf Knien vor den Kardinälen der Kongregation «aufrichtigen Herzens und ohne Heuchelei» der kopernikanischen Lehre ab: (Ich) «verfluche und verabscheue die obengenannten Irrtümer und Ketzereien [...] und schwöre, daß ich künftig niemals wieder, in Wort oder Schrift, Dinge sagen noch behaupten werde, für welche ähnlicher Verdacht gegen mich geschöpft werden könnte; wenn ich aber auf irgendeinen Ketzer oder einen der Ketzerei Verdächtigen treffe, so werde ich ihn diesem Heiligen Offizium [. . .] anzeigen» (Galilei: 1890–1909, XIX, 406 f.).

Die durch sieben von zehn Richtern unterschriebene Verurteilung traf nicht nur Galileis eigene Hoffnungen und Vorstellungen, sie versetzte auch den Hoffnungen jener einen tödlichen Stoß, die im Innern der Kirche an die neue Astronomie geglaubt hatten und darüber hinaus an die Möglichkeit, daß die Kirche eine positive Funktion in der Welt der Bildung und Kultur ausüben könne. Für die Geistes- und Wissenschaftsgeschichte sollte das Jahr 1633 eine entscheidende Bedeutung erlangen. Wenige Monate nach dem Urteil, am 10. Januar 1634, schreibt Descartes an Mersenne, er möge davon absehen, sein Buch *Le Monde* zu publizieren, da ihn die Nachricht von Galileis Verurteilung erreicht habe. Seine neue Devise laute *bene vixit qui bene latuit* (gut lebte, wer sich versteckte), und groß sei die Versuchung, «alle seine Papiere zu verbrennen». Zehn Jahre später erinnerte sich John Milton in der *Areopagitica* an seinen Besuch bei Galilei (1639). Die gelehrten Italiener «beklagten in welch jämmerlichen Zustand der Sklaverei die Wissenschaft in ihrem Vaterland geraten sei; dies sei auch der Grund, warum der einst so lebendige italienische Geist erloschen und alles, was man schrieb, nichts als Schmeicheleien und Banalitäten seien».

Das Inquisitionsgericht verurteilte Galilei zu «förmlicher Haft», d. h. zu Hausarrest. Am ersten Juli 1633 erhielt er die Erlaubnis, seinen Wohnsitz nach Siena zu verlegen, wo ihn der Erzbischof Ascanio Piccolomini in aufrichtiger Freundschaft bei sich aufnimmt. Im Dezember gestattet man ihm, in seine Villa in Arcetri bei Florenz umzuziehen, unter der Auflage, daß er zurückgezogen lebe und keinen häufigen Kontakt mit anderen Personen «weder zu Gesprächen noch zum Essen» pflege. Am 2. April 1634 stirbt Galileis Lieblingstochter Virginia (Schwester Maria Celeste). Ihr Tod wirft ihn in einen Zustand «tiefster Traurigkeit und Melancholie». Er klagt über «äußerste Appetitlosigkeit», ist sich selbst «zuwider» und hört sich «unentwegt von meiner geliebten Tochter gerufen» (Galilei: 1890–1909, XVI, 85). Ende 1637 führt ein Augenleiden zur völligen Erblindung. Seinem Freund Elia Diodati schreibt Galilei am 2. Januar 1638 von der Trübsal, die ihn bei dem Gedanken befalle, «daß jener Himmel, jene Welt und jenes Universum, das ich mit meinen wunderbaren Beobachtungen und klaren Beweisen um Hunderte und Tausende Male weiter ausgedehnt hatte, als es die Gelehrten aller verflossenen Jahrhunderte gemeinhin schauten, sich nunmehr für mich so verkleinert und verengt hat, daß es nicht größer ist als jenes, welches meine Person ausfüllt» (Galilei: 1987, 158). Das von einem Großteil der Geschichtsschreibung des 19. Jahrhunderts entworfene, völlig unhistorische Bild von Galilei als Freigeist und Positivist *ante litteram* erscheint heute überholt. Ihren Sinn verloren haben ebenso die teilweise peinlichen Versuche, Galileis Anklage und Verurteilung zu rechtfertigen. Papst Johannes Paul II. selbst erinnerte am 30. November 1979 vor der päpstlichen Akademie der Wissenschaften aus Anlaß des 100. Geburtstages von Albert Einstein daran, daß Galileo Galilei «durch Personen und Organismen der Kirche viel gelitten» habe und Opfer eines jener «unzulässigen Eingriffe» geworden sei, die das Zweite Vatikanische Konzil inzwischen verurteilt habe (Acta: 1979, 1464).

Die neue Physik

Die in den siebziger Jahren durchgeführten Studien über Galilei haben nicht nur die große Bedeutung seiner frühen Schriften *De Motu* und *Le Mecaniche* aufgezeigt, sondern auch anhand einer eingehenden Untersuchung der Fragmente nachgewiesen, daß alle grundlegenden Probleme der Galileischen Physik im Jahrzehnt 1600–1610 erörtert werden (Wisan: 1974). Das bedeutendste wissenschaftliche Werk Galileis, die 1638 offiziell ohne sein Wissen im holländischen Leiden publizierten *Discorsi e dimostrazioni matematiche intorno a due nuove scienze attinenti alla meccanica e ai movimenti locali* (Unterredungen und mathematische Demonstrationen über zwei neue Wissenschaften, die Mechanik und die Fallgesetze betreffend), hat also eine lange Vorgeschichte. Sein Aufbau entspricht dem des *Dialogo,* auch tauchen die gleichen drei Gesprächspartner wieder auf. An den ersten beiden Gesprächstagen, die dem Luftwiderstand von Materialien gewidmet sind, findet ein wirklicher Dialog statt. Am dritten und vierten Tag, an denen die Probleme der natürlichen und gleichförmig beschleunigten Bewegung sowie die der Flugbahn von Geschossen behandelt werden, liest Salviati eine lateinische Abhandlung über die Bewegung vor, die sein Freund Accademico verfaßt hat. Nur gelegentlich wird die Lektüre durch Zwischenfragen der beiden anderen Gesprächspartner unterbrochen. Ein «fünfter Tag» über Euklids Proportionentheorie und ein sechster Tag» über das Problem der Stoßkraft erscheinen postum 1714 und 1718.

Die in den *Discorsi* entwickelten Theorien über den Widerstand der Materialien kennzeichnen die Geburtsstunde einer neuen Wissenschaft. Zum ersten Mal wird ein organisches Corpus von Theorien auf das zivile und militärische Ingenieur- und Bauwesen angewandt. In diesem Zusammenhang kommt der zu Beginn der *Discorsi* erwähnten These Bedeutung zu, daß das «Philosophieren» die Arbeit der Techniker und die Praxis der Handwerker zu berücksichtigen habe. Die Unterhaltung mit den Mechanikern, die «sehr sachverständig und von geistreicher Rede» seien, erklärt Sagredo, habe ihm mehrfach bei der Suche nach den «verborgenen, noch kaum bekannten Wirkungen» geholfen. Galilei unterstreicht an erster Stelle die Bedeutung des Maßstabs einer Konstruktion als bestimmenden Faktor ihrer Widerstandsfähigkeit und zeigt, daß diese im Modell größer ist als im realen Maßstab. Prismen und Zylinder, die sich nach Länge und Stärke unterscheiden, weisen (beim Druck einer Last auf beide Enden) eine Bruchfestigkeit auf, die direkt proportional zur dritten Potenz des Durchmessers ihrer Grundflächen und umgekehrt proportional zu ihrer Länge ist. Die Knochen eines Riesen müßten unverhältnismäßig dick im Vergleich zu ihrer Länge sein. In der Kunst wie in der Natur ist es nicht möglich, die Dimension von Strukturen unbegrenzt zu erweitern. Die Kohäsion von Festkörpern und die Widerstandsfähigkeit von Materialien wird mit ihrer atomischen oder korpuskularen Zusammensetzung erklärt und auf den Umstand zurückgeführt, daß zwischen den Teilchen ein Widerstand oder eine klebrige Substanz bestehe (so im Falle des Widerstands von zwei aufeinanderliegenden glatten Oberflächen), welche die Bildung eines Vakuums verhindere. In seiner Analyse des Bruchs von Stützbalken übersieht Galilei die sogenannte Kompressionswirkung und hält die Fasern des Balkens für nicht dehnbar.

Der von Galilei eingeschlagene Weg, welcher ihn im Text des dritten Tags der *Discorsi* zur Formulierung der gleichförmigen beschleunigten Bewegung führt, ist mehrfach von Philosophen und Wissenschaftshistorikern nachgezeichnet worden. Die Formulierung dieses Prinzips steht am Ende eines Prozesses fortschreitender Abstraktion von qualitativen und sinnlich erfahrbaren Eigenschaften. Der frühen Schrift *De motu* lag noch die Idee einer natürlichen, durch das Gewicht der Körper bedingten Bewegung nach unten zugrunde, einer *vis impressa,* verstanden als eine die natürliche Schwerkraft überlagernde vorübergehende Leichtigkeit. Die Fallgeschwindigkeit wurde in Relation zur Dichte und zum spezifischen Gewicht der Körper gebracht. Die Suche nach den Ursachen wird nun durch eine rein kinematische Betrachtung ersetzt, indem die Geschwindigkeit direkt proportional zum durchlaufenen Raum definiert wird. Diese erste Hypothese wird später fallengelassen zugunsten einer direkten Proportionalität zur Zeit, die in wesentlich geringerem Maße intuitiv erfaßbar ist: «Wenn ein Körper von der Ruhelage aus gleichförmig beschleunigt fällt, so verhalten sich die in gewissen

Zeiten zurückgelegten Strecken wie die Quadrate der Zeiten.» Das Verhältnis D : T^2 (ausgedrückt in der 2. Proposition des II. Theorems) leitet sich aus dem I. Theorem ab, nach welchem die «Zeit, in welcher irgend eine Strecke von einem Körper von der Ruhelage aus mittelst einer gleichförmig beschleunigten Bewegung zurückgelegt wird, gleich der Zeit (ist), in welcher dieselbe Strecke von demselben Körper zurückgelegt würde mittelst einer gleichförmigen Bewegung, deren Geschwindigkeit gleich wäre dem halben Betrage des höchsten und letzten Geschwindigkeitswerthes bei jener ersten gleichförmig beschleunigten Bewegung» (Galilei: 1995, 158f.).

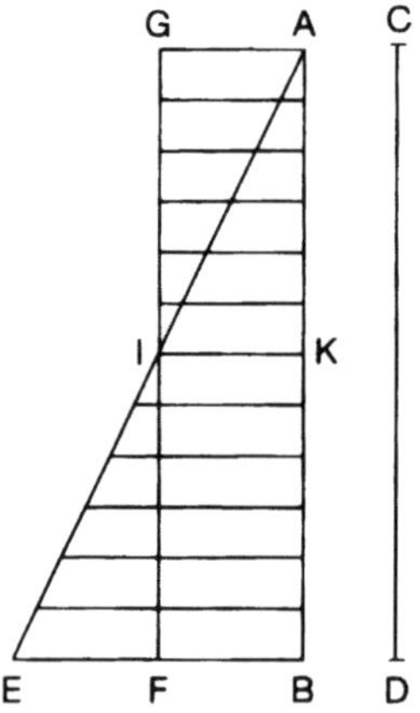

In der Abbildung stellt AB die Zeit dar, in welcher der Körper aus der Ruhelage C bei gleichförmig beschleunigter Bewegung die Strecke CD zurücklegt. EB stellt den letzten und höchsten Geschwindigkeitsgrad dar, der in der Zeit AB erreicht wird. Man ziehe AE sowie mehrere zu EB parallele äquidistante Linien, welche die wachsenden Geschwindigkeitswerte nach dem Anfangsmoment darstellen. Man halbiere EB in F, ziehe die Parallelen FG zu BA und GA zu FB. Das Parallelogramm AGFB wird dem Dreieck AEB gleich sein, da die Seite GF die Linie AE im Punkt I halbiert. Wenn die Parallelen im Dreieck AEB bis nach GIF verlängert werden, «so wird die Summe aller Parallelen, die im Viereck enthalten sind, gleich denen im Dreieck AEB sein». Die Summe aller im Dreieck enthaltenen Parallelen stellt die «wachsenden Geschwindigkeitswerthe» einer gleichförmig beschleunigten Bewegung dar, während dieselben Parallelen innerhalb des Parallelogramms die Werte einer gleichförmigen Geschwindigkeit darstellen. In beiden Bewegungen ist die Summe der Geschwindigkeitswerte gleich. Nimmt die Geschwindigkeit von A nach EB gleichförmig zu, so ist die zurückgelegte Strecke gleich lang wie die in gleicher Zeit und in der gleichförmigen Geschwindigkeit IK (die der Hälfte der Geschwindigkeit EB entspricht) zurückgelegte Strecke. Mit nicht galileischen Begriffen ausgedrückt: Die Summe der wachsenden Geschwindigkeiten in der beschleunigten Bewegung ist gleich der Summe der konstanten Geschwindigkeiten, die der durchschnittlichen Geschwindigkeit IK entspricht.

Galilei ist weder frei von Zweifeln, die Identifizierung der Räume mit den Entfernungen anzuerkennen, noch besitzt er eine ausreichend klare Konzeption der Infinitesimalrechnung, um behaupten zu können, «daß die Summe unendlich vieler kleiner Linien, von denen jede eine Geschwindigkeit darstellt, etwas anderes ergibt, nämlich eine Distanz» (Shea: 1974). Die zur kontinuierlichen Berechnung variabler Größen geeignete mathematische Methode ist die Infinitesimalrechnung.

In dieser kleinen, auf Latein verfaßten Abhandlung innerhalb der *Discorsi* hatte sich Galilei mit dem Problem der Definition der gleichförmig beschleunigten Bewegung auseinandergesetzt, die der «natürlichen Beschleunigung frei fallender Körper» genau entsprechen sollte. Nach eigener Aussage war Galilei zu seiner Definition durch die «aufmerksame Beobachtung des gewöhnlichen Geschehens und der Ordnung der Natur», die sich in ihren Verrichtungen stets der «allerersten einfachsten und leichtesten Hülfsmittel» bediene, «gleichsam mit der Hand» geleitet worden. Ein aus der Ruhelage von großer Höhe fallender Stein erlangt nach und nach neue Zuwächse an Geschwindigkeit. Warum sollte man nicht glauben, daß diese Zuwächse «in allereinfachster, Jedermann plausibler Weise *[simplicissima et magis obvia ratione]* zustande kommen?» Einem Zuwachs, der «in immer gleicher Weise hinzutritt», entsprechen gleichermaßen zwei Möglichkeiten: die Proportionalität der Geschwindigkeit zum Raum und die Proportionalität der Geschwindigkeit zur Zeit (Galilei: 1995, 147). Es ist mehrfach hervorgehoben worden, daß die von Galilei getroffene Wahl zwischen diesen beiden Möglichkeiten – die ihm unter dem Gesichtspunkt der Einfachheit äquivalent erschienen – auf dem falsch durchgeführten Nachweis des logischen Widerspruchs der ersten der beiden Hypothesen beruht.

Wie «die Gleichförmigkeit der Bewegung durch die Gleichheit der Zeiten und Räume bestimmt und erfasst wird [...], so können wir durch ebensolche Gleichheit der Zeittheile die Geschwindigkeitszunahmen als einfach zu Stande gekommen» erfassen: «mit dem Geiste» *(mente concipientes)* erkennen wir nämlich diese Bewegung «als einförmig und in gleichbleibender Weise stetig beschleunigt, da in irgend welchen gleichen Zeiten gleiche Geschwindigkeitszunahmen sich addiren». Sagredo hält dies für eine willkürliche, «völlig abstract aufgestellte Definition» (Galilei: 1995, 148), bei der in Zweifel zu ziehen sei, ob sie auch zutreffe und in der Natur wirklich stattfinde. Am Ende der langen Beweisführung äußert auch Simplicio die gleichen Bedenken. Er ist von der Gültigkeit der Demonstration überzeugt, bezweifelt aber, ob die Beschleunigung, derer sich die Natur bedient, beim Fall der Körper eine solche sei, weshalb er «und Andere, die mir ähnlich denken, es für sehr erwünscht halten, jetzt einen Versuch herbeizuziehen». Um diesem Wunsch entgegenzukommen, fügt Galilei in den *Discorsi* die berühmte Erzählung von der geneigten, gerade gezogenen, sehr glatten und reinen Kanalrinne ein, in die man eine sehr harte, völlig runde und glattpolierte Messingkugel einläßt. Die Formulierung des Gesetzes entstammt jedoch nicht diesem Experiment, wie Galilei auf der gleichen Seite betont. Das Experiment wurde durchgeführt, «um mich davon zu überzeugen, daß die gleichförmig beschleunigte Bewegung in oben geschildertem Verhältniss vor sich gehe» (Galilei: 1995, 162).

Der Text des vierten Tages der *Discorsi* enthält mit seiner Analyse der Bewegung von Wurfgeschossen eine Demonstration der herausragenden wissenschaftlichen Qualitäten Galileis. Er zeigt hier, daß die Flugbahn eines Geschosses eine Parabel beschreibt, die aus der Kombination von zwei unabhängigen, *sich gegenseitig nicht beeinflussenden* Bewegungen entsteht: einer gleichförmigen horizontalen Vorwärtsbewegung und einer gleichförmig beschleunigten vertikalen Abwärtsbewegung. Aus diesem Gesetz, das eine Verknüpfung des Trägheitsprinzips mit dem Gesetz des freien Falls darstellt, leitet Galilei Geschwindigkeit, Höhe, Weite und Stärke der Wurfbewegung ab. Damit war nicht nur das Ende der traditionellen Betrachtungsweise von Geschwindigkeit erreicht, auch die Beziehungen zwischen Bewegung und Geometrie erschienen in einem ganz anderen Licht als in der Vergangenheit.

In den letzten Lebensjahren fährt Galilei fort, Briefe zu schreiben, über Probleme zu diskutieren und zu polemisieren. An der Seite seiner Schüler Vincenzo Viviani und Evangelista Torricelli findet er manchmal zur alten Kraft zurück. Er polemisiert mit Fortunio Liceti, verfolgt die Diskussionen zwischen Viviani und Torricelli, erläutert seine Position gegenüber dem Aristotelismus. Am 8. Januar 1642 frühmorgens um vier Uhr schließen sich für immer die längst erblindeten Augen des Mannes, der als erster auf der Welt die Mondlandschaft und die neuen Sterne sah. Um nicht «alle Rechtschaffenen zu entsetzen», sollten die sterblichen Überreste Galileis nicht in einem «erhabenen und prunkvollen Grabmal» beigesetzt werden. Es gehöre sich nicht, schrieb der Neffe des Papstes, «ein Mausoleum für den Leichnam eines Mannes zu errichten, der vom Tribunal der Heiligen Inquisition verurteilt worden ist und dessen Buße noch andauerte, als er starb».

7.
Descartes

Ein System

Die große Cartesische Konstruktion präsentierte sich der europäischen Kultur als *System* – und das ist einer der Gründe für ihren Erfolg. Diese Konstruktion schien in der Vernunft begründet, da sie entschieden jeden Rekurs auf Formen von Okkultismus und Vitalismus ausschloß. Sie erweckte den Anschein, Naturwissenschaft, Philosophie und Religion (auf andere Weise, als es die mittelalterliche Scholastik getan hatte) vereinen zu können und in einem von Unsicherheiten und fundamentalen Veränderungen des Denkens geprägten Zeitalter ein kohärentes, harmonisches Gesamtbild der Welt zu entwerfen.

Die Verbreitung und Durchsetzung des Cartesianismus gestaltete sich dennoch schwierig; sie erfolgte nur langsam und war von scharfer Polemik begleitet. An den Universitäten Utrecht und Leiden wurde die Cartesische Philosophie bereits im Laufe der vierziger Jahre verbannt und 1656 durch ein Edikt der Synode von Dordrecht in den Niederlanden verurteilt. 1663 setzte auch die katholische Kirche die Schriften Descartes' auf den Index. In Italien breitete sich der Cartesianismus mit dem Gassendismus und dem Baconismus aus und trat die Erbschaft von Telesio, Campanella und Galilei an. Tommaso Cornelio brachte die Werke von «Renato delle Carte» nach Neapel, Leonardo di Capua theoretisierte in seiner *Parere sull'incertezza della medicina* (1681) die notwendige Verbindung zwischen der Cartesischen und Galileischen Philosophie, und Michelangelo Fardella aus Trapani unterrichtete in den Jahren 1693 bis 1709 Cartesische Philosophie in Padua.

In den letzten Jahrzehnten des 17. Jahrhunderts gehörten die Verurteilungen der Vergangenheit an; der Cartesianismus hatte die großen europäischen Universitäten erobert. Die ganze zweite Hälfte des 17. Jahrhunderts hindurch stehen Descartes' Philosophie und Physik im Zentrum der europäischen Kultur. Mit seiner Weltsicht messen sich Hobbes, Spinoza, Leibniz und später die großen Vertreter der Aufklärung; die Cartesische Lehre wird zum Gegenstand der großen Kritiker dieser Philosophie von Locke bis Vico. Erst um 1750 endet diese intensive Diskussion mit dem Sieg des Newtonianismus.

Larvatus prodeo

René Descartes (latinisiert in Renatus Cartesius) wurde am 31. März 1596 in La Haye (heute: La Haye Descartes) in der Touraine geboren. Seine Familie gehörte dem niederen Adel an. Nach dem Tod der Mutter (1597) wurde er von einer Amme und der Großmutter mütterlicherseits aufgezogen und mit neun oder zehn Jahren in das berühmte jesuitische Collège Royal in La Flèche geschickt, wo er acht Jahre lang blieb. Wenngleich ein fleißiger Schüler, der alle Bücher, die er in die Hände bekommen konnte, gelesen hatte, fand er sich am Ende seiner Studien «in soviel Zweifel und Irrtümer verstrickt», um festzustellen, diese Jahre hätten nur dazu gedient, «daß ich mehr und mehr meine Unwissenheit entdeckt hatte». Kaum aus der Obhut seiner Lehrer entlassen (1618), war er «entschlossen, kein anderes Wissen fürderhin zu suchen als das, was sich in mir selbst oder aber in dem großen Buch der Welt finden möchte», und verwendete den Rest seiner Jugend, um «zu reisen, Höfe und Heere zu sehen, mit Menschen von verschiedener Art und Stellung zu verkehren, mannigfache Erfahrungen zu sammeln» (Descartes: 1905, 4, 7). Er trat im holländischen Breda bei Moritz von Nassau in den militärischen Dienst ein. Dort lernte er Ende 1618 Isaac Beeckmann (1588–1637) kennen, Lehrer an der Lateinschule von Dordrecht und ein sehr belesener Mann mit weitgefaßten Interessen, der in seinem berühmten *Journael* nicht wenige wichtige Ideen und originäre Überlegungen zu Papier brachte, die er aus Lektüre und eigenen Untersuchungen gewann. Descartes schenkte ihm die (erst postum veröffentlichte) Schrift *Compendium musicae,* in der sich bereits erste Ansätze seiner mathematischen Thesen finden. 1619 trat Descartes in den Dienst des Kurfürsten von Bayern. Am Martinsabend hatte er bei Ulm in einem Zustand mystischer Verklärung eine Vision, in der sich ihm «die

Grundlage einer wunderbaren Wissenschaft» offenbarte. Am Tag danach gelobte er eine Wallfahrt zur Madonna di Loreto, wenn er sein Projekt vollende. Es ging das Gerücht, er sei der geheimen Gesellschaft der Rosenkreuzer beigetreten oder stehe ihr zumindest sehr nahe. Für diese Behauptung gibt es keinerlei Beweise, aber sicherlich fühlte sich Descartes von den eschatologischen und chiliastischen Aspekten angezogen, wie sie unter den Anhängern des mysteriösen Christian Rosenkreuz verbreitet waren, von denen eine der zahlreichen, 1615 mit dem Titel *Confessio* erschienenen Schriften behauptete, er sei 1378 geboren worden und habe 106 Jahre lang gelebt.

1622 kehrt Descartes nach Aufenthalten in Böhmen und Ungarn wieder nach Frankreich zurück, um im folgenden Jahr nach Italien zu reisen. Auf die Jahre 1627–28 geht möglicherweise die Niederschrift der *Regulae ad directionem ingenii* zurück, eines Textes von fundamentaler Wichtigkeit für die *Methode.* 1629 läßt sich Descartes in Holland nieder, wo er bis 1649 bleiben wird. 1630 beginnt er mit der Niederschrift des Textes *Le Monde ou Traité de la lumière* und dem *Traité de l'homme.* Als Descartes 1633 die Nachricht von der Verurteilung Galileis erreicht, sieht er von der Veröffentlichung ab; erst 1664, vierzehn Jahre nach seinem Tod, sollte die Erstausgabe erscheinen. Die *Abhandlung über die Methode,* einer der Haupttexte der modernen Philosophie, wurde am 8. Juni 1637 in Leiden als Einleitung zu drei wissenschaftlichen Aufsätzen publiziert: die *Dioptrique,* die *Météores* und die *Géométrie.* Die *Dioptrique* enthielt die genaue Formel des Brechungsgesetzes (bekannt als Sinusgesetz, nach dem das Verhältnis zwischen dem Sinus des Einfallswinkels und dem Sinus des Brechungswinkels gleich bleibt, wenn ein Lichtstrahl von einem Medium in ein anderes dringt). Der einheitliche Corpus der genannten Schriften, in denen Descartes der Gelehrtenwelt jener Zeit seine Vorstellungen und die Ergebnisse seiner Arbeit aus zwei Jahrzehnten darlegt, wurde nach 1644 auseinandergerissen. Zuerst trennte man die *Géométrie* (das im 17. und 18. Jahrhundert meistdiskutierte und -kommentierte Werk) aus diesem Zusammenhang heraus, später die *Abhandlung über die Methode,* die als rein «philosophisches» Werk angesehen wurde. 1641 werden in Paris die *Meditationes de prima philosophia (Meditationen über die Grundlagen der Philosophie)* mit Einwänden und Entgegnungen gedruckt, ein metaphysischer Traktat, den er um 1629 begonnen hatte. 1647 erschien die französische Übersetzung. Die Cartesischen Lehren wurden 1642 von der Universität Utrecht verurteilt. Im folgenden Jahr erschien die *Epistola ad Gilbertum Voetium* (Gisjvert Voet war einer seiner Hauptankläger und Kritiker). 1644 werden die *Principia philosophiae (Die Prinzipien der Philosophie)* veröffentlicht, deren letzte drei Kapitel der Physik gewidmet sind. 1647 wird Descartes von der Universität Leyden des Pelagianismus beschuldigt. Nach zwei längeren Aufenthalten in Frankreich folgte Descartes der Einladung Christines, der Königin von Schweden, und reist 1649 nach Stockholm. In diesem Jahr erscheint der *Traité des passions de l'âme (Die Leidenschaften der Seele)*. 1650 stirbt Descartes in Stockholm an einer Lungenentzündung.

Zum Mythos des einsamen Philosophen, der wenig las und sich nur auf die Stimmen konzentrierte, die aus dem Innern seines Bewußtseins kamen, hat Descartes selbst erheblich beigetragen. Aber allein die beträchtliche Anzahl seiner Briefe (viele davon behandeln grundlegende Themen der Wissenschaft) würde genügen, um diesen Mythos zu zerstören. Descartes war mit den Schriften der wichtigsten Autoren seiner Zeit vertraut. Von den Mathematikern kannte er Simon Stevin und François Viète, von den Meistern der Optik Kepler und Christoph Scheiner (1575–1650), von den Medizinern William Harvey, von den Naturphilosophen und Theoretikern einer neuen Methode Francis Bacon. Er war mit der Mathematik der Griechen in ihrer ausgezeichneten Überlieferung in den Lehrbüchern von Christoph Clavius (1537–1612) vertraut und kannte die lateinisch-arabische Optik und die Physik der modernen Anhänger des Atomismus. Im ganzen blieb er dem treu, was er in einer seiner frühen Schriften geschrieben hatte: «Larvatus prodeo – ich trete mit der Maske auf.» Man sagt, Descartes sei ein Revolutionär gewesen, der darauf bedacht war, den Konflikt mit der offiziellen Philosophie zu vermeiden, und dem dies glänzend gelang, ohne daß er je seine eigenen Ansichten kompromittieren mußte (Shea: 1994, 271).

Die Einführung von arithmetischen Ausdrücken in die Geometrie

Die moderne Wissenschaft ist – wie wir gesehen haben – nicht aus Verallgemeinerungen empirischer Beobachtungen entstanden, sondern (wie bei Galilei deutlich wurde) durch *Analysen,* die geeignet waren, von den unmittelbaren sinnlichen Eindrükken und der direkten Anschauung zu *abstrahieren,* sich also von der Erfahrungsgrundlage des gesunden Menschenverstandes zu lösen. Der Durchbruch, der die Wende im Denken in der Physik ermöglicht hat, erfolgte bekanntlich mit Hilfe der *Mathematisierung* der Physik. An ihrer Entwicklung hatten Galilei, Pascal, Newton und Leibniz entscheidenden Anteil; im Zentrum dieses komplizierten Prozesses aber stand Descartes.

Auf der Basis der in der Mitte des 16. Jahrhunderts von François Viète erlangten Ergebnisse vollzieht die analytische Geometrie Descartes' eine entscheidende Wende im Hinblick auf die Tradition der Antike. Jene hatte alle arithmetischen und algebraischen Probleme geometrisch zu lösen versucht. Descartes zeigte nun die Möglichkeit der Behandlung geometrischer Probleme mit Hilfe der Algebra auf. Schon zu Beginn seines Traktats *La Géométrie* (1637) spricht er davon, arithmetische Begriffe in die Geometrie einzuführen, und bricht entschieden mit der Tradition, die algebraische Größen zweiter oder dritter Potenz analogen geometrischen Größen und dem Grad der Potenz die Zahl der Dimensionen gleichsetzte. Für Descartes ist $(a+b)^2$ – das Quadrat der Summe zweier Linien – gleichfalls eine Linie, nicht eine Fläche. Die Linien einer geometrischen Figur werden durch Buchstaben definiert, die Länge einer unbekannten Linie wird durch Lösung von Gleichungen ermittelt. Die Einführung dieser *Koordinaten,* die noch heute als *Cartesisch* bezeichnet werden, erlauben darüber hinaus, die Position eines Punktes zu definieren und eine Gleichung (kinematisch) der Geraden oder Kurve entsprechen zu lassen, die durch ihn hindurchgeht. Gleichungen lassen sich also geometrisch und Kurven als Gleichungen darstellen. Mittels algebraischer Operationen mit Gleichungen, die bestimmte Kurven darstellen, ist es möglich, die Eigenschaften solcher Kurven zu studieren.

Physik und Kosmologie

Durch diese «Entdeckung» von Descartes können physikalische Probleme mit Hilfe der Algebra angegangen werden. Man denke, um ein Beispiel zu geben, an die Bestimmung der Parabel eines Wurfgeschosses mit Hilfe von Gleichungen. Mit unübertroffener Klarheit bemerkt Ernst Cassirer: «Raum, Zeit und Geschwindigkeit, so sehr sie, dinglich betrachtet, unvergleichlich scheinen, werden homogen, wenn die Mathematik ein Verfahren entdeckt, durch das die Maßzahl der einen Größe auf die der anderen bezogen werden kann» (Cassirer: 1911, I, 433)

Bei seinem beeindruckenden Versuch der vollständigen rationalen *Rekonstruktion* der physischen Welt gelangte Descartes zu einer wichtigen Definition des Bewegungsbegriffs und zur klaren Formulierung des Trägheitsprinzips. Sein zweites «Naturgesetz» besagt, daß «jeder Körper sich in gerader Richtung fortzubewegen strebt». Im Gegensatz zu Kopernikus und Galilei behauptet Descartes, «daß jeder materielle Teil, für sich selbst betrachtet, [...] nie in gekrümmter (Richtung) seine Bewegung fortzusetzen strebt» und «so ist doch offenbar jedes Bewegte [...] geneigt, seine Bewegung in der geraden Linie, niemals aber in einer Kurve fortzusetzen». Bei der Kreisbewegung besteht die Tendenz, «sich von dem Mittelpunkt des beschriebenen Kreises zu entfernen. Dies fühlen wir selbst in der Hand, wenn wir den Stein in der Schleuder herumdrehen» (Descartes: 1908, 50ff.). Dieses «Gesetz» schien Descartes von großer Wichtigkeit. Mit ihm wurde schließlich der Mythos von der Vollkommenheit der Kreisbewegung zerstört. 1629 formulierte Descartes das Gesetz der Schwerkraft (Descartes, I, 71), dessen falsche Formel in der Geschwindigkeit des bewegten Körpers nicht eine Funktion der durchlaufenen Zeit, sondern der zurückgelegten Strecke sieht.

Die Bewegung, von der bis dahin «die Philosophen gesprochen hatten», unterscheidet sich erheblich von Descartes' Vorstellung. Bewegung ist kein *Prozeß*, sondern ein *Zustand*, in dem sich Körper befinden, ontologisch vergleichbar mit der Ruhe, denn Bewegung oder Ruhe rufen keinerlei Veränderungen in den Körpern hervor. Für die streng mechanistische Cartesische Physik sind *Bewegung* und *Materie* die beiden einzigen Qualitäten, aus denen die Welt besteht: Alle Formen unbelebter Körper können erklärt werden, ohne daß für ihre Materie etwas anderes vorauszusetzen ist als Bewegung, Größe, Gestalt und die Anordnung ihrer Teile. *Res cogitans* und *res extensa* erscheinen als völlig getrennte Welten. Die Natur ist völlig unbeseelt und entzieht sich der Interpretation durch animistische Kategorien, wenn man zur Kenntnis nimmt, «daß ich hier unter Natur nicht irgendeine Göttin verstehe oder irgendeine andere Art eingebildeter Macht, sondern daß ich mich dieses Wortes bediene, um die Materie selbst zu bezeichnen, insofern ich sie mit allen Qualitäten, die ich ihr zugeschrieben habe, betrachte, welche alle zugleich in ihr enthalten sind, und unter dieser Bedingung, daß Gott fortfährt, sie zu erhalten, wie er sie geschaffen hat». Unter dieser Prämisse müssen die unterschiedlichen Veränderungen innerhalb der Natur nicht einem göttlichen Eingriff zugeschrieben werden, sondern dieser selbst: «Die Regeln, denen zufolge diese Veränderungen stattfinden, nenne ich die Naturgesetze» (Descartes, 1989, 45 f.).

Wie in jeder mechanistischen Weltsicht werden auch von Descartes Modelle zur Erklärung der Natur benutzt. Die Welt der Ideen könne keinesfalls als Spiegel der realen Welt angesehen werden, und es gebe keinen Grund zu glauben (auch wenn wir normalerweise alle davon überzeugt seien) «daß die Vorstellungen unseres Denkens völlig den Dingen gleichen, von denen sie sich ableiten». Wie die aus menschlichen Übereinkünften entstandenen Wörter, die «genügen, uns Dinge vor Augen zu führen, mit denen sie keinerlei Ähnlichkeit haben», so hat die Natur «Zeichen» gesetzt, die in uns bestimmte Sinneswahrnehmungen auslösen, obwohl nichts an ihnen diesen Sinneseindrücken gleicht.

Die *Materie* reduziert Descartes auf die *Ausdehnung* und setzt sie damit gleich. Der einzige Unterschied zwischen Materie und dem Raum, den sie einnimmt, liegt in ihrer Beweglichkeit, d. h., ein materieller Körper ist eine Form des Raums, er kann von einem Ort zum anderen transportiert werden, ohne daß er sich verändert: «[. . .] die Ausdehnung in die Länge, Breite und Tiefe, welche den Raum ausmacht, (ist) dieselbe mit der, welche den Körper ausmacht. Der Unterschied liegt aber darin, daß wir sie im Körper als etwas Besonderes betrachten und annehmen, sie verändere sich so oft, als der Körper seinen Ort wechselt» (Descartes: 1992, 35). Wenn *Raum* und *Bewegung* die Welt ausmachen, ist das Universum von Descartes die *verwirklichte Geometrie.*

Die Cartesische Gleichsetzung von Raum und Materie zog eine Serie von Konsequenzen nach sich:

1. die Gleichartigkeit der Wesenheiten, aus der die Welt besteht,
2. die endlose Ausdehnung der Welt,
3. die unendliche Teilbarkeit der Materie,
4. das Leugnen der Leere.

Wie der Euklidische Raum ist «diese Welt oder das Ganze der körperlichen Substanz seiner Ausdehnung nach unbegrenzt» (Descartes: 1992, 41). Da die Eigenschaft der *Unendlichkeit* nur Gott zusteht und die Unendlichkeit nicht vom Geist des Menschen verstanden und analysiert werden kann, «nennen (wir) diese Dinge *endlos* statt *unendlich,* um das Wort ‹unendlich› nur für Gott aufzubewahren» (ebd., 10). Das Cartesische Leugnen der Leere ist tiefgreifender als bei Aristoteles. Für Descartes ist der leere Raum unmöglich, gäbe es ihn, wäre es ein existierendes Nichts, ein Widerspruch in sich. Das Nichts hat keine Eigenschaften und keine Dimensionen. Die Entfernung zwischen zwei Körpern ist eine Dimension. Sie ist deckungsgleich mit einer Materie, die zu «dünn» ist, um wahrgenommen zu werden, und die wir uns daher als «das Nichts» vorstellen. Die Wirklichkeit besteht für Descartes aus Korpuskeln. Von der Atomlehre distanziert er sich aber aus zwei Gründen stark, zum einen, weil er die Teilchen, aus denen die Welt besteht, als unendlich teilbar ansieht und zum anderen weil er die Existenz des Leeren nicht zuläßt.

Wasser, Erde und alle anderen ähnlichen Körper, die uns umgeben, schreibt er in *Météores,* seien seiner Annahme nach «aus vielen in Form und Größe verschiedenen Teilchen zusammengesetzt, die niemals derart geordnet und miteinander verbunden seien, daß um sie herum nicht zahlreiche Zwischenräume bestehen bleiben; diese seien keine leeren Räume, sondern ausgefüllt mit einer hauchdünnen Materie, mittels derer sich die Bewegung des Lichts verbreitet» (Descartes, VI, 233). Descartes fragt nicht nur nach dem Aufbau des Universums, sondern auch nach seiner Beschaffenheit. Das Universum entsteht durch Materie oder Ausdehnung, die von Gott in Würfel (die einfachste geometrische Form) unterteilt worden ist. Gott hat die Teile des Universums und die Würfel gegeneinander in Bewegung versetzt, und auf diese Weise sind die *drei Elemente* entstanden, welche die Welt ausmachen. Durch Reibung rundeten sich die Ekken und Kanten der Würfel allmählich und wurden zu kleinen Kugeln. Die so entstandenen, unendlich kleinen Teilchen bilden die *erste Materie,* «welche hell leuchtet und deren Bewegung das Licht ist». Diese erste Materie sei «eine Flüssigkeit, [...] die feinste und durchdringendste, die es auf der Welt gibt». Ihre Teilchen haben keine feste Form und Größe, sondern ändern «alle Augenblicke die Gestalt [...], um sich den Stellen anzupassen, in die sie eintreten». Es gebe daher keinen noch so engen Durchgang, keinen noch so kleinen Winkel, den diese Teilchen nicht vollkommen ausfüllen könnten. Die Bewegung dieser Materie wird mit dem Lauf eines Flusses verglichen, der sich direkt von der Sonne her ausbreitet und den Eindruck von Licht entstehen läßt. Wenn die erste (mit dem Feuer vergleichbare) Materie das Licht darstellt, dann *verbreitet die* zweite Materie dasselbe: sie ist «lichttragend» und bildet den *Äther,* den interplanetaren Raum. Seine Teilchen sind allesamt «nahezu völlig rund und miteinander verbunden [...] so wie Sand- oder Staubkörner». Sie lassen sich nicht weiter zusammendrängen und verdichten, um die kleinen Zwischenräume zum Verschwinden zu bringen, in welche «das erste Element viel leichter eindringt als sie». Auch die *dritte Materie* entsteht durch die «Aushöhlungen», die sich zu schraubenförmigen, mit Rillen versehenen Teilchen vereinigen. Aus diesen miteinander verschmelzenden Teilchen entstehen alle irdischen und opaken Körper. Die Teile der dritten Materie sind «so groß oder so miteinander verbunden [...], daß sie stets die Kraft haben, den Bewegungen der anderen Körper zu widerstehen» (Descartes: 1989, 31–35). Die Wasserteilchen sind hingegen «lang und schlüpfrig glatt wie kleine Aale, die sich, obwohl sie aneinanderhängen und sich miteinander verflechten, niemals verknoten oder ineinander verheddern, so daß es möglich ist, sie jederzeit mit Leichtigkeit voneinander zu trennen» (Descartes, VI, 233).

Die *dünne Materie,* aus der sich der interstellare Raum zusammensetzt, übt in der Cartesischen Physik eine entscheidende

Funktion aus. Auf ihr beruht Verdünnung und Verdichtung, Lichtdurchlässigkeit und Lichtundurchlässigkeit, Nachgiebigkeit und Schwerkraft. In einem dichten Universum kann Bewegung nur durch Positionsveränderungen von Teilchen entstehen, die ihrerseits andere Teilchen verdrängen. Daraus folgt, daß jede Bewegung Turbulenzen oder Wirbel erzeugt. Alle Bewegungen sind in gewisser Weise kreisförmig, so nämlich, daß jeder Körper «aus dem Ort, in den er eintritt, einen anderen verdrängt, und dieser wieder einen anderen, und dieser wieder, bis zu dem letzten, der in den von dem ersten verlassenen Ort in demselben Augenblick, wo er verlassen wird, eintritt» (Descartes: 1992, 43). Da es in der Welt «kein Vakuum gibt, ist es unmöglich gewesen, daß sich alle Teile der Materie geradlinig bewegt haben; aber da sie fast alle gleich waren, und da die einen fast ebenso leicht umgelenkt werden konnten wie die anderen, mußten sie sich alle zusammen auf einige kreisförmige Bewegungen einigen». Doch obwohl Gott sie bereits von Anfang an auf verschiedene Art bewegt hat, «dürfen wir nicht denken, daß sie übereingekommen sind, sich um ein einziges Zentrum zu drehen, sondern um mehrere verschiedene» (Descartes: 1989, 59). Die kugelförmigen Partikel der zweiten Materie haben starke Wirbel erzeugt. Aufgrund der Zentrifugalkraft sind die Teilchen der ersten Materie ins Zentrum getrieben worden. Aus ihnen haben sich durch (kugelförmige) Zusammenballung Sonne und Fixsterne gebildet. Die erste und zweite Materie umkreisen aufgrund flüssiger Wirbel die Sonne und die Sterne. Auf diesen Wirbeln «schwimmend», werden die Planeten durch die Kraft der sekundären Wirbel um die Sonne bewegt – auf gleiche Weise wie Holzstückchen sich in kleinen Strudeln drehen, die ihrerseits von der Hauptströmung des Flusses mitgerissen werden. Kometen sind keine optischen Erscheinungen, sondern Himmelskörper, die sich ohne Ende an den Rändern der Wirbel bewegen und von einem zum anderen weitergetragen werden. Die Wirbel erzeugen schließlich Kräfte, welche die Planeten auf ihren Umlaufbahnen halten. Im endlos großen Universum wird die Ausbreitung der Wirbel durch aneinandergrenzende Wirbel verhindert. In Descartes' Lehre bleiben die technischen Details der Planetenbewegung unerwähnt (es findet sich kein Hinweis auf die Keplerschen Gesetze). Sie hielt an den grundlegenden Kanones der Mechanik fest und schien die Rotation der Planeten um die Sonne ohne Rückgriff auf «okkulte Kräfte» zu erklären.

In einer Welt, in der die Materie den ganzen Raum ausfüllt und in der keine Leere existiert, folgt aus jeder Bewegung ein Zusammenstoß. Das Thema *Stoß* oder *Zusammenprall* steht daher im Mittelpunkt der Cartesischen Physik. Aufgrund der Unveränderlichkeit Gottes bleibt auch die Bewegungsmenge im Universum gleich. Mit diesem Terminus gibt Descartes das Produkt des «Maßes» eines Körpers durch seine Geschwindigkeit an. Sein Maß-Begriff (vgl. oben, Anm. d. Übers.) entspricht jedoch nicht unserem heutigen Masse-Begriff, und die Geschwindigkeit wird von Descartes nicht als Vektormenge behandelt (Westfall: 1984, 150). Die Bewegungsmenge in einem Körper bleibt nicht notwendigerweise immer konstant. Durch Stoß kann Bewegung von einem Körper auf einen anderen übertragen werden. Das dritte Naturgesetz besagt: «Wenn ein Körper einem anderen begegnet und seine Kraft, in gerader Linie sich fortzubewegen, geringer ist als die Kraft des anderen, ihm zu widerstehen, er in eine andere Richtung ausbiegt, wobei er seine Bewegung behält und nur die frühere Richtung verliert; ist seine Kraft aber größer, so bewegt er den anderen Körper mit sich fort und verliert selbst so viel von seiner Bewegung, als er ihm gibt» (Descartes: 1992, 52). Nach diesem dritten Naturgesetz könnte kein in Bewegung befindlicher Körper durch Kollision einen anderen ruhenden Körper mit größerer Masse in Bewegung setzen. Galilei war sich hingegen völlig darüber im klaren gewesen, daß jeder noch so kleine in Bewegung befindliche Körper beim Zusammenstoß mit einem ruhenden Körper gleich welcher Masse eine Bewegung auslöst. Nur ein Körper in absoluter Ruhe, mit unendlicher Masse also, könne sich einer Veränderung durch Stoß entziehen. In der Schrift *De motu corporum ex percussione* (1677 gesetzt, aber erst 1703 erschienen) widerspricht Christiaan Huygens den Lehrsätzen über den Stoß. Auf seinem Exemplar der *Principia philosophiae* merkt Newton immer wieder *error, error* an (wie Voltaire im fünfzehnten seiner *Lettres philosophiques* schreibt), bis er «müde, überall *error* anzumerken, das Buch wegwarf» (Voltaire: 1967: XXII, 135).

Die Welt als verwirklichte Geometrie

In meiner Physik, schrieb Descartes einmal an Mersenne, «gibt es nichts, was nicht auch in meiner Geometrie zu finden wäre». Eng verbunden mit der Geometrie gründet sich die Cartesische Physik wie die Geometrie auf eine Reihe von Axiomen und hat streng deduktiven Charakter. In seiner Physik wird – wie Alexandre Koyré scharfsinnig darlegt – im Gegensatz zu der Galileis und der Newtons nie gefragt: «Welchen Wirkungsweisen folgt die Natur tatsächlich?» Statt dessen lautet die Frage: «Welchen Wirkungsweisen muß die Natur folgen?» Das Verständnis der Physik als Geometrie und der Welt als «verwirklichte Geometrie» führte Descartes zu einer «imaginierten» Physik, deren Charakter eines «philosophischen Romans» nicht nur von dem «Cartesianer» Huygens und Newton, sondern von unzähligen Kritikern unterstrichen wurde. In sehr vielen Fällen bestand im Cartesischen System nur eine trügerische Verbindung mit der Erfahrung oder der Suche nach empirischen Bestätigungen der Theorien. Die Cartesischen Naturgesetze (so schrieb noch Koyré) sind Gesetze *für* die Natur; da jene die Natur selbst bilden kann, kann diese sich nicht nach ihnen richten.

In dem am 26. Februar 1693 an Pierre Bayle gerichteten Brief legt Christiaan Huygens (1629–1695) ein beredtes Zeugnis über die Faszination ab, die vom Gedankengebäude Descartes' ausging. Descartes, behauptet Huygens, hat einen Weg gefunden, seine Entwürfe und Annahmen so darzustellen, daß sie als wahr angesehen werden. Denen, die seine *Principia philosophiae* lesen, geschehe etwas Ähnliches wie jenen, die einen schönen Roman lesen und ihn für eine wahre Geschichte halten: «Als ich dieses Buch zum ersten Mal las, dachte ich, daß alles zum Besten bestellt sei, und wenn ich einer Schwierigkeit begegnete, meinte ich, daß ich den Gedankengang des Autors nicht richtig verstanden hätte. Ich war damals fünfzehn oder sechzehn Jahre alt [...] Jetzt finde ich fast nichts mehr in seiner Physik, dem ich zustimmen könnte, weder in seiner Metaphysik, noch in seinen *Météores*» (Descartes, X, 403).

Die von Philosophen und Wissenschaftlern in spätem Alter verfaßten autobiographischen Schriften neigen oft zu vereinfachten Darstellungen komplizierter und vielschichtiger intellektueller Sachverhalte. Huygens hatte in Den Haag und Leiden bei cartesischen Lehrern studiert. In Paris und London ist er dann mit dem Umfeld von Mersenne und den «Virtuosen» der Royal Society in Kontakt gekommen. In seiner Arbeit verschmelzen genaue theoretische Forschung in der Mathematik und Mechanik mit dem Interesse für die Technik und für Maschinen, was ihn mit der Tradition Bacons und Galileis verbindet. Mit Ausnahme der Optik, die er im *Traité de la lumière* (1690) darlegt, bleibt Huygens in der Substanz stark in der mechanistischen Auffassung im cartesischen Sinne verhaftet. Die Stellungnahmen gegen die Newtonsche Lehre im *Discours sur la cause de la pesanteur* (1690) liegen hier begründet.

Im Gegensatz zu Huygens hatte Descartes seine gesamte Physik geschrieben, ohne sich der mathematischen Formelsprache zu bedienen. Seine Physik enthielt keine mathematisch ausgedrückten Gesetze und stellt daher, wie verschiedentlich gesagt worden ist, eine mathematische Physik ohne Mathematik dar. Die Cartesische «Mathematik» zeigt sich nur im axiomatischen und deduktiven Charakter seines Weltbildes. Schon der Titel des Buches von Isaac Newton *Philosophiae naturalis principia mathematica,* das 1687 in London erschien, war eine polemische Stellungnahme gegen die Physik Descartes' und der Cartesianer. Newton stellte die Prinzipien der Naturphilosophie in der Sprache der Mathematik dar und zog gleichzeitig seine Lehren aus dem Materialismus von Bacon, Hooke und Boyle.

8.
Eine Vielzahl von Welten

Eine unendliche Leere

Die Werke von Giordano Bruno (1548–1600), dem glühenden Verteidiger des Kopernikanischen Systems, der als Ketzer auf dem Campo dei Fiori in Rom verbrannt wurde, waren in ganz Europa von höchstem Interesse und wurden begierig gelesen. Sein Name wurde zu einem Symbol. Die Kopernikanische Theorie war für Bruno nicht nur ein neues astronomisches System oder gar eine mathematische Hypothese, wie für jenen «ungebildeten, überheblichen Esel» (Osiander nämlich), der die Vorrede zu *De revolutionibus* verfaßte; sie verkörperte eine neue Weltsicht und zugleich ein Instrument der Befreiung: «Diese Philosophie öffnet die Sinne, befriedigt den Geist, huldigt dem Verstand und führt den Menschen zur wahren Glückseligkeit, die einem Menschen zukommt.»

Die Welt des Kopernikus endete am Fixsternhimmel und wurde von diesem umschlossen. Das *Aschermittwochsmahl* (1584) widerlegt nicht nur die klassischen Einwände gegen die Erdbewegung, sondern bekräftigt auch entschieden, daß das Universum unendlich sei: «Die Welt ist unendlich, und daher gibt es keinen Körper in ihr, dem es geziemt, einfach in der Mitte oder am Rand oder zwischen diesen beiden zu sein.» Die Unendlichkeit der Welt, durch eine unendliche Ursache geschaffen, stimmt mit der Unendlichkeit des Raumes überein: «Diesen Raum nennen wir unendlich, weil es keinen Grund, keine Übereinkunft, keine Möglichkeit, keinen Sinn oder keine Natur gibt, durch die er begrenzt wird [...]. Die Erde ist also keinesfalls im Mittelpunkt des Universums, sondern im Zentrum unserer Region. [...] So offenbart sich die Vollkommenheit Gottes und die Größe seines Reiches nicht in einer, sondern in zahllosen Sonnen, nicht in einer Erde, einer Welt, sondern in zweihunderttausend, d. h. unendlich vielen» (Bruno: 1907, 275, 309).

Bewegung und Veränderung sind für Bruno positive Werte, Ruhe und Stillstand Synonyme für den Tod. Nur was sich verändert, lebt, und Vollkommenheit heißt Werden und Veränderung. «Es gibt keine Endpunkte, Begrenzungen, Ränder oder Mauern, welche die unendliche Wiederholung der Dinge vereiteln [...], denn es ist die Unendlichkeit, aus der immer wieder neue Materie entsteht» (Bruno: 1907, 274). An der gleichen Stelle in *De l'infinito universo e mondo* (1584) beruft sich Bruno auf Demokrit und Epikur. Die Welt des Kopernikus und die andere Vielzahl von Welten befinden sich in einem unendlichen, homogenen Raum, «den wir freimütig Vakuum nennen können». Die unendliche Leere aus demokritischer und lukrezianischer Tradition wird eine Art «natürlicher Ort» für das Kopernikanische Sonnensystem und für eine Mehrzahl solcher Systeme (Kuhn: 1972, 303). Man hat das lebendige Universum von Bruno nicht zu Unrecht *Astrobiologie* genannt. Bruno beschränkt sich nicht darauf, die Sphären und Epizykel als «Pflaster und Rezeptbuch zu interpretieren, die Meister Aristoteles dienten, um die Natur zu kurieren»; er weist darüber hinaus die Kreisförmigkeit und die Regelmäßigkeit der Himmelsbewegungen sowie die Vorstellung zurück, daß jede Bewegung «fortwährend und regelmäßig gegen den Mittelpunkt gerichtet sei». Zugleich behauptet er, im physischen Universum könne es unmöglich vollkommene Bewegungen und Formen geben. In den Bewegungsgesetzen der Himmelskörper sieht er etwas, das den einzelnen Gestirnen und Planeten eigen ist, und er schreibt den Weg, den die Gestirne am Himmel beschreiben, einer «Seele» zu: «Diese Bahnen haben die Eigenschaft von Bewegungen, die ihrer eigenen Natur, ihrer eigenen Seele und Intelligenz inhärent sind.»

Bruno unterscheidet genau zwischen *Universum* und den *Welten*. Gemäß seiner Sicht des Kosmos war das System der Welt nicht gleichbedeutend mit dem System des Universums. Die Astronomie ist als Wissenschaft von der Welt legitim und möglich, insofern sie in den Bereich unserer sinnlichen Wahrnehmung fällt. Aber jenseits dieser dehnt sich ein unendliches Universum aus, das jene «großen Tiere» umfaßt, die wir Gestirne nennen, und eine unendliche Zahl von Welten einschließt. Dieses Universum hat weder Abmessungen noch Grenzen, weder eine bestimmte Gestalt noch Form. Von diesem Universum läßt sich, da es weder nach harmonischen noch nach Ordnungskriterien aufgebaut ist, keinerlei *System* ableiten.

In der leidenschaftlichen *Apologia pro Galileo* (1616), die Tommaso Campanella (1568–1639) während seiner langen Kerkerhaft (seit 1599) schrieb, betonte er den grundlegenden Unterschied zwischen der Anerkennung einer Existenz mehrerer, durch ihre Ordnung ein *einheitliches System* bildender Welten und dem Anerkennen einer Vielzahl von Welten, die ungeordnet in einem unendlichen Raum verstreut sind. Dank seiner bewundernswerten Instrumente habe uns Galilei, schreibt Campanella, bis dahin unbekannte Gestirne gezeigt und gelehrt, daß die Planeten dem Mond ähneln, da sie ihr Licht von der Sonne empfangen, und die einen um die anderen kreisen. Von Galilei hätten wir gelernt, daß im Himmel Umwandlungen der Elemente auftreten, Wolken und Dämpfe zwischen den Sternen existieren und daß es eine große Zahl von Welten gibt. In der Diskussion des neunten der elf diskutierten *Argumenta contra Galilaeum* behauptet Campanella, es lasse sich von derartigen Ansichten auf die Existenz vieler Welten schließen. Die Behauptungen Galileis dürften nicht mit denen Demokrits und Epikurs vermischt werden: Galilei habe die Auffassung vertreten, daß alle Weltsysteme Teil eines einzigen Systems seien, die eingeschlossen in *einem* Raum, einer umfassenderen Einheit zugeordnet sind: «Die bei Demokrit und Epikur zu findende Annahme, mehrere nicht in Verbindung stehende Welten bildeten zusammen die Welt, ist ein Glaubensirrtum, weil das bedeuten würde, daß sich die Welten durch Zufall bilden und ohne den Eingriff Gottes. Hingegen ist die Auffassung, es gäbe viele kleinere Systeme im Schoße eines größeren, durch den Geist Gottes geordneten, mitnichten gegen die Schrift, sondern steht nur im Widerspruch zu Aristoteles» (Campanella: 1968, 50f.).

Die Existenz verschiedener, nicht zu einem geschlossenen System gehörender Welten steht im Mittelpunkt des Denkens von Giordano Bruno. Kopernikus, Kepler, Tycho Brahe und Galilei hielten jedoch (entgegen allen Differenzen) an der Vorstellung eines geordneten Universums im Sinne eines einheitlichen Systems fest. Dieses war ihrer Ansicht nach zugleich Ausdruck einer göttlichen Ordnung wie Demonstration der mathematisch-geometrischen Prinzipien und Archetypen. «Ich stimme mit dem, was von ihm (Aristoteles) bis hierher gesagt worden ist, überein und gebe zu, daß die Welt ein mit allen Dimensionen ausgestatteter, vollkommener Körper ist, und füge hinzu, daß in ihr notwendigerweise völlige Ordnung herrschen müsse, das heißt, die Teile mit dem Ganzen und dieselben untereinander» (Galilei: 1890–1909, VII, 55 f.). Diese Worte Galileis stellen eine radikale Alternative zu Brunos Sicht des Universums dar. Die bei Bruno einzigartige Mischung von aus dem Platonismus des Cusanus und dem Materialismus des Lukrez entlehnten Themen hatte das Bild eines «durch Zufall entstandenen» Universums geschaffen, das nicht nur abgelehnt werden sollte, weil es frevlerisch war, sondern weil es im Widerspruch zu einer tausendjährigen Tradition stand und von den Theoretikern der neuen Astronomie schwerlich akzeptiert werden konnte.

Ein unendliches Universum mit unzähligen Bewohnern

In einem berühmten Buch, das 1936 mit dem Titel *The Great Chain of Being* erschien, hat Arthur O. Lovejoy, Theoretiker und Begründer der «Ideengeschichte», die fünf «revolutionären Thesen» aufgeführt, die in der zweiten Hälfte des 17. und im 18. Jahrhundert die neue Auffassung des Universums kennzeichnen: 1. die Behauptung, daß andere Planeten in unserem Sonnensystem von vernunftbegabten und empfindenden Lebewesen bewohnt sind; 2. das Einreißen der äußeren Mauern des mittelalterlichen Universums (die man sich entweder als eine alles begrenzende Kristallkugel vorstellte oder als genau umschriebene Region, innerhalb derer sich die Fixsterne befanden) und die Zerstreuung dieser Sterne in den Weiten des ungeordneten Raumes; 3. die Überzeugung, die Fixsterne ähnelten allein unserem Planetensystem und seien – zumindest in der überwiegenden Mehrzahl der Fälle – von ihren eigenen Planetensystemen umgeben; 4. die Annahme, auch die Planeten dieser anderen Welten könnten von vernunftbegabten Wesen bewohnt sein; 5. die Behauptung, der physikalische Kosmos und die Zahl der in ihm enthaltenen Sonnensysteme seien unendlich (Lovejoy: 1966, 114).

Keine der fünf genannten Thesen findet sich bei Kopernikus. Die Lehre von der Unendlichkeit des Universums wurde ebenso wie die von der Vielzahl der Welten mehrfach von Tycho Brahe, Kepler und Galilei, den drei größten Astronomen der Zeit Brunos und der folgenden Generation, zurückgewiesen.

Kepler wendet sich entschieden gegen Brunos Vorstellung von einem unendlichen Universum, weist die Gleichsetzung der Sonne mit den Fixsternen zurück und hält an der Einzigartigkeit und «Außergewöhnlichkeit» des Sonnensystems fest, das er der unbeweglichen Masse der Fixsterne entgegensetzte. Die Frage, ob sich die Zentren der Fixsterne alle auf ein und derselben Kreisfläche befinden und somit gleich weit entfernt von der Erde sind, vermochte auch Kepler nicht sicher zu beantworten. Dennoch zweifelte er nicht daran, daß «im Mittelpunkt des Universums ein riesiges Vakuum ist, eine große Höhlung, die von der Fixsternsphäre umgeben ist oder sie wie eine Wand oder ein Gewölbe begrenzt oder abschließt; und im Innern dieser riesigen Höhlung ist unsere Erde mit der Sonne und den Fixsternen eingeschlossen» (Kepler: 1858–71, IV, 137).

Sowohl *vor* als auch *nach* den Entdeckungen, die Galilei mit dem Fernrohr machte, lehnte Kepler die Unendlichkeitsthesen Brunos ab. Das Universum sei durch einen genauen Schöpfungsplan geschaffen und habe einen geometrischen Aufbau: Die Leere fällt mit dem *Nichts* zusammen, und die Fixsterne verteilen sich nicht ungeordnet und vernunftwidrig im Raum: «Wie könnten wir im Unendlichen einen Mittelpunkt finden, der dort überall ist? Denn jeder angenommene Punkt im Unendlichen ist durch die gleiche, das heißt unendliche Entfernung von den Extremen getrennt, die unendlich weit voneinander entfernt sind. Daraus ergäbe sich, daß derselbe Ort Zentrum und nicht Zentrum ist; auch viele andere Widersprüche, die nur von demjenigen völlig vermieden werden, der, weil er den Fixsternhimmel von innen begrenzt fand, ihm auch nach außen Grenzen setzt» (Koyré: 1980, 72f.). Das Sonnensystem bleibt für Kepler ein *unicum* im Universum. Für Galileis Entdeckungen mit dem Fernrohr gab es demnach zwei Erklärungen: Die neuen Fixsterne, die Galilei gesehen hatte, waren zuvor mit bloßem Auge unsichtbar gewesen, weil sie entweder zu weit entfernt oder aber zu klein waren. Kepler war von letzterem überzeugt.

Mit der 1610 publizierten *Dissertatio cum Nuncio Sidereo* will Kepler den Nachweis erbringen, daß die astronomischen Entdeckungen Galileis keinerlei Beweiskraft für die Gültigkeit der Unendlichkeitskosmologie Brunos besitzen. Kepler kann von der Entdeckung neuer, um einen der Planeten des Sonnensystems kreisenden *Monde* oder Satelliten nur positiv überrascht gewesen sein, wenngleich diese Entdeckung geeignet war, seine eigene Kosmologie in Frage zu stellen und den Thesen Brunos recht zu geben, die auch sein Freund Wackher von Wackhenfeltz, mit dem Kepler das Problem diskutierte, begeistert vertrat. Wenn Bruno aber recht behielte, wenn die Fixsterne nicht gleich weit entfernt von dem Sonnensystem seien, wenn das Universum keinen Mittelpunkt und keine Grenzen mehr hätte, dann müsse die Vorstellung aufgegeben werden, daß das Universum für den Menschen geschaffen worden und der Mensch selbst Herr der Schöpfung sei.

Dazu war Kepler keineswegs bereit. Die ersten Seiten der *Dissertatio* sind ein außergewöhnlicher Beleg dafür. Mit der ihm eigenen Aufrichtigkeit, die all seine Schriften auszeichnet, beschreibt Kepler seine eigene Haltung zu einem Zeitpunkt, da er erfahren hatte, daß Galilei am Himmel neue «Sterne» entdeckt hatte, aber noch nicht wußte, um welche es sich handelte. Während sie darauf warten, den Text des *Sidereus Nuncius* lesen zu können, geben Kepler und Wackhenfeltz dazu zwei unterschiedliche Erklärungen ab: Kepler hält es für möglich, daß Galilei vier kleine Monde gesehen hat, die einen Planeten umkreisen, für Wackhenfeltz hingegen scheint es sicher, daß die neu entdeckten Planeten um einen Fixstern rotieren. Dies war eine Möglichkeit, die Wackhenfeltz bereits Kepler gegenüber vertreten «und aus den Spekulationen von Kardinal von Kues und Giordano Bruno abgeleitet» hatte. Kepler sieht sich nach der Lektüre des Textes von Galilei in seiner Auffassung bestätigt und schreibt erleichtert: «Wenn du (Galilei) entdeckt hättest, daß um einen der Fixsterne Planeten kreisen, hätten auf mich bereits Ketten und Kerker gewartet bei den unzählbaren Welten Brunos oder noch viel eher ein Exil in jener Unendlichkeit. Für den Augenblick hast du mich aber von der großen Angst erlöst, die mit dem Eintreffen der ersten Nachricht von deinem Buch und aufgrund des Triumpfschreis meines Gegners in mir aufgestiegen war» (Kepler: 1937–59, IV, 304).

Die Erde bleibt für Kepler der höchste Ort des Universums, der einzige, der dem Menschen als dem Herrn der Schöpfung angemessen war. Das Planetensystem, in dem wir uns befinden, liegt für Kepler «im Hauptort des Universums und kreist um das Herz desselben, das die Sonne ist». Innerhalb dieses Planetensystems nimmt die Erde die zentrale Position unter den wichtigsten Himmelskörpern ein (außen: Mars, Jupiter, Saturn; innen: Venus, Merkur, die Sonne). Von der Erde aus ist es noch möglich, den Merkur zu erkennen, der von Jupiter oder Saturn aus nicht mehr sichtbar wäre. Die Erde ist «der Sitz des betrachtenden Wesens, für welches das Universum geschaffen wurde», sie ist der Ort, der «sich völlig dem wichtigsten und edelsten Wesen mit leiblicher Gestalt widmet» (Kepler: 1937–59, VII, 308).

Die Vorstellung von der Unendlichkeit des Kosmos, die Bruno begeisterte, schien Kepler die Quelle eines «ich weiß nicht welchen geheimen Schreckens: Man fühlt sich verloren in jener riesigen Weite, die keine Grenzen und keinen Mittelpunkt besitzt und in der kein Ort zu bestimmen ist» (Kepler: 1858–71, II, 688). Gegen die These von der Unendlichkeit des Kosmos konnte Kepler immer noch ein ziemlich «starkes» Argument anführen, dessen Wichtigkeit sich zwei Jahrhunderte später zeigen sollte. Galilei glaubte, daß den Himmel, außer den seit der Antike bekannten Fixsternen, über 10000 Sterne bevölkern. Kepler gelangte zu der gleichen Zahl, allerdings aufgrund einer fehlerhaften Überschlagsrechnung, was hier aber nicht interessiert: «Je dichter und zahlreicher sie sind, um so mehr Gültigkeit verleiht dies meiner Argumentation gegen die Unendlichkeit der Welt» (Kepler: 1972, 55). Sollte auch unter tausend Fixsternen keiner größer sein als der sechzigste Teil eines Grades oder einer Minute (und die bisher gemessenen erscheinen größer), erreichten oder überschritten sie zusammengenommen dennoch den Durchmesser der Sonne. Und was würde geschehen bei zehntausend Sternen? Wenn diese Sonnen unserer Sonne in ihrer Art glichen, «warum übertreffen alle diese Sonnen zusammengenommen nicht die Leuchtkraft unserer Sonne?» (Kepler: 1972, 55). Dieses Argument Keplers ist die historische Wurzel für das berühmte «Paradoxon des Nachthimmels», das Edmund Halley in den zwanziger Jahren des 18. Jahrhunderts und genau ein Jahrhundert später der deutsche Astronom Heinrich Olbers diskutieren sollten.

Galilei, Descartes und die Unendlichkeit der Welt

Galilei erwähnt – wie Kepler ihm später vorhielt – weder in seinen Schriften noch in seinen Briefen den Namen Giordano Brunos. Wie Alexandre Koyré in seiner Analyse nachgewiesen hat, beteiligt sich Galilei nicht an der Debatte über die Endlichkeit oder Unendlichkeit des Universums und erklärt, er sei in dieser Frage nie zu einem Ergebnis gekommen und hielte die Frage (wenngleich er annahm, das Universum sei unendlich) für unlösbar (Koyré: 1980, 92–95). Es sei und werde auch in Ewigkeit nicht bewiesen sein, «ob die Sterne am Himmel zu einer einzigen Welt gehören», nicht einmal, «welche oder ob das Firmament eine Form hat», weiß jemand und wird auch niemand je erfahren (Galilei: 1890–1909, VI, 523, 518). Im *Dialogo* findet sich die Behauptung, daß «die Fixsterne viele Sonnen sind» und wir nicht wissen, wo der Mittelpunkt des Universums zu finden ist oder «überhaupt vorhanden ist», aber dort wird auch entschieden die Unendlichkeit des Universums verneint (Galilei: 1965, 207, 197). Für die eine wie die andere der beiden Lösungen, schreibt er 1639 an Fortunio Liceti, werden gleichzeitig «scharfsinnige Gründe [vorgebracht], aber mein Gehirn findet weder diese, noch jene stichhaltig, so daß ich immer unsicher bin, welche von den beiden Behauptungen wahr ist». Aus einem einzigen Grund neigt er der Unendlichkeitsthese zu: Es ist einfacher, die Unverständlichkeit auf das unverständliche Unendliche zurückzuführen, als das Endliche unverständlich zu nennen. Aber es handelt sich hier, schließt er, um eine jener Fragen, wie die der Vorherbestimmung und die der Freiheit des Willens, welche «sich wie von ungefähr menschlichen Erörterungen entziehen» (ebd., XVIII, 106).

Die Argumentation Galileis gegenüber Liceti ist sehr scharfsinnig: Wenn ich wegen der Frage endlich versus unendlich unsicher bin und sie nicht entscheiden kann, dann ist es möglich, daß das Universum unendlich ist, denn, wäre es endlich, erlebte ich nicht diese Unentschlossenheit und Unsicherheit. Descartes stellt in den *Principia* (1644) andere Überlegungen an: Wir wollen deshalb uns nicht mit Streitigkeiten über das Unendliche ermüden, denn es wäre lächerlich, wenn wir, die wir endlich sind, etwas festlegen wollten, dadurch seine Endlichkeit annähmen und versuchten, es zu verstehen. Die Untersuchung des Unendlichen durch einen endlichen Geist setzt seine Reduktion auf die Endlichkeit voraus. Nur jene, welche ihren Geist als unendlich annehmen, verstricken sich in solche Fragen (zum Beispiel, ob die Hälfte einer Linie unendlich ist oder ob die unendliche Zahl gerade oder ungerade ist). Auf solche Probleme sollte man sich weigern, eine Antwort zu geben: «Wir wollen hingegen alles, bei dem man, in bestimmter Beziehung, kein Ende finden kann, zwar nicht als unendlich behaupten, aber als endlos ansehen» (Descartes: 1908, 9). In der Zahlenfolge kann man, wie bei der Ausdehnung der Welt, immer «weitergehen»: «Wir nennen diese Dinge *endlos* statt *unendlich,* um das Wort ‹unendlich› nur für Gott aufzubewahren» (ebd. 10).

Im Briefwechsel mit dem englischen Neuplatoniker Henry More (1617–87), der sich gleichzeitig auf Bruno, Lukrez, die Tradition der Kabbala und die Cartesische Philosophie beruft, verdeutlicht Descartes weiter seine Unterscheidung zwischen dem Unbestimmten und dem Unendlichen. Die Behauptung, die Ausdehnung sei endlos, genüge, um Mores Einwand zu entkräften, demzufolge eine begrenzte Ausdehnung und eine begrenzte Zahl von Wirbeln (aufgrund der Zentrifugalkraft) dazu führen würde, die gesamte Cartesische Weltmaschine in umherirrende Atome und Staubteilchen aufzulösen. Es sei nicht möglich, sich einen Ort außerhalb dieser Ausdehnung (oder Materie) vorzustellen, wohin diese Teilchen hätten entweichen können.

In einem Universum, das weder Grenzen noch Schranken hat, verliert der Begriff der Zentralität des Menschen im Universum seinen Sinn. Der Anthropozentrismus ist für Descartes ein Zeichen von Überheblichkeit, ein Zeichen der Unfähigkeit, die Größe des Schöpfers zu erfassen, und zugleich der Anspruch, die Schöpfung aus unserer privilegierten Perspektive heraus zu betrachten. Wenn wir glauben, daß Gott alles nur für unseren Gebrauch geschaffen hat, sind wir zu sehr von uns eingenommen: «so ist es doch unwahrscheinlich, daß alles nur für uns und zu keinem anderen Zweck gemacht worden, [...] weil unzweifelhaft vieles existiert oder früher existiert hat und schon vergangen ist, was kein Mensch je gesehen oder erkannt, und was ihm niemals einen Nutzen gewährt hat» (Descartes: 1908, 65). Da wir Gottes Absicht nicht kennen, hatte Descartes bereits 1641 in einem Brief geschrieben, wäre es absurd zu behaupten, daß Gott mit der Schaffung des Universums kein anderes Ziel verfolgt habe, als den Menschen zu preisen, und daß die Sonne nur dazu diene, dem Menschen Licht zu spenden (Descartes: 1936–63, V, 54). Die Winzigkeit der Erde im Vergleich zur Größe des Himmelsraums kann nur jenen unglaublich scheinen, die einen unzulänglichen Begriff von Gott haben und «die Erde als den vornehmsten Teil der Welt und als die Wohnung des Menschen (ansehen), für welches alles andere geschaffen wurde» (ebd. 79).

Die Frage, ob es Bewohner anderer Welten und andere intelligente Wesen im Universum gibt, hält Descartes für unentscheidbar, er behauptet aber, daß das Mysterium der Menschwerdung und alle anderen Gunsterweisungen, die Gott den Menschen bezeugt habe, ihn nicht daran hinderten, «eine unendliche Zahl weiterer Welten und Geschöpfe erschaffen zu haben» (Descartes, IX–2, 121). Er erklärt, daß er «solche Fragen immer offen lasse und es vorziehe, weder etwas abzustreiten, noch etwas zu bestätigen». Gegen Ende seines Lebens wirft Descartes in polemischer Abwehr gegen den Anthropozentrismus die Frage nach einer Vielzahl bevölkerter Welten noch einmal auf. Es ist allgemein Sitte bei den Menschen, sich für die zu halten, die «Gott am liebsten» sind (Descartes: 1982, 83), und infolgedessen glauben die Menschen, daß alles für sie geschaffen worden sei, daß ihre Erde «vor allen» käme. Aber wissen wir, ob Gott etwas auf den Sternen geschaffen hat, ob er sie mit «anderen Geschöpfen ganz verschiedener Art, anderen Lebewesen, ja geradezu Menschen oder dem Menschen wenigstens ähnlichen Wesen» bevölkert hat? (ebd. S. 83) Wie um seine göttliche Macht zu feiern, könnte er zahllose Arten von Kreaturen geschaffen haben, und so «dürfen wir von uns keine so hohe Meinung haben, als wenn alles bei uns und unsertwegen existiere, wenngleich es vielleicht unendlich viele Geschöpfe anderswo gibt, die uns bei weitem überlegen sind» (ebd., 83).

Wir sind nicht allein im Universum

Kepler glaubt an die Existenz einer Wand oder eines «Gewölbes» (er benutzt dafür die Begriffe *cutis sive tunica,* Haut oder Hemd), wovon jene riesige Hohlkugel umschlossen wird, in deren Mittelpunkt die Sonne steht. Tycho Brahe glaubt, das Universum werde von der Sphäre der Fixsterne begrenzt. Galilei vertritt die Position unvermeidbarer Unsicherheit. Die fünf kosmographischen Thesen, von denen zu Beginn des zweiten Kapitels die Rede war, sind nicht in den «wissenschaftlichen» Diskursen der großen Astronomen des 17. Jahrhunderts zu suchen. Vielmehr setzen sie sich in der Gelehrtenwelt durch (und wirken sich in der Folge auf die Perspektive der Kosmologie aus), in der sich Elemente aus den Lehren eines Demokrit, Lukrez, Kopernikus, der Neuplatoniker und Hermetiker zu einer einzigartigen Mischung verbanden.

Platonismus und Hermetik sind grundlegende Bestandteile des Denkens bei den Verteidigern der Unendlichkeit der Welt: von Nikolaus von Kues bis Palingenio Stellato, von Thomas Digges bis Giordano Bruno und Henry More. Auch in der Schrift *De magnete* (1600) des dem vitalistischen Hermetismus verbundenen William Gilbert finden wir die These, daß die «großen mannigfaltigen Himmelskörper» der Fixsterne weder auf der Oberfläche einer Kugel noch in einem Gewölbe angeordnet seien, sondern sich in unterschiedlichen, sehr großen Höhen befinden (Gilbert: 1958, 319). Eng verbunden mit der Diskussion über die Unendlichkeit des Universums ist die Auseinandersetzung über die Vielzahl von Welten und ihre Bewohnbarkeit. Die auf eine lange Tradition zurückgehenden Positionen hat Giorgio Valla zu Anfang des 16. Jahrhunderts in seiner großen, 1501 postum erschienenen Enzyklopädie *De expetendis et fugiendis regibus* genauestens zusammengefaßt. 1567 formuliert Melanchthon gegen die These von den bewohnten Welten eine Reihe von physikalischen und theologischen Einwänden, die unzählige Male mehr oder weniger kämpferisch im protestantischen wie katholischen Lager wiederholt werden sollten. 1634 erscheint das *Somnium seu opus posthumum de astronomia lunari* von Kepler, das den Übergang darstellt von der «phantastischen» Literatur über den Mond (inspiriert von Luciano und Tassos Ariost) zu einer Literatur mit «phantastisch-wissenschaftlichen» Elementen. Das Werk, welches drei Jahrhunderte lang Quelle für unzählige Erzählungen über Reisen zum Mond sein wird (bis zu Jules Verne und H. G. Wells), ist voller versteckter autobiographischer Andeutungen und Hinweise auf die tragischen Begebenheiten des abenteuerlichen Lebens seines Autors. Das *Somnium* ist keineswegs die Frucht einer kurzen literarischen Atempause. Es geht zurück auf eine verlorengegangene Abhandlung des jungen Kepler aus dem Jahr 1593, die er 1609 neu verfaßte und in den Jahren 1622 bis 1630 um zahlreiche (und zuweilen ziemlich umfangreiche) Anmerkungen erweiterte (Rosen, in: Kepler: 1967, XX). Die von Kepler beschriebene Reise stellt eine einzigartige Mischung aus Phantasie und Realismus dar. Die Bewohner des Mondes sind von riesenhaftem Wuchs und haben eine «Schlangennatur». In ihrem kurzen Leben schmoren sie in der Gluthitze der Sonne und flüchten sich in kühle Höhlen und Spalten. Bei der Beschreibung der physischen Welt endet die Phantasie, und wir befinden uns inmitten jenes Universums, das uns das Fernrohr enthüllt hat (Nicolson: 1960, 45). «Euch Bewohnern der Erde scheint unser Mond, wenn er voll ist und sich über die weiter entfernten Häuser bewegt, dem Boden einer Tonne zu ähneln und wenn er in der Mitte des Himmels steht, gleicht sein Bild einem menschlichen Antlitz. Den *subvolvani* erscheint ihre *volva* immer in der Mitte des Himmels, etwas kleiner als das Vierfache des Durchmessers unseres Mondes, so daß, wenn wir die beiden Scheiben vergleichen, die *volva* fünfzehnmal größer ist als unser Mond [...]. Für die Bewohner des Mondes ist offensichtlich, daß unsere Erde, die ihre *volva* ist, sich dreht, ihr Mond aber unbeweglich ist. Wenn man behauptet, daß die Mondbewohner von ihren Sinnen betrogen werden, dann können diese mit gleichem Recht entgegnen, daß die Bewohner der Erde ohne Vernunft urteilen» (Kepler: 1972, 6f., 34).

1638, vier Jahre nach dem Erscheinen des *Somnium*, publiziert John Wilkins (1614–72) eines der wichtigsten «populärwissenschaftlichen» Werke des 17. Jahrhunderts, *Discovery of a New World, or a Discourse Tending to Prove that it is Probable there May be Another Habitable World in the Moon*, das eine ungeheure Verbreitung fand und von Fontenelle buchstäblich ausgeschlachtet wurde. Bei der Verteidigung seiner Hypothese erinnert Wilkins an die Ungläubigkeit, mit der das Vorhaben von Kolumbus aufgenommen wurde, an die traditionelle Verspottung neuer Wahrheiten, an die Starrheit der Volksmeinung und die Blindheit jener Gelehrten, die jahrhundertelang die Existenz der Antipoden bestritten hatten.

Wilkins ist sich völlig darüber im klaren, welche theologischen Probleme die Behauptung von bewohnten Welten aufwirft. Sie galt seit frühesten Zeiten als ketzerisch. Wenn alle Welten die gleiche Gestalt besitzen, ist die göttliche «Vorsehung» in Frage gestellt, denn keine der Welten zeichnet sich gegenüber den anderen durch eine größere Vollkommenheit aus. In diesem Fall verdient nichts den Namen «Welt» oder «Universum», denn ihm mangelt es an der universalen Perfektion. Bezeichnenderweise führt Wilkins von den am häufigsten *gegen* den Kopernikanismus (und die These von der Vielzahl der Welten) vorgebrachten Argumenten gerade das traditionelle, «diabolozentrische» ins Feld und spricht von der «widrigsten Natur unserer Erde, die aus einer Materie besteht, welche zu den schmutzigsten und geringsten des Universums gehört, und daher muß sich die Erde im Mittelpunkt des Universums befinden, da dies der schlechteste Ort ist, der am weitesten entfernte von den reinen, unvergänglichen Körpern der Sterne» (Wilkins: 1638, 68).

Der Kopernikanismus wurde *auch deshalb* angefeindet, weil er dem Menschen einen zu hoch gelegenen Wohnsitz zuschrieb und ihn an einen Ort versetzte, der dem der unveränderlichen und unvergänglichen Himmelsgewölbe nicht unähnlich war. Aus der These der Vielzahl bewohnter Welten ergaben sich beunruhigende Fragen: Worin besteht der Sinn des Sündenfalls und der Erlösung, der Erbsünde und des Opfers Christi, wenn die Erde als Ort, an dem sich das große Drama abspielt, nur eine von vielen Welten ist? Wenn es mehrere Welten gibt und viele von ihnen bewohnt sind, würde Christus auch diese Welten erlösen? Und wenn die Sterne der Veränderung unterworfen sind, wie können sie denn dann Sitz Gottes sein?

Wilkins zitiert als glaubwürdige Quelle auch die Seiten über die bewohnten Welten aus der *Apologia pro Galileo* (1622) von Tommaso Campanella. Vom Ende der dreißiger Jahre bis zum Ende der sechziger Jahre des 17. Jahrhunderts erscheinen eine Reihe von Texten (heute würden wir sie «science fiction» nennen), die Reisen zum Mond und in den Himmelsraum zum Thema haben und mit philosophischen, moralischen und astronomischen Überlegungen verflochten sind: *The Man in the Moon* (1638) von Francis Godwin und die *Description of a New World* (1666) von Margaret Cavendish.

Im Abstand von einem Jahr erscheinen in Frankreich die *Histoire comique des états et empires de la Lune* (1656) von Hector-Savinien de Cyrano de Bergerac (1619–55) und der *Discours nouveau prouvant que les astres sont des terres habitées* (1657) von Pierre Borel. Cyrano ist einer der bekanntesten Vertreter der Freidenker. Er ist Anhänger der Lehre vom organischen und lebendigen Universum, beruft sich auf Campanella, Gassendi, La Mothe le Vayer und vermischt Themen aus dem hermetischen Platonismus, der Kabbala, der Atomlehre Demokrits und Epikurs und des Averroismus mit der neuen Kosmologie von Kopernikus, Galilei und Kepler. Die Fixsterne sind ebensoviele Sonnen, und daraus kann man schließen, daß die Welt unendlich ist, «da es wahrscheinlich ist, daß die Völker der Weltkugeln, die um einen Fixstern herum sind, [...] noch über sich andere Fixsterne entdecken, die wir von hier aus nicht zu erkennen vermögen, und daß es ewig so weitergeht». Wie es für den, der sich in einem Schiff befindet, scheint, das Ufer bewege sich, so haben die Menschen geglaubt, daß sich der Himmel um die Erde dreht. Dieser Sinnestäuschung müsse man nur «den unerträglichen Hochmut der Menschenwesen hinzu(fügen), der ihnen die Überzeugung beibringt, die Natur sei nur für sie gemacht worden, als ob es wahrscheinlich wäre, daß die Sonne [...] nur angezündet worden sei, um ihre Mispeln reifen und ihren Kohl Köpfe ansetzen zu lassen» (Cyrano: 1992, 14f.). Borel sieht in den Entdeckungen Galileis den Beweis nicht nur der Wahrheit des Kopernikanischen Systems, sondern der Gültigkeit der Hypothese von den bewohnten Welten. Sein Text enthält (ebenso wie der literarisch bedeutsamere Cyranos) keine originären Lehren, sondern beschreibt die allgemeine Geisteslage, die auf ein komplexes Geflecht von Elementen unterschiedlicher Traditionen gegründet ist. Das Kenelm Digby gewidmete Buch von Borel schließt mit einem langen Zitat von Palingenio Stellato. Die am häufigsten darin auftauchenden Namen sind die von Kopernikus, Kepler und Campanella. Bruno wird nie erwähnt, ist aber stets präsent. Die Weltsicht des Lukrez bildet den Hintergrund für diese Reflexionen. Aber der am höchsten verehrte Meister ist Montaigne, der uns wie Sokrates gelehrt hat, den Sicherheiten zu entsagen und zu zweifeln.

Die berühmten Schriften von Bernard le Bovier de Fontenelle (1657–1757) und Christiaan Huygens (1629–95) sind nur das Resultat einer fast zwei Jahrhunderte dauernden Diskussion. Die *Entretiens sur la pluralité des mondes* (1686) wurden während des hundert Jahre währenden Lebens ihres Autors einunddreißigmal wiederaufgelegt. Neben der Cartesischen Theorie verbreiteten sie die Ideen von der Unendlichkeit des Universums und der Vielzahl belebter Welten unter einer großen Zahl von Lesern. Die Entdekkungen mit dem Mikroskop dienten Fontenelle zur Stützung der These vom belebten Universum. In einem unendlichen und unendlich bevölkerten Universum fühlt sich die Marchesa, an welche der Text sich wendet, verloren. Ihren Lehrer dagegen versetzt die Vorstellung der Unendlichkeit nicht in Verwirrung und Furcht, sondern in einen behaglichen Gemütszustand: «Wäre der Himmel nur ein blaues Gewölbe, woran die Sterne wie Nägel angeheftet wären, so würde mir das Weltall klein und eng vorkommen; ich würde meine Brust ganz zusammengeengt fühlen [...] das Weltall [hat] ein weit anders prächtigers Ansehn. Die Natur hat bey dessen Hervorbringung nichts gespart, Reichthümer überall verschwendet, wie sich's für sie ziemt» (Fontenelle: 1982, 268).

Die Theorien von Huygens

Huygens starb 1695 und hinterließ das unveröffentlichte Manuskript *Cosmotheoros sive de terris coelestibus eorumque ornatu conjecturae,* das 1698 publiziert werden sollte. Weder Nikolaus von Kues noch Bruno oder Fontenelle hatten, nach Huygens Ansicht, ernsthafte Forschungen über die Bewohner anderer Welten betrieben. In seinen Augen waren die Wege zur Erkenntnis sehr weit entfernter Dinge nicht versperrt, gab es genügend Material für eine Reihe wahrscheinlicher Annahmen. Diese dürften aus zwei Gründen nicht eingeschränkt werden. Denn hätte der Mensch es hingenommen, daß der menschlichen Neugier Beschränkungen auferlegt wurden, wäre ihm nicht nur die Form der Erde verborgen geblieben, sondern auch die Existenz des amerikanischen Kontinents. Zweitens liege es im Wesen der Physik, wahrscheinliche Theorien zu erforschen (Huygens: 1888–1950, XXI, 683, 687, 689).

Wer der anatomischen Analyse eines Hundes beiwohne – so Huygens – würde nicht zögern anzunehmen, daß es in einem Ochsen oder in einem Schwein ähnliche Organe gebe. Genauso sei es möglich, aufgrund der Kenntnis der Erde Rückschlüsse auf die anderen Planeten zu ziehen. Die Schwerkraft existiere sicherlich nicht nur auf der Erde. Warum sollte also pflanzliches und tierisches Leben nur auf die Erde begrenzt sein? Es träfe zwar zu, daß die Natur nach Vielfältigkeit strebe und sich in diesem Reichtum die Existenz des Schöpfers kundtue, aber gleichzeitig sei richtig, daß die Pflanzen und Tiere des amerikanischen Kontinents Strukturähnlichkeiten mit denen Europas aufwiesen. Die Unterschiede der Lebensformen auf den Planeten seien von ihrer Entfernung zur Sonne abhängig, diese müsse aber «mehr eine Verschiedenheit der Materie als der Form verursachen». Die bewundernswerten Formen pflanzlicher Reproduktion seien «wol nicht bloß um unsrer Erde willen allein [...] erfunden worden» (Huygens: 1767, 26). Es sei nicht gesagt, daß die Bewohner der anderen Planeten uns glichen, aber sicherlich hätten sie eine analoge Struktur, auch wären sie mit Verstand und ähnlichen Werten wie den unseren ausgestattet, würden über Augen, Hände, Schrift, Gesellschaft, Geometrie und Musik verfügen.

Vor der Erfindung des Teleskops konnte es scheinen, daß die These, die Sonne sei ein Fixstern, sich nicht mit der Kopernikanischen Lehre vereinen ließe. Heute sind «die Anhänger des Kopernikanischen Systems überall» der Meinung, daß die Sterne nicht auf einer Sphäre angesiedelt sind, und glauben hingegen, «sie seyn durch den weiten Himmelsraum zerstreut, und daß, so weit die nähesten von der Erde, oder von der Sonne entfernt sind, eben so weit sey auch der Abstand von diesen zu den folgenden, von diesen wieder zu andern und so immer fort» (ebd., 192).

Die Kritik, die Huygens in diesem Zusammenhang an Kepler richtet, ist von großem Interesse: Kepler jedoch – schreibt Huygens – sei anderer Ansicht. Er glaube, daß die Sterne in der Tiefe des Himmelsgewölbes verstreut seien, hielte aber die Sonne für das Zentrum eines größeren Raumes, über dem ein von Sternen erfüllter Himmel beginne. Andernfalls sähen wir nur wenige Sterne, die sich zudem deutlich in der Größe unterschieden. Da dem Menschen die größeren Sterne so klein erschienen, daß er sie nur mit Mühe habe vermessen können, und da zwei- bis dreimal so weit entfernte Sterne zwangsläufig (sofern von gleicher Größe) zwei bis dreimal kleiner seien, liege die Vermutung nahe, daß es für den Menschen nicht sichtbare Sterne gebe.

Daraus ließen sich zwei Schlüsse ziehen: Erstens dürften wir nur wenige Sterne sehen, und zweitens müßten diese von sehr unterschiedlicher Größe sein. Statt dessen sähen wir aber viele, die sich in der Größe kaum unterschieden. Diese Überlegungen Keplers waren nach Huygens jedoch falsch: Kepler habe der Tatsache keine Beachtung geschenkt, daß es in der Natur des Feuers und der Flamme liege, über weite Entfernungen hin sichtbar zu sein, während andere Objekte unter den gleichen Bedingungen unsichtbar blieben. Es sei möglich, in den Straßen unserer Städte zwanzig oder mehr Laternen zu zählen, auch wenn diese mehrere hundert Fuß voneinander entfernt seien, und auch wenn wir die Flamme der zwanzigsten in einem Winkel sehen, der kaum größer ist als sechs Bogensekunden. Wenn wir mit bloßem Auge tausend oder zweitausend Sterne sehen und zehnmal so viele mit dem Fernrohr, liege daran nichts Aussergewöhnliches.

Keplers Irrtum hatte für Huygens eine tiefere Ursache. Kepler wollte, «daß die Sonne etwas andern Sternen voraus haben, und der einzige Himmelskörper seyn sollte, um welchen ein Planetensystem, und dieses zwar in der Mitte der Welt sich befände». Auf dieser Annahme beruhte sein «Cosmographisches Geheimnis», nach dem die Entfernungen der Planeten von der Sonne der den Halbmessern der Euklidischen Polyeder einbeschriebenen und umschriebenen Kristallkugeln entsprachen. Das aber sei nur wahrscheinlich, «wenn sich Planeten nur um die Sonne allein dreheten, und mithin sie auch der einzige Körper von ihrer Art wäre» (ebd., 194 f.). Dieses «Geheimnis» wurzelte in der Philosophie des Pythagoras und Platons: Die Verhältnisse entsprechen nicht der Wirklichkeit, und die für die Kugelförmigkeit der äußeren Oberfläche des Universums angeführten Argumente sind äußerst schwach. Keplers Schlußfolgerung, nach der die Entfernung der Sonne von der konkaven Oberfläche der Fixsternsphäre das Zehntausendfache des Halbmessers der Erde sei, basiert zudem auf der abwegigen Annahme, der Durchmesser des Saturnbahnkreises stünde im gleichen Verhältnis zur inneren Oberfläche der Fixsternsphäre wie der Durchmesser der Sonne zu dem der Saturnbahn (ebd., 195).

Den wunderlichen Ideen des großen Begründers der Astronomie setzte Huygens die «Brunosche» These entgegen, nach der Sonne und Sterne die gleiche Natur hätten: «Wir dörfen uns also gar kein Bedenken machen, mit den größesten Sternkundigern unsrer Zeit anzunehmen, daß die Fixsternen und die Sonne von einer und eben derselben Natur seyn, wodurch denn der Begriff, den man sich von der Welt zu machen hat, weit größer wird, als derjenige ist, den man aus Keplers Meinung gefasset hatte. Denn was hindert uns izt zu glauben, daß jeder von diesen Sternen oder Sonnen, eben wie die unsere, eine gewisse Anzahl Planeten um sich her habe, welche hinwiederum von ihren Monden begleitet werden? [...] Denn wenn wir uns in Gedanken in eine Himmelsgegend versezen, die von der Sonne eben so weit entfernt wäre, als von den Fixsternen, so würden wir daselbst nicht den geringsten Unterschied zwischen diesen und der Sonne bemerken» (ebd., 196).

Sich gedanklich an einen Punkt des Universums zu versetzen, der gleich weit von der Sonne und den nächsten Fixsternen entfernt ist, und von diesem Punkt aus die Sonne und die (von dort unsichtbare) Erde zu betrachten – wie es Huygens tat –, gehörte einer anderen Gattung von «gedanklichen Experimenten» an, als diejenigen, welche Galilei in seiner Naturphilosophie durchführt. Ein solches mentales Experiment setzt eine Distanzierung von der irdischen oder heliozentrischen Perspektive voraus, eine Art kosmologischen Relativismus, der in ebendiesen Jahren dem kulturellen Relativismus den Weg bereitet. Dies geht klar aus dem bereits zitierten Text Huygens' hervor: «Es nüzt nemlich etwas, daß wir uns gleichsam ausser unsere Erde wegsezen und sie von weitem anschauen, und nachforschen, ob sie es allein sey, an welche die Natur alle Zierde verschenkt habe? Denn so werden wir erkennen können, was besser sey, und welchen Rang wir unsrer Erde zu geben haben. Ebenso wie die, welche in weit entfernte Länder reisen, von der Beschaffenheit ihres Vaterlandes viel richtiger zu urtheilen pflegen, als andere, welche sich niemals von dannen bewegt haben» (ebd., 12).

Krise und Ende des Anthropozentrismus

Nach und nach hatte sich eine «lukrezianische» Sicht vom Universum herausgebildet, die für mindestens ein Jahrhundert (bis hin zu Baron Paul von Holbach und noch darüber hinaus) die große Alternative zum Deismus sowie zum Weltbild Newtons und der Newtonianer bilden sollte. In dieser neuen Sicht des Kosmos ist kaum mehr Platz für den Lobpreis eines geordneten, vollkommenen, zur Erbauung des Menschen geschaffenen Universums als Ausdruck eines Plans unendlicher Weisheit.

Die Menschen – so Pierre Borel – müssen lernen, anders als jene Bauern zu denken, die, da sie nie eine Stadt gesehen haben, glauben, es gäbe nichts Größeres und Schöneres als ihr kleines Dorf (Borel: 1657, 14, 32). Die ganze Erde stelle sich nunmehr als eine Provinz oder ein Dorf im Universum dar, so ähnlich wie es dem Mittelmeerraum und dem Abendland angesichts der geographischen Entdeckungen und Reisen in unbekannte Länder und zu fernen Kulturen ergangen war.

Die langen Dispute über die Unendlichkeit des Universums und die Vielzahl und Bewohnbarkeit der Welten trugen – innerhalb eines größeren kulturellen Zusammenhangs – nicht nur dazu bei, anthropozentrische und «irdische» Vorstellungen vom Universum jeder Art in Frage zu stellen; auch der traditionelle humanistische Diskurs über die menschliche Würde und Erhabenheit hatte seinen Sinn verloren. Damit dieser wieder eine mehr als rhetorische und literarische Bedeutung erlangte, mußte er mit neuen Inhalten gefüllt, anders formuliert und in einen komplexeren Kontext eingefügt werden. Ein neues Bild von der Natur und dem Platz des Menschen in ihr war entstanden. Es konnte, ebenso wie die Vorstellung von einem unendlichen Universum, auf verschiedene Weise genutzt werden: als Grundlegung für die Religiosität eines Pascal oder für den Determinismus der großen Materialisten des 18. Jahrhunderts.

Die herausragenden Vertreter dieser komplizierten Entwicklung von der Auffassung einer geschlossenen Welt hin zu jener eines unendlichen Universums – Bruno und Wilkins, Borel und Burnet, Cyrano und Fontenelle – machten freien Gebrauch von den umwälzenden Ergebnissen der bedeutenden Astronomen des 17. Jahrhunderts, um ihre Vorstellung vom Kosmos zu stützen. Mit ihren Analogien kamen sie häufig zu Schlüssen, die nicht immer zulässig, oft zudem nicht gerade vorsichtig waren. Aber auch ihre «Phantasien» und Analogieschlüsse beeinflußten nicht unerheblich den Fortgang der Ideen- und Wissenschaftsgeschichte. Das *Somnium* Keplers und das *Cosmotheoros* Huygens sind Beweise dafür, daß die führenden Wissenschaftler jener Zeit für diese «Phantasien» nicht unempfänglich waren. Vorstellungskraft und Kosmologie scheinen keine Widersprüche zu sein. Hatte nicht Fred Hoyle, einer der größten Kosmologen unserer Zeit, auch *La nuvola nera* geschrieben?

9.
Die mechanistische Naturlehre

Die Unabdingbarkeit des Vorstellungsvermögens

In den Jahrzehnten zwischen Kopernikus und Newton unterschied man zwischen Makro- und Mikrowissenschaften. Zu erstgenannten gehörten etwa die Erd- und Himmelsmechanik, deren Eigenschaften und Veränderungen mehr oder weniger direkt beobachtet und gemessen werden konnten. Die Gegenstände der Mikrowissenschaften entzogen sich hingegen prinzipiell der Wahrnehmung (Laudan: 1981, 21 f.): Sie betrafen die Optik, den Magnetismus und Erscheinungen wie Kapillarität, Wärme und chemische Veränderungen. Galilei, Descartes, Boyle, Gassendi, Hooke, Huygens und Newton waren sich darin einig, daß die betreffenden Teilchen ganz andere Eigenschaften besaßen als die makroskopischen Körper der wahrnehmbaren Umwelt. In den Mikrowissenschaften wurde vornehmlich mit Metaphern und Analogien gearbeitet.

Für die Vertreter der mechanistischen Naturlehre beruhten die Erscheinungen der Wirklichkeit auf dem Verhältnis zwischen Körpern und Teilchen, die sich in Bewegung befanden. Dieses Verhältnis konnte anhand der Bewegungsgesetze von Dynamik und Statik gedeutet werden. Die Untersuchungen vollzogen sich also unter einfachsten Bedingungen, wobei von allen wahrnehmbaren und konkreten Erscheinungen abstrahiert wurde. Als Tatsachen galten dieser Wissenschaft nur jene Erscheinungen der Wirklichkeit, die aus theoretischen Kriterien ableitbar waren. Die empirische Wahrnehmung wurde, wie schon mehrfach erwähnt, ausgehend von bereits vorgefaßten Thesen erörtert: Luftwiderstand, Reibung, das unterschiedliche Verhalten einzelner Körper, die qualitativen Eigenschaften der realen Welt hatten für die Naturphilosophie keinerlei Bedeutung oder galten allenfalls als Störfaktoren, die für die Erklärung der Welt nicht herangezogen wurden, ja nicht herangezogen werden durften. Die Eigenheit und ganz unmittelbare Gegenständlichkeit der Erscheinungen, die Welt der alltäglichen, aber auch jener «seltsamen und sonderbaren» Dinge, denen sich die Naturforscher und die Freunde der Magie in der Renaissance mit großer Neugier und Verwunderung zugewandt hatten, übten auf die Vertreter der mechanistischen Lehre keinerlei Reiz mehr aus.

Descartes erwog folgenden Schluß: Wenn die Worte keine Ähnlichkeit mit den Dingen besitzen, die sie bezeichnen, dann ist es auch denkbar, daß die Natur ein Zeichen festgelegt hat, das uns den Eindruck von Licht vermittelt, ohne daß die Erscheinung an sich Ähnlichkeit mit diesem Empfinden hätte. Die Philosophen versichern, daß der Ton eine Luftschwingung sei, doch das Gehör vermittle uns einen akustischen Eindruck und eben nicht die Vorstellung einer Schwingung der Luft. Ebenso nehme der Tastsinn Eindrücke auf, die keineswegs den Gegenständen entsprächen, die diese Empfindungen hervorriefen. Das Gefühl, gekitzelt zu werden, entspreche in keiner Weise einer Feder, die über die Lippen streiche. Eben dieser Mangel an Ähnlichkeit mache die Entwicklung oder Vorstellung eines Modells vonnöten. Was uns als «Licht» erscheine, sei in Wirklichkeit eine sehr schnelle Bewegung, die sich in unseren Augen durch die Luft und andere transparente Körper bemerkbar mache. Dieses Modell wurde über den Vergleich mit einem Blinden erläutert, der behaupten könne, er sehe, da er einen Stock gebrauche.

Neben dem Beispiel eines mit seinem Stock «sehenden» Blinden, das darauf angelegt war, die unmittelbare Übertragung des Lichts zu verdeutlichen, bediente man sich auch anderer Analogien: in *La Dioptrique* wird die Erscheinung seiner Ausbreitung durch die Analogie des Weins erklärt, der durch einen sich gleichmäßig ausdehnenden Druck aus dem Faß getrieben wird. Die Erscheinungen der Berechnung und Reflexion wurden anhand eines Balls erläutert, dessen Flugrichtung durch die Begegnung mit einem anderen Körper geändert wird (Descartes: 1897–1913, XI, 3–6, 84, 86, 89).

Die Wissenschaft muß vom Wahrnehmbaren auf das nicht Wahrnehmbare schließen. Der Vorstellungskraft obliegt es, letzteres als irgendwie vergleichbar zu erstgenanntem zu entwerfen. Die Wissenschaft nötigt den Menschen, sich die Dinge im Geiste vorzustellen. Wenn wir – so Pierre Gassendi – eine Anziehung oder Vereinigung wahrnehmen, vermögen wir Haken, Seile oder ähnliches zu erkennen, die festhalten, und etwas anderes, das festgehalten wird. Eine Trennung oder Abstoßung sei immer mit dem Vorhandensein von Spitzen oder Stacheln verbunden. In gleicher Weise müßten wir uns, «um Vorgänge zu erklären, die sich unseren Sinnen entziehen, kleine Stacheln denken, kleine Spitzen und andere vergleichbare, weder wahrnehmbare noch faßbare Vorrichtungen. Jedenfalls dürfen wir ihre Existenz nicht ausschließen» (Gassendi: 1649, II, 1, 6, 14).

Robert Hooke gehört zu den Wissenschaftlern des 17. Jahrhunderts, die sich nachhaltig an der Debatte über die Entstehung der Materie beteiligten. Da unsere Sinnesorgane nicht in der Lage seien, die wirklichen Vorgänge in der Natur wahrzunehmen, hoffte er in seiner *Micrographia* auf ein Mikroskop, das den Menschen einst in die Lage versetzen würde, die wahren, unteilbaren Bestandteile der Körper zu beobachten. Bis dahin sei man gezwungen, sich im Dunkeln vorzutasten und «über die wahren Gründe der Dinge mittels Vergleichen und Ähnlichkeiten *(by similitudes and comparisons)* zu mutmaßen» (Hooke: 1665, 114). Hookes Auffassung ist ohne weiteres nachvollziehbar: Die innere Struktur der Materie und der Organismen ist für die menschlichen Sinne unzugänglich (Hooke: 1705, 165). Aus diesem Grunde gibt es nur einen möglichen Weg, nämlich die Aufstellung von Analogien zwischen den Wirkungen hypothetischer Größen und solchen sinnlich wahrnehmbarer Ursachen. Über die Wirkungsanalogie ist es möglich, auf eine Ursachenanalogie zu schließen.

Robert Hooke war ein «Baconianer». Mit seiner Methode, die auf Ähnlichkeiten, Vergleichen, Analogieschlüssen und auf der Ermittlung von Ursachenanalogien über Wirkungsanalogien beruhte, erläuterte er das Verhalten der Luft bei Verbrennungsprozessen. In gleicher Weise benutzte er die Ergebnisse seiner Experimente mit der Luftpumpe zur Untersuchung meteorologischer Erscheinungen. Das Kapillaritätsmodell fand bei ihm auf den Anstieg von Flüssigkeiten in Filtern bzw. von Pflanzensäften Anwendung. Desgleichen bediente er sich der Elastizitätstheorie, um geologische Phänomene (die Entstehung von Quellen) zu erklären, ja er war davon überzeugt, daß seine Überlegungen zum Licht auf Erscheinungen wie Verdünnung und Verdichtung und auf den Magnetismus übertragen werden konnten.

Die Mechanik und die Maschinen

Auch der Begriff Mechanismus ist (wie alle «-ismen») sehr dehnbar, kaum eindeutig zu umreißen und ohne klare Bedeutung. Der niederländische Historiker E. J. Dijksterhuis (Dijksterhuis: 1983), Verfasser einer Geschichte der mechanistischen Naturauffassung von den Vorsokratikern bis Newton, fragt: Wenn dieser Begriff auf die tausendjährige Entwicklung der Wissenschaften bezogen wird, ist dann Gerät oder Maschine im Sinne des griechischen Terminus *mechané* gemeint? Liegt dem Begriff eine Weltvorstellung zugrunde, wonach das ganze Universum als riesiges Uhrwerk, als Schöpfung des Großen Uhrmachers anzusehen ist? Oder geht es vielmehr darum, daß die Naturerscheinungen, welche die Welt ausmachen, mit Hilfe von Ideen und Methoden jenes Zweiges der Physik beschrieben und gedeutet werden können, der Mechanik genannt wird und der als Wissenschaft der Bewegungen zu verstehen ist?

Gleich vielen Wissenschaftshistorikern hatte Dijksterhuis eine ausgesprochene Vorliebe für einfache Lösungen. Er wußte sehr wohl, daß sich die Mechanik als Teil der Physik im Laufe des 17. Jahrhunderts weitgehend ihrer ursprünglichen, praktisch orientierten Einbindung in die Welt der Maschinen, dem Horizont der Handwerker und Ingenieure, der Werkstätten und Mechaniker enthoben hatte. Mit Galilei und Newton war die Mechanik nämlich ein Zweig der Physik geworden und hatte sich als Teil der mathematischen Physik fortentwickelt, die die Gesetze der Bewegung (Dynamik) und das Gleichgewicht der Körper (Statik) untersuchte und sich, neben vielen anderen praktischen Anwendungsbereichen, bisweilen auch der sogenannten «Maschinenkunde» widmete. Viele Philosophen und Wissenschaftshistoriker bedauern offenbar aufrichtig, daß in der Geschichte (und auch in der Wissenschaftsgeschichte) so viele Mißverständnisse an der Tagesordnung waren. Wenn die Mechanik (so Dijksterhuis) terminologisch ihre ursprüngliche Verbindung zu Maschinen umgangen und sich *Kinetik* oder *Bewegungslehre* genannt hätte, wenn man von «Mathematisierung» statt «Mechanisierung» der Natur gesprochen hätte, so wären die vielen Mißverständnisse erst gar nicht aufgetreten.

Aber es hat wenig Sinn, historische Probleme durch den Verweis auf Mißverständnisse und sprachliche Ungenauigkeiten erklären zu wollen. Angesichts der Schriften jener im 17. Jahrhundert so zahlreichen Anhänger der mechanischen oder Korpuskellehre kann man sich des Eindrucks nicht erwehren, daß beide von Dijksterhuis aufgeführte Bedeutungen im neuen Weltbild stets präsent und häufig verbunden oder untermischt waren. Die sogenannte «mechanistische Philosophie», die vor Newton absolut nichts mit der klassischen Mechanik als Zweig der heutigen Physik zu tun hatte, beruhte auf einer Reihe von Grundannahmen: 1. Die Natur ist nicht Ausdruck eines lebendigen Prinzips, sondern ein Gefüge von Materie in gesetzmäßig sich vollziehender Bewegung; 2. die Bewegungsgesetze können mit mathematischer Genauigkeit bestimmt werden; 3. eine recht geringe Anzahl von Gesetzen genügt, um das ganze Universum zu erklären; 4. die Erklärung der Vorgänge in der Natur schließt grundsätzlich jeden Bezug zu lebendigen Kräften und letzten Ursachen aus. Wenn nun ein Phänomen im Sinne der hier aufgeführten Annahmen erklärt werden soll, so muß ein mechanisches Modell entwickelt werden, welches das wirklich existierende Untersuchungsobjekt ersetzt. Die so geschaffene Rekonstruktion kann um so mehr Wahrheitsgehalt beanspruchen, je ausschließlicher sie aus rein quantitativen, auf geometrische Formeln rückführbaren Bestandteilen zusammengesetzt ist.

Die unvermittelt wahrnehmbare Alltagswelt ist, wie oben bereits angedeutet, keineswegs real und in jedem Falle absolut unwichtig für die Wissenschaften. Real sind allein die Materie und die gesetzmäßig verlaufenden Bewegungen der Teilchen, aus denen die Materie besteht. Die Wirklichkeit ist ein Gefüge aus quantitativ meßbaren Daten, aus Raum, aus Bewegungen und Verhältnissen. Die Größe, Form und die Bewegungseigenschaften der Teilchen (und für manche auch die Undurchdringlichkeit der Materie) sind die einzigen als real angenommenen Eigenschaften, die allein die Wirklichkeit zu erklären vermögen. Die Unterscheidung zwischen objektiver und subjektiver Beschaffenheit der Körper findet sich, wenn auch in verschiedener Ausprägung, bei Bacon und Galilei, Descartes und Pascal, Hobbes und Gassendi. Es handelt sich um eine der wichtigsten Grundannahmen der mechanistischen Naturauffassung, die in der Philosophie von John Locke (1632–1704) zur berühmten Unterscheidung von Primär- und Sekundäreigenschaften fortentwikkelt wurde. Diese Lehre diente nicht zuletzt der Auslegung und Erklärung der Sekundäreigenschaften. Thomas Hobbes (1588–1679) schrieb in seinem *Leviathan or the Matter, Form, and Power of a Commonwealth Ecclesiastical and Civil* (1651): «Alle diese Qualitäten, die man sinnlich wahrnehmbar nennt, sind in dem Objekt, das sie verursacht, nur lauter einzelne Bewegungen der Materie, durch die sie auf unsere Organe in verschiedener Weise einen Druck ausübt. Auch in uns, auf die der Druck ausgeübt wird, sind sie nichts anderes als verschiedenartige Bewegungen (denn Bewegung erzeugt nichts anderes als Bewegung). Aber ihre Erscheinung vor uns ist Einbildung [...]. So daß die Empfindung in allen Fällen nichts anderes ist als ursprüngliche Einbildung, verursacht [...] durch den Druck, das heißt durch die Bewegung äußerer Dinge auf unsere Augen, Ohren und andere dazu bestimmte Organe» (Hobbes: 1996, 10). Auch die Sekundäreigenschaften erweisen sich also als Teil eines *ex parte obiecti* ausgehenden Mechanismus, ja selbst die sinnliche Wahrnehmung wird auf ein mechanisches Erklärungsmodell zurückgeführt.

Auch der Astronom Kepler, der in besonderem Maße der Hermetik verbunden war, bediente sich der Analogie, und zwar zwischen einer Maschine und dem Universum. In polemischer Wendung gegen die Annahme belebter Wesen, die die Himmelskörper bewegten, lehnte er die Analogie zwischen dem Universum und einem göttlichen Lebewesen ab und verglich ersteres vielmehr mit einem Uhrwerk: die Gesamtheit der Bewegungen im Kosmos hingen demnach genauso von einer einfachen materiellen Krafteinwirkung ab, wie die Bewegungen des Uhrwerks von einem Pendel. Auch für Boyle war das Universum mit einer großen Maschine vergleichbar, die der Bewegung fähig sei. Selbst wenn man den Aristotelikern recht gäbe, daß die Planeten von Engeln oder unkörperlichen Genien bewegt würden, so müsse man doch die Momente der Bewegungslosigkeit, die Steigerung, die Rücknahme und andere Erscheinungen dieser Art auf Bewegungen zurückführen, also Theorien in Betracht ziehen, die sich mit Bewegungen, Figuren, Konstellationen und anderen mathematischen und mechanischen Eigenschaften der Körper befaßten (Boyle: 1772, IV, 71).

Hobbes fragte sich, ob es nicht möglich sei, alle *Automata* oder Maschinen, die sich von allein über Räder oder Federn wie in einem Uhrwerk bewegten, als Gegenstände zu beschreiben, die ein künstliches Leben hätten. Sei denn das Herz nicht mit einer Feder identisch, entsprächen die Nerven nicht vielen Seilen und die Glieder einem Gefüge von Rädern? Die Mechanismen unseres Körpers, so erläuterte Marcello Malpighi (1628–1694) in seinem Werk *De pulmonibus* (1689), seien die Grundlage der Medizin: Man verglich seine Teile mit «Seilen, Fasern, Balken, Flüssigkeiten, Zisternen, Kanälen, Filtern, Sieben und ähnlichen Geräten» (Malpighi: 1944, 40). In seiner Schrift *L'homme* (1644 veröffentlicht, aber schon 1633 abgeschlossen) schrieb Descartes: «Wir sehen Uhren, kunstvolle Wasserspiele, Mühlen und andere ähnliche Maschinen, die, obwohl sie nur von Menschenhand hergestellt wurden, nicht die Kraft entbehren, sich aus sich selbst auf ganz verschiedene Weisen zu bewegen [...]. Und tatsächlich kann man die Nerven der Maschine, die ich beschreibe, sehr gut mit den Röhren der Maschinen bei diesen Fontänen vergleichen, ihre Muskeln und Sehnen mit den verschiedenen Vorrichtungen und Triebwerken, die dazu dienen, sie in Bewegung zu setzen» (Descartes: 1969, 44, 56f.).

Vergleiche mit Uhrwerken, Mühlen, Springbrunnen und den Werken des Wasserbaus kamen immer wieder vor. In der «mechanistischen Philosophie» verbanden sich Vorstellungen der Mechanik als Zweig der Physik mit ihren Bezügen zu gegenständlichen Maschinen. Jahrhundertelang war unangefochten, daß das Universum nicht nur für den Menschen geschaffen sei, sondern ihm auch im Aufbau ähnele oder gar gleiche. In manchen Epochen galt diese Ansicht sogar als absolut vorherrschend. Die Lehre von der Analogie des Mikro- und Makrokosmos hatte eine anthropomorphe Naturvorstellung zum Tragen gebracht, die nun im Zeichen des Mechanismus völlig aufgegeben wurde. Die Verfechter der mechanistischen Naturphilosophie waren davon überzeugt, daß ihre Methode auf alle Äußerungen der Wirklichkeit anwendbar sei; also nicht allein auf die Erscheinungen der Natur, sondern auch auf die Lebenswelt, auf die Bewegung der Himmelskörper und die Schwerkraft, aber auch auf die Bereiche der Wahrnehmungsfähigkeit und der Gefühle des Menschen. Der Mechanismus beeinflußte auch die physiologischen und psychologischen Forschungen. Die Wahrnehmungstheorien wurden beispielsweise auf der Annahme gegründet, daß kleinste Teilchen durch unsichtbare poröse Stellen in die Sinnesorgane eindringen und dabei Bewegungen erzeugen, die sich über die Nerven dem Gehirn mitteilen.

Doch der Mechanismus war nicht allein eine Methode. Er legte wissenschaftliche Regeln fest und lehnte es ab, Rückgriffe auf belebte Wesen und lebende Kräfte als wissenschaftlich zu bezeichnen. Er verstand sich als Philosophie im wahrsten Sinne, und die Zeitgenossen waren sich darüber von vornherein im klaren. Von daher prägte die mechanistische Philosophie auch das Bild der Wissenschaften und legte fest, was Wissenschaft sei und was sie sein sollte. Abgesehen von der Theologie gab es grundsätzlich keinen Wissensbereich, der sich den Prinzipien der mechanistischen Philosophie entziehen konnte. Thomas Hobbes ordnete sogar die Politik den Maßgaben des mechanistischen Weltbildes unter.

Natürliches und Künstliches: Wissen und Tun

Die Maschine als beliebtestes Erklärungsmodell der mechanistischen Philosophie kann gleichermaßen als real existierendes oder auch nur gedachtes Gerät verstanden werden. Da jedes Element oder jedes Teil der Maschine besondere Aufgaben erfüllt und für die Funktionstüchtigkeit der Maschine unabdingbar ist, gibt es auch in der großen Weltmaschine keine Hierarchien, keine mehr oder minder aristokratischen Erscheinungen mehr. Mit der Welt als großem Uhrwerk hatte die traditionelle Vorstellung ausgedient, wonach die Welt, als eine Art Pyramide, in edlere Dinge ganz oben, nahe Gott, und weniger edle Dinge weiter unten gegliedert war.

Um die Wirklichkeit zu durchschauen, muß man die Funktionsweise der Maschinen verstehen lernen, die innerhalb der großen Weltmaschine arbeiten. Pierre Gassendi (1592–1655), Chorherr zu Digne und Professor für Astronomie und Mathematik, antwortete mit einer Reihe scharfsinniger Einwände auf die *Meditationes* von Descartes und stellte dem Cartesischen «vollen» Universum ohne Leere ein Universum voller unteilbarer

Teilchen gegenüber, welche sich im leeren Raum bewegten. In seinem *Syntagma philosophicum* (1658) ließ er sich mit großer Klarheit über die Analogie zwischen Dingen der Natur und Maschinen oder künstlichen Dingen aus: «Wir erforschen die Dinge der Natur in gleicher Weise, wie wir diejenigen Sachen untersuchen, die wir selbst geschaffen haben [...]. Wir bedienen uns der Anatomie, der Chemie und ähnlicher Hilfsmittel, um – durch größtmögliche Aufgliederung, ja gleichsam Zerlegung der Körper – zu verstehen, aus welchen Elementen sie bestehen und nach welchen Kriterien sie zusammengesetzt sind, und um zu sehen, ob unter anderen Maßgaben andere Dinge daraus zusammengebaut worden sind oder werden können» (Gassendi: 1658, I, 122b–123a).

Gassendi war ein entschiedener Gegner der aristotelischen Schule und des Okkultismus und verhielt sich auch den Cartesianern gegenüber sehr kritisch. Er stand vielmehr der Strömung des Libertinismus nahe und vertrat einen metaphysischen Skeptizismus, der die Voraussetzung bildete für das Bewußtsein der Beschränktheit und Vorläufigkeit wissenschaftlichen Denkens, das auf wahrnehmbare Phänomene begrenzt war. Einzig Gott allein könne das wahre Wesen erfassen. Der Mensch sei allenfalls in der Lage, die Erscheinungen zu erkennen, von denen er Modelle bauen könne, oder aber nur jene Kunstprodukte (Maschinen), die er mit seinen eigenen Händen schaffe.

Damit ging die Vorstellung einher, daß die Werke von Kunst und Natur prinzipiell *nicht verschieden* seien, was die traditionelle Bezeichnung der Kunst als *imitatio naturae* obsolet machte, wonach Kunst als pure Nachahmung der Natur nicht in der Lage war, deren Perfektion zu erreichen; sie galt vordem nur als Versuch, die Natur in ihren Bewegungen nachzuvollziehen, weshalb die mechanischen Künste in vielen mittelalterlichen Schriften als *adulterinae* oder verfälschend gebrandmarkt wurden.

Die mechanistische Philosophie stellte nun also auch diese Ansicht von der Beziehung zwischen Kunst und Natur in Frage. Francis Bacon kritisierte die Aristotelische Gestaltlehre, wonach ein Werk der Natur (beispielsweise ein Baum) von einer Primärform gekennzeichnet war, während dem Kunstprodukt (etwa einem aus diesem Baum geschaffenen Tisch) nur eine «Sekundärform» zugestanden wurde. «Diese Lehre», so Bacon in der

Schrift *De augmentis,* «brachte die menschlichen Unternehmungen vorschnell in Verzweiflung, während die Menschen hingegen die Überzeugung hegen sollten, daß sich die künstlichen Dinge weder in ihrer Form noch ihrem Wesen von den natürlichen unterscheiden, sondern allein in ihrer wirkenden Ursache» (Bacon: 1887–1829, IV, 294). Tatsächlich sei der Blitz, von dem die Alten glaubten, daß er nicht nachgeahmt werden könne, von den Geschützen der Moderne bewerkstelligt worden. Kunst sei nicht *simia naturae* (Nachäffer der Natur) und liege auch nicht «auf den Knien vor der Natur», wie eine mittelalterliche Überlieferung glauben machte. Auch Descartes zeigte sich damit einverstanden: «Es gibt keinen Unterschied zwischen den handwerklich hergestellten Maschinen und den verschiedenen, von der Natur zusammengesetzten Körpern.» Der einzige Unterschied bestehe darin, daß das Gefüge der von Menschenhand hergestellten Maschinen deutlich erkennbar sei, während «die Röhren und Federn, die die natürlichen Dinge zusammenhalten, gemeinhin zu klein sind, um von den Sinnen wahrgenommen werden zu können» (Descartes: 1887–1913, IX, 321).

Das dem Menschen verwehrte Wissen um die letzten Gründe und um das wahre Wesen sei Gott allein vorbehalten, dem Schöpfer und Baumeister der Weltenmaschine. Die Auffassung vom Wissen als Tun bzw. die Übereinstimmung von wissen und bauen (oder nachbauen) gelte nicht allein für den Menschen, sondern auch für Gott. Gott erfasse das wunderbare Uhrwerk, das die Welt ausmache, weil er sein Baumeister oder Uhrmacher sei.

Nur das Künstliche konnte der Mensch wirklich erfassen. «Es ist schwierig», schrieb beispielsweise Marin Mersenne, «in der Physik auf Wahrheiten zu stoßen. Da der Gegenstand der Physik zu den Dingen gehört, die von Gott geschaffen worden sind, muß man sich nicht wundern, wenn uns seine wahren Gründe verborgen bleiben. [...] Wir kennen nur die wahren Gründe der Dinge, die wir selbst mit den Händen oder dem Verstand bilden können» (Mersenne: 1636, 8). Der Materialist Hobbes vertrat zwar völlig andere Auffassungen als Mersenne, kam aber in dieser Frage zu sehr ähnlichen Ergebnissen: «Die Geometrie ist beweisbar, weil die Linien und Figuren, von denen wir ausgehen, von uns selbst gezogen und gezeichnet worden sind. Die Staatsphilosophie ist erweislich, weil wir selbst den Staat bilden. Da wir aber den Bau der natürlichen Körper nicht kennen, sondern versuchen, ihn von seinen Wirkungen her zu erfassen, gibt es auch keine Veranschaulichung des Wesens der von uns gesuchten Ursachen, sondern nur dessen, was sie sein können» (Hobbes: 1839–1845, II, 92–94).

Die hier zitierte Passage von Hobbes wurde häufig mit den Stellen im Werk von Giambattista Vico (1668–1744) in Verbindung gebracht, die sich auf das berühmte Prinzip des *verum-factum* bezogen: «Wir beweisen die geometrischen Sätze, da wir sie machen, wenn wir die Sätze der Physik erweisen könnten, würden wir sie schaffen», schrieb er in *De nostri temporis studiorum ratione* (1709). In *De antiquissima* (1710) ist zu lesen: «Die Arithmetik und die Geometrie, wie auch die daraus abgeleitete Mechanik, sind von menschlicher Wahrheit: in diesen drei Bereichen beweisen wir eine Wahrheit, da wir sie selbst schaffen.» In seinem Werk *Scienza nuova* (1725 und 1744) wird die Welt der Geschichte als Gegenstand einer neuen Wissenschaft beschrieben, gerade weil sie völlig das Werk der Menschen ist: «Diese lange und finstere Nacht wird von einem einzigen Licht erleuchtet, von der Einsicht nämlich, daß die Welt der gesitteten Völker unbestreitbar von den Menschen selbst geschaffen worden ist» (Vico: 1957, 781).

Die Idee einer Übereinstimmung von Wissen und Tun hat also, wie gesagt, eine Wissenschaft hervorgebracht, die sich ihrer unüberschreitbaren Grenzen bewußt war. Zugleich hatte sie aber auch Auswirkungen (mit nicht zu unterschätzenden Folgen) auf die Welt der Moral, der Politik und der Geschichte.

Tiere, Menschen, Maschinen

In der Physiologie (oder Psycho-Physiologie) von Descartes, die im fünften Teil seines *Discours de la méthode* und in *De l'homme* dargelegt wird, erscheint das Lebendige nicht mehr als Alternative oder Gegenstück zu den mechanischen Dingen. Tiere sind hier Maschinen. Das Zugeständnis vorhandener Verstandeskraft diente ihm nicht zur Unterscheidung zwischen Maschinen und Lebewesen, sondern zwischen lebenden Maschinen und den zwei in der Welt einzigartigen Funktionen jener speziellen Maschine Mensch, nämlich zu denken und zu sprechen. Nur diese beiden Fähigkeiten galten Descartes im Rahmen seines mechanischen Modells als ungeklärt oder zumindest nicht hinreichend erklärt.

Eine Maschine, die Organe besitzt und einem Affen bzw. einem anderen Tier ähnelt, benötigt für jede einzelne Tätigkeit eine besondere organische Vorrichtung. Eine Maschine aber mit so vielen unterschiedlichen Organen, daß sie in allen Lebensumständen genauso zu handeln fähig wäre, wie wir durch unseren Verstand, war für Descartes undenkbar. Gewiß würden diese Maschinen in vielen Situationen besser handeln können als wir, aber in anderen würden sie unweigerlich scheitern. Weisheit oder Anpassungsfähigkeit an die Umgebung waren also für Descartes Gaben, die keiner Maschine eingepflanzt werden konnten. Gleiches galt für die Sprache. Gewiß wäre es möglich, eine Maschine zu bauen, die Wörter spräche und mit Wörtern auf gewisse äußere Reize reagiere, doch wäre es undenkbar, «daß sie die Worte so mannigfaltig anordnet, um auf den Sinn alles dessen zu antworten, was man in ihrer Gegenwart sagen wird» (Descartes: 1905, 47).

Die Verstandeskraft sei also nicht aus der Materie hervorgegangen, sondern von Gott eigens geschaffen worden. Alles (und das ist wahrlich nicht wenig), was sich hingegen jenseits der Sphäre des Denkens und der Sprache befinde, sei aus den Regeln eines strengen Mechanismus ableitbar. Tiere seien nur Maschinen, ja die gesamte menschliche Physiologie sei mit der Maschinenmetapher erklärbar und könne auf das Maschinenmodell zurückgeführt werden. In diesem Leben müsse man vor allem zwischen rein mechanischen und dem Willen freistehenden Dingen unterscheiden. Die Seele des Menschen habe ihren Sitz in der Zirbeldrüse nahe der Gehirnbasis. Sie steuere die Muskelbewegungen, welche die Gedanken in Taten und Worte umwandeln. Die Atmung, Niesen, Gähnen, Husten, die peristaltischen Darmbewegungen, das Zusammenziehen der Pupillen und das Schließen des Kehlkopfs beim Schlucken seien natürliche und reguläre Vorgänge, die vom «Fluß der Kräfte» abhingen. Letztere glichen «einem Windhauch oder einer feinen Flamme»; sie durchliefen in hoher Geschwindigkeit die feinen Nervenröhren und riefen auf mechanischem Wege Muskelkontraktionen hervor. Die Wirkung dieser flüchtigen Kräfte, die vom Gehirn durch die Nerven strömten, reiche demnach aus, um diese Art der Bewegungen zu erklären: etwa wenn sich ein Fuß an einer Flamme verbrennt (der Fuß wird zurückgezogen, ein Schmerzensschrei erschallt und die Augen ändern ihre Blickrichtung) oder wenn die Köpfe der Enthaupteten sich noch weiter regen und in die Erde beißen.

Diese Handlungen seien den Bewegungen einer Mühle oder eines Uhrwerks sehr ähnlich. Im Bemühen um eine passende Metapher für Handlungen, die dem Willen unterworfen sind, bediente sich Descartes einer komplizierteren Maschine. Es handelte sich um einen der großen Springbrunnen im königlichen Garten (einer Art Disneyland des 17. Jahrhunderts), bei dem durch die Wasserbewegung allein eine Reihe von unterschiedlichen Maschinen in Bewegung gesetzt, Instrumente zum Tönen gebracht und einige Wörter hörbar wurden. Die Nerven entsprachen den Wasserleitungen, die Muskeln und Sehnen den Federn und beweglichen Gliedern. Die flüchtigen Kräfte waren das Wasser, das den Mechanismus in Bewegung setzte, das Herz war die Wasserquelle und die Hirnhöhlen die Wasserreservoirs. Die Gegenstände der Außenwelt, die die Sinnesorgane reizten, entsprachen den Personen, die sich durch die komplexe Brunnenanlage bewegten und dabei unwillkürlich die Bewegung der Fontänenmaschinen steuerten. Wenn sich die Betrachter etwa einer Diana im Bade näherten, die durch ihre Schritte über gewisse Bodenplatten zum Vorschein gekommen war, erschien plötzlich ein Neptun, der sie mit seinem Dreizack bedrohte. Die im Gehirn angesiedelte Verstandeskraft «hat die Funktion eines Verantwortlichen für den Springbrunnen, der sich an den Reservoirs aufhalten muß, wo alle Leitungen dieser Maschinen zusammenlaufen, um irgendwie deren Bewegungen auszulösen, zu behindern oder zu verändern». Dieser «Brunnenbeauftragte» gleiche sehr – so wurde nach Aufkommen der Kybernetik laut – einem Selbststeuerungsmechanismus.

Descartes hatte deutlich den Unterschied zwischen willkürlichen und unwillkürlichen physiologischen Vorgängen vor Augen; er besaß eine konkrete Vorstellung von jener Erscheinung, die später (in ganz anderem Zusammenhang) als «Reflexhandlung» bezeichnet wurde, und ebnete den Weg für die mechanistische

Biologie der Heilmechaniker und für die allmähliche Ablösung der vitalistischen Lehre von den Lebenskräften durch die Methoden der Chemie und Physik. Doch die Idee der Tiermaschinen hatte gefährliche Implikationen, was auch dem Jesuiten Gabriel Daniel nicht entgangen war, der 1703 erklärte, daß alle Cartesianer auch den Menschen als reine Maschine definieren müßten, und zwar mit demselben Nachdruck, den sie hinsichtlich der Tiere an den Tag legten.

Auch der neapolitanische Mathematiker und Astronom Giovanni Alfonso Borelli (1608–1679) sprach von der Ähnlichkeit zwischen Automaten und selbstbeweglichen Tieren und hielt Geometrie und Mechanik für unabdingbare Stufen, um zu dem «wundervollen Wissen über die Bewegung der Lebewesen» vordringen zu können. Im Jahre 1680/81, ein Jahr nach seinem Tod, wurde in Rom sein Hauptwerk *De motu animalium* veröffentlicht, in welchem er sich auf Harvey bezog und Themen aus Galileis *Discorsi* sowie cartesische Ansätze aufgriff. Er untersuchte in geometrisch-mechanischer Hinsicht die Bewegungsabläufe bei Tieren als Mechanismen einfacher Maschinen, ihre Fortbewegung (Gehen, Laufen, Springen), ihre Fähigkeit, Lasten aufzuheben, ja auch die Flugtechnik der Vögel und die Schwimmbewegungen bei Fischen. Das Werk ist in zwei Teile untergliedert, die sich einerseits mit den äußeren oder augenfälligen Körperbewegungen und andererseits mit den inneren, zum Teil nicht dem individuellen Willen unterworfenen Bewegungen der Muskeln und Eingeweide befassen. Der Körper wurde einer hydraulischen Maschine gleichgesetzt, in der die flüchtigen Kräfte, die die Nerven durchströmten, die Aufgabe des Wassers übernahmen. In der Mehrzahl der Fälle arbeiteten die Muskeln demnach unter sehr ungünstigen Bedingungen: wenn die Knochen einen Hebel darstellen, dessen Drehpunkt im Gelenk liege, so setze die Muskelkraft sehr nah an diesem Drehpunkt an, während das Gewicht (etwa bei einem gestreckten Arm, der ein Gewicht halte) sich an einem Ende des Hebelarms befinde, der zehn- oder zwanzigmal größer sei als der kleine Hebel des Muskels. Der Kraftaufwand übersteige um ein Mehrfaches das Gewicht.

Borelli ging von Thesen aus, die von der Lehre Galileis und dem Cartesianismus geprägt waren: «Die Sprache und die Zeichen, mit denen der Schöpfer aller Dinge aus seinen Werken spricht, sind geometrische Formen und Nachweise» (Borelli: 1680–81, I, 3r). Im zweiten Kapitel seines Werks *De motu* schreibt er: «Die Werke der Natur sind einfach, schlicht und folgen mechanischen Gesetzen, die dafür unabdingbar sind.» Aufbauend auf diesen Grundannahmen lehnte er jeden chemischen Deutungsversuch physiologischer Erscheinungen ab und erläuterte die Vorgänge im Inneren des Organismus, darunter auch den Blutkreislauf, den Herzschlag, die Atmung und die Nierenfunktion, einzig mit Hilfe rein mechanischer Grundsätze. Nur hinsichtlich der Muskelanschwellung und -kontraktion hielt er chemische Prozesse im Inneren des Körpers für möglich. Die den Muskelfasern eigene Kontraktionskraft sei an sich äußerst schwach, weswegen die Fähigkeit, riesige Gewichte zu heben, nicht durch die Kontraktion allein bewirkt werden könne: diese Hubkraft «muß von einer äußeren Kraft herrühren, die von anderer Art ist als die materielle Kraft einer Maschine, die sie heftig zusammenzieht». Angesichts dieser geheimnisvollen Ursache müsse man «Unwissenheit» eingestehen, doch sollte man seines Erachtens nicht darauf verzichten, nach den «möglichen Ursachen» der Naturerscheinungen zu forschen. Man müsse «hypothetische Mutmaßungen» über die Dinge anstellen, deren Triebwerke nicht mit dem bloßen Auge erkennbar seien. Geboten sei der Mittelweg zwischen jenen, die dafür halten, daß man in der Philosophie alles wagen solle, und jenen, die sich hingegen allzufrüh geschlagen gegeben und der Unwissenheit gefrönt hätten. Dennoch bleibe unbestritten (wie Newton fünf Jahre später bestätigte), daß man auch keine falschen Hypothesen aufstellen dürfe: «non enim hypotheses fictas admittere debemus».

In dem Werk *De venarum ostiolis* von 1603 verglich Girolamo Fabrici d'Acquapendente (1537–1619) die in den Venen befindlichen Membranen mit den Sperren, die von Mühlenbauern längs des Wasserlaufs angebracht wurden, um das Wasser zurückzuhalten und für das Mühlwerk anzusammeln. Ebensolche «Verschlüsse» oder «Dämme» seien in den Venen vorhanden. William Harvey sprach anstelle der Verschlüsse von Ventilen, wobei er eine andere Art von Maschine vor Augen hatte: nicht die Mühle, sondern die Pumpe. Denis Diderot schrieb zu Zeiten der Aufklärung in der *Encyclopédie* unter dem Stichwort *méchanicien,* daß sich die Medizin in den vergangenen hundert Jahren völlig gewandelt und eine ganz neue Sprache entwickelt habe, die mit den vormaligen, über einen langen Zeitraum unangefochteten Ansätzen nichts mehr gemein habe.

Kann man als Anhänger der mechanistischen Naturphilosophie auch Christ sein?

Die führenden Vertreter und Fürsprecher der mechanistischen Naturphilosophie des 17. Jahrhunderts verehrten in Demokrit, in den antiken Atomisten und dem römischen Dichter Lukrez die Begründer eines mechanistisch-korpuskularen Weltbildes. Dabei distanzierten sich aber die meisten von ihnen ausdrücklich von allen atheistischen Schlußfolgerungen, die sich aus der materialistischen Lehre ergaben. Sie lehnten jene Denkansätze ab, die das Eingreifen eines göttlichen Schöpfers in Frage stellten und den Ursprung der Welt dem Zufall bzw. dem zufälligen Zusammenspiel der Atome zuschrieben. Das Bild von der Weltmaschine setzte die Vorstellung eines Urhebers und Baumeisters voraus, die Uhrenmetapher verwies auf den göttlichen Uhrmacher. Die sorgfältige und fleißige Erforschung der großen Weltmaschine hieß, zum Ruhme Gottes im Buch der Natur und, ergänzend dazu, in der Heiligen Schrift zu lesen.

Es galt Abstand zu wahren gegenüber den vielfach verworfenen und verurteilten Philosophen Thomas Hobbes (1588–1679) und Baruch Spinoza (1632–1677). Ersterer hatte die mechanistische Auffassung auf das gesamte Seelenleben ausgedehnt und das Denken als eine Art Instinkt beschrieben, der nur etwas komplizierter als der tierische sei. Alle Äußerungen und Wandlungen der von ihm rein körperlich aufgefaßten Wirklichkeit führte er auf Bewegungen zurück. Spinoza erklärte die Ausdehnung für ein göttliches Attribut und widersprach damit in frevelhafter Weise der jahrtausendealten Trennung zwischen einer materiellen Welt und einer immateriellen Gottheit. Er lehnte die Vorstellung von Gott als Person mit Zielen oder Plänen ab und erklärte, es handele sich dabei bloß um unpassende Übertragungen rein menschlicher Bedürfnisse auf Gott. Für ihn waren Leib und Seele untrennbar. Das Universum hielt er für eine ewige

Maschine bar jeden Sinns und Zwecks, die einer ihr innewohnenden notwendigen Kausalität gehorche.

Bezeichnungen wie *Hobbist, Spinozist, Atheist* und *Libertin* wurden in der zweiten Hälfte des 17. und im frühen 18. Jahrhundert nicht selten synonym gebraucht. Als Höhepunkt des radikalen Libertinismus gilt das Werk *Theophrastus redivivus,* das um 1666 entstand und starke Verbreitung fand. Es fungierte, durch steten Verweis auf Giordano Bruno, als gleichwohl untergründiges Verbindungsglied zwischen dem Renaissance-Naturalismus, areligiösen magischen und hermetischen Strömungen, und der gegen Newton sowie die Deisten gerichteten Philosophie eines John Toland (1670–1722) bzw. den späteren Werken der großen französischen Materialisten des 18. Jahrhunderts.

Pierre Gassendi machte man zum Vorwurf, daß er sich, obwohl er von der göttlichen Schöpfung der Atome ausging, zu sehr den Ansichten der Libertins genähert habe. Ganz offen zog Marin Mersenne (1588–1648) in seinem Werk *L'impiété des déistes* von 1624 gegen den Libertinismus zu Felde. Er überwand den scholastischen Ansatz und stand ganz auf seiten der neuen Wissenschaften, welche die übergroßen Gefahren eindämmen sollten, die dem christlichen Denken und seinen Werten sowohl von der Wiederaufnahme magischen Denkens drohten als auch von der Verbreitung hermetischer Lehren und von Ansichten, die sich aus dem Renaissance-Naturalismus und dem Gedankengut eines Pietro Pomponazzi (1462–1525) nährten: Pomponazzi hatte die Existenz von Wundern in Frage gestellt und behauptet, daß die drei großen mediterranen Religionen von den drei «Betrügern» Moses, Christus und Mohammed aus politischen Interessen begründet worden seien.

Mersenne war der Auffassung, daß die Naturmagie, die den Menschen ermöglichte, Wunder zu vollbringen, eine erheblich größere Gefahr für die christliche Tradition darstelle als die neue mechanistische Philosophie. Letztere könne hingegen mit dem Christentum übereingebracht werden. Die Überzeugung vom stets hypothetischen Charakter der auf Vermutungen basierenden wissenschaftlichen Erkenntnisse ließ seines Erachtens genügend Raum für eine religiöse Dimension und die christliche Heilswahrheit. Auch Robert Boyle (1627–1691) hegte Gedanken dieser Art. Als er nämlich in seinem Werk *About the Excellency and Grounds of the Mechanical Hypothesis* von 1655 die Vorzüglichkeit der korpuskulären oder mechanistischen Naturauffassung darlegte, distanzierte er sich ausdrücklich von zwei unterschiedlichen Lagern: Zum einen zog er eine Grenze zu den Anhängern von Epikur und Lukrez und all jenen, die dafürhielten, daß die Atome fähig seien, durch zufälliges Zusammentreffen in der luftleeren Unendlichkeit die Welt und deren Erscheinungen hervorzubringen. Außerdem grenzte er sich gegen die von ihm sogenannten «modernen Mechanisten» ab (womit die Cartesianer gemeint waren). Letztere gingen davon aus, daß Gott die Masse der Materie mit einer unveränderbaren Menge an Bewegungen versehen habe und daß die unterschiedlichen Teile der Materie kraft der ihnen innewohnenden Bewegung in der Lage seien, sich spontan zu einem System zusammenzufinden. Die von Boyle vertretene korpuskulare oder mechanistische Naturauffassung sollte von daher nicht mit dem Epikureismus oder Cartesianismus verwechselt werden. In Boyles Theorie wird die Frage nach dem «Urgrund der Dinge» ganz deutlich getrennt von der Beschäftigung mit dem «Fortlauf der Natur». Gott war hier nicht darauf beschränkt, die Materie in Bewegung zu setzen, vielmehr steuerte er die Bewegung ihrer Bestandteile, um sie als Teile der Welt in seinen «Weltplan» einzufügen. Unter der Voraussetzung, daß das Universum von Gott errichtet und gegliedert worden sei und daß er «die Bewegungsgesetze und die Ordnung in den körperlichen Dingen» festgelegt habe, «die wir gemeinhin als Gesetze der Natur bezeichnen», sei es legitim zu behaupten, daß die Erscheinungen «physisch aus der mechanischen Anziehung der Materieteile und aus ihren wechselseitigen, den Gesetzen der Mechanik folgenden Wirkungen entstanden» seien (Boyle: 1772, IV, 68 f., 76). Die Unterscheidung zwischen dem *Ursprung der Dinge* und dem *späteren Fortlauf der Natur* sei von äußerster Wichtigkeit: Diejenigen, die über die Entstehung des Universums spekulierten, maßten sich auf frevlerische Weise an, die Existenz der Welt zu deduzieren und Annahmen zu formulieren bzw. Systeme zu entwickeln. Boyle hielt die Nachfolger von Demokrit und Epikur, wie auch die Cartesianer, für Vertreter einer atheistischen und materialistischen Abart der mechanistischen Naturauffassung.

In der Tat hatte Descartes in seiner kleinen Abhandlung *Le monde ou traité de la lumière* die Entstehung der Welt beschrieben und seine Darstellung zwangsläufig auf eine Stufe mit der Genesis gestellt. Er bezeichnete seine Beschreibung der Weltentstehung zwar als «Märchen» und beteuerte, von einem rein erdachten Universum zu sprechen. Doch hatte er mittels eines besonderen Verfahrens mehrfach die Zielrichtung seines Vortrags verkehrt: Durch unsere Kenntnisse über die Bildung des Fötus im Mutterleib und über das Keimen der Pflanzen aus dem Samen gehe unser Wissen weit über das Kind oder die Pflanze hinaus, wie sie sich uns als solche darböten. Gleiches gelte, so Descartes im dritten Teil seiner *Principia,* auch für das Universum. Die Wissenschaften vermochten nicht nur über das Auskunft zu geben, was sich in der Welt befinde, sondern auch über seinen Entstehungsprozeß. Der Gegensatz zu Boyle ist an dieser Stelle von grundsätzlicher Art. Im sechsten Kapitel der Schrift *Le monde* hatte Descartes geschrieben, die Gesetze der Natur seien hinreichend dafür, «daß die Teile dieses Chaos sich von selbst entwirren und in eine so gute Ordnung bringen, daß sie die Form einer höchst vollkommenen Welt besitzen werden» (Descartes: 1989, 43). Der Aufbau der gegenwärtigen Welt war, nach Ansicht von Descartes, Niederschlag der Materie, ihrer Gesetzmäßigkeiten und der Zeit.

Im Hinblick auf diese Lehrsätze und Ergebnisse nahm Isaac Newton eine Position ein, die der Auffassung von Robert Boyle nahekam. Seit seiner Jugend bediente sich Newton der Einwände, die Henry More (1614–1687) und Pierre Gassendi gegen Descartes vorgebracht hatten: «Wenn wir mit Descartes behaupten, daß Ausdehnung als Körper anzusehen ist, leisten wir dann nicht dem Atheismus Vorschub? Zum einen, weil Ausdehnung nicht erschaffen wurde, sondern seit Ewigkeit existiert; zum anderen, weil wir einen absoluten Begriff davon haben, ohne jeglichen Bezug zu Gott, so daß es möglich wäre, uns unter gewissen Bedingungen zugleich die Ausdehnung und die Nichtexistenz Gottes vorstellen zu können» (Newton: 1962, 142 f.). In dieser Philosophie war, nach Ansicht Newtons, die Unterscheidung zwischen Körper und Geist unbegreiflich, «es sei denn, man geht davon aus, daß der Geist keine Ausdehnung besitzt und somit in keiner Ausdehnung substantiell vorhanden ist, also an keinem Orte existiert: was heißen würde, daß man die Existenz des Geistes überhaupt leugnet» (Newton: 1962, 143).

Die Abgrenzung gegenüber möglichen atheistischen oder materialistischen Schlußfolgerungen des Cartesianismus vollzog sich bei Newton in unterschiedlicher Weise, blieb aber stets ein zentrales Thema. Sowohl in der Quaestio 31 seiner *Opticks* (die der Ausgabe von 1717 hinzugefügt wurde) als auch im *Scholium generale* brachte Newton seine Auffassung deutlich zum Ausdruck: niemals wäre ein «blinder Zufall» in der Lage, alle Planeten gleichförmig in konzentrischen Umlaufbahnen kreisen zu lassen. Die wunderbare Gleichmäßigkeit des Sonnensystems sei vielmehr Niederschlag «einer bestimmten Sorgfalt und Auswahl» (Newton: 1983, 267). Gewiß, die Planeten kreisten nach den Schwerkraftgesetzen in ihren Bahnen, aber «die regelhafte Lage dieser Bahnen konnten sie beim ersten Mal keineswegs aufgrund der genannten Gesetze erreichen. [...] Dieses uns sichtbare, höchst erlesene Gefüge von Sonne, Planeten und Kometen konnte allein durch den Ratschluß und unter der Herrschaft eines intelligenten und mächtigen wahrhaft seienden Wesens entstehen» (Newton: 1988, 225 f.). Hier wurde die Unterscheidung Boyles wiederaufgegriffen zwischen dem Ursprung der Dinge und dem geregelten Fortschreiten der Natur. Wenn man davon ausgehe, daß «die erwähnten harten und festen Teilchen [...] bei der Schöpfung nach dem Plan eines intelligenten Wesens verschiedentlich angeordnet» und von dem, der sie schuf», geordnet worden seien, «so ist es unphilosophisch, nach einem anderen Ursprunge der Welt zu suchen oder zu behaupten, sie sei durch die bloßen Naturgesetze aus einem Chaos entstanden» (Newton: 1983, 267). Die Naturgesetze greifen demnach erst nach der Erschaffung des Universums. Newtons Wissenschaft entsprach einer genauen Beschreibung des bestehenden Universums, das eingebunden war zwischen der mosaischen Erzählung der Weltentstehung und dem in der Apokalypse vorgesehenen Weltende. Newton und seine Schule haben nie die Vorstellung von einer allein aus mechanischen Gesetzmäßigkeiten hervorgegangenen Welt hingenommen.

Leibniz und seine Kritik an der mechanistischen Lehre

Auch Leibniz hielt die Philosophie von Descartes, die jeder Art von mechanistischer Auffassung zugrunde lag, für außerordentlich gefährlich. Durch die Gesetze der Natur, so Descartes in den *Principia,* «wird die Materie alle Gestalten, deren sie fähig ist, nach und nach annehmen, und wenn wir diese Gestalten der Reihe nach betrachten, werden wir endlich zu der gelangen, welche die der jetzigen Welt ist» (Descartes: 1992, 83). Leibniz warf dagegen ein, wenn die Materie alle möglichen Formen annehmen könne, so folge daraus, daß nichts, was man sich an Unsinnigem, Wunderlichem und der Gerechtigkeit Widerstrebendem vorstellen möge, nicht schon vorgekommen sei oder nicht eines Tages vorkommen könne. Dann erwiesen sich, ganz gemäß Spinoza, die Gerechtigkeit, Güte und Ordnung als Begriffe, die allein auf den Menschen Bezug haben. Wenn alles möglich sei und wenn alles Mögliche in der Vergangenheit, Gegenwart und Zukunft enthalten sei (wie schon Hobbes behauptet hatte), dann gebe es keine Vorsehung. Sollte, gemäß den Behauptungen von Descartes, die Materie nach und nach alle nur möglichen Formen annehmen, so heiße dies, die Weisheit und Gerechtigkeit Gottes zu vernichten. Der Gott von Descartes, so Leibniz abschließend, «macht alles, was machbar ist, und durchläuft – nach einer notwendigen und unabwendbaren Ordnung – sämtliche nur möglichen Verbindungen: Dazu aber ist die reine Notwendigkeit der Materie hinreichend, d. h., sein Gott ist nichts anderes als diese Notwendigkeit» (Leibniz: 1875–1890, IV, 283, 314, 344, 399).

Aus der Sicht von Leibniz grenzte der Cartesianismus an den Materialismus. Nachdem er die Schule absolviert hatte, so schreibt er in einem autobiographischen Brief aus dem Jahre 1714, habe er die modernen Philosophen entdeckt: «Ich erinnere mich, wie ich im Alter von 15 Jahren in einem Wäldchen bei Leipzig [. . .] spazierenging, um darüber nachzudenken, ob ich an den substantiellen Formen festhalten sollte. Schließlich gewann der Mechanismus die Oberhand und brachte mich dazu, mich mit der Mathematik zu befassen. [. . .] Doch als ich die letzten Gründe des Mechanismus und der eigenen Gesetze der Bewegung suchte, war ich ganz überrascht zu sehen, daß es unmöglich war, sie in der Mathematik zu finden, und daß man zur Metaphysik zurückkehren mußte. Das führte mich zu den Entelechien und vom Materialen zum Formalen zurück» (Leibniz: 1989, V, 321). Seine Rückwendung zur Metaphysik sollte für die Entwicklung der Mathematik, Physik und Biologie außerordentlich wichtig werden. Neben dem Cartesianismus und Newtonianismus behauptete sich die Lehre von Leibniz als maßgebliche Metaphysik, die während des gesamten 18. Jahrhunderts und darüber hinaus großen Einfluß auf die Wissenschaft ausübte.

Für Leibniz war die mechanistische Lehre als solche unvollständig und mußte in einen größeren Zusammenhang gestellt werden: während sie sich für die Physik als nützlich erweise, sei sie auf metaphysischer Ebene völlig unzureichend. Die Erforschung der Universums und seines Aufbaus könne nicht von Überlegungen über die göttlichen Absichten getrennt werden, denn Erörterungen über ein Bauwerk anzustellen wollte immer auch heißen, die Absichten des Architekten zu durchschauen. Um eine Maschine zu erklären, müsse man «nach ihrem Zweck fragen und erweisen, inwiefern alle ihre Bestandteile demselben dienlich sind». Die modernen Philosophen seien «zu materialistisch» («trop materiaux»), zumal sie sich darauf beschränkten, die Gestalt und die Bewegungen der Materie zu behandeln. Es sei nicht hinreichend, daß die Physik nur erforsche, wie die Dinge seien, ohne sich die Frage nach dem Grund ihres Soseins zu stellen. Die letzten Gründe dienten nicht nur dazu, die göttliche Weisheit zu bewundern, sondern auch dazu «die Dinge zu erkennen und zu handhaben» (Leibniz: 1875–1890, IV, 339).

Leibniz übte Kritik an den Grundvoraussetzungen der mechanistischen Lehre, also im einzelnen an der Beschränkung der Materie auf reine Ausdehnung, der korpuskulären Beschaffenheit der Materie und ihrer Teilbarkeit in unteilbare Atome, an der Passivität der Materie und der Unterscheidung zwischen materieller und geistiger Welt.

Die geometrische, gleichmäßige und gleichförmige Ausdehnung erkläre weder die Bewegung noch den Widerstand der Körper gegen die Bewegung. Dieser Widerstand könne in keiner Weise von den Ausdehnung abgeleitet werden. Im Jahre 1686 veröffentlichte Leibniz unter dem Titel *Brevis demonstratio erroris memorabilis Cartesii* einen Aufsatz, der großes Aufsehen erregte. Descartes habe einen «denkwürdigen Irrtum» begangen, indem er davon ausging, daß die in der Natur befindliche Bewegungsmenge stets konstant sei (als Produkt von Masse und Geschwindigkeit eines Körpers). Was konstant bleibe, sei hingegen die *Vis viva* oder lebende Kraft (was später «kinetische Energie» oder «Bewegungsenergie» genannt werden sollte) als Produkt aus Masse und Geschwindigkeit im Quadrat. Die Cartesische Lehre setzte Bewegungsmenge und Bewegungsenergie gleich: Descartes und seine Anhänger waren diesem Irrtum verfallen, da sie vom Modell einfacher Maschinen ausgegangen waren. Demgegenüber vollzog Leibniz eine klare Trennung zwischen Statik und Dynamik (Westfall: 1982, 359).

Die lebende Kraft war für Leibniz keine Zahl oder rein mathematische Größe. Sie erwies sich darüber hinaus als Zeichen einer metaphysischen Wirklichkeit, deren Äußerungen nicht mit den Vorgaben der mechanistischen Lehre in Einklang gebracht werden könnten, ja eine Umkehrung derselben erforderlich machten. Materie und Bewegung waren nach seiner Ansicht nur phänomenale, als Bewegung in Erscheinung tretende Kundgebungen besagter metaphysischer Wirklichkeit, deren aktiver Pol aus dem (von Hobbes schon so genannten) *Conatus* (Trieb, Drang), der Energie oder *Vis viva* bestehe. Als passiven Pol nannte er die Archimaterie, die als Trägheit, Undurchlässigkeit oder Stoßwiderstand der Materie sinnlich wahrnehmbar sei. Die natürlichen Körper oder zusammengesetzten Stoffe seien phänomenale Wirkungen metaphysischer Punkte oder Kraftzentren bzw. einfacher und einzelner, von Gott unmittelbar geschaffener Stoffe, die Leibniz mit einem pythagoreischen und auf Giordano Bruno zurückgehenden Begriff «Monaden» nannte. Monaden kamen nicht durch einfache Teilung der Materie zustande: Ohne räumliche Dimension und Gestalt handelte es sich bei ihnen um in sich abgeschlossene, wechselseitig unabhängige Wesen («ohne Fenster»). Jede Monade war von repräsentativer Wirkung gegenüber dem Rest des Universums und besaß das Begehren oder Bestreben, von einem Zustand in einen anderen zu wechseln. Sie entsprach der Vorstellung von der menschlichen Seele. Die Lehre von den metaphysischen Punkten oder Kraftzentren bestärkte die Einheit zwischen materieller und geistiger Welt und stellte die qualitative Differenz von *res extensa* und *res cogitans* in Frage, die offenbar für die Cartesianer und Atomisten als gesichert galt.

Leibniz wies die Vorstellung völliger Leere und die These der Fernwirkung zurück, worin er mit Descartes übereinstimmte, aber in deutlichem Gegensatz zu Newton stand. In seinem zwischen 1715 und 1716 ausgetragenen Streit mit dem Newtonianer Samuel Clarke lehnte er den absoluten Raum ab: Zeit und Raum seien weder Stoffe noch absolute Wesen. Es handelte sich bloß um die Ordnung des Neben- und Nacheinanders, also um «relative Dinge». In einem Brief an den Jesuiten Honoré Fabri (um 1607–1688) erläuterte Leibniz seinen Standpunkt gegenüber den verschiedenen Schulen und Lehren: «Die Cartesianer halten die Ausdehnung für das Wesen des Körpers. Auch wenn ich die Leere nicht gelten lasse (in Übereinstimmung mit Aristoteles und Descartes, im Widerspruch hingegen zu Demokrit und Gassendi), so bin ich doch der Meinung, daß in den Körpern etwas Passives vorhanden sei, daß also die Körper dem Eindringen Widerstand leisten. Darin pflichte ich Demokrit und Aristoteles bei und distanziere mich von Gassendi und Descartes» (Leibniz: 1849–1863, VI, 98–100).

Leibniz hielt dafür, daß die Physik nicht auf Mechanik beschränkt werden könne und daß man zwischen Mechanik und Bewegungslehre (Kinematik) unterscheiden müsse (was Descartes und Huygens unterlassen hatten). Die Physik folge nicht dem Modell einer im Gleichgewicht verharrenden Waage, bei der sich die angreifenden Kräfte als gleich erwiesen. Die Kraft sei nur im statischen Zustand gleich der Bewegungsmenge (Westfall: 1984, 168). Leibniz prägte für jene Art von Mechanik, die sich mit dem Wesen von Kraft auseinandersetzte, den Dynamik-Begriff und benutzte ihn in «Über die Verbesserung der ersten Philosophen»: «Um davon einen Vorgeschmack zu geben, will ich vorerst sagen, daß der Begriff der ‹Kräfte› oder des Vermögens (virtus, den die Deutschen ‹Kraft›, die Franzosen ‹La force› nennen), für dessen Erklärung ich im besonderen die Wissenschaft der ‹Dynamik› bestimmt habe, sehr viel Licht zur Erkenntnis des wahren ‹Begriffs der Substanz› beträgt» (Leibniz: 1996, 199).

Die Begriffe Substanz und Wirkung überlagerten sich, Substanz sei Wirkung, und wo Wirkung sei, gebe es Substanz. Nicht alles Existierende sei lebendig, doch überall sei Leben vorhanden. Leibniz fand in der Biologie seiner Zeit zugleich Anregung und Bestätigung für seine Lehre. Beispielsweise setzte er die Entdeckungen unter dem Mikroskop in Verbindung mit seiner Vorstellung von Materie als grenzenloser Häufung von Monaden, wobei jedes Bruchstück der Materie mit einem Fischteich vergleichbar, und alle Teile desselben ihrerseits wiederum einem Teich ähnelten. In den *Nouveaux essais sur l'entendement humain* von 1703, die seine berühmte Kritik an Lockes Empirismus und seine Stellungnahme zugunsten eines potentiellen Nativismus enthalten, äußerte Leibniz den Wunsch, daß vom Mikroskop zunehmend stärker Gebrauch gemacht werde, um immer größere Ähnlichkeiten zwischen den Lebewesen aufzeigen zu können. Die als Entwicklung und Wachstum verstandene Fortpflanzung (ja, das gesamte Universum erschien ihm als Entfaltung innewohnender Möglichkeiten, die bereits in seinen Ursprüngen mitenthalten und wie in einem Embryo «vorprogrammiert» waren) ordnete er dem Bereich der sogenannten Präformationslehre zu.

In der wirklichen Welt, die Gott als «die beste» aller möglichen Welten auserwählt habe (unter Welten verstand er die Gesamtheit aller Möglichkeiten, die widerspruchsfrei nebeneinander bestehen konnten), lasse die bestehende Harmonie in der Natur keine Sprünge, Widersprüchlichkeiten und Gegensätze zu. Die Natur unterliege den Gesetzen der Stetigkeit und Fülle: In der Reihe der existierenden Substanzen seien alle möglichen quantitativen Abweichungen vorgesehen. Es gebe im Universum keinen Raum für zwei völlig übereinstimmende Seiende, zwischen denen es nicht möglich wäre, einen inwendigen Unterschied auszumachen (Prinzip der Identität des Ununterscheidbaren). Gott setze nicht, wie Descartes meinte, ewige Wahrheiten fest. Sein Wirken sei nicht willkürlich, vielmehr gehorche es dem Gesetz des ausgeschlossenen Widerspruchs und einer ursächlichen Logik.

Es gebe nichts und es geschehe nichts ohne einen Grund dafür, daß es genau so und nicht anders existiere oder geschehe. Die Tatsachenwahrheiten beruhten auf dem Prinzip des hinreichenden Grundes, wonach nichts in der Welt zufällig oder grundlos geschehe. Die Vernunftwahrheiten gründeten auf dem Prinzip des Widerspruchs; in jeder wahren Aussage sei das Prädikat mit dem Subjekt verknüpft («Praedicatum inest subjecto»). Leibniz war der Ansicht, daß die Wahrheit nicht – wie bei Descartes – auf der intuitiven Erkenntnis von Gewißheiten basiere, sondern von den Beziehungen der Ideen abhänge. Die möglichen Wesen, die *essentia*, unterstehen demnach der logischen Notwendigkeit, die wirklichen Wesen hingegen, die *existentia*, aus denen sich die Welt zusammensetze, verweisen auf die Wahl Gottes und auf das Prinzip des Besten, das dieser Wahl vorgeordnet sei.

Vernunft- und Tatsachenwahrheit seien für Gott deckungsgleich. Vom Standpunkt des Menschen aus müßten hingegen – im Interesse eines Verständnisses der Wirklichkeit – die Deduktionen und rationalen Erklärungen, welche die Formalwissenschaften kennzeichneten, eine Verbindung mit der Forschung eingehen, die der Frage gewidmet war, warum sich eine bestimmte Erscheinung wirklich in einer bestimmten Weise vollziehe. Die Untersuchung der natürlichen Welt beschränke sich nicht allein auf Deduktionen, sie bestehe nicht nur aus Mathematik, sondern auch aus Empirie. Das Verhältnis zwischen den einzelnen Erscheinungen sei mechanischer Art, doch liege ihrer Beziehung eine teleologische Ordnung zugrunde. Materialismus und Spinozismus erwiesen sich in den Augen von Leibniz als illegitime Kinder der neuen Naturwissenschaften.

10.

Die chemische Naturlehre

Die Chemie und ihre Ahnengalerie

Bei Überlegungen zur wissenschaftlichen Revolution hat es wenig Sinn, die Astronomie und die Chemie auf eine Stufe zu stellen und in einem einzigen, allgemeinen Diskurs abzuhandeln. Während die Astronomie im 16. Jahrhundert von Theorien durchdrungen war und hochentwickelte mathematische Verfahren anwandte, hatte die Chemie zu jener Zeit noch nicht das Profil einer geordneten und differenzierten Wissenschaft. Sie verfügte über keine Theorie der Wandlungen und Reaktionen und konnte auf keine einheitliche Entwicklung zurückblicken. Wie die Geologie oder der Magnetismus avancierte die Chemie erst im Übergang vom 17. zum 18. Jahrhundert zu einer Wissenschaft und ist damit, im Gegensatz zur Mathematik, Mechanik und Astronomie, ein Produkt der wissenschaftlichen Revolution. Die heutigen Chemiker finden in ihrer Ahnengalerie keine ehrwürdigen Bildnisse großer Wissenschaftler der Antike und der Renaissance, keinen Euklid, Archimedes oder Ptolemäus der Chemie. Wenn sie die Ahnenreihe abschreiten, sehen sie sich, mit einigem Mißvergnügen, in Gesellschaft von Alchimisten, Apothekern, Heilchemikern, Zauberern, Astrologen und anderen schillernden Persönlichkeiten.

Der Chemiker im engeren Sinne – also eine Figur, die mehr mit einem modernen Chemiker als mit den Alchimisten oder den Anhängern der hermetischen Lehre gemein hatte – kam um die Mitte des 17. Jahrhunderts auf, auch wenn er (bis auf wenige Ausnahmen) nicht offiziell als solcher anerkannt wurde und den Universitäten völlig fernstand. Er war Apotheker oder Arzt, wirkte in den Akademien für Mineral-, Gesteins- und Hüttenkunde oder in botanischen Gärten. Als Arzt oder Apotheker entwickelte er auf künstlichem Wege naturidentische Stoffe und war in seinem Wirken der hermetischen Lehre oder Paracelsus verpflichtet.

Die sogenannte *chemische Naturlehre* hat zweifellos Wurzeln in der hermetischen Lehre. Ihre theoretische Begründung fand sie in dem großartigen Werk des Schweizers Philipp Aureolus Theophrast Bombast von Hohenheim, bekannter unter dem lateinischen Namen Paracelsus (um 1493–1541). Viele Zeitgenossen und Wissenschaftler der Moderne waren davon fasziniert, ja die *chemische Naturlehre* spielte überhaupt eine sehr wichtige Rolle in der gesamten wissenschaftlichen Kultur des 17. Jahrhunderts. In der Ära von Descartes oder Campanella hielt man sie für ebenso revolutionär und wegweisend wie die mechanistische Lehre. Sie machte die auf den Lehren Galens basierende Medizin zunichte, stellte die medizinische Praxis auf eine völlig neue Basis und erschütterte die gesamte medizinische Lehre an den Universitäten. Die Hermetik und Paracelsus waren während des 17. Jahrhunderts keineswegs nur für elitäre Randgruppen von Interesse. In ganz Europa wurde über die chemische Naturlehre und die Theorien von Paracelsus mit ebenso großer Breitenwirkung und Heftigkeit debattiert wie seinerzeit über Kopernikus und dessen neue Astronomie. Seinen Höhepunkt erreichte der Einfluß von Paracelsus zwischen 1650 und 1670, zu Zeiten der puritanischen Herrschaft (Webster: 1982), also während der Lehrjahre des jungen Newton. Während diese Strömungen nur geringen Einfluß auf die Entwicklung der Physik und Astronomie hatten, gaben sie den vielfältigen, verstreuten Beobachtungen der Naturheilärzte und Quacksalber eine einheitliche Theorie an die Hand, die den Ausgangspunkt bildete für die Erforschung der Stoffe und für die Entwicklung von Laborverfahren.

Paracelsus

Paracelsus hatte ein sehr bewegtes Leben. Er wanderte lange Jahre durch ganz Europa, wobei er stets heftige Debatten und erbitterte Diskussionen auslöste. In der Johannisnacht des Jahres 1527 verbrannte er in einem von Studenten auf dem Basler Marktplatz entfachten Feuer die Bücher von Galen und Avicenna. Er neigte zu ungestümer Polemik und hatte von daher viele Bewunderer, aber noch mehr Feinde. Die Magie war für ihn «eine große verborgene Weisheit» und die Vernunft «ein großer allgemeiner Wahn». Er griff die Theologen heftig an, die die Magie ungerechtfertigterweise für Hexerei hielten, ohne deren wahre Natur zu begreifen. Mit noch größerer Leidenschaft attackierte er die Vertreter der herkömmlichen Medizin und die universitären Lehrmethoden zur Ausbildung der Mediziner. Sich selbst hielt er für einzigartig: das Wort «bombastisch» leitet sich angeblich aus seinem Namen her. Die neue Medizin ruhte, nach Paracelsus, auf vier Säulen. Es handelte sich um die *Philosophie* als Kenntnis der unsichtbaren Natur aller Dinge; die *Astrologie* als Bestimmung des Einflusses, den die Sterne auf das körperliche Wohlbefinden ausüben; die *Alchimie,* die Arzneien herstellt, um das von einer Krankheit gestörte Gleichgewicht wiederherzustellen; sowie die Ethik oder Tugend und Redlichkeit des Arztes. Die Chemie stand in enger Wechselbeziehung zur Medizin und entwickelte sich auf diesem Wege zu einer neuen eigenständigen Wissenschaft, der Iatro- oder Heilchemie. Die Alchimie diente dabei vor allem zur Destillation und chemischen Analyse von Mineralien für die Herstellung wirksamer Heilmittel.

Die Medizin dürfe sich demnach nicht nur mit dem menschlichen Körper beschäftigen. Man müsse sich darüber im Klaren sein, daß die Medizin ihr Wissen aus den Sternen herleite und daß aus den Sternen die Mittel zur Heilung erwuchsen. Die Ausbildung des Arztes müsse in einer Weise vonstatten gehen, daß ihm die Medizin durch himmlische Vermittlung nahegebracht werde, etwa so wie bei Prophezeiungen und anderen himmlischen Begebenheiten (Paracelsus: 1922–33, VIII). Grundlage war die Entsprechung von Makro- und Mikrokosmos: sie stand im Zentrum von Überlegungen, bei denen sich magisch-alchimistisch inspiriertes und der Astrologie nahestehendes Gedankengut zu einer für den neuplatonischen Mystizismus typischen Auffassung verbanden. Die unsichtbaren Geister oder Naturkräfte gaben demnach den Dingen Leben. Diese ursprünglichen Geister oder *arcana* bzw. *semina* kamen von Gott, der die Dinge als Urstoff *(materia prima),* und nicht in ihrer letzten, vollendeten stofflichen Qualität *(materia ultima)* geschaffen hatte: die Welt entsprach einer steten chemischen Verwandlung des Urstoffs hin zu seiner Vollendung im Endstoff. Unter Elementen verstand Paracelsus Urformen, die den natürlichen Dingen innewohnten und ihnen spezifische Eigenschaften verliehen. Die praktisch behandelbaren und analysierbaren Stoffe seien kaum mehr als Andeutungen oder äußere Hüllen der wahren geistigen Elemente. Der wasserartige Urstoff, das *Mysterium Magnum* oder *Iliastrum,* sei die Mutter oder der Quell aller Dinge. Auch die anderen drei traditionellen Elemente (Feuer, Erde, Luft) seien Matrizes. Pflanzen, Mineralien, Metalle bzw. Tiere gingen aus den vier Elementen als deren Frucht hervor. Im Werk *Archidoxis*, das um 1525 entstand und 1569 posthum veröffentlicht wurde, wie auch im *Liber de mineralibus* fand sich neben der Theorie von den Elementen als Matrizen der Körper auch eine Theorie ihrer Grundbestandteile Sal, Sulphur und Merkur (Salz-, Schwefel- und Quecksilberessenz). Auch diese *tria prima* seien geistige Stoffe und entsprächen dem Körper, der Seele und dem Geist. Salz binde die Körper, Quecksilber verflüssige sie, während Schwefel sie brennbar mache. Die Eigenschaften der drei Grundbestandteile seien von Körper zu Körper unterschiedlich, ja es gebe, den jeweiligen Naturstoffen entsprechend, verschiedene Arten von Schwefel, Quecksilber und Salz: «ein ander sulphur im golt, ein ander im Silber, ein ander im eisen, ein ander im Blei, Zinn [...] ein ander in steinen, kis, salibus, fontibus und nicht alein so vilerlei sulphur, sonder auch so vilerlei ein ander sal. als ein anders in metallen, ein anders in gemmis, ein anders in steinen, ein anders in salibus, ein anders im vitriol, ein anders im alaun. desgleichen nun auch mit den mercuriis» (Paracelsus: 1922–33, III, 42).

Die Chemie sei der Schlüssel für die Zusammensetzung der Welt und die Schöpfung eine chemische «Scheidung» Gottes: zunächst würden die vier Elemente voneinander getrennt; dann werde aus dem Feuer das Himmelsgewölbe geschieden, aus der Luft die Geister, aus dem Wasser die Meerespflanzen und aus der Erde Holz, Gestein, Erdpflanzen, Tiere, bis hin zu den einzelnen Dingen und Lebewesen. In der *Philosophia ad Athenienses* (1564 veröffentlicht) handelte Paracelsus den gesamten Schöpfungsvorgang mit alchimistischen Begriffen ab.

Die Paracelsianer

Die großen Debatten über die Lehre von Paracelsus fanden gegen Ende des 16. Jahrhunderts ihren Niederschlag vor allem in der *Idea medicinae philosophicae* von Petrus Severinus (Soerensen) aus dem Jahre 1571, im *Compendium* von Jacques Gohory (Leo Suavius, 1520–1576, Advokat am Parlement de Paris und Urheber einer französischen Übersetzung Machiavellis) von 1567 und in Gerald Dorns (gest. 1584) *Clavis totius philosophiae chymicae,* ebenfalls von 1567. Die *Basilica chymica* aus der Feder von Oswald Croll (um 1560–1609) wurde im Todesjahr ihres Verfassers veröffentlicht. Sie erfuhr in der ersten Hälfte des 17. Jahrhunderts insgesamt achtzehn Auflagen, und zwar in der lateinischen Originalfassung und in den führenden europäischen Sprachen. Besonderer Erfolg war den Zusammenfassungen von Robert Fludd (1574–1637) beschieden, mit denen sich in den Jahren von 1617 bis 1621 Kepler, Mersenne und Gassendi auseinandersetzten. In der Schrift *Utriusque cosmi historia* von 1617–18 war das Vorhaben einer mystisch-alchimistischen Darstellung des Schöpfungsvorgangs Grundlage einer *mosaischen Philosophie*, nach der Dunkelheit, Licht und Wasser des Buches Genesis der alten Vier-Elementen-Lehre vorgeordnet waren. Fludd wurde von den Programmschriften der Rosenkreutzer und dem Zahlenmystizismus pythagoreischer Prägung maßgeblich beeinflußt.

Eine von Paracelsus in die medizinische Praxis eingeführte Neuheit war die Nutzung von Mineralstoffen als Heilmittel. Die Chemie oder spagirische Kunst wurde eine der Säulen der Medizin. Nach Joseph Duchesne (Quercetanus, um 1544–1609) lehrte die Chemie «die Zusammensetzungen, die Scheidungen, die Zubereitungen, die Veränderungen und schließlich die Ausdünstungen aller gemischten Körper [...]. Sie veranschaulicht das Destillationsverfahren, wobei sie sieben Eingriffe vornimmt [...], um alle Umwandlungen vollständig durchzuführen, wobei wir unter Umwandlungen einen Vorgang verstehen, bei dem ein Ding seine äußere Form verliert und so verändert wird, daß es nicht mehr seiner ersten Form gleicht, sondern eine neue Form sowie ein neues Wesen und eine andere Farbe annimmt, ja schließlich von anderer Beschaffenheit ist als vorher und neue

Eigenschaften besitzt. Die sieben Stufen dieser spagirischen Eingriffe sind: Kalzination (Zersetzung durch Erhitzen), Digestion (Auslaugung), Fermentation (Gärung), Destillation (Verdampfung und Wiederverflüssigung), Zirkulation, Sublimation (Übergang in den Gaszustand), Fixation (Verfestigung)» (Quercetanus: 1684, 7).

Auch der belgische Arzt Jean Baptiste van Helmont (1579–1644) entwarf eine umständliche chemische Kosmologie, die auf der «chemischen» Deutung der Genesis beruhte. Nach der Veröffentlichung von Mersennes *Questiones celeberrimae in Genesim* im Jahre 1623 (worin die Magie als antichristlich gegeißelt wurde) galten die Alchimie und die Lehren von Paracelsus gemeinhin für noch gefährlicher als in den Vorjahren. Van Helmont wurde vor das Gericht von Mecheln-Brüssel zitiert und im Hinblick auf vierundzwanzig Sätze in seinen Schriften verhört. Er gestand seine Fehler ein und unterwarf sich zunächst 1627 und abermals 1630 dem Urteil der Kirche, nachdem die Theologische Fakultät der Universität Leuven und das Ärztekollegium von Lion neue Vorwürfe gegen ihn geltend gemacht hatten. Abermals beschuldigte man ihn, dem Aberglauben und teuflischer Magie zu huldigen: im März 1634 wurde er festgenommen, einem Minoritenkloster in Brüssel unterstellt, während man seine Bücher und Handschriften beschlagnahmte. Erneut distanzierte er sich von seinen Irrtümern, doch hielt man ihn über zwei Jahre in Hausarrest. Erst im Jahre 1642 erhielt er eine Publikationsgenehmigung. Die mehr als eintausend Seiten umfassende Sammlung seiner Schriften wurde 1648, vier Jahre nach seinem Tod, unter dem Titel *Ortus medicinae* veröffentlicht und gehört zu den verbreitetsten naturwissenschaftlichen Schriften des 17. Jahrhunderts. Bis zum Jahre 1707 wurde sie ganze sieben Mal in lateinischer Sprache aufgelegt und darüber hinaus ins Englische, Französische, Deutsche und (als kurzer Abriß) ins Flämische übersetzt.

Van Helmont stellte sich die Natur als eine lebende und belebte Welt vor, der ein Bewegungsgesetz zugrunde lag. Die Vorstellung eines Parallelismus von Makro- und Mikrokosmos sei zwar «poetisch und metaphorisch, doch weder natürlich noch der Wirklichkeit entsprechend». In der Natur wirkten seines Erachtens nur zwei Elemente: das Wasser und die Luft. Das Feuer sei hingegen kein Element, sondern nur ein auf die Körper anwendbares Mittel, um deren Zusammensetzung zu verändern. Erst wenn man die Körper mittels des Feuers zerlege, erhalte man die *tria prima* von Paracelsus. Diese Auffassung von Feuer, das einerseits kein Element darstellte, zum anderen aber nicht nur zusammengesetzte Stoffe zerlegte, sondern darüber hinaus auch Stoffklassen schuf, diese Vorstellung sollte Robert Boyle und seine Ideen über die chemischen Elemente maßgeblich beeinflussen (Abbri: 1980, 77). Van Helmonts Interesse an Gewicht und Quantifikation, seine Zustimmung zur These der Existenz von Leere und seine Polemik gegen den *Horror Vacui,* auch seine Definition von Gas als etwas, das nicht in einem Körper, sondern selbst Körper ist (in einer von der Urform abweichenden Erscheinung) und auf jeden Fall eine bevorstehende Umwandlung signalisiert, schließlich seine Erklärung der Verdauung durch Einwirkung von Säure als Wirkstoff der Nahrungsumsetzung sind als wichtige wissenschaftliche Errungenschaften gewürdigt worden (Debus: 1977, 329–342).

Die Iatro- oder Heilchemiker

Es steht außer Zweifel, daß sich die Chemie als praktische und analytische Kunst schon im Verlauf des 17. Jahrhunderts von der kosmologischen, biblischen und metaphysischen Sphäre gelöst hat, in der bis dahin alle Gedanken über die Grundbestandteile, die Elemente, die Stoffe und deren Veränderungen angesiedelt waren. Allerdings handelt es sich um eine keineswegs geradlinige Entwicklung, deren Behandlung stets die Gefahr in sich birgt, einzelne, uns plötzlich vertraut erscheinende Äußerungen isoliert zu betrachten. Ein umfassende, von den theoretischen Vorgaben völlig losgelöste Sammlung medizinischer Rezepte ist in dem Werk *Tyrocinium chimicum* (1610) von Jean Beguin (um 1550–1620) zu finden, dessen französische Übersetzung große Verbreitung fand. Es gebe Künste, wie etwa die Architektur, die ihren Gegenstand durch die Zusammenfügung von mehreren Teilen ins Leben riefen. Andere hingegen, etwa die Chemie, «zerlegen ihren Gegenstand und öffnen ihn, um sein Innerstes und den Urgrund seines Wesens zu erblicken [...], um die verborgenen oder nur verschütteten und wegen Unreinheiten in ihrer Wirksamkeit eingeschränkten Eigenschaften zu gewinnen oder sie von den ihre Kraft hemmenden Einflüssen zu befreien» (Beguin: 1665, 27).

Die Fähigkeit, verborgene Eigenschaften aufzudecken, war eindeutig praktischer Natur. Dies wird sehr deutlich im Wirken des in Karlstadt geborenen, doch vor allem in Holland tätigen Autodidakten Johann Rudolph Glauber (1604–1668), der als der führende analytische Chemiker des 17. Jahrhunderts anzusehen ist. Sein Werk *Furni novi philosophici oder Beschreibung einer neu erfunden Distillirkunst* wurde zwischen 1646 und 1650 veröffentlicht und ins Lateinische, Französische und Englische übersetzt. Die Beschreibung des neuen Destillationsverfahrens bezog sich in der Hauptsache auf die Herstellung von Salpeter-, Salz- und Schwefelsäuren und einiger daraus hervorgehender Salze. Durch Reaktion von Schwefelsäure mit Kochsalz stellte Glauber Natriumsulfat her, nannte es Glaubersalz und machte damit beachtliche Gewinne, zumal er das Produktionsverfahren geheimhielt. Glaubersalz wurde, neben Magnesiumsulfat, zu einer Modearznei des Zeitalters. Glauber hielt im Sinne von Paracelsus an einer metaphysischen Dimension seiner Arbeit fest: überzeugt von der Existenz eines Ursalzes erklärte er schließlich Salpeter, das als Bestandteil von Schießpulver allgemein von starkem Interesse war, für das Universalsalz. Zwischen 1656 und 1661 veröffentlichte er sein sechsteiliges Werk *Deß Teutschlandts Wohlfahrt,* worin er die These vertrat, die chemische Naturlehre hätte die Niederlagen des Dreißigjährigen Krieges verhindern und Deutschlands Stellung als «Weltenherrscher» sicherstellen können: «Wer das Feuer wohl kennt und zugebrauchen weiß / wird kein mangel leyden / der es aber nicht kennt / hat nicht viel vergessen / und wird die verborgene Schätze der Natur wol ungefunden lassen. Daraus kann ein jedweder sehen / was wir Teutschen für mächtige Schätze unwissent besitzen / und uns nicht zu nutz machen wissen: [...] (daß wir mehr auff fressen / sauffen / müssig gehen als auff gute Künst und Wisschaft uns legten)» (Glauber: 1658–1659, 348).

Die Chemie und die mechanistische Naturlehre

Die Ideen, Methoden und Ansichten der mechanistischen Naturlehre sind in einem eigenen Kapitel behandelt, in dem auch Robert Boyle (1627–1691) erwähnt wird, der für die Auseinandersetzung um die Tragweite der mechanistischen Lehre von zentraler Bedeutung war. Boyle hielt die Wissenschaft der Chemie für geeignet, den mechanistischen Ansatz zu stützen und zu bestätigen. Sein Werk *The Sceptical Chymist* von 1661 enthielt keineswegs eine Theorie der chemischen Elemente, wie man noch heute in manchem Handbuch lesen kann. Nach Ansicht Boyles gab es nämlich keine qualitativ unterscheidbaren Elemente: die Materie bestehe eben nicht, wie bis dato unbestritten war, aus den vier Aristotelischen Elementen oder den *tria prima* eines Paracelsus bzw. den fünf Grundstoffen der jüngeren französischen Chemie, vielmehr handele es sich um eine stoffliche Einheit aus gleichförmigen Teilchen, die sich miteinander zu jenen Körpern verbinden könnten, die den Gegenstand der Chemie bilden. Im Hinblick auf diesen Punkt nahm er eine eindeutige Stellung ein: «Warum muß man unbedingt glauben, daß es einfache Urkörper gebe, welche als vorgegebene Elemente von der Natur dazu verwendet werden müßten, alle anderen zu bilden. Ich sehe auch nicht ein, warum wir nicht annehmen sollten, daß die Natur in der Lage sei, die als gemischt angenommenen Körper, durch verschiedene Umwandlungen und Entwicklungen ihrer kleinsten Teilchen, einen aus dem anderen hervorgehen zu lassen, ohne dabei die Materie – wie behauptet – in jene einfachen, einheitlichen Substanzen auflösen zu müssen» (Boyle: 1772, I, 583). An anderer Stelle äußerte er sich in ähnlicher Weise: «Salz, Schwefel und Quecksilber sind nicht die einfachsten Urbestandteile der Körper, sondern vielmehr erste Zusammenballungen von einfacheren Teilchen und Korpuskeln, die nur mit den [...] Ureigenschaften der einfachen Körper ausgestattet sind, also Größe, Form und Bewegung oder Ruhe [...]. Da diese Erklärungen einfacher sind und von mechanistischer Art, so können sie als allgemeingültiger und befriedigender erachtet werden» (Boyle: 1772, IV, 281).

Die Idee von der Umwandlung der Körper ist für Boyle eine natürliche Folge aus seiner korpuskularen Auffassung von der Materie. Die *tria prima* seien durch Feuereinwirkung hervorgerufene Zusammenballungen von Teilchen. Er teilte mit van Helmont die Ansicht, daß Feuer zur Bildung von Stoffen diene und befaßte sich auch mit der Verbrennung, Kalzination (Zersetzung durch Erhitzen) und Atmung. Die Vorstellung von der Luft als einfachem elementarem Körper lehnte er ab, während er die Atmosphäre als «einen großen Treffpunkt oder *rendez-vous* von himmlischen und irdischen Ausströmungen» (Boyle: 1772, IV, 85 f.) bezeichnete und darin drei Typen oder Klassen kleinster Teilchen festmachte: Teilchen, die von Dämpfen oder trockenen Ausdünstungen der Gesteine, Pflanzen und Tiere herrührten; dann die noch feineren Teilchen der von der Erdkugel ausgehenden magnetischen Dämpfe bzw. die zahllosen von der Sonne und den anderen Sternen ausgestoßenen Teilchen, die jene Erscheinungen begründeten, die wir Licht nennen; und schließlich eine dritte Kategorie, «deren Dehnbarkeit weder zeitlich begrenzt ist noch von äußeren Faktoren herrührt, sondern stetig vorhanden ist. Sie könne mit dem Begriff *permanenter Luft* bezeichnet werden» (Boyle: 1772, V, 614 f.). Hinter diesen Überlegungen standen die berühmten Experimente Boyles über die Dehnbarkeit der Luft und die Begründung des später sogenannten Boyle-Mariotteschen Gesetzes, wonach ein festes mathematisches Verhältnis zwischen dem auf eine Luftmasse ausgeübten Druck und deren Volumen besteht.

Mechanismus und Vitalismus

Die moderne chemische Lehre setzt die Existenz von Elementen voraus, als einer gewissen Anzahl von Stoffen, die mittels einer bestimmten Reihe von Versuchen erwiesen worden sind. Die chemische Wissenschaft konnte, nach der Vorstellung Boyles, wahrhaft jedes Ding in jedes andere umwandeln. So gesehen erwies sich die mechanistische Lehre als geradezu hinderlich für sein chemisches Verfahren (Westfall: 1984, 100). Dennoch ist nicht von der Hand zu weisen, daß die Übernahme der mechanistischen Lehrsätze seitens der Chemiker, trotz einzelner Unsicherheiten und Widersprüche, von bahnbrechender Wirkung war. Im Laufe des 17. Jahrhunderts änderten sich außerdem nicht nur die Methoden, Grundsätze und Lehren, die der Forschungsarbeit der Chemiker zugrunde lagen, sondern auch deren soziale Stellung: die Gesellschaft brachte dem Wirken der Chemiker immer mehr Achtung entgegen.

Der Arzt und bedeutende Vertreter deutscher chemischer Forschung Georg Ernst Stahl (1660–1734) war sich zu Beginn des 18. Jahrhunderts der einschneidenden Wirkung und Tragweite dieser Wende voll bewußt. So schrieb er 1723, die Chemie habe über zweihundert Jahre lang fest in Händen von Scharlatanen gelegen «indeme [...] mit gerühmter dieser Wissenschaft auf das allerunverschämteste verfahren, und dadurch eine Anzahl unberichteter leichtgläubiger Leute, theils an ihrem Vermögen, theils gar an ihrem Leib, Gesundheit und Leben, durch betrügliche Versprechen und vermessene Unterfangen, in manchfaltigen ja vielmahlen unwiederbringlichen Schaden gesetzt worden; biß endlich näheren ja selbst nächsten Zeiten, kaum eine mäßige Anzahl wohlbedächtlicher Personen sich gefunden, welche diese Wissenschaft etwas gründlicher zu erwägen, betrachten, ja zu begreifen und in Übung zu bringen sich beflissen und bemühet haben». Ihre geringe Zahl dürfe niemanden verwundern. Es sei nur natürlich, daß «die fast durchgehends falsch, ja selbst betrüglich befundene Goldmacherey-Hoffnungen und Versprechen, theils Apothekarische und Medicinalische, eben so nichtig und unerfindliche Verheissungen, vor allerhand Allgemeinen Artzneyen oder zu besondern Kranckheiten, kräftigsten und unfehlbaren Arcanen und Geheimnüssen» bei ehrbaren und empfindsamen Menschen Abscheu und Ekel gegen die Chemie als ein von Schwindel und Betrug gekennzeichnetes Wissen haben aufkommen lassen (Stahl: 1723, 2–3).

In den Jahren, da Stahl diese Zeilen niederschrieb, waren schon einige Bücher erschienen, die in einer deutlichen und verständlichen Sprache, d. h. also mit großer Klarheit, Rechenschaft über die durchgeführten Experimente ablegten. Im *Cours de chimie* des französischen Apothekers Nicolas Leméry (1645–1715), der erstmals 1675 erschienen war und mehr als dreißig Auflagen erlebte, wurde versucht, die iatrochemische und mechanistische Lehre miteinander zu verbinden. Die darin vorkommende Neudefinition des *Prinzips* war von bemerkenswerter Breitenwirkung: «Es ist offensichtlich, daß diese Prinzipien noch weiter unterteilbar sind in eine Unendlichkeit von Teilchen, die an sich mit voller Berechtigung *Prinzipien* genannt werden könnten. Wir bezeichnen von daher mit dem Begriff chemischer *Prinzipien* nur solche Stoffe, die so weit geschieden und zergliedert sind, wie es irgend in unseren schwachen Kräften steht» (Leméry: 1682, 8).

Es blieb die Frage, wie die mechanistische Korpuskellehre mit der Elementenlehre in Einklang zu bringen war. Wie konnte man nun wirklich die Stoffe voneinander unterscheiden? Es bedurfte einer beständigen Größe zwischen den unsichtbaren Teilchen (von denen man unterschiedliche Vorstellungen haben konnte – etwa mit Haken oder Spundungen. Der holländische Physiker Nicolaus Hartsoeker versuchte sie 1706 sogar graphisch darzustellen) und der sinnlich wahrnehmbaren Welt. Die oben zitierte Passage von Stahl setzte die neue, nun endlich «wissenschaftliche» und damit dem fürstlichen Schutz würdige Chemie von der Pfuscherei paracelsischer Prägung ab. Dessenungeachtet hielt er es für geboten, zur wesensphilosophisch begründeten Chemie der Prinzipien und Elemente zurückzukehren, da er der Überzeugung war, daß die in der mechanistischen Lehre verankerte und von Newton vertretene Auffassung absoluter Einheitlichkeit der Materie die Forschung in eine Sackgasse führen könnte. Damit nicht genug, war Stahl ein großer Bewunderer der *Physica subterranea* von Joachim Becher (1635–1682). Er selbst ließ das Werk Bechers aus dem Jahre 1669 unter diesem Titel nachdrucken. Gleich im Anschluß an die oben angeführten Sätze nahm Stahl auf Becher als einen großen, unersetzlichen Meister Bezug (Stahl: 1723, 5–10). Wenn man sich die *Physica subterranea* genauer ansieht, hat man allen Grund zur Verwunderung. Denn in diesem Buch sind – abgesehen von der Dreiteilung des Elementes Erde, die sowohl für die Mineralogie als auch für die Chemie Bedeutung erlangen sollte – alle für die Paracelsische Lehre kennzeichnenden Themen anzutreffen: die Vorstellung, daß die Erforschung der Natur ihren Ausgang von der mosaischen Erzählung des Schöpfungsaktes nehmen sollte, die Analogie von Makro- und Mikrokosmos, die Parallelisierung von Pflanzen und Tieren, der Glaube an die Urzeugung, die These, wonach die Metalle im Erdinneren «wüchsen» und schließlich die Gleichstellung vom stetigen und ewigen Umlauf in der Natur mit der chemischen Destillation.

Um die Erscheinungen der Verbrennung, Kalzination (Zersetzung durch Erhitzen) und Atmung zu erklären, griff Stahl neuerlich auf Becher zurück und führte den Begriff des ‹Phlogiston› als eines Verbrennungsgrundstoffes in die chemische Wissenschaft ein. Das mit ‹brennbar› zu übersetzende Adjektiv *phlogistòs* ist schon bei Sophokles und Aristoteles nachgewiesen (Partington: 1961–1962, II, 667f.). Das brennbare Phlogiston entsprach der *zweiten Erde* Bechers oder auch dem Schwefel oder Brennstoff bei Paracelsus. Dieser Begriff vermochte die Verbrennung und Kalzination von Metallen (Oxydation) anscheinend hinreichend zu erklären: ein Stoff brenne, wenn er das Phlogiston enthalte. Dasselbe werde während des Brenn- und Kalzinierungsvorgangs von den Körpern ausgestoßen und verliere sich in der Luft. Wie Ferdinando Abbri gezeigt hat, gab es nie eine spezifische Phlogistontheorie. Während des 18. Jahrhunderts, bis zur großen begrifflichen Revolution von Antoine Laurent Lavoisier (1734–1794), hatte das Wort ‹Phlogiston› je nach Theorie unterschiedliche Bedeutungen. Es handelte sich um einen völlig überladenen Begriff, eine wahre «begriffliche Ziehharmonika» (Abbri: 1978, 1984).

‹Phlogiston› gehört zu einer Reihe von überholten Worten, zu der auch Begriffe zählen wie: die Himmelssphären, die Triebkräfte der Planeten, der Impetus als eine Art innerer Schwungkraft, der Cartesische Wirbel, der Wärmeantrieb, der weibliche Samen, die Spermenaura, der animalische Magnetismus, die physiologische Lebenskraft, der Lichtäther oder das Kernelektron. Die Wissenschaftsgeschichte weist viele solcher Größen auf, die zu ihrer Zeit für wahr gehalten, durch die Praxis erprobt und verbissen verteidigt wurden. Diese Begriffe zeugen von Phänomenen, die aus der Welt der Physik und den heutigen wissenschaftlichen Handbüchern verschwunden sind, die Forschung nicht mehr interessieren und nur noch wissenschaftsgeschichtliche Bedeutung haben.

11.
Die Lehre vom Magnetismus

Merkwürdige Vorgänge

Wenn man Erscheinungen wie die der *Anziehung* und *Abstoßung* beobachtete, war es durchaus naheliegend, auf ‹anthropomorphe› Begriffe wie *Sympathie* und *Antipathie* zurückzugreifen, die über Jahrtausende die Beobachtung und Erforschung der Natur geprägt hatten. Die wundersame und erstaunliche Wirkung von Magneten hat eine schier unendliche Fülle an Schriften hervorgebracht, in denen erzählt wurde, wie elektrische Fische sich an die Schiffe hängten und deren Fahrt verlangsamten, wie magnetische Inseln die Nägel aus den Schiffsrümpfen zogen, oder in denen von Heilkräften des Magneten gegen Hexerei die Rede war. Von Niccolò Cabeo ist eine Liste weitverbreiteter Überzeugungen dieser Art aus dem Jahre 1629 überliefert: der Geruch von Knoblauch könne die Kraft eines Magneten schwächen oder ganz aufheben; ein dazwischenliegender Diamant hindere den Magneten daran, Eisen anzuziehen; Ziegenblut wiederum hebe dieses Hindernis auf, der Magnet könne ein Ehepaar versöhnen, einen Ehebruch aufdecken oder auch als Liebesfilter benutzt werden. Er fördere die Beredsamkeit und sei fähig, das Wohlwollen der Fürsten zu wecken (Cabeo: 1629, 338).

Ein Eisenmineral, der Magneteisenstein (Magnetit), hat die merkwürdige Eigenschaft, Eisen stark anzuziehen. Eine Stahlnadel, die mit einem Stück Magneteisenstein in Berührung gebracht wird, kann daraufhin selbst Eisenteilchen anziehen. Wenn diese Nadel horizontal um ihren Schwerpunkt kreisen kann, weist immer dasselbe Ende in Richtung auf den geographischen Nordpol der Erde.

Wenn man Bernstein, Glas, Ebonit oder Siegellack an einem Seiden- oder Wolltuch reibt, ziehen sie Papierstückchen, Haare oder Strohhalme an. Der Begriff Reibungselektrizität bezeichnet heute alle Formen von elektrischer Aufladung durch Reibung, wobei unterschieden wird zwischen Isolatoren, bei denen sich die elektrische Aufladung auf die Kontaktpunkte beschränkt, und Leitern, deren gesamte Oberfläche aufgeladen wird. Es war mit vielen Schwierigkeiten verbunden, auf dem hier beschriebenen Gebiet zu einer gewissen Systematik und zu Lehrsätzen zu gelangen, da viele Unwägbarkeiten auftreten konnten. An einem feuchtschwülen Sommertag oder in Anwesenheit einer großen, ein wenig schwitzenden Zuschauermenge konnten Experimente, die zuvor mehrfach mit Erfolg durchgeführt worden waren, unerklärlicherweise mißlingen. Die ersten Erforscher elektrischer Phänomene waren sich der Wirkung von Feuchtigkeit und Trockenheit nicht bewußt. Die Reaktionen im Umgang mit Gemmen und Edelsteinen, denen sich viele frühe Wissenschaftler vorzugsweise widmeten, waren genauso unvorhersehbar wie Versuche mit Glas. Auch Newton hob in einem Schreiben an die Royal Society vom Dezember des Jahres 1675 nachdrücklich hervor, wie ungleichmäßig und unberechenbar reibungselektrische Erscheinungen seien (Heilbron: 1979, 3–5).

Die von der mechanistischen Lehre entwickelten Modelle schienen für die Deutung von Erscheinungen, bei denen ‹Anziehung›, ‹Sympathie› und ‹Antipathie› im Vordergrund standen, nicht angemessen zu sein. Es war wirklich ein schwieriges Unterfangen, kaum faßbare Größen messen zu wollen, deren Verhalten sich stetig und, wie man annahm, ohne jegliche Steuerungsmöglichkeit änderte. Es hatte den Anschein, daß die Mathematisierung, die auf dem Gebiet der Mechanik und Astronomie zu unbestreitbaren Erfolgen geführt hatte, keineswegs auf das ganze Reich der Natur anwendbar war. Kepler benutzte das Buch von William Gilbert über den Magnetismus und zitierte daraus, doch kam er, wie schon Gilbert, nicht über qualitative Analogien hinaus, als er die Existenz einer magnetischen Triebkraft, ja einer treibenden *‹anima›* in der Sonne vermutete. Galilei war der Überzeugung, Gilbert habe zwar richtige Schlüsse gezogen, die wahren Ursachen dieser Schlußfolgerungen jedoch vergeblich gesucht, da er seine ‹Gründe› mit schlüssigen ‹Beweisen› verwechselt habe: «Eines vermisse ich allerdings bei Gilbert, er hätte etwas mehr Mathematiker und namentlich in der Geometrie gut beschlagen sein sollen» (Galilei: 1982, 425) – ein durchaus berechtigter, aber frommer Wunsch Galileis.

Die methodische und theoretische Scheidung zwischen der

Mechanik und der Erforschung des Magnetismus, der Elektrizität und der Wärme sollte noch lange vorhalten. Erst im Verlauf des 18. Jahrhunderts wurden hinsichtlich der Meßverfahren und der Theoriebildung einige Meilensteine gesetzt. Doch die Bestimmung meßbarer Größen (wie etwa die Ladung, Spannung, Kapazität, das Potential, das elektrische Feld usw.) – und damit die Entstehung der Elektrizitätslehre als Wissenschaft – fällt erst ins späte 18. Jahrhundert. Die drei führenden Theoretiker, der französische Ingenieur Charles Coulomb, der englische Lord Henry Cavendish und der italienische Physiker Alessandro Volta wirkten in den letzten Jahrzehnten des 18. Jahrhunderts und starben 1806, 1810 beziehungsweise 1827. Es ist kein Zufall, daß John L. Heilbron, der Verfasser der nach wie vor besten Geschichte der Elektrizität, nur wenig mehr als fünfzig Seiten dem 17. Jahrhundert gewidmet, dahingegen fast dreihundert Seiten auf das 18. Jahrhundert verwendet hat.

William Gilbert

Es ist wirklich schwer zu entscheiden, ob es sich – vorausgesetzt, man halte eine solche Frage überhaupt für sinnvoll – bei dem Werk *De magnete magneticisque corporibus et de magno magnete Tellure physiologia nova,* das im Jahre 1600 in London erschien und aus der Feder des englischen Arztes William Gilbert (1540–1603) stammte, um das letzte Aufflackern einer der Renaissance verbundenen magischen Naturauffassung handelte oder um eine frühe Arbeit der modernen experimentellen Wissenschaft. Das Buch, dessen erstes Kapitel eine Übersicht der Literatur zur Naturmagie bietet, ist schon beiden Sphären zugeordnet worden. In der Tat hatten Gilberts Forschungen weder mit der Mathematik und ihren Methoden, noch mit der Mechanik im Sinne Galileis zu tun. Man findet in seinem Buch keine Messungen, da die von Gilbert durchgeführten Experimente rein qualitativer Art waren. Im Grunde stand seine Arbeit den Methoden von Giambattista Della Porta nahe, auch wenn seine Versuche von größerem Einfallsreichtum zeugen, mehr Details aufweisen, ja generell mit größerer Sorgfalt durchgeführt wurden. Auch seine Zielsetzungen entsprachen weitgehend den Auffassungen, die man in zeitgenössischen Abhandlungen antreffen kann: es ging ihm darum, die «verborgenen Ursachen» und die «Geheimnisse der Dinge» aufzudecken, die «grundlegenden magnetischen» und die medizinischen Eigenschaften des Magneteisensteins zu erforschen. Gilbert hielt «glaubwürdige Experimente und erwiesene Gegenstände» für wichtiger, als die «Berufung auf Autoritäten». Dies veranlaßte ihn dazu, eine empirische Abhandlung über die grundlegenden Eigenschaften des Magnetismus niederzulegen, die sich (wenn man einmal vom Fehlen des Magnetfeldes, der Feldlinien und mathematischer Formeln absieht) «nicht wesentlich von dem unterscheidet, was darüber in einem heutigen Lehrbuch der Physik zu finden ist» (Dijksterhuis: 1983, 438).

Aufgrund seines Mißtrauens gegen Äußerungen von Professoren benutzte Gilbert für seine Studien ein 1581 in London veröffentlichtes Buch über die Mißweisung (Deklination) der Magnetnadel aus der Feder eines englischen Seemannes namens Robert Norman (um 1560–1596), der sich auf den Kompaßbau verlegt hatte. Dieses Buch mit dem Titel *The Newe Attractive, Contayning a Short Discourse of the Magnes o Lodestone* stammte aus der Praxis und gehörte zu der Art von Werken, mit denen die gelehrte Welt gemeinhin kaum in Berührung kam.

Die Begegnung mit dem praktischen Ansatz des «Mechanikers» war durchaus bedeutungsträchtig. Gilbert versuchte, anhand von Messungen der Magnetnadel-Inklination (mit Hilfe einer komplizierten Karte und eines Quadranten) die geographische Breite des Meeres zu bestimmen. Für ihn war diese Technik eine große Entdeckung, zumal sie, wie er meinte, die Möglichkeit eröffnete, «mit wenig Mühen und einem kleinen Instrument» die geographische Breite auch bei bewölktem Himmel festzustellen. Für seine Versuche bediente sich Gilbert magnetisierter Erdkugelmodelle oder kugelförmiger Magneten. Dabei kam er zunächst einmal zu dem Schluß, daß die Erde selbst ein Magnet sei und Magnetpole besitze, die den geographischen Polen entsprächen. Demnach seien die Erdpole keine *geometrischen Punkte,* wie bis dato angenommen, sondern *physikalische Punkte.* Gleich der Magnetnadel in einem Kompaß, die stets eine konstante Richtung einhalte, sei auch die Erdachse unveränderlich. Gilbert befürwortete die Idee der täglichen Erdumdrehung, da er davon ausging, daß jeder kugelförmige Magnet von Natur aus in der Lage sei, sich um sich selbst zu drehen. Andererseits widersetzte er sich der Idee von Kopernikus, wonach die Erde in einem Jahresumlauf die Sonne umkreist.

Ein zweiter wichtiger Schluß Gilberts war seine deutliche Trennung zwischen Magnetismus und Elektrizität (er führte den berühmten Begriff *Vis electrica* ein). Den Magnetismus, verstanden als Anziehungskraft, die der Magnet auf Eisen ausübte, verglich er mit einer *coitio* (lat. Zusammenkunft, Vereinigung), also einem gegenseitigen sich Annähern bei gleichzeitiger Substanzveränderung der Körper; Elektrizität (ein Begriff, der in seinen Schriften nicht vorkommt) war für ihn eine Anziehung, die von geriebenen Gegenständen (wie Bernstein, Gagat, Glas, Harz und Schwefel) auf alle kleinen und leichten Körper ausgeübt wurde. Das von ihm entwickelte *Versorium* entsprach einem richtigen Elektroskop.

Den sorgfältigen und einfallsreichen Versuchen Gilberts lag eine magisch-vitalistische Weltsicht zugrunde. Die Materie sei weder ohne Leben noch ohne Wahrnehmungsvermögen. Die elektrische Anziehung geschehe durch materielle *effluvia* (Ausflüsse); die magnetische Anziehung hingegen sei (soweit sie nicht von dazwischenliegenden materiellen Körpern behindert werde) eine geistige Kraft, die Wirkung einer «einzigartigen und besonderen», «ursprünglichen, radikalen und astralen» *forma* (nicht in Aristotelischem Sinne), die «in jeder Himmelskugel, in der Sonne, dem Mond, den Sternen» vorkomme und auf der Erde «jene wahre magnetische Kraft ausmache, die wir als Primärenergie bezeichnen» (Gilbert: 1958, 105). Der Magnet besitze eine Seele, die sogar der menschlichen Seele überlegen sei. Die Erde sei die *mater communis* (lat. Mutter von allem), in deren Leib sich die Metalle bildeten. Die ganze Welt sei belebt, und «alle Himmelskugeln, alle Sterne und auch diese ruhmreiche Erde sind seit den ersten Anfängen von ihren eigenen Seelen geleitet worden, von ihnen haben sie auch den Selbsterhaltungstrieb» (Gilbert: 1958, 309). Aristoteles habe zu Unrecht zwar den Himmelskörpern eine eigene Seele eingeräumt, nicht aber der Erde: «Erbärmlich wäre der Zustand der Sterne und verächtlich die Position der Erde, wenn man ihnen die hohe Würde einer Seele absprechen würde, die hingegen den Würmern, Ameisen, Schaben und Kräutern zugestanden wird» (Gilbert: 1958, 310).

Die Jesuiten und die Magie

Das Werk *Magia naturalis* von Giambattista Della Porta (1535–1615) erschien 1558 und 1589 in zwei unterschiedlichen Versionen. In der zweiten, zwanzig Bücher umfassenden Ausgabe wurde dem Magneten das ganze siebte Buch gewidmet. Anläßlich der Veröffentlichung einer italienischen Übersetzung von Gilberts Werk im Jahre 1611 beschuldigte Della Porta den Engländer, die Ideen aus seinem Buch gestohlen und das Plagiat durch zahllose Schmähungen verschleiert zu haben. Gilbert hatte wirklich in seiner Schrift *De magnete* das Buch von Della Porta herangezogen, ja es war, nach Aristoteles, der meistzitierte Titel, doch diente es ihm mehr als konzeptioneller Leitfaden denn als Quelle (Muraro: 1979, 145).

Als 1629 Niccolò Cabeo (1596–1650) in Ferrara seine *Philosophia magnetica* veröffentlichte, befaßte er sich mit ähnlichen Problemen wie William Gilbert kaum dreißig Jahre zuvor und machte sie weithin bekannt. Er lehnte die Vorstellung ab, die Erde sei ein Magnet. Andererseits aber versuchte er eine genaue Unterscheidung zu treffen zwischen elektrischen und magnetischen Erscheinungen. Außerdem stellte er fest, daß es neben anziehender auch abstoßende Wirkungen gebe. Er war der Meinung, daß die Reibung feine Ausdünstungen zur Folge habe, die die umgebende Luft verdünnten, und daß die Luft, um ihre ursprüngliche Dichte wiederherzustellen, leichtere Körper vor sich hertrage. Mit Skepsis stand er den Vorstellungen außergewöhnlicher Kräfte der Magneten gegenüber, die er, wie wir oben sahen, sorgfältig auflistete. Cabeo war Jesuit, genau wie Athanasius Kircher (1601–1680), dem allerdings der Ehrentitel eines *Oedipus huius saeculi* zuteil wurde. Kircher wirkte seit 1634 als Professor für Mathematik, Physik und orientalische Sprachen am Collegium Gregorianum in Rom und galt als unermüdlicher, höchst umtriebiger Polyhistor, über den die großen Themen und Gegenstände des Wissens seiner Zeit weite Verbreitung fanden. Er war zugleich der Erbauer und Organisator eines großen Museums und Laboratoriums der Naturmagie, wo zwar die Ansprüche sowohl der Alchimisten als auch der Maschinenbauer auf das Perpetuum mobile bekämpft wurden, wo man andererseits aber ‹magische Maschinen› vorführte, die optische Täuschungen produzierten, eine Verständigung auf Entfernung ermöglichten oder Gewichte ohne sichtbare Geräte bewegten. Ja man prüfte dort auch – unter interessierter Teilnahme der Royal Society – ob die Taranteln aus einem Kreis von Pulver entfliehen konnten, das aus dem Horn eines Einhorns gewonnen war.

Für Kircher war Gilbert ein großer Erforscher des Magnetismus gewesen, dem allein der Makel anhaftete, der Ungeheuerlichkeit einer sich bewegenden Erde beigepflichtet zu haben. Da magnetisierte Erdkugelmodelle mit einem Durchmesser von zwei Spannen ein Pfund Eisen anziehen, so würden, für den Fall, daß die Erde tatsächlich ein Magnet wäre, die Hufbeschläge der Pferde und Esel, die Rüstungen, die Töpfe und das Besteck so fest am Erdboden haften, daß keine Kraft sie davon lösen könnte. Die Nutzung von Eisen wäre dem Menschen unmöglich. Kepler seinerseits sei zwar ein Meister der Astronomie, habe aber eine verstiegene Kosmologie entwickelt, wonach der Sonne eine Magnetkraft zugeschrieben werde, die in der Lage sein solle, die Bewegung der Planeten hervorzurufen. Wenn dem so wäre, so müßten sich doch wohl die Nadeln aller Kompasse auf die Sonne richten (Kircher: 1654, 3–5, 383–386).

Im dritten Buch seiner Schrift *Magnes sive de arte magnetica opus tripartitum,* die erstmals 1641 in Rom erschien, dann 1643 in Köln und nochmals, in erweiterter Fassung, 1654 in Rom aufgelegt wurde, behandelte Kircher den Magnetismus der Erde, der Planeten und Sterne und schrieb über die natürliche und künstliche Entstehung von Regen, über das Thermometer, den Einfluß des Sonnen- und Mondmagnetismus auf die Gezeiten, über die magnetische Kraft von Pflanzen, den Magnetismus in der Medizin sowie über die Anziehungskraft der Imagination, der Musik und der Liebe (Kircher: 1654, 409).

Der experimentell nachgewiesene Magnetismus war seines Erachtens nur ein Einzelfall der allgemeinen *vis tractiva* (an sich ziehenden Kraft) als einer Erscheinung, die allen Dingen innewohne und in der gesamten Natur verbreitet sei. Nicht allein der Magnet an sich, sondern alle natürlichen Dinge verfügten von daher über magnetische Kräfte. Kircher griff mehrfach den Satz auf, der seit jeher in den Büchern über Magie zu lesen war: Gleiches strebe nach Gleichem und Ungleiches meide das Ungleiche. Die Beziehung zwischen allen körperlichen Dingen öffne den Zugang zu jener Erkenntnis der geheimen Dinge, die gemeinhin als Magie bezeichnet und von den Philosophen als die einzig wahre, große Weisheit angesehen werde (Nocenti: 1991, 180-189).

Mitten im 17. Jahrhundert, zu einer Zeit, da die mechanistische Lehre ihre Triumphe feierte, wurde durch Kircher die magisch-alchimistische Tradition in einer sonderbaren, unverwechselbaren Verknüpfung mit modernen experimentellen Ansätzen zu neuem Leben erweckt. Die Rollen des Magiers und des Technikers schienen erneut zu verschmelzen, und der Bau von Maschinen diente eher der Vorführung von Wunderwerken, dem Erregen von Erstaunen, als dem Fortkommen menschlicher Naturbeherrschung. Allerdings war Kircher kein Einzelfall. Ähnliche Ansätze verfolgten auch der Jesuit Francesco Lana Terzi, ein Schüler von Kircher und korrespondierendes Mitglied der Royal Society, in seinem Werk *Prodromo ovvero saggio di alcune invenzioni nuove premesso all' Arte Maestra* von 1670 und ein weiterer Kircher-Schüler, der Jesuit Kaspar Schott in der Schrift *Technica curiosa sive mirabilia artis libri XII* aus dem Jahre 1664. Schott, ein von Leibniz gern gelesener und verehrter Autor, befaßte sich, neben Fragen zu den Sprachen und den Anziehungskräften, auch mit der Macht der Dämonen, mit vielköpfigen Ungeheuern und vom Teufel Besessenen.

Es steht außer Frage, daß diese Schriften den Renaissanceplatonismus zu apologetischen Zwecken benutzten. Das Bildungsprogramm Kirchers schien in dieser Hinsicht den Plan von Francesco Patrizi zu Ende zu führen, der gegen Ende des 16. Jahrhunderts den Papst aufgefordert hatte, statt der Lehre des Heiden Aristoteles die fromme, hermetisch-platonische Philosophie eines Marsilio Ficino einzuführen. Betrachtet man die Werke mit ihrer Neigung zu unerhörten, sensationellen und die Phantasie stimulierenden Dingen, in denen sich Neuheiten mit überkommenem Aberglauben vermischen, so liegt die Frage nahe, ob sich dahinter wohl eine Art «Kultur- und Bildungspolitik» (wie wir heute sagen würden) des Jesuitenordens verbarg oder ob es sich bloß um eine Äußerung typisch manieristischer bzw. barocker Denkart handelte.

Vorsichtige Experimente und kühne Entwürfe

Während Kircher stetig von sich reden machte und seine Erfolgsbücher veröffentlichte, gab der Sekretär der Accademia del Cimento, Lorenzo Magalotti (1637–1712), ein unermüdlicher Europareisender und Sondergesandter von Cosimo III. in London, in Schweden und Dänemark, 1667 sein Werk *Saggi di naturali esperienze* heraus. Hier überwog deutlich die Vorliebe für genaue und sachliche Beobachtungen gegenüber der Leidenschaft für das Seltsame und Wunderbare. Wenn man unter dem Eindruck Kirchers das Buch von Magalotti zur Hand nimmt, glaubt man sich tatsächlich in einer anderen Welt, in welcher Besonnenheit und Vorsicht zu den unabdingbaren Eigenschaften eines Forschers gehörten und wo das Experiment als schwieriges Unterfangen galt, bei dem sich unzählige Hindernisse auftun konnten. Wissen kam hier einer schwer schiffbaren See gleich: «Diejenigen, die von langer Hand im Experimentieren geschult sind, kennen aus Erfahrung die Schwierigkeiten, die bei einem Experiment zutage treten, wegen der Hindernisse, die manchmal der alleinige Gebrauch der Geräte mit sich bringt [...]. Alldieweil die wunderbaren Wirkungen des Magneten ein weites Meer darstellen, wo trotz allem, was man entdeckt, wahrlich noch viel mehr zu entdecken ist, sind wir bisher nicht so kühn gewesen, uns deswegen auf die offene See hinauszuwagen, zumal wir genau wissen, daß die Suche nach neuen Entdeckungen lange und umfassende, nicht durch andere Überlegungen zu unterbrechende Studien impliziert» (Magalotti: 1806, 163; 1976, 228).

Im 17. Jahrhundert standen nicht alle Erörterungen der Elektrizität im Zeichen der hermetischen Lehre. Ein deutliches Gegengewicht zur «magischen» Tradition bildete, neben Magalottis methodischer Vorsicht, auch die mechanistische Lehre der Cartesianer, deren Bemühung um Erklärungsmodelle und deren Vorliebe für Systembildungen jedes Interesse am Experiment in den Hintergrund drängten, ja zunichte machten. Es soll nur daran erinnert werden, daß Descartes in den Passagen seiner *Principia philosophiae* aus dem Jahre 1644, die dem Magnetismus gewidmet sind, keinen Anlaß sah, so detailliert wie Gilbert auf die einzelnen magnetischen Erscheinungen einzugehen. In dieser Schrift triumphierte vielmehr verfrüht eine streng mechanistische Anschauung, die jegliche Vorstellung von Kraft oder Anziehung als magisch oder okkult abwertete. Der Magnetismus habe keinerlei Einfluß auf den Erd- und Planetenumlauf, der hingegen von Wirbeln der feinen Materie in Bewegung gehalten würde. Alle Erscheinungen, die ungerechtfertigterweise so viel Verwunderung hervorgerufen hätten, könnten aus den Prinzipien der Ausdehnung, der Form, der Lage und der Bewegung erklärt werden. Um die Ausrichtung von Eisenfeilspänen um den Nord- und Südpol eines Magneten zu erläutern, nahm Descartes auf die Teilchen des ersten Elements Bezug, die, unter dem Druck der kugelförmigen Teilchen des zweiten Elements, Rillen oder Auskehlungen bildeten und in der Lage seien, sich in gebogenen Röhren oder Kanälen zu bewegen. Die ausgekehlten Teilchen, die man sich als kleine Schneckenhäuser vorzustellen hatte, bewegten sich demnach leicht durch den Körper der Erde, in den sie über den nördlichen oder südlichen Pol eindrangen. Da der gesamte Wirbel im gleichen Sinn um seine Achse laufe, bewegten sich die vom Südpol stammenden Teilchen entgegengesetzt zu denen, die vom Nordpol kämen. Die ausgekehlten Teilchen könnten leicht die Erde durchqueren, weil dieselbe in ihrem Inneren gefurcht sei, und zwar so, daß sich die rechts- und linksdrehenden Teilchen ohne weiteres fortbewegen könnten. Die Teilchen eines Magneten könnten in den Körper eines anderen Magneten eindringen. Die Annäherung der Magneten komme zustande, indem die Teilchen die dazwischenliegende Luft mit sich zögen und, aufgrund der Tatsache, daß völlige Leere ausgeschlossen sei, diese Annäherung erzwingen würden. Sie rückten ab, um Raum für den Fluß der Teilchen zu lassen, die nicht in die Kanäle eindringen könnten, wenn die gegenteiligen Pole unter ihresgleichen seien. Descartes war der Ansicht, daß die ausgekehlten Teilchen in allen Fällen von Anziehung und Abstoßung, selbst bei elektrischen Erscheinungen, in Betracht zu ziehen seien (Shea: 1991). Auf die Cartesische Theorie, die in Frankreich bis in die vierziger Jahre des 18. Jahrhunderts Anhänger hatte (Heilbron: 1979, 31), beriefen sich unter anderem Jacques Rohault (1620–1675) und François Bayle (1622–1709).

Die Schwefelkugel

Der Kopernikaner Otto von Guericke, der 1672 seine *Experimenta nova* veröffentlichte, war fasziniert von der Vorstellung eines unendlichen Weltalls und einer endlosen, die Himmelskörper umgebenden Leere. Er ging davon aus, daß die Leere im Weltraum die gleichen Eigenschaften besitze wie das künstliche Vakuum, das er selbst in einem berühmten, sehr aufwendigen Experiment hergestellt hatte (s. Kapitel 15). Außerdem war er der Überzeugung, daß die Wirkungen und Kräfte der Planeten im Experiment simuliert werden könnten. Er füllte eine kindskopfgroße Glaskugel mit Schwefelpulver, erhitzte sie und zerbrach, nach deren Abkühlung, das Glas. Wenn diese Schwefelkugel um die Achse, an der sie befestigt war, gedreht und mit der Hand gerieben wurde, gab sie Licht und hörbares Geknister von sich, ja entwickelte jene Kräfte, die der Erde eigen sind: sie zog leichte Körper an und hielt sie fest, solange die Drehbewegung anhielt. Mit dieser Kugel führte er, so seine Überzeugung, den Erdball vor Augen. Dieselbe weise auch eine *vis repulsiva* (Abstoßungsvermögen) auf, die alles abstoße, was durch den Gegensatz unterschiedlicher Zustände angezogen worden sei. Gleiches geschehe mit der Erde, die Feuer und glühende Stoffe ausstoße und die den kugelförmigen Körper des Mondes von sich fernhalte.

Die einzige als elektrisch zu bezeichnende Entdeckung war für Guericke die Fähigkeit elektrischer Kraft, sich längs einer Schnur auszubreiten, die mit einem Ende die elektrisierte Kugel berührte. Die Kräfte oder Entladungen, von denen er sprach, galten ihm zugleich als stofflich und unstofflich. Unter unstofflichen Kräften verstand er das anstoßende, bewahrende und abstoßende, das ausrichtende oder magnetische und das Drehmoment sowie Schall, Wärme und Licht. Seine Klassifizierung der Kräfte war damit kompliziert und unklar. Doch sein Experiment mit der Schwefelkugel regte die Phantasie der Zeitgenossen an. Seine Überlegungen zur Übertragbarkeit von Elektrizität über eine Schnur wurden nicht aufgegriffen und mußten erst wiederentdeckt werden, bevor sie den Erkenntnisstand zur Elektrizität bereichern konnten (Heilbron: 1979, 218).

Musik und Tanzwut

Inmitten einer schier unerschöpflichen Vielzahl von eigentümlichen Ideen und von Versuchen, die ohne jegliche Stütze einer tragfähigen Theorie ausgeführt wurden, haben die Experimente von Guericke und auch die Überlegungen von Huygens keine unmittelbare Wirkung gezeitigt. Sie kamen erst voll zum Tragen, als sie gegen Mitte des nachfolgenden Jahrhunderts vor einem anderen theoretischen Hintergrund wieder aufgegriffen wurden (Heilbron: 1979, 219, 226). Daß die Umstände, wie wir sahen, sehr verworren waren, will nicht heißen, daß die Grenzlinien zwischen Magie und Wissenschaften, die man zu Beginn des Jahrhunderts deutlich definiert hatte, nunmehr in Vergessenheit geraten wären. Descartes hielt Kircher eher für einen Scharlatan als für einen *Savant* (Descartes: 1936–1963, III, 803) und Evangelista Torricelli schrieb an seinen alten Meister: «Das Druckwerk ist ein ziemlich dicker Band über den Magneten. Er ist ausgestattet mit einem großen Schatz schöner Kupferstiche. Man hört von Astrolabien, Uhren und Anemoskopen und liest eine Menge äußerst närrischer Wörter. Unter anderem gibt es eine Vielzahl von großen und kleinen Karaffen, Epigrammen, Distichen, Epitaphien, Inschriften, teils in Latein, teils in Griechisch, Arabisch, Hebräisch oder in anderen Sprachen. Eines der schönsten Dinge ist die Partitur jener Musik, die als Antidot gegen das Gift der Tarantel wirken soll. Das reicht: die Herren Nardi, Magiotti und ich haben eine Menge gelacht» (Galilei: 1890–1909, XVIII, 332).

Die drei Freunde hatten gute Gründe zu lachen, auch wenn sie selbst keine befriedigende Theorie zum Magnetismus oder zur Elektrizität aufzuweisen hatten. Überraschend ist, daß ausgerechnet die Sache, die ihnen am lächerlichsten vorkam, die Musik als Gegengift für Tanzwut nämlich, als einzige all jener ‹Karaffen› noch heute, nach mehr als drei Jahrhunderten, eine gewisse Gültigkeit beanspruchen kann. Die diesbezügliche Abhandlung *La terra del rimorso* von Ernesto De Martino gibt nicht zuletzt auch über dieses Gelächter zu denken.

Von De Martino stammt denn auch eine sehr scharfsichtige Überlegung hinsichtlich des großen Erfolgs von Kirchers Schriften, der von ihnen ausgehenden großen Faszination und der mitten im 17. Jahrhundert noch in Blüte stehenden hermetischen Tradition: «Die Brücke, die den Übergang vom einfachen magischen Zeremoniell zu Bacons Wissen als Macht ermöglicht hatte, diente nun bei Kircher umgekehrt dazu, eine Verbindung zum Wunderglauben des Volkes und der Unterschichten herzustellen und althergebrachte magische Überzeugungen mit Hilfe von Denkansätzen der Naturmagie zu rechtfertigen. Durch Kircher wird gewissermaßen der gegenreformatorische Exorzismus an der Naturmagie vollzogen und damit der Versuch unternommen, eine von jeglichem gefährlichen Ferment gereinigte Summa aller Naturmagie bereitzustellen» (De Martino: 1961, 244).

12.
Das Herz und die Fortpflanzung

Die Sonne des Organismus

Wer im 16. Jahrhundert (und zu einem guten Teil auch noch im 17. Jahrhundert) Medizin studierte, erwarb seine Kenntnisse der Physiologie aus der sehr schlüssigen und unanfechtbaren Vorstellung vom menschlichen Organismus, die auf den Arzt Claudius Galenus (129 n. Chr. – um 200 n. Chr.) aus Pergamon zurückging. Das Galenische System hatte auch von den Erkenntnissen der großen Anatomen des 16. Jahrhunderts (Andreas Vesal, Realdo Colombo, Gabriele Falloppio, Gerolamo Fabrici d'Acquapendente, Bartolomeo Eustachi) nicht erschüttert werden können. Leber, Herz und Hirn waren für Galen eine als Quell und Regulator des Lebens verstandene Trias.

Wenn man ein ausgeblutetes Tier untersuchte, so waren die Arterien und die linke Herzkammer leer: diese Beobachtung hatte zu der Annahme geführt, in den Arterien werde ‹Luft› transportiert (wie auch das griechische Wort *arteria* zu verstehen gibt). Galen lehnte diese These ab. Allerdings war er nicht der Ansicht, das Blut zirkuliere in einem geschlossenen System, sondern sprach von zwei Kreislaufsystemen. Das erste, der Ernährung des Körpers dienende System, bestehe aus den Venen und der rechten Herzhälfte. Sein Blut werde von der Leber erzeugt, welche die aus dem Magen und den Därmen kommende Nahrung in venöses Blut umwandele. Das zweite Kreislaufsystem, das hingegen aus den Arterien und der linken Herzhälfte bestehe, habe die Aufgabe, den im Herzen wirkenden «Lebensgeist» oder die «Seele» auf alle Teile des Körpers zu übertragen. Durch Poren, die in der Herzscheidewand (zwischen der rechten und linken Herzkammer) angenommen wurden, gehe ein Teil des arteriellen Blutes in die linke Herzkammer über und mische sich dort mit Luft aus der Lunge. Die Lungenflügel dienten der Kühlung des Herzens und stießen über die Atmung die Unreinheiten des Blutes aus. Die Luft gelange aus der Lunge in die linke

Herzkammer; das Blut nehme die Lebensgeister auf und verwandele sich in arterielles Blut. Die Hauptfunktion des Herzens bestand, nach dieser Lehre, in seiner Erweiterung (Diastole): das Ansaugen des Blutes in die Herzkammern erschien von größerer Erheblichkeit als seine Ausstoßung aus dem Herzen.

Die präzisen Beschreibungen der großen Anatomen des 16. Jahrhunderts hatten überaus viele neue Erkenntnisse zutage gebracht. Sie erwiesen sich als wirklich bahnbrechend, als sie in das einheitliche und geschlossene theoretische System einbezogen wurden, das der Arzt William Harvey (1578–1657) in seinem Werk *De motu cordis* von 1628 vorstellte. Harvey hatte 1602 in Padua den Doktortitel in Medizin erworben und lehrte später (ab 1651) als Professor der Anatomie und Chirurgie am Royal College der Ärzte in London. Er besaß die Gunst und Freundschaft von König Karl I., der seinen Experimenten oft beiwohnte. Während des Bürgerkriegs wurde sein Haus geplündert und viele seiner Notizen gingen verloren. Interesse für Politik hat er nie gezeigt: «Die Entfernung von öffentlichen Ämtern», so äußerte er gegenüber einem Freund, «die bei vielen großes Unbehagen hervorruft, hat sich bei mir als vortreffliches Heilmittel erwiesen» (Pagel: 1979, 20).

Descartes und Hobbes, also die führenden Vertreter der mechanistischen Theorie, bewerteten die von Harvey entwickelte Lehre vom Blutkreislauf als epochale Wende. Sie überwand restlos die Galenische Physiologie und eröffnete den Weg zu einer neuen, mechanistischen Biologie. Harveys Kritik an der Lehre Galens ging von einer Reihe grundsätzlicher Fragen aus: Die im Laufe einer Stunde vom Herzen ausgestoßene Blutmenge übersteige das Gewicht eines Menschen: wie könne eine solch riesige Blutmenge aus der Nahrung erzeugt werden? Wo komme all das Blut her und wohin fließe es, wenn man die Hypothese eines stetigen Kreislaufs ablehne? Wie sei die Vorstellung des von der rechten in die linke Herzkammer durchsickernden Blutes zu rechtfertigen, da doch die Poren unsichtbar seien und von daher überhaupt nicht beobachtet werden können? Die Herzscheidewand sei stärker und fester als viele andere Gewebe: warum erwäge man gerade dort ein Durchsickern des Blutes (und nicht etwa im schwammigen Lungengewebe)? Wenn die zwei Herzkammern sich synchron erweitern und zusammenziehen, wie könne dann die linke Herzkammer Blut aus der rechten Herzkammer ansaugen? Tiere ohne Lunge haben keine rechte Herzkammer: sei dann nicht die Annahme naheliegender, daß diese Herzkammer die Funktion habe, Blut zur Lunge zu leiten? Auch wenn man eine nur kleine Arterie öffne, blute der Körper in etwa einer halben Stunde völlig aus: wie könne man dann annehmen, daß nicht alles Blut durch die Arterien fließe?

Die Versuchsdaten und Probleme wurden von Harvey anhand eines neuen Modells erörtert, wonach das Blut unentwegt und ununterbrochen im Körper kreise. Die wichtigste Funktion des Herzens bestehe in der Systole, seinem Zusammenziehen in dem Moment, da das Blut (wie bei einer Pumpe) aus den Herzkammern gepreßt werde. Die Arterien pulsierten nicht, weil sich ihre Wände erweiterten, sondern wegen des Drucks der sie durchlaufenden Flüssigkeit, die vom Herzen getrieben werde. Die Venenklappen verhinderten, daß venöses Blut vom Zentrum zu den Gliedmaßen zurückfließe. Das angereicherte und warme Blut, das vom Herzen komme, werde ausgelaugt und erkalte an der Körperoberfläche; von den feinsten Verästelungen der Arterien gelange es zu den Venenenden, um von dort aus stets zum Herzen als dem Quell des Lebens zurückzukehren. Die Arterien eines Arms (und aller Glieder) befänden sich in der Tiefe, während die Venen näher an der Oberfläche lägen. Wenn man den Arm oberhalb des Ellbogens sehr fest abbinde, so könne das arterielle Blut – wie Harvey in Versuchen beobachtete – nicht zur Hand fließen. Die Arterie schwelle oberhalb der Abschnürung an, die Hand erkalte und der Pulsschlag höre auf. Lockere man die Abbindung ein wenig, so werde hingegen verhindert, daß das venöse Blut zum Herzen zurückfließe: die Vene schwelle unterhalb der Abschnürung an, die Hand sei voller Blut und der Pulsschlag schwach, aber noch vernehmbar.

Man kann der Entdeckung Harveys nur in ihrem ursprünglichen Zusammenhang voll gerecht werden. Was ihn beherrschte, ja umtrieb, war die Frage nach Sinn und Zweck des Kreislaufs an sich. Harvey war Aristoteliker und in der Aristotelischen Philosophie spielten Kreisbewegungen eine führende Rolle. Die Geschlossenheit des Universums war durch den Umlauf der Himmelskörper gewährleistet. Genau dieses Prinzip hatte Harvey bei seinen Überlegungen zum Blutkreislauf vor Augen, der durch eine kontinuierliche, sich stets erneuernde und von daher kreisende Bewegung des Blutes für die Erhaltung des als Mikrokosmos verstandenen menschlichen Körpers sorgte. Außerdem war das Blut, da es im ganzen Körper verteilt war, für Harvey ein wesentlicher Träger der Seele (Pagel: 1979, 43, 344). Aber wenn er so sehr auf der zentralen Bedeutung des Herzens beharrte, dasselbe mit einem Herrscher verglich, der über den Organismus regierte, und als «Sonne des Mikrokosmos» bezeichnete, waren in seinen Äußerungen auch Reminiszenzen an jene «Sonnenliteratur» der Renaissance und eines Marsilio Ficino vernehmbar.

Harvey war also ein Aristoteliker, der sich zu Themen hingezogen fühlte, die der hermetischen Tradition nahestanden. Schon dies mag uns heute überraschen. Doch damit nicht genug: Harvey nahm sich des überlieferten Wissens und der Versuchsergebnisse an, hatte aber dabei ein mechanistisches Modell im Sinn. Galen hatte das Herz mit einem Docht verglichen, der mit Blut wie mit Öl durchtränkt sei und von der Lunge Luft zugefächelt bekomme, ja er hatte geglaubt, daß sich das Blut durch Verbrennung verbrauche und einen Rauchrückstand bilde (Pagel: 1979, 212). Die Arterien weiteten sich gemäß dieser Lehre nicht als Folge des Drucks, sondern kraft eines vitalen Faktors. Harvey bediente sich dagegen eines hydraulisch-mechanischen Modells: Das Herz erweise sich als Pumpe, die Venen und Arterien als Röhren, durch die eine Flüssigkeit rinne, das Blut sei die unter Druck in Bewegung befindliche Flüssigkeit, während die Venenklappen als mechanische Ventile dienten.

Dieser Ansatz versetzte Harvey in die Lage, gegen die Lehre von den Geistern Stellung zu beziehen, die der französische Arzt Jean Fernel (1497–1559) in seinem Werk *Universa medicina* von 1542, einer der bekanntesten Abhandlungen zur Physiologie, niedergelegt hatte. Angesichts der Tatsache, daß sich die Arterien, die linke Herzkammer und die Gehirnkammern bei Untersuchung eines Leichnams als leer erwiesen, stellte Fernel die Theorie auf, diese Höhlen seien, solange Leben in ihnen walte, von ätherischem Geist gefüllt. Der Terminus *Geist,* wie er von Fernel und in der Galenischen Lehre (mit der Unterscheidung zwischen natürlichem, vitalem und seelischem Geist) benutzt wurde, war für Harvey eher mystischen Begriffen verpflichtet, ja so vage und unbestimmt, daß er ihm für die empirische Forschung nicht geeignet schien. Ausgehend von sinnlich Wahrnehmbarem stellte er fest, daß wir «nie in der Lage gewesen sind, diesen Geist irgendwo auszumachen». Annehmbar sei der Begriff *Geist* erst, wenn er auf eine andere Ebene gerückt werde: die Geister seien weder okkulte Kräfte noch Mächte, die sich unendlich vervielfältigen könnten, um Rechenschaft über die Lebensäußerungen abzugeben. Es handele sich vielmehr um nichts anderes als Aspekte, Eigenschaften oder empirische Werte des Blutes.

Der Vorgang der Sauerstoffanreicherung des Blutes in der Lunge und die Existenz von Kapillaren, durch die das Blut von den Arterien in die Venen gelangte, wurden von Harvey nur erahnt. Der englische Arzt Richard Lower (1631–1691) vervollständigte, was den erstgenannten Punkt betrifft, Harveys Theorien. Um hingegen die Kapillargefäße tatsächlich sehen zu können, bedurfte es des Mikroskops: Marcello Malpighi (1628–1694) war es, der schließlich im Jahre 1661 das Blut durch die Lungenkapillaren eines Frosches fließen sah.

Marcello Malpighi, der 1669 Miglied der Royal Society wurde, war – neben Robert Hooke, Jan Swammerdam (1637–1680) und Antonie van Leeuwenhoek – einer der großen Spezialisten des Mikroskops im 17. Jahrhundert. Zwischen 1661 und 1679 verfaßte er eine Reihe kurzer Schriften über die Lunge, die Zunge, das Hirn, die Struktur der Eingeweide, die Embryonenbildung im Hühnerei und über die Anatomie der Pflanzen. In diesen kurzen Abhandlungen, die sich durch ihren überaus klaren Stil auszeichnen, fand die sogenannte strukturistische Forschung ihren Niederschlag, die sich einerseits des Mikroskops, andererseits verschiedener künstlicher Verfahren (wie Austrocknen oder Kochen) bediente (Adelmann: 1966).

Schon im Zusammenhang mit der mechanistischen Lehre war von Alfonso Borelli die Rede gewesen. Als Borelli sich mit der motorischen Fähigkeit der Muskeln befaßte, dachte er an eine Art chemischer Reaktion zwischen dem basischen Blut und der Säure der Nervensäfte und berief sich dabei auf die Thesen des Dänen Nils Steensen, der Muskelfasern unter dem Mikroskop beobachtet hatte. Doch der bei Borelli (und auch bei Descartes) anzutreffende Versuch einer vollständigen, rein mechanischen

Lösung physiologischer Fragen mußte sich als einseitig erweisen: Abgesehen von der Mechanik des Skeletts und der Muskelbewegungen traten schwierige Probleme bei der Erklärung von Atmung und Ernährung zutage, zumal die Grundideen der anorganischen Chemie des 17. Jahrhunderts darauf nicht anwendbar waren.

Vertreter der Eiertheorie und des Animalkulismus

Die Frage um die Fortpflanzung der Lebewesen stand während des 17. Jahrhunderts im Mittelpunkt einer sehr ausgedehnten Debatte (Roger: 1963; Solinas: 1967; Bernardi: 1986). Auch hier kam William Harvey eine vorrangige Rolle zu. Das Frontispiz seiner Abhandlung *De generatione animalium* (1651) weist das Motto auf: *Ex ovo omnia* (Alles kommt aus dem Ei; auch seine Äußerung *omne vivium ex ovo* ist berühmt). Harveys Definition vom Ei widersprach durchaus unseren heutigen Begriffen und Vorstellungen: Er verstand darunter sowohl die Eier von Hühnern und anderen eierlegenden Tieren als auch den Kokon, aus dem der Falter schlüpft, und die Fruchtblase der großen Säugetiere.

Die von Francesco Redi (1626–1698) durchgeführten Versuche zur Fortpflanzung von Insekten waren ausschlaggebend für die endgültige Überwindung der alten Vorstellung von der Urzeugung, die davon ausgegangen war, daß einige Insekten und Kleintiere (Fliegen, Skarabäen, Schnecken, Blutegel und sogar einige Wirbeltiere der niederen Klassen) aus der Verwesung organischer Stoffe entstünden: demnach würden Kadaver Würmer hervorbringen, der Unrat hingegen Insekten, saurer Wein erzeugte Essigkorpuskeln, während aus verwesendem Pferdefleisch Wespen und Hornissen, aus Eselsfleisch Skarabäen und aus Rind- oder Kalbfleisch Bienen hervorgingen. In seiner Schrift *Esperienze intorno alla generazione degli insetti* von 1688 bediente sich Redi einer vergleichenden Methode, wobei er, wie man heute sagen würde, Gegenproben ansetzte. Er füllte acht Behälter mit unterschiedlichen Fleischarten, versiegelte vier davon und ließ die anderen vier offen im Freien stehen. Nur letztere, auf denen sich Fliegen niedergelassen hatten, wiesen Larven auf, die sich dann zu Fliegen entwickelten. Sofort wurde eingewandt, daß die Entstehung von Leben bei den anderen durch Luftabschluß verhindert worden sei. Daraufhin wiederholte Redi sein Experiment, wobei er die vier Behälter mit Gaze abdeckte, die das Fleisch für Fliegen unzugänglich machte: es zeigte sich «kein selbst totes Tier» (Redi: 1668, 95).

Die Wissenschaftsgeschichte ist, wie jede historische Entwicklung, voller Unwägbarkeiten. Gewiß hatte Redis Errungenschaft Ewigkeitswert. Doch gerade die Ablehnung, mit der er der alten Vorstellung von einer Urzeugung entgegentrat, schien durch eine weitere Entdeckung der modernen Wissenschaften in Frage gestellt, die wir heute mit gleichem Recht als epochal bezeichnen. Antonie van Leeuwenhoek (1632–1723) verbrachte sein Leben in Delft. Er war Amtsdiener und weder der lateinischen Sprache mächtig noch in der Lage, eine wissenschaftliche Abhandlung zu schreiben. Doch hegte er ein unstillbares Interesse an der Natur und fertigte in unvergleichlicher Weise optische Linsen. Von dem, was wir heute als wissenschaftliche Methode bezeichnen, wußte er nichts, doch strebte er sehr ernsthaft an, mit seinen Linsen alles sichtbar zu machen. Über einen Zeitraum von mehr als fünfzig Jahren verfaßte er lange, an die Royal Society adressierte Briefe in holländischer Sprache, die präzise, ja peinlich genaue Zeichnungen enthielten. Leeuwenhoek wurde sehr berühmt, zu seinen vielen Besuchern in Delft zählte sogar Zar Peter der Große. Im Sommer des Jahres 1674 entdeckte Leeuwenhoek in einem durch das Mikroskop betrachteten Wassertropfen aus einem nahegelegenen See viele winzige, verschiedenfarbige Tierchen, die aus einem annähernd kugelförmigen Körper und einem Schwanz bestanden und sich äußerst flink bewegten. Diese kleine Lebewesen (es handelte sich um Protozoen, also Einzeller) fanden sich in Wassertropfen unterschiedlicher Herkunft wieder. Im Jahre 1676 wurde in den *Philosophical Transactions* (dem Publikationsorgan der Royal Society) ein langer Brief von Leeuwenhoek veröffentlicht, in welchem er seine Entdeckungen vortrug. Was war aber nun, angesichts solcher Neuigkeiten, von Redis behaupteter Unmöglichkeit der Urzeugung zu halten? Diese These konnte, so schien es vielen, allenfalls für die mit bloßem Auge wahrnehmbare Lebenswelt Gültigkeit beanspruchen. Ja, bestätigte das Mikroskop nicht die Allgegenwärtigkeit von Leben? Hatte nicht schon Descartes zwischen der Fortpflanzung der höheren Arten (die seines Erachtens durch Vermischung männlicher und weiblicher Samenflüssigkeiten zustande kam) und der Bildung von Grundformen des Lebens unterschieden, für deren Zeugung es ausreiche, daß Wärme auf die Materie einwirke? Die Verfechter der Urzeugung bedienten sich also der neuen Entdeckung, um die Gültigkeit überkommenen Gedankenguts einmal mehr zu bekräftigen (Dobell: 1932).

Die Präformationstheorie

Mit Ausnahme der Kloakentiere (Monotremen, wie der Ameisenigel und das Schnabeltier) entwickelt sich der Embryo aller Säugetiere im Mutterleib und wird über die Plazenta ernährt: es handelt sich um Lebendgebärende (Vivipare). Vögel, Schlangen und Fische legen Eier ab, sie sind Eierleger (Ovipare). Nicht zuletzt vom Grundsatz einer Gleichförmigkeit der Natur geleitet, setzte sich in der zweiten Hälfte des 17. Jahrhunderts die Vorstellung durch, daß sich auch lebendgebärende Tiere mittels unsichtbarer Eier fortpflanzten. Wie Redi gezeigt hatte, schlüpften sogar die Insekten aus Eiern. Die Schlüsse, die Reinier de Graaf (1641–1673) in seinem Werk *De mulierum organis generationi inservientibus* 1672 formulierte, bestätigten die Hypothese von Harvey. Mit Beginn der siebziger Jahre des 17. Jahrhunderts hatte sich die sogenannte Eiertheorie allgemein durchgesetzt, auch wenn das «Ei» der Säugetiere erst in den ersten Jahrzehnten des 19. Jahrhunderts sichtbar wurde. «Das Ei», ließ Antonio Vallisnieri im Jahre 1721 verlauten, «muß existieren».

Die Entdeckung von Samentierchen («animalculi spermatici»; Spermien) wurde der Royal Society in einem Brief Leeuwenhoeks von 1679 mitgeteilt. Die bereits oben erwähnten «Tierchen» waren nun auch im menschlichen Sperma gefunden worden, mit rundem Körper, einem langen feinen Schwanz, bemerkenswerter Bewegungsfähigkeit und einem klar umrissenen physiologischen Kreislauf. Warum sollte man angesichts dessen nicht darauf schließen, daß es sich auch hierbei um kleine Tiere handelte, ähnlich denen, die im Wasser vorgefunden worden waren? Sie kamen aus den Hoden und ihnen mußte die Zeugung zugeschrieben werden. Leeuwenhoek bemerkte darüber hinaus, daß mehr Tierchen in der Samenflüssigkeit eines einzigen männlichen Wesens anzutreffen seien, als Menschen auf der Erde lebten.

Der Animalkulismus, der sich einer nicht unbeträchtlichen Anhängerschaft erfreute, widersprach also der Eiertheorie, indem er davon ausging, daß nicht das Ei sondern kleine Tierchen (animalculi) den vorgeformten (präformierten) Embryo des erwachsenen Wesens enthielten. Auch Leeuwenhoek gehörte zu denjenigen, die angesichts dieser These erneut zwischen dem Befruchtungsvorgang bei eierlegenden und lebendgebärenden Tieren unterschied. Der Animalkulismus war nur schwer nachzuvollziehen: wie konnte eine Art kleiner Wurm Träger des menschlichen Embryos sein? Warum waren die Ausmaße der Eier bei Eierlegern in gewissem Maße proportional zur Größe dieser Tiere, während die Animalkuli der unterschiedlichen Arten von geradezu einheitlicher Größe waren? Wenn in jedem dieser Tierchen schon potentiell ein voll ausgebildeter Erwachsener enthalten war, wie vertrug sich dann die riesige Menge an Tierchen, die nicht zur Reife gelangten, mit der Vorstellung, daß in der Natur die unendliche Weisheit Gottes waltete?

Zu Beginn des 18. Jahrhunderts verlor die Theorie des Animalkulismus an Bedeutung. Doch ob nun Ei oder Samenwürmer, die Verfechter beider Theorien waren davon überzeugt, daß sich im Ei oder im Wurm bereits ein männliches oder weibliches Miniaturwesen der betreffenden Art befinde. Um den Präformismus bzw. die Theorie von der Einfügung eines Keims (auf Französisch wurde dies als *Emboîtement des germes,* auf Italienisch als *Sistema degli inviluppi* bezeichnet) in seiner ganzen Tragweite zu verstehen, muß man sich vor Augen halten, daß das Problem der allmählichen Entstehung lebender Organismen dadurch beiseitegeschoben und nun nicht mehr die Fortpflanzung, sondern allein das Wachstum in den Blick genommen wurde. Der individuelle Organismus befand sich demnach nicht potentiell, sondern tatsächlich im Ei oder Samen. Bildende Ursachen oder «Programme» seien im Ei oder Samen nicht vorhanden. Hier wie dort (je nachdem, ob man der Eiertheorie oder dem Animalkulismus zusprach) sei in verkleinertem Maßstab das vollständige, in allen Teilen ausgeformte ungeborene Individuum enthalten. Der Befruchtungsvorgang sei darauf beschränkt, das Wachstum eines schon voll ausgebildeten Wesens in Gang zu setzen und seine sichtbare Entfaltung herbeizuführen. Dieses Wesen sei sehr klein und im Ei oder Samen regelrecht verborgen. Viele versuchten, es mit dem Mikroskop sichtbar zu machen, und Nicolaus Hartsoeker (1656–1725) veröffentlichte sogar eine Zeichnung, die ein winziges Menschlein im Inneren eines «Würmchens» zeigt, mit angewinkelten Beinen, den Kopf zwischen den Armen (Bernardi: 1986).

Bei seinem Versuch, den Ursprung des Lebens zu erklären, verwarf der Präformismus also jeglichen Rückgriff auf vitale Faktoren, jeden Gedanken an eine eventuell formende Kraft der Materie, und harmonierte von daher recht gut mit der mechanistischen Lehre. Doch einige seiner Schlußfolgerungen waren zugleich Teil seiner Vorbedingungen. Wenn man davon ausgeht, daß es in der Natur nur Wachstumsprozesse gibt und daß keine Kräfte vorhanden sind, die einen Organismus in allen seinen Teilen formen könnten, so folgt daraus, daß das Küken, welches sich vorgebildet in einem Ei befindet, wiederum vorgebildete Eier mit vorgebildeten Küken und deren vorgebildeten Eiern in sich trägt. Nicolas Malebranche (1638–1715) führte in seinem Werk *Recherche de la vérité* von 1647 die Grundannahmen des Präformismus deutlich vor Augen: Die Keime aller Lebewesen existieren demnach schon seit Schöpfung der Welt. Sie seien stark verkleinert und steckten einer im anderen. Das Lebewesen, das in tausend Jahren geboren werde, sei schon genauso vollständig ausgebildet wie jenes, das in neun Monaten auf die Welt komme. Es sei nur viel, viel kleiner. Eva habe in ihren Lenden die Embryonen aller Lebewesen getragen, die auf der Welt waren, sind und sein werden bis zum Tage der Apokalypse.

Gewiß ist die Theorie des Präformismus verwunderlich, aber die Vorstellung unendlicher Teilbarkeit stand im Einklang mit Gedanken, die damals im Rahmen der Debatten um das Unendliche und im Hinblick auf die Infinitesimalrechnung formuliert wurden. Zwischen einem Punkt und dem nächsten, so behaupteten die Theoretiker der Unendlichkeitsrechnung, gebe es immer unendlich viele Punkte, die ein Kontinuum bildeten, das unendlich teilbar sei in wiederum unendlich teilbare Kontinua, und so weiter ins Unendliche. Wenn sich Ideen dieser Art trotz vieler Schwierigkeiten allmählich einen Weg bahnten, warum sollte dann in den Augen eines Forschers des späten 17. Jahrhunderts seltsam und unannehmbar erscheinen, was uns heute eher verwunderlich anmutet?

13.
Die zeitliche Dimension der Natur

Die Entdeckung der Zeit

Unter Geologie versteht man heute die Wissenschaft, die sich mit der Entstehung, der Beschaffenheit, dem Aufbau und der Geschichte der Erde sowie mit den auf ihr lebenden Organismen befaßt. Die Kosmologie ist für uns die Wissenschaft, welche die Gesetzmäßigkeiten des Weltalls zu bestimmen sucht und sich zugleich mit dessen Vergangenheit und Zukunft beschäftigt. Mit ihrem Interesse für Wechselfälle, denen die Erde und das Weltall unterworfen waren, erweisen sich Geologie und Kosmologie als recht junge Wissenschaften. Sie gingen aus jener tiefgreifenden Revolution des Denkens hervor, die – durchaus angemessen – als *die Entdeckung der Zeit* bezeichnet worden ist.

Zu Zeiten von Robert Hooke (um die dreißiger Jahre des 17. Jahrhunderts) glaubte man, auf eine Geschichte von 6000 Jahren zurückblicken zu können. Zu Lebzeiten von Kant (in den letzten Jahrzehnten des 18. Jahrhunderts) waren sich die Menschen einer Vergangenheit von vielen Millionen Jahren bewußt. Es macht einen gewissen Unterschied, ob man in einer Gegenwart lebt, die den Anfängen relativ nahe ist – wenn obendrein eine Heilige Schrift zur Verfügung steht, in der die gesamte Weltgeschichte chronologisch verzeichnet ist – oder in einer Welt, hinter der sich, wie Buffon schrieb, «der dunkle Abgrund» nahezu unendlicher Zeiträume auftut.

In den rund hundert Jahren, die zwischen Robert Hookes *Discourse on Earthquakes* (Abhandlung über die Erdbeben) von 1668 und Immanuel Kants *Allgemeiner Naturgeschichte und Theorie des Himmels* von 1755 liegen, treffen wir auf grundsätzlich unvereinbare Positionen hinsichtlich der Erdgeschichte und der Geschichte des Universums. Die Debatten kreisten aber nicht nur um unterschiedliche historische Modelle, vielmehr ging es vor allem um die Frage, ob es überhaupt möglich sei, diese Art von Geschichte zum Gegenstand wissenschaftlicher Forschung zu machen. Wenn man davon ausging, daß sich Physik und Naturphilosophie mit der bestehenden Welt befaßten (so, wie sie von Gott in Bewegung gesetzt worden war), dann erschien es wenig sinnvoll, überhaupt die Frage nach der Entstehung der Welt zu stellen. Dieses Problem gehörte demnach nicht in den Bereich der Wissenschaften, sondern wurde dem Bereich müßiger Gedankenspiele zugewiesen, es gehörte zu den «Romanen der Physik», wie man damals zu sagen pflegte, oder, wie man heute sagen würde, zur Science Fiction. Erst nachdem sich eine «historische» Naturbetrachtung als berechtigt erwiesen hatte, war der Weg zur Entwicklung von Erklärungsmodellen frei, deren Ansätze sich freilich als höchst unterschiedlich erwiesen: der Vorstellung von einer langsamen, in kaum wahrnehmbaren, gleichförmigen Veränderungen voranschreitenden historischen Entwicklung *(Uniformismus)* stand unvereinbar eine Geschichtsauffassung gegenüber, die hingegen von qualitativen Sprüngen und Revolutionen ausging und alle Veränderungen auf gewaltige Katastrophen zurückführte *(Katastrophen-* oder *Kataklysmentheorie).*

Die Grenzlinie zwischen Wissenschaft und Pseudowissenschaft war dabei oft nur schwer auszumachen. In den Debatten, die das Aufkommen der kosmologischen und geologischen Wissenschaft begleiteten, waren unterschwellig metaphysische Vorgaben wirksam. Hooke, Descartes, Newton und Leibniz entwickelten nicht allein Theorien, sondern formulierten auch in unterschiedlicher Weise die Zielsetzung, Stoßrichtung und die Grenzen wissenschaftlicher Forschung. In den Werken der Fossilienkundler, die die Geschichte der Erde und des Weltalls schrieben, wurden immer wieder große Fragen aufgeworfen: es ging um die Beziehung zur biblischen Überlieferung und zur Theologie, um Themen der Schöpfung und Apokalypse, auch um die Frage, wie man sich zur Lehre von Lukrez und zum Materialismus stellen sollte, und um die Spannung zwischen anthropomorpher oder naturwissenschaftlicher Weltsicht. Unterschiedliche Wissenschaftsauffassungen und Forschungstraditionen hatten nicht nur Auswirkungen auf die Theoriebildung, sondern beeinflußten auch die «Beobachtung» der Wirklichkeit, die Wahrnehmung mancher natürlicher Gegebenheiten (Rossi: 1979).

Wunderliche Steine

Sind jene seltsamen Steine, die man leicht sammeln kann und wie eine Muschel aussehen, nun *lapides sui generis,* die irgendeine in der Erde vorhandene Kraft auf natürlichem Wege hervorgebracht hat? Oder geht ihre Form auf ursprüngliche Muscheln zurück, die durch Überschwemmungen, Erdbeben oder andere Faktoren an den Fundort getragen worden sind? Sind die fischförmigen Steine, die *lapides icthyomorphi,* nur Steine von wunderlicher Gestalt, oder handelt es sich um Abdrücke versteinerter Fische? Was den ersten Fall dieser sogenannten Fossilien betrifft, so werden jene Gegenstände als Steine betrachtet, also als natürliche Gegenstände, die gegenüber anderen Steinen oder Dingen, die in der Natur vorkommen, eine gewisse Eigentümlichkeit aufweisen. Im zweiten Fall hingegen spricht man von einem Zeugnis oder Überrest aus der Vergangenheit; es handelt sich um eine Spur von den Wechselfällen und Vorgängen, die sich in der Vergangenheit zugetragen haben. Die Erstgenannten werden nur betrachtet, letztere werden betrachtet und gelesen, genauso, wie man ein Dokument liest.

Um sich von dem alten Fossilienbegriff zu lösen, der alles Steinerne in sich schloß, was unter der Erdoberfläche lag (lat. *fodere* bedeutet *graben),* und um zu der modernen Definition von Fossilien als Überresten oder Spuren von vormals auf der Erde lebenden Organismen vorzudringen, mußte man nicht nur «innerhalb eines kontinuierlichen Spektrums fossiler Gegenstände zwischen Belebtem und Unbelebtem unterscheiden» (Rudwick: 1976, 44), sondern auch zu der Annahme bereit sein, daß diese wunderlichen Gegenstände erklärt werden könnten, indem man ihre Ursprünge in den Blick nahm und sie als Überreste oder Spuren auffaßte. Sobald die Fossilien durch diese Neubewertung zu Zeugnissen avancierten, stand die Natur nicht mehr als Reich der Unveränderlichkeit in einem Gegensatz zur Geschichte als dem Reich des Werdens und Wechselns: die Natur selbst besaß nun eine Geschichte, und auch die Muscheln legten davon Zeugnis ab.

Wenn man einmal absieht von Leonardo da Vinci, der auf mehreren Blättern des *Codex Atlanticus* und des *Codex Leicester* die Entstehung der Fossilien behandelt hatte, und auch von Bernard Palissy (1510–1590), waren bis ins 17. Jahrhundert aristotelische und platonische Interpretationen vorherrschend. In dem (gefälschten) Werk *De Mineralibus* ist zu lesen, die Fossilien entstünden durch die Wirkkräfte des *succus lapidescens* oder einer teerigen Aura, die die Erdoberfläche durchströmte. Durch Einwirkung von Sonnenwärme bildeten sich, nach Pseudo-Aristoteles, Metalle und andere Fossilien aus den Ausdünstungen des Erdinneren. Die platonische Sichtweise tendierte hingegen dazu, die Einwirkung von Kräften *(virtus plastica, lapidifica, vegetabilis)* zu vermuten: ein Urkeim gebe den Fossilien Leben, gleich lebenden Organismen keimten und wüchsen sie im Erdinneren. Um die Entstehung von Erdbeben zu erläutern, hatte Aristoteles in seinen *Meteorologica* Spalten, Sprünge und ausgedehnte innere Hohlräume im Erdkörper angenommen. Innerhalb der Erde wehten demnach «Winde», welche von der Sonneneinwirkung hervorgerufen würden und dadurch die Erschütterungen im Erdinneren bewirkten.

Wie entstehen die natürlichen Dinge?

Robert Hooke (1635–1703) besaß eine weitaus umfassendere Vorstellung von Naturkunde als sein Lehrer Bacon, der sich darauf beschränkt hatte, die natürlichen Dinge zu beschreiben und zu klassifizieren, ja den weder Abwandlungen noch Veränderungen interessierten, denen die Natur im Laufe der Zeit unterworfen war. Angesichts der «Muscheln» war Hooke der Ansicht, daß es Gegenstand der Wissenschaft sein müsse, «das Wie, das Wann und die Umstände zu erforschen, in denen diese Körper an die Orte gelangt sind, wo sie sich befinden». Es sei sehr schwierig, «etwas aus diesen Körpern herauszulesen und ihre Entstehungszeit auszumachen», ja die Chronologie der Natur stelle in jedem Falle ein Problem dar. Hooke vertiefte in seinem *Discourse on Earthquakes* von 1668 (posthum veröffentlicht im Jahre 1705) einige Überlegungen, die schon in der *Micrographia* von 1665 anzutreffen sind, darunter auch das Problem der Fossilien, «das bisher Naturhistoriker und Philosophen verwirrt hat». Dabei distanzierte er sich ganz ausdrücklich von den aristotelischen und neuplatonischen Ansätzen und wies auch die These, wonach die Fossilien auf die Sintflut zurückgingen, als unwahrscheinlich zurück. Für Hooke hatten die Erde und die auf ihr anzutreffenden Formen des Lebens eine Geschichte – durch *Natural Powers* und physische Einwirkungen (Erdbeben, Überschwemmungen, Überflutungen, vulkanische Ausbrüche) seien sie im Laufe der Zeit verändert worden. Seit der Schöpfung «hat sich ein Großteil der Erdoberfläche verwandelt und seine Natur verändert [...]. Viele Teile, die einst Meer waren, sind heute Land, und verschiedene andere Teile, die heute zu den Meeren gehören, waren einst Festland; aus Gebirgen wurden Ebenen und aus Ebenen Gebirge». Die Erde habe in ihren Anfängen aus flüssigen Stoffen bestanden, die nach und nach kristallisiert und erstarrt wären. Sie bestehe aus übereinanderliegenden Schichten. Hooke wandte sich auch von der Vorstellung ewig unveränderlicher Arten ab und formulierte die Hypothese von der Ausrottung und dem Verschwinden lebender Arten: «Es ist festzustellen, daß Störungen klimatischer Art, des Bodens und der Ernährung häufig große Änderungen nach sich ziehen [...], die, soviel ist sicher, grundlegende Wandlungen in Gestalt und Geschick eines Lebewesens hervorrufen können» (Hooke: 1705, 334, 411, 290, 298, 327 f.). Die Naturgeschichte Hookes blieb allerdings eingebunden in die zeitliche Dimension der Heilsgeschichte; er hatte keinerlei Absicht, die überlieferte Frist von sechstausend Jahren in Frage zu stellen oder die Übereinstimmung von Natur und Heiliger Schrift in Zweifel zu ziehen.

Gegen Mitte des 17. Jahrhunderts war die Frage der *interpretatio naturae* nicht mehr auf räumliche oder strukturelle Gesichtspunkte beschränkt, sondern zunehmend an zeitliche Aspekte gebunden. Bei der Untersuchung und Deutung eines Stoffes konnte man sich nicht mehr damit zufriedengeben, denselben nur zu zerlegen, auf die Bewegung von Teilchen zurückzuführen und seine geometrischen Eigenschaften herauszuarbeiten. Auch andere Fragen bekamen nun Gewicht – beispielsweise wie ein natürliches Gebilde im Laufe der Zeit entstanden sei oder wie die Natur zeitlich ein bestimmtes Objekt hervorgebracht habe. Der Däne Niels Steensen (1638–1686) brachte die Begriffe des neuen, die Fossilien betreffenden Lehrsatzes in seinem Werk *De solido intra solidum naturaliter contento dissertationis prodromus* von

1669 mit cartesischer Deutlichkeit auf den Punkt: «Bei einem mit bestimmter Gestalt versehenen und gemäß den Naturgesetzen erzeugten Körper in dem Körper selbst Beweise zu finden, die den Ort und die Art seiner Erzeugung offenbaren» (Steensen: 1669). Sein *Prodromus* weist deutliche Anklänge an Galilei und Descartes auf, wobei die Korpuskeltheorie der Materie dazu benutzt wurde, eine deutliche Unterscheidung zwischen Kristallen und Muscheln oder Fossilien zu treffen. Seine Hypothese, daß die Erdkruste aus übereinanderliegenden Schichten bestehe, die durch Bodensatzbildungen anorganischer Materie und fossiler Rückstände im Meereswasser entstanden seien, gründete auf einer Untersuchung des Gebiets der Toskana, wurde aber für allgemeingültig erklärt. Damit erläuterte er das Vorkommen von eingeschlossenen Fossilien in den Erdschichten und versuchte zugleich, die Abfolge geologischer Ereignisse zu rekonstruieren. Die ursprüngliche Lage der Schichten parallel zum Horizont habe sich im Laufe der Jahrhunderte durch vulkanische Ausbrüche und Erdbeben verschoben. Durch Bersten, Zusammenbruch und Aufwurf der Schichten sei das heutige Erscheinungsbild der Erde entstanden.

Ein Jahr nach der Veröffentlichung des *Prodromus* von Steensen veröffentlichte der Maler Agostino Scilla (1639–1700), Mitglied der Accademia della Fucina, 1670 die Schrift *La vana speculatione disingannata dal senso. Lettera responsiva circa i corpi marini che petrificati si truovano in vari luoghi terrestri* (Die fruchtlose Spekulation, von den Sinnen widerlegt. Antwortschreiben über die Meereskörper, die man in versteinerter Form an verschiedenen Orten des Festlandes findet). Der *fruchtlosen Spekulation,* die davon ausging, daß die Fossilien im Erdinneren wüchsen, stellte Scilla (dem Steensens Werk nicht bekannt war) die These von ihren organischen Ursprüngen entgegen. Er war weitgehend davon überzeugt, daß die Fossilien «wirkliche Tiere gewesen sind und keine schlichtweg aus steinernem Stoff entstandenen Launen der Natur». Daß Metalle in Erzadern «wüchsen», war ihm nicht einsichtig, zugleich belächelte er die These von der «Lebensfähigkeit» der Steine. Wenn wir den versteinerten Zahn eines Haifischs in die Hand nehmen, sind wir in der Lage, seine genaue Stellung im Kiefer des Tieres zu bestimmen (Scilla: 1670, 21, 26, 33, 86–87). Scilla rief stets in Erinnerung, daß er Maler sei, beharrte auf genauer Beobachtung und zog gegen jegliche Spekulation zu Felde. Er berief sich auf Lukrez und Descartes und folgte den Grundannahmen Galileis, ohne diesen freilich namentlich zu erwähnen. Abgesehen von seinen sensualistischen und skeptizistischen Ansichten hielt er nur die Philosophie für annehmbar, «welche die große Diskrepanz im Blick behält zwischen dem, was die Menschen denken, und dem, was die Natur zustande gebracht hat» (Scilla: 1670, 105). Im Jahre 1696 legte William Wotton der Royal Society einen kurzen Abriß des Werks von Scilla vor und veröffentlichte im Folgejahr *A Vindication of an Abstract of an Italian Book Concerning Marine Bodies.* Leibniz stellte in seiner Schrift *Protogaea* die gewissenhafte Beweisführung des «gelehrten Malers» aus Messina den Phantastereien eines Athanasius Kircher gegenüber, der glaubte, Christus und Moses an den Wänden der Baumannshöhle bzw. Apollo und die Musen in der Äderung eines Achats zu erkennen.

1664 veröffentlichte Athanasius Kircher (1602–1680) seine Schrift *Mundus subterraneus,* die starke Verbreitung fand. Seine geologische Hypothese stand im Einklang mit der Heiligen Schrift. Hinsichtlich der Gebirgsbildung unterschied er zwischen zwei Typen: zum einen die direkt von Gott geschaffenen, senkrecht zur Erdoberfläche aufragenden, und andererseits die nach der Sintflut auf natürlichem Wege entstandenen Gebirge. Die in beiden Gebirgsarten vorkommenden Fossilien waren für Kircher keine Überreste von Organismen, sondern Produkte der *vis lapidifica* und des *spiritus plasticus.* Den Kernaussagen der hermetischen Lehre entsprechend, griff Kircher auf die Analogie zwischen dem im Erdinneren strömenden Wasser und dem Blut zurück. In den Gesteinen konnte man seines Erachtens geometrische Figuren, Abbilder von Himmelskörpern, Schriftzeichen und Symbole göttlichen Wirkens ausmachen. Der weitreichende Erklärungsversuch Kirchers, der mit Motiven aus der «chemischen Philosophie» vermischt war, stellte ein Gegenprogramm dar zu den mechanistischen Thesen der Kosmologie und Geologie von Descartes.

Colonna, Scilla und Steensen (dessen Schrift 1971 ins Englische übersetzt wurde) hatten sich mit Fossilien aus dem Alluvium bzw. Quartär befaßt, mit jüngeren oder subfossilen Erscheinungen also, wie die moderne Geologie sagen würde. Da es in diesem Bereich keine einschneidenden Unterschiede zwischen Fossilien und lebenden Arten gibt, war es anhand dieses Materials nicht so schwer, die These von den organischen Ursprüngen der Fossilien aufzustellen. Die Fundstücke hingegen, die Martin Lister (um 1638–1702), John Ray (1627–1705) und Edward Lhwyd (1660) in ihren Sammlungen zur Verfügung standen, stammten aus dem Jura und dem Karbon und hatten vielfach andere morphologische Eigenschaften als verwandte Lebewesen oder – wie im Falle der Ammoniten – überhaupt keine Entsprechungen unter den lebenden Arten. Lister hielt sie für Gestein und wies Steensens paläontologisches Modell mit der Begründung zurück, daß Fossilien nicht gleichmäßig gestreut, sondern nur gewissen Schichten eigentümlich seien. Für die Schichtenformation der Erdkruste schienen die vierzig Tage der Sintflut nicht hinreichend. Folgte man der These von den organischen Ursprüngen der Fossilien, so waren beträchtliche Unterschiede zwischen lebenden Arten und den versteinerten Tieren festzustellen, was zwangsläufig zu der Annahme führen mußte, daß einige Tierarten ausgestorben waren. Sobald man aber diese Möglichkeit einräumte, war ein für viele unzulässiger Bruch mit der Vorstellung einer in sich gerundeten Wirklichkeit und geschlossenen Lebenskette unvermeidbar, was einem Eingeständnis der Unzulänglichkeit und Unvollkommenheit göttlicher Schöpfung gleichgekommen wäre. Die These von den organischen Ursprüngen stieß bei den drei englischen Naturforschern sicherlich in erster Linie wegen technischer Schwierigkeiten und nicht hinreichend erscheinender Beweise auf Ablehnung, dahinter aber standen auch tief verwurzelte metaphysische Überzeugungen.

Eine heilige Theorie von der Erde

Die Schrift *Telluris theoria sacra* von Thomas Burnet (um 1635–1715) kam erstmals 1680 und dann in erweiterter Fassung 1684 ans Licht. Die darin niedergelegte Theorie von der Erde wurde als «heilig» hingestellt, weil sie sich, wie Burnet im Vorwort ausführte, nicht auf die allgemeine Physiologie der Erde (im Sinne des Cartesianismus) beschränke, sondern auch die in der Bibel genannten *maiores vicissitudines* (bedeutenden Wechselfälle), als Angelpunkte göttlicher Vorsehung, in Betracht ziehe. Diese großen Ereignisse oder Wechselfälle waren für ihn die Entstehung aus dem Chaos, die Sintflut, der Weltbrand und der Jüngste Tag. Gegen das Bestreben der Libertins, die Sintflut zu einer lokalen Episode herabzuwürdigen, zur Wahrung also ihres universellen Charakters, sei es vonnöten, den cartesischen Ansatz aufzugreifen und hinzunehmen, daß die Erde einst anders beschaffen war. Am Anfang handelte es sich um «eine flüssige Masse, in welcher die Stoffe und Bestandteile aller Körper frei vermischt vorhanden sind». Das göttliche Wort habe dieses Chaos in eine Welt verwandelt: die schwereren Teile seien, je nach ihrer spezifischen Schwerkraft, zur Mitte hinabgestürzt. Alles übrige habe sich, nach demselben Schwerkraftgesetz, in einen flüssigen und einen ätherischen oder flüchtigen Körper getrennt. Durch Bodensatzbildungen sei die anfänglich ganz glatte Erdkruste entstanden, die weder Falten noch Gebirge besessen und in ihrem Inneren die Gewässer der «großen Kluft» geborgen habe. Diese vollkommene, von Winden und Klimaschwankungen verschonte Fläche deckte sich seines Erachtens in ihrer Gesamtheit mit dem irdischen Paradies. Eine gewaltige, weltumspannende Katastrophe habe diesen paradiesischen Globus in die ungleichmäßige, runzlige, ja entstellte Welt von heute verwandelt, die aus großen flüssigen Oberflächen und Erdteilen mit gegliederten Küsten bestehe: Die Erdkruste und -oberfläche barsten unter der Sonneneinwirkung bzw. durch ein riesiges Erdbeben, wodurch die Gewässer aus dem Erdinneren drangen und die Sintflut herbeiführten, während sich die inneren Dämpfe an den Polen verdichteten und als ungeheure Fluten auf den Äquator zustürzten. Die Erdachse habe sich im Verhältnis zur Ebene der Eklipse geneigt, und dadurch seien der Wechsel der Jahreszeiten und Klimaveränderungen herbeigeführt worden. Als das Wasser der Sintflut in die große Kluft zurückfloß (ein langsamer Vorgang, der nach wie vor nicht abgeschlossen sei), war die Erde verwüstet und entsprach nun nicht mehr dem Werk der Natur «nach dem ursprünglichen Ansinnen und in Übereinstimmung mit dem ersten Entwurf», vielmehr sei sie «das Ergebnis zerbrochener, versprengter und zerschlagener Materialien». Mond und Erde gäben beide «das Bild einer großen Ruine ab, sie sehen aus wie eine Welt, die auf den eigenen Trümmern ruht» (Burnet: 1684, 109). Die Trümmer und die große Ruine avancierten in Burnets Schriften zu metaphysischen Leitmotiven. Das Ruinenthema, Sinnbild der zunehmenden Verderbnis der Welt und des fortschreitenden Niedergangs der Natur, war in der Kultur des Barock und der Neugotik von zentraler Bedeutung. Burnet versuchte, die Cartesische Darstellung von der Entstehung der Welt mit der Heiligen Schrift in Einklang zu bringen, wobei er der Ansicht war, daß Gott die Ereignisse der Heilsgeschichte mit der mechanischen und natürlichen Kausalitätskette abgestimmt habe. Burnet konnte wohl kaum ahnen, daß seine Schrift für die Ideengeschichte des Erhabenen und für die Entstehung einer auf Berglandschaften bezogenen Gemütsbewegung große Bedeutung erlangen würde. Seine Thesen führten zu lebhaften Auseinandersetzungen, wobei sein Buch wiederholt mit Fontenelles Schrift über die Vielfalt der Welten in Zusammenhang gebracht und von den Anhängern Newtons heftig bekämpft wurde. In dem Werk *Geology or a Discourse Concerning the Earth Before the Deluge* von 1690 stellte William Temple (1628–1699) jeder Behauptung Burnets systematisch eine Stelle aus der Heiligen Schrift entgegen.

Die Vorstellung von einem als Verfallserscheinung begriffenen Weltall ließ sich nur schlecht mit der unter den Anhängern Newtons verbreiteten Idee eines wunderbaren Universums vereinbaren, in welchem das wohlwollende Wirken Gottes bemerkbar war. Im *Essay Towards a Natural History of the Earth* von 1695 wies der Fossiliensammler und Professor für Physik am Gresham College John Woodward (1665–1728), der wegen seiner Arroganz aus der Royal Society ausgeschlossen worden war, den größten Teil von Burnets Hypothesen zurück und bezeichnete dessen Geschichte der Erde als «romanhaft und phantastisch» (Woodward: 1695, 245). Unter den in England gefundenen Fossilien befänden sich viele Versteinerungen von Tieren, die andere Teile des Erdkreises bevölkerten. Die Sintflut sei, folge man der Heiligen Schrift, eine von den Fossilien bezeugte wahrhaftige Zerstörung der Welt gewesen, im Sinne der Auflösung aller Materie in ihre Grundbestandteile, ihrer Vermischung und neuerlichen Scheidung. Die daraus hervorgegangene neue Welt habe sich als passender Lebensraum für den Menschen erwiesen. Veränderung und Wandel, die sich auf der Erde vollzogen haben und weiter vollziehen, dienten somit letztlich einem positiven Ziel.

Auch John Ray (1627–1705) beharrte in seiner Schrift *The Wisdom of God* von 1691 nachdrücklich darauf, daß sich in den Werken der Natur die Weisheit Gottes offenbare. Die Sammlung des Wassers in den großen Wannen und die Emersion des festen Landes waren seines Erachtens Zeichen göttlicher Weisheit, «weil das Wasser unter diesen Voraussetzungen Unmengen unterschiedlicher Fischarten nährt und erhält, das Festland hingegen eine große Vielfalt an Pflanzen und Tieren» (Ray: 1691, 148–149). Als weit weniger eindeutig, ja als ziemlich vage gegenüber der orthodoxen Lehre erwiesen sich die Ansichten von William Whiston (1667–1752) in seiner Abhandlung *A New Theory of the Earth* aus dem Jahre 1696. Das Newton gewidmete Werk enthielt drei kosmologische Thesen: 1. Die Erde entstand infolge der Abkühlung eines Nebelkometen von gleicher Masse wie die Erde, doch von erheblich größerem Volumen; 2. Die Sintflut wurde durch austretendes Wasser aus dem Erdinneren verursacht, und zwar in dem Moment, da die Erde den Schweif eines Kometen passierte, der sechsmal größer war als sie und ihr vierundzwanzigmal näher kam als der Mond; 3. Der Weltbrand wird durch die Annäherung an diesen oder einen neuen Kometen hervorgerufen, wobei das Wasser verschwindet und die Erde tendenziell in ihren Urzustand zurückfällt. Die Vermutung, daß ein Komet die Sintflut verursacht habe, war schon 1694 von Edmund Halley (1656–1742) geäußert worden, einem der größten Astronomen seiner Zeit, der seine Schrift allerdings aus Angst vor einer Atheismusklage nicht zur Veröffentlichung freigab: sie erschien erst 1742 in den *Philosophical Transactions.*

Die *Protogaea* von Leibniz

Der Abhandlung *Protogaea* von Leibniz widerfuhr ein eigentümliches Schicksal. Sie entstand zwischen 1691 und 1692, also kaum zehn Jahre nach Burnets *Telluris theoria sacra* und vor Veröffentlichung der erfolgreichen Werke Woodwards und Whistons in den Jahren 1695 und 1696, erschien aber erst sechsundfünfzig

Jahre später, also 1749, zeitgleich mit dem ersten Band der grossen *Histoire Naturelle* von Buffon, dem die *Protogaea* nur in jenem kurzen Auszug bekannt war, den die Leipziger *Acta eruditorum* im Januar 1683 abgedruckt hatten.

Leibniz ging von klaren Annahmen metaphysischer Art aus, die ihm ermöglichten, für die Entstehung des Universums drei Prinzipien zu formulieren: 1. Es handelt sich um die Entfaltung von impliziten, schon von vornherein vorhandenen und wie in einem Embryo planmäßig festgelegten Möglichkeiten; 2. Die Entscheidung für diesen Plan lag bei Gott, und die Geschichte des Universums wurzelt nicht im Chaos, sondern erwächst aus den freien Ratschlüssen Gottes, d. h. den Gesetzen der Grundordnung dieses (besten) möglichen Universums, das Gott dazu ausersehen hatte, Wirklichkeit zu werden; 3. Die in der Entwicklung des Weltalls wahrnehmbaren Veränderungen und Unordnungen sind bloßer Schein, der sich nur dem unvermögenden menschlichen Auge so darstellt. Mit seiner umfassenden Perspektive entschärfte Leibniz die Widersprüche, die zwischen den bisherigen Erklärungsansätzen aufgetreten waren: mechanistische und teleologische Ansichten waren demnach nicht mehr unvereinbar; man könne von der Geschichte der Welt und der Entstehung des Sonnensystems, von einer historischen Dimension des Universums und der Erde sprechen, ohne sich libertinischen, atheistischen oder materialistischen Frevels schuldig zu machen. Indem er das Chaos und die Unordnung relativierte, hob er die Gegensätze zwischen Burnet und den Cartesianern auf und schuf damit Raum für die empirische Erforschung der Veränderungen, denen die Entwicklung des Universums und der Erde unterworfen war.

Selbst Burnets aufsehenerregendste und für gefährlich gehaltene Schlußfolgerungen konnten einbezogen werden: Es sei durchaus zutreffend, daß «wir auf Trümmern leben», doch seien diese keine Zeichen des Verfalls und auch kein Beweis für voranschreitende Verderbnis, denn diese Unordnungen «vollzogen sich innerhalb der Ordnung»: die anfänglichen beängstigenden Umwälzungen hätten schließlich ein Gleichgewicht hervorgebracht. Alles was von der Natur komme, sei in regelmäßiger Form angelegt. Gleiches gelte auch für die Erde. Die Faltungen und Unebenheiten seien erst in späterer Zeit eingetreten. Wenn die Erdkugel zu Beginn flüssig gewesen sei, so habe sie zwangsläufig eine gleichförmige Oberfläche gehabt. Überdies entspreche es den physikalischen Grundgesetzen, daß die festen Körper aus dem Erhärten flüssiger Körper hervorgegangen seien. Dies finde seine Bestätigung in der Verkapselung fester Körper in einem festen Körper (hier griff er die Terminologie von Steensen auf): Man denke etwa an «Reste von alten Dingen, von Pflanzen, Tieren und künstlichen Erzeugnissen unter einem neuen und steinernen Überzug». Die nunmehr feste Umhüllung sei zwangsläufig später als der darin eingeschlossene Gegenstand entstanden, «einstmals aber muß sie noch flüssig gewesen sein» (Leibniz: 1949, I, 9).

Leibniz übernahm also von vornherein sowohl cartesische Ansätze als auch die Schlußfolgerungen, zu denen Steensen vorgedrungen war. Ursprünglich glühende und strahlende, mit den Sternen und der Sonne vergleichbare Kugelkörper seien aufgrund der Schlackenbildung ihrer glühenden Materie erloschen. Die Hitze habe sich in ihrem Inneren konzentriert, während die Kruste abgekühlt sei und sich verfestigt habe. Der Vorgang, der sich auf der Erde vollzogen habe, ähnele in gewisser Weise dem Verfahren, das in Brennöfen zum Tragen komme. Wenn Erde und Steine unter Feuereinwirkung Glas hervorbringen könnten, so sei anzunehmen, daß «die großen Knochen der Erde, jene nackten Felsen und unvergänglichen Kiesel, da fast alles in Glas übergeht, [. . .] Verfestigtes aus der einstigen Schmelzung von Körpern durch jene erste Kraft, die das Feuer der Natur auf die damals noch zarte Materie ausübte», seien (ebd., 13). Das Glas, das die Grundlage der Erde bilde, sei in den anderen Körpern und ihren Teilchen sozusagen verborgen. Die vom Wasser zersetzten und gespaltenen Teilchen seien zahlreichen Destillationen und Sublimationen unterzogen worden, bis sie zu Schlamm wurden, der Pflanzen und Tiere zu ernähren vermochte. Während des Abkühlungsvorgangs habe die Verfestigung der Erdkruste zur Bildung riesiger Luft- oder Wasserblasen geführt. Wegen der Uneinheitlichkeit der Materie bzw. der jeweiligen Hitzeeinwirkung erkalteten die Massen in unterschiedlichen Zeitabständen, was Zusammenbrüche und infolgedessen die Entstehung von Gebirgen und Tälern nach sich gezogen habe. Das Wasser aus den Klüften habe sich mit den aus den Bergen abfließenden

Gewässern vereinigt: durch die dabei zwangsläufig eintretenden Überflutungen sei es zu Ablagerungen gekommen, über die sich im Laufe der Zeit, durch Wiederholung dieser Vorgänge, weitere Schichten gelegt hätten. Nicht alle Steine, sondern nur das Grund- oder Urgestein der Erde stammten demnach aus jenem Erkaltungsprozeß, welcher auf die Urschmelzung folgte. Das Vorkommen der Erdschichten bezeuge, daß andere aus später – nach neuerlichen Überflutungen und Auflösungen – eingetretenen Neuverfestigungen hervorgegangen seien.

Leibniz war sich darüber im klaren, daß die Erörterung über das «Kindesalter unserer Erde» den Keim einer «neuen Wissenschaft» oder «Natur-Geographie» in sich trug. Obwohl er einsah, daß diese Wissenschaft noch in ihren Anfängen steckte, glaubte er bereits, die Hauptursachen für «das Skelett, d. h. gleichsam das erste Knochengerüst der äußeren Erde» (ebd., 19–21) entdeckt zu haben, das nach seinen Vorstellungen aus der Bergkette des Himalaja und dem Atlasgebirge, den Alpen und den großen Gräben der Weltmeere bestand. Dieses zur Stabilität unabdingbare Gefüge sei Ergebnis einer Entwicklung gewesen, an deren Ende «die Dinge in einen festeren Zustand» gerieten, der die «Aufhebung der zuvor wirksamen Ursachen» voraussetzte und ihr «Gleichgewicht» verlangte. Sobald dieser Zustand erreicht war, seien alle folgenden Veränderungen nur von «Nebenursachen», nicht mehr von «Hauptursachen» hervorgerufen worden.

Wie mit Recht angemerkt wurde, maß Leibniz der Sintflut weitaus weniger Gewicht bei als viele seiner Zeitgenossen (Solinas: 1973, 44–45). Er übernahm Steensens These, um das Vorhandensein von teils horizontalen, teils schrägliegenden Erdschichten zu erklären und Rechenschaft über die Fossilien abzulegen. Dabei erwies er sich als entschiedener Verfechter der organischen Ursprünge von Versteinerungen. Die Passagen, in denen er sich um den Beweis dieser Annahme bemühte und deren Widersacher zurückzuweisen versuchte, sind – auch wenn sie eigentlich keine großen theoretischen Neuheiten aufweisen – außerordentlich eingängig: «Ich habe selbst dort eine Barbe, einen Barsch und einen Weißfisch in Händen gehabt, die dem Stein eingeprägt waren. Kurz vorher hatte man einen sehr großen Hecht ausgegraben mit gebogenem Körper und offenem Maul, als wäre er lebend ergriffen worden und von gorgonischer

Gewalt erstarrt [...]. Die meisten nehmen hier zu einem Spiel der Natur ihre Zuflucht», das aber sei das «leere Wort der Philosophen» (Leibniz: 1949, I, 65 f.). Leibniz verhielt sich distanziert gegenüber der Ansicht, daß «die Tiere, die heute das Land bewohnen, Wassertiere gewesen» und «mit dem Fortgang des Elementes allmählich Amphibien» geworden seien, die sich «schließlich in ihrer Nachkommenschaft ihrer ursprünglichen Heimat entwöhnt» hätten. Während diese Hypothese der Heiligen Schrift widersprach und überdies unüberbrückbare Schwierigkeiten aufwarf, wollte Leibniz aber eventuelle Veränderungen bei tierischen Arten nicht prinzipiell ausschließen. «Wie viele neue, vorher unbekannte Tiere zeigt uns die neue Welt? Auch ist es wahrscheinlich, daß durch jene großen Umwälzungen die Arten der Lebewesen sehr verändert worden sind» (ebd., 89).

Newtonsche und cartesische Ansätze

Newtons Lehren über den Aufbau des Weltalls und der Materie wurden im Rahmen der *Boyle lectures,* die Richard Bentley (1662–1742) in den Jahren 1691–92 begründete, zu Waffen gegen Epikureer, *Freethinkers* (Freidenker) und auch gegen die Chiliasten, die angesichts der Revolution von 1688 den Beginn des Tausendjährigen Reichs verkündeten – und denen auch Burnet nicht fernstand. Die Naturphilosophie Newtons avancierte dabei in starkem Maße zu einer Ideologie. In seiner Predigt vom 7. November 1692 mit dem Titel: *A Confutation of Atheism from the Origin and Frame of the World* übte Bentley scharfe Kritik an der «atheistischen Hypothese von der Entstehung der Welt» und erklärte, daß der Begriff «mechanisch» im wesentlichen nichts anderes bedeute als «zufällig». Die 1698 erscheinende *Examination of Dr. Burnet's Theory of the Earth* von John Keill (1671–1721), dem ersten Professor für Newtonsche Physik in Oxford und künftigem Verfasser der berühmten *Introductio in veram physicam* von 1700, ging mit den *world makers* und *flood makers*, den Erbauern von Phantasiewelten und Urhebern eingebildeter Sintfluten, scharf ins Gericht. Sie würden den Anspruch erheben, einzig mit den Gesetzen der Materie und der Bewegung «die ureigentliche Wesenheit aller Dinge zu erfassen [...], sie können uns ganz genau darüber unterrichten, wie Gott die Welt erschaffen hat» (Keill: 1698, 5). Sie seien genauso «unbändig, verstiegen und überheblich» wie die heidnischen Philosophen und Dichter (Keill: 1698, 10). Descartes, «der erste Weltenbauer unseres Jahrhunderts», habe sie zu ihrer außerordentlichen Anmaßung verleitet (Keill: 1698, 14).

Die großen Cartesischen Kosmologien der neunziger Jahre wurden von Keill (und vielen anderen Vertretern der Newtonschen Lehre) als Phantasiegebilde abgetan. Man berief sich im Gegensatz dazu auf den Wert von Newtons Lehre, auf die Gewißheit seiner Gesetze und die Genauigkeit seiner Begriffe. In Wirklichkeit waren die Angriffe der Anhänger Newtons gegen die romanhaften Unterstellungen der *world makers* und ihre nachdrückliche Berufung auf die große Physik Newtons der Niederschlag dreier unverrückbarer Grundannahmen, die prinzipiell von jeder Diskussion ausgeschlossen waren: 1. die Entwicklung der Erde und des Kosmos sind allein mittels der Naturphilosophie nicht gänzlich erklärbar, vielmehr seien einige Wunderwirkungen vorauszusetzen; 2. die Wahrheit der biblischen Geschichte darf nicht in Zweifel gezogen werden; 3. man muß einräumen, daß in der Natur letzte Gründe existieren. Eine anthropomorphe Vorstellung ist auch in der Physik völlig gerechtfertigt.

14.
Systematik

Poa bulbosa (Rispengras)

Auf unseren Wiesen ist eine Pflanze mit rauhen Blättern und grünlichem Blütenstand weit verbreitet. Sie gehört, wie man heute sagt, zur Familie der Gräser (Gramineae) und wird *Poa bulbosa* genannt, entsprechend der noch immer gebräuchlichen Klassifikation des großen schwedischen Botanikers Carolus Linnaeus oder Carl von Linné (1707–1778). Die Doppelbezeichnung weist der Pflanze ihren Platz in einem System zu. Die botanische (bzw. zoologische) Systematik oder Taxonomie, die heute schon mehr als einer Million tierischer und pflanzlicher Arten einen Namen gegeben hat und noch eine riesige Menge von Milben- und Insektenarten bestimmen muß, ist also ein Wissenszweig, der sich der Klassifizierung widmet, d. h. die unterschiedlichen Arten zu fortlaufend größeren und umfassenderen Gruppen zusammenstellt – von Rassen, Arten, Gattungen, Familien, Ordnungen, Klassen bis zu Abteilungen, Stämmen und Reichen.

Der Name der oben genannten Pflanze beinhaltet für denjenigen, der mit dem Aufbau des Systems vertraut ist, eine durchaus beachtliche Menge von Angaben. Das Linnésche System erweist sich als äußerst zweckmäßig: die sogenannte binäre Nomenklatur besteht aus zwei Bezeichnungen, einem Gattungsnamen und einem arteigenen Beiwort (Epitheton), das die Unterabteilung der Gattung bzw. eine besondere, von anderen unterschiedene Art derselben Gattung genau bezeichnet – vergleichbar, so Linné, mit dem Familien- und Vornamen der Menschen. Eine Pflanzen- oder Tierart zu bestimmen will nicht nur heißen, sie von anderen zu unterscheiden, sondern auch ihre Gemeinsamkeiten mit anderen Arten derselben Gattung auszumachen. Der Gebrauch lateinischer Begriffe verhinderte sprachliche Verwirrungen und Verwechslungen. Linné verglich die Klassifikation mit einer in Legionen, Kohorten, Manipeln und Gruppen gegliederten Armee und stellte sich ein hierarchisches

System von Gruppen vor, die wiederum Bestandteil jeweils größerer Gruppen waren. Je umgrenzter die Gliederungsstufen seien, um so spezifischer würden die Eigenschaften des in Frage stehenden Lebewesens, je weiter die Gruppen gefaßt seien, um so größer werde die Anzahl der Eigenschaften und der dazugehörigen Organismen. Jeder zur Anwendung kommende Begriff entspreche einer Stufe. Man stelle sich vor, man ersteige die Innenwände eines Trichters und befinde sich, mit jeder neuen Stufe, in immer zahlreicher werdender Gesellschaft. Neben der eigenen Art *(Homo sapiens)* treffe man zunächst nur auf die ausgestorbene Art des *Homo erectus,* dann auf die Gattung *Homo,* auf die Familie der *Hominidae,* zu der auch die Menschenaffen gehören, auf die Ordnung der *Primaten,* die sich durch bewegliche Finger und ein großes Hirn auszeichneten, schließlich auf die Klasse der *Säugetiere,* also behaarte Warmblüter, die ihre Jungen säugten, auf den Stamm der *Chordaten,* die auf einer ihrer Entwicklungsstufen die Eigenschaften von Wirbeltieren annehmen, und letzten Endes auf das *Tierreich,* das alle Lebewesen umfaßt, die nicht zur Photosynthese befähigt seien. Natürlich könne man auch den umgekehrten Weg beschreiten und längs der Trichterwände hinabsteigen.

Gegen Ende des 17. Jahrhunderts benötigte der große französische Botaniker Joseph Pitton de Tournefort (1656–1708) siebzig Worte und eine Zeichnung, um die Geranie zu bestimmen. Zur Bestimmung der *Poa bulbosa* waren fünfzehn Worte erforderlich: *Gramen Xerampelinum, miliacea, praetenui, ramosaque sparsa canicula, sive Xerampelinum congener, arvense, aestivum, gravem minutissimo semine.* Mit diesen siebzig bzw. fünfzehn Worten sagte er letzten Endes weniger als Linné mit seinen zwei Begriffen.

Die Klassifikation

Gemeinhin wird die Klassifikation mit der Vorstellung eines eher stumpfsinnigen Bemühens verbunden, Tieren und Pflanzen lateinische Namen zuzuweisen. Dieser Gemeinplatz verzerrt die Wirklichkeit: «Die besten Systematiker waren stets auf der Suche nach einem natürlichen System, das die Urgründe der natürlichen Ordnung aufdecken könnte und sich nicht darauf beschränkte, eine künstliche Katalogisierung zu sein» (Luria/Gould/Singer: 1981). Zu den fesselndsten Themen der heutigen Biologie gehören die von der Kladistik aufgeworfenen Fragen – von jenem Klassifizierungsverfahren also, das jede Festschreibung der Ähnlichkeiten zwischen Lebewesen ablehnt und nur von evolutiven Stammverzweigungen ausgeht. Die Systematisierung wurde aber schon maßgeblich erschwert, als sie sich im Laufe des 19. Jahrhunderts auf Fragen der Evolution einlassen mußte. In dem uns hier interessierenden Zeitraum von der Mitte des 16. bis in die ersten Jahrzehnte des 18. Jahrhunderts hatte die Klassifizierung hingegen noch mit einer Welt zu tun, in der die Arten – bis auf wenige Ausnahmen – als unveränderlich angesehen wurden, in der Flöhe, Fliegen, Elefanten, Pferde und Giraffen genauso aussahen wie zu Anbeginn, als Gott die lebenden Arten erschuf.

Unabhängig davon seien hier nun einige Überlegungen angefügt: 1. Bei der Systematisierung wird eine Naturtheorie mit einer Sprachtheorie in Verbindung gebracht; 2. Die Klassifizierung hat nicht nur mit Erkenntnis, sondern auch mit Informationsspeicherung zu tun; 3. Der klassifizierenden Sprache werden diagnostische Aufgaben erteilt, sie muß in der Lage sein, das Wesentliche zu erfassen und alles, was überflüssig oder zufällig erscheint, zu vernachlässigen.

Universalsprachen

Während der zweiten Hälfte des 17. Jahrhunderts gab es in ganz Europa zahlreiche Entwürfe für eine «philosophische», «künstliche», «perfekte» oder «universelle» Sprache und Schrift, die – so hofften ihre geistigen Schöpfer – die Verwirrung und Mehrdeutigkeit der natürlichen Sprachen überwinden sollte. Diese Sprache sollte aus Zeichen bestehen, die sich nicht an Lauten orientierten, sondern direkt auf die Dinge Bezug nahmen. Bacon und Leibniz waren in dieser Hinsicht sehr an chinesischen Begriffszeichen und ägyptischen Hieroglyphen interessiert. Die bildliche Vorstellung von einer Sache verweist gemeinhin unmittelbar auf die Sache selbst (wie beispielsweise bei den Bildsymbolen von Computerprogrammen oder im Falle des Verkehrsschildes, das zwei Kinder mit Schultasche zeigt, die über eine Straße laufen). Diese Bilder sind unabhängig von jeglicher Sprache verständlich, sie werden zwar ganz anders in Wort und Schrift gefaßt, aber von allen in gleicher Weise verstanden (auch von Menschen anderer Sprachen). Warum sollte man nicht auf dieser Grundlage zunächst eine Schriftart und dann eine richtiggehende Sprache schaffen? Könnte damit nicht die Sprachverwirrung aufgehoben werden, mit der Gott (nach Darstellung der Bibel) das Menschengeschlecht für den Turmbau von Babel bestraft hatte? (Rossi: 1983; Eco: 1994).

George Dalgarno und John Wilkins, die den Gedanken einer Universalsprache führend vorantrieben, veröffentlichten in ihren Werken von 1661 bzw. 1668 einige Überlegungen, die für alle Systematiker der Pflanzen und Tiere im 17. und 18. Jahrhundert von maßgeblicher Bedeutung waren:

1. Natürliche Sprachen und die philosophische oder Universalsprache stehen zueinander in einem grundsätzlichen Gegensatz. Das Zeichensystem der letztgenannten muß unabhängig von der jeweils eigenen Sprache verständlich sein, wobei die Regeln der Universalsprache einer anderen Logik folgen als die der natürlichen Sprache.

2. Das Hauptziel der philosophischen Sprache ist die Entwicklung von Zeichen, die nicht mit den üblichen Namen der Dinge übereinstimmen, sondern auf der bildlichen Vorstellung der Dinge beruhen (die allen Menschen gleich ist).

3. Die Zeichen der philosophischen Sprache müssen System haben, d. h. bestehende Beziehungen und Verhältnisse zwischen den Dingen aufzeigen können.

4. Zwischen den Zeichen und Dingen muß Eindeutigkeit herrschen, und jedem Zeichen muß eine Sache oder ein Begriff entsprechen («to every thing and notion there were assigned a distinct mark»).

5. Der Entwurf einer Universalsprache schließt das Vorhaben einer Universalenzyklopädie mit ein, also die vollständige und geordnete Aufreihung sowie sorgfältige Klassifikation aller Dinge und Begriffe, denen ein konventionelles Zeichen (mark) zugewiesen werden soll.

6. Die Entwicklung einer Enzyklopädie ist für die Anwendung der Sprache von wesentlicher Bedeutung und erfordert die

Aufstellung von *tabulae* (im Sinne Francis Bacons). Da in der Tat, wie schon Descartes bemerkte, jede perfekte Sprache eine Klassifikation aller auf der Welt bestehenden Dinge erfordern würde, sind die Grenzen der Enzyklopädie mit den Grenzen der Sprache selbst identisch.

7. Die Enzyklopädie stellt (soweit möglich) sicher, daß jedes Zeichen auch eine genaue Bestimmung der Sache oder des Begriffs enthält. Eine genaue Bestimmung liegt vor, wenn das Zeichen die exakte Position der Sache in jenem geordneten Ganzen der natürlichen Dinge angibt, das die Tafeln der Enzyklopädie wiedergeben und widerspiegeln.

8. Die Tafeln dienten, so Wilkins, in erster Linie dazu, die Dinge und Begriffe in einer Weise zu ordnen, «daß die jeder Sache zugewiesene Stelle zur Beschreibung ihrer Eigenschaften beitragen kann, indem sie den allgemeinen und besonderen Titel benennt, unter dem die Sache sich befindet, und die Aspekte, die sie von anderen Dingen derselben Art unterscheidet [...]; sobald wir das Kennzeichen und den Namen der Dinge erfahren, sollen wir zugleich über ihre Natur unterrichtet werden» (Wilkins: 1668, 289).

Eine Sprache zur Beschreibung der Natur

Die Überlegungen zu einer Universalsprache gehen unvermittelt über in Pläne einer Klassifikation der natürlichen Dinge. Es dürfte nun völlig klar sein, warum heute behauptet wird, daß Bischof John Wilkins vorhatte, «mit den Worten genau das zu machen, was Linné später mit den Pflanzen machen würde» (Emery: 1948, 176; vgl. Rossi: 1984). Es handelte sich dabei nicht einfach (wie man heute gern behauptet) um zufällige Übereinstimmungen zwischen den Ideen eines Sprachforschers und denen eines Botanikprofessors. Einer der Gründerväter der Botanik, der Engländer John Ray (1627–1705), und auch der Zoologe Francis Willoughby (1635–1672) arbeiteten mit John Wilkins zusammen, nachdem dieser sich im Jahre 1666 an die beiden berühmten Wissenschaftler gewandt hatte, um seinem Text «eine regelmäßige Aufreihung [...] aller Pflanzen- und Tierfamilien» anzugliedern (Ray: 1718, 366). Die Debatte, die sich daraufhin zwischen Wilkins und Ray entspann, war zum Teil von größtem Interesse.

Der Geistliche John Ray veröffentlichte 1682 die Schrift *Methodus plantarum nova.* 1686 erschien der erste Band der *Historia plantarum* (1686–1704), ein riesiges Werk von dreitausend Folioseiten, auf denen 18 000 Arten und Varietäten, in 33 Klassen gegliedert, nach morphologischen Gesichtspunkten beschrieben sind. Ray führte die Unterscheidung zwischen einkeimblättrigen und zweikeimblättrigen Pflanzen ein und beschrieb die Art – ganz modern – als Gesamtheit morphologisch ähnlicher Einzelwesen mit gleichem Samen. Ray war allerdings äußerst vielseitig interessiert. In seinem Werkverzeichnis findet man auch theologische Arbeiten, Überlegungen zur Sintflut und zu den Fossilien, Betrachtungen über die Rhetorik und Wissenschaft sowie Stellungnahmen zur umstrittenen Frage der Überlegenheit der Modernen. In den Jahren 1674 und 1675 kamen auch zwei Wörterbücher von ihm heraus: *A Collection of English Words not Generally Used* und das *Dictionariolum trilingue.* Seine sprachlichen Interessen waren nicht nebensächlich, und auch seine Anteilnahme an Wilkins Plan ist keineswegs als oberflächlich zu bezeichnen. Ja, er unterzog sich sogar der undankbaren Aufgabe, den gesamten *Essay* ins Lateinische zu übersetzen, um ihn den Wissenschaftlern auf dem Kontinent zugänglich zu machen. Die Übersetzung wurde tatsächlich abgeschlossen, wenngleich niemals publiziert (Ray: 1740, 23).

Ray hielt die von Wilkins eingeforderte «perfekte» Systematisierung für undurchführbar. Es sei – entgegen der Behauptung von Wilkins – nicht möglich, die Natur nach geometrischen und symmetrischen Gesichtspunkten zu ordnen, d. h. etwa drei Kräuterklassen aufzustellen und dann jede einzelne dieser drei Klassen in neun «Differenzen» zu unterteilen. Gegenüber diesen Forderungen stellte Ray fest, daß die Natur keine Sprünge mache, sondern Zwischenarten ausbilde, die nur schwer zu klassifizieren seien. Die Natur sei von daher als Kontinuum zu verstehen, als eine Folge nicht wahrnehmbarer Abstufungen.

Benennen als Begreifen

«Für eine sorgfältige Durchführung dieses Vorhabens», so schrieb Wilkins, «wäre es nötig, daß sich die theoretischen Überlegungen, auf denen dieser Plan gründen müßte, genauestens von der Natur der Dinge leiten ließen» (Wilkins: 1668, 21). Wenn man das Gepräge und den Namen der Dinge erfahre, werde man auch über die Natur dieser Dinge unterrichtet. Wenn die Beziehungen, Gegensätze und Zusammenhänge zwischen den sprachlichen Begriffen die Beziehungen, Gegensätze und Zusammenhänge zwischen den Dingen wiedergeben, so bedeute dies, daß benennen gleichbedeutend sei mit begreifen. Linné formulierte dies kurz und bündig: *Fundamentum botanices duplex est: dispositio et denominatio* (Linné: 1784, 151).

Joseph Pitton de Tournefort (1656–1708), Botanikprofessor am Jardin du Roi, entwickelte eine Systematik, die von der Gattung ausging. In seinem Werk *Eléments de botanique ou méthode pour reconnaître les plantes* von 1694 und in seinen *Institutiones rei herbariae* von 1700 beschrieb er fast 700 Gattungen und mehr als 10 000 Arten. Auch Tournefort hielt es für nötig, daß die Merkmale oder Kennzeichen einer Pflanze untrennbar mit ihrem Namen verflochten sein mußten. Die Botanik beschränke sich in der Tat nicht darauf, als Hilfswissenschaft der Pharmazie oder Medizin die Wirkkräfte der Pflanzen zu erkennen. Galen und Dioskurides hätten zwar die Medizin bereichert, aber der Botanik geschadet, da sie bei jeder Neuentdeckung einer Pflanze aufs Geratewohl neue Namen einführten. Um aus der Botanik eine Wissenschaft zu machen, sei es hingegen nötig, «daß man das Studium der Pflanzen mit dem Studium ihrer Namen beginne» (Tournefort: 1797, I, 47). Tournefort war sich darüber im klaren, daß die Forderung nach einer wirklich perfekten oder genauen Sprache die Abschaffung der gesamten gebräuchlichen Terminologie voraussetzte. Allerdings müsse man der Tradition und den historisch gewachsenen Kenntnissen Rechnung tragen: «Wenn die Pflanzen noch keine Namen hätten, könnte man ihre Kenntnis erleichtern, indem man ihnen einfache Namen verliehe, deren Endungen die Beziehungen angeben würden, die zwischen Pflanzen einer Gattung und einer Klasse bestehen [...]. Um dies zu tun, müßte man aber den gesamten Sprachgebrauch der Botanik grundlegend verändern. In den Anfängen dieser Wissenschaft war es nicht möglich, eine solche Genauigkeit zu beobachten, weil man genötigt war, den Pflanzen in dem Moment einen Namen zu geben, da man ihre Nutzung entdeckte» (ebd.: I, 48). Die Botanik sei wegen einer Art Geburtsfehler weit vom Status der Vollkommenheit entfernt: «Durch irgendeine böse Fügung haben die Alten die Botanik immer mehr verdunkelt, je mehr sie anhand vielfältiger Hilfsmittel die Medizin erleuchteten. Sie dachten sich nämlich neue Namen für die Pflanzen aus, um deren Wirkkräfte darzustellen und besaßen noch keine Gesetze zur nicht willkürlichen Vergabe von Namen» (Tournefort: 1700, I, 12–15).

Gedächtnishilfen

Bernard de Fontenelle bemerkte anläßlich des Todes von Tournefort in seiner Trauerrede vor der Académie: «Er ermöglichte, Ordnung in die riesige Anzahl von Pflanzen zu bringen, die ohne System über die Erde bzw. unter der Meeresoberfläche verbreitet sind, und sie auf verschiedene Gattungen und Arten zu verteilen, was ihre Kenntnis erleichtert und verhindert, daß das Gedächtnis der Botaniker unter dem Gewicht zahlloser Namen zusammenbricht» (Fontenelle: 1708, 147). Die Klassifizierungen betrachteten viele als wertvolle Gedächtnisstütze. Francis Bacon hatte lange auf der Notwendigkeit dieser Erinnerungshilfen als wesentlichem Bestandteil der neuen Methode beharrt und sich, wenn auch nicht unkritisch, der altehrwürdigen *ars memorativa* Ciceros verschrieben (vgl. Rossi: 1983; Yates: 1994).

Fontenelle war nicht der einzige, der davon sprach, daß das Gedächtnis unter der Last der Daten zusammenbrechen könnte. Es darf nicht vergessen werden, daß sich in den Naturwissenschaften zwischen der Mitte des 16. und der Mitte des 17. Jahrhunderts eine tiefgreifende Wende vollzog, und zwar nicht zuletzt im Hinblick auf die verfügbare Datenmenge. 258 Pflanzenarten führte einer der Gründerväter der deutschen Botanik, Otto Brunfels (1488–1534), in seinem 1530 erschienenen Werk *Herbarum verae icones* auf, das von dem Dürer-Schüler Hans Weiditz prächtig bebildert worden war. Kaum einhundert Jahre später listete der Schweizer Naturforscher Gaspar Behuin in seiner Schrift *Pinax theatri botanici* von 1623 rund 6000 Arten auf. Bei John Ray waren es, wie wir sahen, schon 18000 Arten.

Die Situation war wirklich schwierig, ja es herrschte große Verwirrung in allen Bereichen der Natur. In bezug auf die Jahre zwischen der Mitte des 17. und der Mitte des 18. Jahrhunderts gab Johan Friedrich Gmelin in seiner deutschen Übersetzung des Werks von Linné ganze 27 Systeme zur Klassifikation von Mineralen an, die von Forschern verschiedener europäischer Länder entwickelt worden waren. Alle Schüler von Linné waren sich, mit Blick auf die vorherige Situation ihres Wissenszweiges, darin einig, daß ihr großer Meister vor allem der um sich greifenden Verwirrung ein Ende gesetzt hatte. «Die Wissenschaft der Natur», so schrieb ein russischer Anhänger Linnés, «wurde bis vor einhundert Jahren kaum betrieben [...]. Was die älteren Zeiten betrifft, so muß ich zugeben, hier und dort ein paar Beschreibungen natürlicher Dinge gefunden zu haben, doch sind sie mangelhaft und von einer Art, daß man daraus so gut wie nichts folgern kann. Einem jeden ist klar, daß das Gedächtnis allein nicht hinreicht, um eine so große Zahl von Objekten zu fassen. Und die Verfasser jener Zeiten hatten keine bestimmte Terminologie festgelegt, ja es gab keinerlei Gliederung, in welche die Objekte hätten eingeordnet werden können, und kein System» (Linné: 1769, VII, 439).

Wesentliches und Nebensächliches

Der Unterschied zwischen der Klassifikationsweise, die mit Überlegungen zur Universalsprache zusammenhing, und den Systematisierungen aristotelischer Prägung läßt sich anhand des gewaltigen Vorhabens von Andrea Cesalpino (1519–1563) gut veranschaulichen, der in den letzten Jahrzehnten des 16. Jahrhunderts eine botanisch-zoologische Wissenschaft auf der Grundlage der Aristotelischen Begriffe von Stoff und Form ins Leben rufen wollte. In seinem Werk *De plantis libri XVI* von 1583 wurden die Pflanzen als den Tieren entsprechende Träger vegetativen Lebens dargestellt, als einfachere Ausführungen komplexerer Organismen. Die Pflanze sei ein auf den Kopf gestelltes Tier: ihr Haupt stecke in der Erde, die Wurzeln seien der Mund, worüber sie ihre Nahrung beziehe, die Frucht sei der Embryo und der Pflanzensaft entspreche dem Blut. Kurz erwähnt sei auch der Name von Conrad Gesner (1516–1565) aus Zürich, der in seiner *Historia animalium* auf 4500 Folioseiten eine Auflistung lateinischer Tiernamen in alphabetischer Reihenfolge vorgelegt hat. Unter Tausenden prachtvoller Stiche, mit denen der Text ausgestattet ist, befindet sich auch das berühmte Rhinozeros von Dürer.

Viele Historiker und die meisten Epistemologen haben Wert, Ausmaß und Bedeutung dieser gigantischen Arbeiten zur Tabellarisierung der natürlichen Dinge völlig außer acht gelassen, mit denen sich während des 17. Jahrhunderts die an Botanik, Zoologie und Mineralogie Interessierten und im allgemeinen alle Forscher «natürlicher Dinge» befaßt haben.

Es galt, das Wesentliche aufzugreifen und das Überflüssige außer acht zu lassen. Doch wo war das Wesentliche zu finden – und woran das Nebensächliche auszumachen? In den Abhandlungen der Antike und Renaissance nahmen allegorische Auslegungen, Mythen und Legenden über ein bestimmtes Tier oder eine gewisse Pflanze, Fragen zur Eßbarkeit und zur möglichen Verwendung, ja auch dichterische oder literarische Darstellungen einen großen Raum ein. In den Werken der Botanik und Zoologie aus dem 17. und 18. Jahrhundert stand der sogenannte literarische Teil ganz hinten an und wurde zu einer Art Kuriosität. Der englische Arzt und Naturforscher John Jonston (1603–1675) setzte zwar in seinem Werk *De quadrupedis* von 1652 das Einhorn noch neben den Elefanten, doch beseitigte er einen Großteil der «literarischen» Betrachtungen, die hingegen in den Schriften von Ulisse Aldrovandi (1522–1605) noch anzutreffen waren.

Die Suche nach dem Wesentlichen vollzog sich, wie nicht anders zu erwarten, über eine Vielzahl unterschiedlicher Wege. Unter den siebzehn Pflanzenklassen von John Parkinsons *Theatrum botanicum* aus dem Jahre 1640 findet man wohlriechende, giftige, betäubende und schädliche, kühlende und warme Pflanzen, Doldengewächse, Getreide, Sumpf-, Wasser- und Meerespflanzen, baumartige und Obstpflanzen, exotische und fremde

Pflanzen. Tournefort unterschied zwischen Bäumen, Sträuchern und Kräutern (eine Gliederung, die Linné später zurückweisen würde) und unterteilte diese vor allem nach den Merkmalen ihrer Korolla (Blumenkrone), wobei er aber auch eventuelle Unterschiede bei den Früchten, Blättern und Wurzeln in Betracht zog. Untergliederungen nach ihrer pharmazeutischen Verwendung oder nach dem Standort wurden immer seltener. Der Weg, über den Linné dazu gelangte, die Fortpflanzungsorgane als maßgebliches Kriterium ins Auge zu fassen, war durchaus dornig, zumal das Geschlecht der Pflanzen von Wissenschaftlern wie Malpighi und Tournefort in Abrede gestellt wurde und erst in der ersten Hälfte des 19. Jahrhunderts zu einer unbestrittenen Tatsache avancierte. Hinsichtlich der Tiere erwies sich die Situation als noch komplizierter: Für Linné bildeten die Säugetiere, Vögel, Amphibien und Fische vier Klassen von Tieren mit rotem Blut, Insekten und Würmer hingegen zwei Klassen von Tieren mit weißem Blut. Gewiß kommt Linné das Verdienst zu, erstmals auch den Menschen unter die Tiere gerechnet zu haben, doch siedelte er ihn, zusammen mit den Menschenaffen und dem Faultier, unter den Vierfüßlern an. Das Rhinozeros war für Linné eine Nagetier, und zu den Amphibien gehörten Krokodile, Schildkröten, Frösche, Schlangen sowie Stör und Rochen. Tintenfische (Kalmar, Sepia) und Polypen (Kraken) wurden den Würmern zugeordnet.

15.
Instrumente und Theorien

Wahrnehmungshilfen

In der heutigen Wissenschaft ist Sehen praktisch gleichbedeutend mit der Deutung von Zeichen, die durch Geräte hervorgebracht werden. Zwischen dem Auge eines Astronomen vor einem Hubble-Teleskop und einer der fernen Galaxien, die die Astrophysiker fesseln und die Phantasie aller Menschen anregen, befinden sich mehr als ein Dutzend komplizierter Apparaturen – beispielsweise ein Satellit, eine Spiegelanlage, eine Teleskoplinse, eine Photovorrichtung, ein Abtastgerät zur digitalen Verschlüsselung der Bilder, verschiedene Computer zur Steuerung der Photoaufnahmen, Abtastfunktionen und der Speicherung digitalisierter Bilder, ein Übertragungsgerät zur Weitergabe dieser Bilder in Form von Radioimpulsen an die Erde, ein Gerät auf der Erde, das die Radioimpulse in computerlesbare Zeichen zurückverwandelt, die Software zur Rekonstruktion des Bildes in Farbe, ein Bildschirm, ein Farbdrucker und vieles mehr (Pickering: 1992; Gallino: 1995).

Ein zeitgenössischer Philosoph hat ein Buch zur Wissenschaftsphilosophie veröffentlicht, das den Titel trägt: *Representing and Intervening* (Darstellen und Eingreifen). Um zu verstehen, was Wissenschaft eigentlich ist und was sie macht, bedarf es beider Begriffe. Die Wissenschaft befaßt sich im wesentlichen mit Theoriebildung und Durchführung von Experimenten. Während mittels der Theorien versucht wird, eine Vorstellung von der Eigenart der Welt zu bekommen, dienen die wissenschaftlichen Versuche der Überprüfung dieser Theorien; die daraus erwachsenden Technologien verändern die Welt. Es wird also in der Tat dargestellt und eingegriffen. Die Darstellungen dienen letzten Endes dazu, Eingriffe vornehmen zu können, und die Eingriffe vollziehen sich mit Blick auf die Darstellungen. Mit der wissenschaftlichen Revolution entstand eine Art Kollektivwerk, in dem drei grundsätzliche Neigungen des Menschen zum

Tragen kamen: theoretisch zu reflektieren, zu berechnen oder Annahmen zu formulieren und zu experimentieren. Indem diese Tätigkeitsbereiche ineinandergreifen, bereichern sie sich gegenseitig in einzigartiger Weise (Hacking: 1983). Von daher hatte schon Francis Bacon gelehrt, daß Wissenschaft nicht allein der schlichten Naturbeobachtung entspreche. Die menschliche Wahrnehmungsfähigkeit muß mit Hilfe von Geräten erweitert werden. Die Strahlen in Newtons Optik und die Teilchen der modernen Physik sind keine natürlichen Gegebenheiten, sondern Daten, denen durch technische Hilfsmittel nachgeholfen worden ist. Angesichts der Natur müssen wir lernen, wie es der Lordkanzler mit einer seiner weit hergeholten Metaphern ausdrückte, «dem Löwen den Schwanz zu entwinden». Insofern ist die Geschichte der Instrumtente ein wesentlicher Bestandteil der Wissenschaften.

Die Zusammenhänge, die im 17. Jahrhundert zwischen den Debatten um das Barometer und um die Existenz bzw. das Wesen des Vakuums auftraten, mögen diese Behauptung erhärten. Im vierten Buch seiner *Physik* hatte Aristoteles den Raum als unbewegliche Grenze beschrieben, die einen Körper umschließt, und dabei die Vorstellung völliger Leere abgelehnt. Zur Begründung verwies er auf die Unmöglichkeit von Bewegung im Vakuum: wenn sie existieren würde, so vollziehe sie sich endlos oder sei auf einen Augenblick beschränkt. Im Vakuum hätten die Körper außerdem die gleiche Fallgeschwindigkeit, unabhängig von ihrem Gewicht. Ausdrücke wie *Natura abhorret vacuum* oder *Horror vacui* traten in Schriften des 13. Jahrhunderts auf und wurden allgemein gebräuchlich. Auch bei Descartes und der cartesischen Physik (in der Materie und Ausdehnung gleichgesetzt wurden) war es nicht anders: sobald sich Materie im vollen Universum von einem Ort entfernte, rückte sogleich andere, angrenzende Materie an die leer werdende Stelle. Über die Schriften von Diogenes Laertius, einige Werke von Cicero und vor allem über *De rerum natura* von Lukrez kamen die Philosophen des 17. Jahrhunderts mit einer anderen großen Tradition in Berührung, deren Anhänger – im Widerspruch zur Aristotelischen Lehre – hinsichtlich des Vakuums das genaue Gegenteil behaupteten. Lukrez (dessen diesbezügliche Ideen in der Neuzeit von Giordano Bruno aufgegriffen worden waren) hatte die Vorstellung von unzähligen Welten verfochten, die ungeordnet in einem unendlichen Raum versprengt seien. Der von Simplizius vertretene stoische Ansatz sah eine einzige kugelförmige, volle und in sich abgeschlossene Welt vor, die von einem leeren dreidimensionalen Raum ohne Welten oder Materie umgeben war (Grant: 1981).

Wenn man eine Flüssigkeit in ein Rohr gießt, ein Ende dieses Rohres mit einem Finger verschließt, das andere Ende hingegen in einen größeren Behälter voll besagter Flüssigkeit taucht, so fließt der Inhalt des Rohrs nicht ganz ab, sondern bleibt auf einer bestimmten Höhe stehen. Als Vincenzo Viviani 1644 unter Anleitung von Evangelista Torricelli in Florenz das Quecksilberexperiment ausführte, das immer noch als «Torricellis barometrischer Versuch» bekannt ist, blieb die Quecksilbersäule auf einer Höhe von 760 Millimetern über dem Spiegel der Schale stehen. Worin liegt der Grund für den Anstieg des Quecksilbers? Hat die Luft über der Schale ein Gewicht? Und von welcher Art ist der leere Raum oberhalb des Quecksilbers?

Zwischen 1645 und 1660 wurde in vielfältiger Weise auf diese Fragen geantwortet. Die Peripatetiker bestritten sowohl ein Gewicht der Luft als auch die Vorstellung völliger Leere. Sie gingen davon aus, daß eine winzige Luftmenge im Rohr verblieben sei und sich bis zu seiner Höchstgrenze ausgedehnt habe, als der Quecksilberspiegel im Rohr abgesunken sei. Descartes und die Cartesianer übernahmen zwar die Annahme, daß Luft ein Gewicht habe, wiesen aber die Existenz eines Vakuums als unmöglich zurück, indem sie behaupteten, der Raum über der Quecksilbersäule sei voller feinster Materie, die durch das Glasrohr ins Innere dringen könne. Gilles Personne de Roberval, ein eiserner Streiter gegen den Cartesianismus, erkannte das Vakuum an, stellte aber das Gewicht der Luft in Abrede.

Torricelli hatte beobachtet, daß die Höhe der Quecksilbersäule Schwankungen unterworfen war und angenommen, daß ein entsprechendes Gerät dazu dienen könnte, den Luftdruck zu messen. Währenddessen lebte Blaise Pascal mit seiner Familie in Rouen und hatte im Alter von vierundzwanzig Jahren bereits eine Abhandlung über die Kegelschnitte veröffentlicht und die erste Rechenmaschine erfunden. In Rouen befand sich eine Glashütte, die als einzige in der Lage war, große Glasapparaturen zu bauen. Pascal stellte nun bei Versuchen mit Glasrohren unterschiedlicher Form und Länge fest, daß der Stand der Quecksilbersäule immer gleichblieb. Auf diese Weise widerlegte er die These, daß das Volumen des leeren Raumes nur deshalb gleichbleibe, weil die im Rohr verbliebene Luft ihren Höchstgrad an Verdünnung erreiche. Er schöpfte alle technischen Möglichkeiten der Glashütte aus, indem er bis zu 14 Meter lange Rohre einsetzte, die – an Schiffsmasten befestigt – mit Wasser oder Rotwein gefüllt und in Behälter voller Wasser oder Wein getaucht wurden. Außerdem führte er einen Versuch durch, der zu seiner Zeit stärksten Widerhall fand und noch heute in den Physiklehrbüchern beschrieben wird. Es ging darum, festzustellen, wie sich die Quecksilbersäule beim Aufstieg auf einen Berg verhalten, welchen Stand sie am Fuße, auf halber Höhe und auf dem Gipfel anzeigen werde. Das Experiment wurde am 19. September 1648 vom Schwager Pascals, Florin Périer, auf dem Berg Puy-de-Dôme in der Auvergne mit außerordentlicher Genauigkeit durchgeführt und ging als *La grande expérience sur l'équilibre des liqueurs*, worüber Pascal einen Monat später einen ausführlichen Bericht drucken ließ, in die Geschichte ein. Schon im Jahre 1647 hatte er seine *Expériences nouvelles touchant le vide* (Neue Versuche bezüglich des Vakuums) veröffentlicht und 1653 sollte die Schrift *Traité sur l'équilibre des liqueurs* (Abhandlung über das Gleichgewicht der Flüssigkeiten) erscheinen. Während er der Natur in seinem Text von 1647 noch eine Abneigung gegen völlige Leere unterstellt hatte, bestätigte er in seinem Bericht von 1648, daß alle Erscheinungen, die man bis dato diesem *Horror vacui* zugeschrieben hatte, in Wirklichkeit von der Schwerkraft und dem Luftdruck herrührten.

Im Rahmen dieser Debatten über Vakuum und Luftdruck waren auch die Versuche von ausschlaggebender Bedeutung, die der Bürgermeister von Magdeburg, Otto von Guericke, und Robert Boyle entwickelt haben. Guericke führte 1654 dem Reichstag von Regensburg ein aufsehenerregendes Experiment vor. Er legte zwei Messinghalbkugeln mit einem Durchmesser von 24 Zentimetern aneinander und bildete im Inneren dieser Kugel ein Vakuum: Daraufhin konnten die beiden Hälften nur mit der vereinten Kraft von vier Pferden auf jeder Seite voneinander getrennt werden. Um in einem anschließenden Experiment zwei erheblich größere Halbkugeln zu trennen, bedurfte es der Kraft von zwei Dutzend Pferden. Was Robert Boyle betrifft, so entwickelte er ein Experiment des «Vakuums im Vakuum» (woran sich auch Pascal versucht hatte). Er bediente sich eines ähnlichen Gerätes wie schon Torricelli und traf dieselben Vorbereitungen. Dann kennzeichnete er den Stand des Quecksilbers und tauchte alles in einen rundum geschlossenen Behälter, dem nach und nach Luft entzogen wurde. Durch die Verminderung des Luftdrucks in dem Behälter fiel die Quecksilbersäule stetig. Boyle war nicht gewillt, das bei seinen Experimenten geschaffene Vakuum für das Nichts zu halten und als ein Vertreter der «Fülle» oder der «Leere» angesehen zu werden. Gegenüber Fragen der Art, ob der leere Behälter tatsächlich frei von jeglicher materiellen Substanz sei, äußerte sich Boyle nur mit großer Vorsicht. Er glaubte, daß es sich hierbei um eher metaphysische denn physikalische Fragen handelte, mit denen sich die «experimentelle Philosophie» nicht befassen sollte. (Dijksterhuis: 1983; Shapin/Shaffer: 1985). Gewiß war die Natur nun vom *Horror vacui* befreit, doch in den Köpfen hatte diese Idee einen festen Platz inne: «Die zahlreichen Äthertheorien, die eine so wichtige Stellung in der Physik einnehmen sollten, bilden einen schlagenden Beweis dafür» (Dijksterhuis: 1983, 512).

Die sechs wichtigen wissenschaftlichen Instrumente, die im Verlauf des 17. Jahrhunderts entwickelt wurden (Mikroskop, Teleskop, Thermometer, Barometer, Luftpumpe, Präzisionsuhr) waren auf das Engste mit dem Fortschritt des Wissens verbunden.

Denkhilfen

Theoretische Reflexion, Annahmen und Experimente kennzeichnen, wie anfangs erwähnt, die Wissenschaften nach der ersten wissenschaftlichen Revolution. Die neue Mathematik, die zwischen der ersten Hälfte des 17. Jahrhunderts und dem Beginn des 18. Jahrhunderts entstand, kann ohne Zweifel als das wichtigste theoretische Instrument Geltung beanspruchen, das je vom Menschen entwickelt worden ist.

Die neue Mathematik befaßte sich in erster Linie mit Fragen, die das Unendliche (Infinitum) und das Kontinuum betrafen. Als

Kepler die Entfernung zwischen Mars und Sonne an verschiedenen Stellen der Umlaufbahn berechnete, wurde ihm klar, daß sein Hauptirrtum darin bestanden hatte, die Planetenbahn als perfekten Kreis anzunehmen. Es handelte sich, wie er sagte, um einen gefährlichen Irrtum, der ihn sehr viel Zeit gekostet habe und von allen Philosophen vertreten werde. Was meinte Kepler mit dieser Art von Dogma? Die Perfektion des Kreises war, nach der damals geläufigen Ansicht, abhängig von der Tatsache, daß jeder Punkt der Kreislinie zugleich Anfangs- und Endpunkt sei. Auf einer Geraden seien Anfang und Ende nicht sichtbar, und die Bewegung längs einer Geraden sei unendlich. Aristoteles ging von einem möglichen, nicht von einem wirklichen Unendlichen aus. Das Unendliche sei nicht reell, weder als Wirklichkeit an sich noch als Attribut einer Wirklichkeit. Die Endlosigkeit könne weder einer Sache noch ihrer Bestandteile zuerkannt werden. Wenn man von der Unendlichkeit der Zeit sprach oder von einer unendlichen Zahlenfolge, wenn man sagte, das Kontinuum sei unendlich teilbar, so bedeutete dies nur, daß beispielsweise der Vorgang einer Division oder Addition unendlich oft wiederholt werden könne. Der Weg zum Infinitum bestand für Aristoteles einzig in der Endlosigkeit dieses Weges (Wieland: 1962, 293).

Man sollte an dieser Stelle vielleicht verdeutlichen, warum sich der moderne Begriff des Unendlichen so sehr von der Vorstellung einer endlosen Aneinanderreihung einzelner Dinge unterscheidet. Im Gefolge der wissenschaftlichen Revolution wurden Infinitum und Kontinuum in ganz anderer Weise konzipiert. Zahlen reihen sich in einer diskreten Folge aneinander, d. h. sie sind durch endliche Intervalle voneinander getrennt. Die unendliche Reihe von Punkten einer Geraden ist hingegen kontinuierlich, von daher hat es keinen Sinn, von dem Punkt zu sprechen, der einem anderen Punkt unmittelbar folgt: Zwischen einem Punkt und dem nächsten befinden sich immer unendlich viele Punkte, die ein fortlaufendes Segment ergeben, das unendlich teilbar ist in wiederum kontinuierliche, ihrerseits unendlich teilbare Bereiche, und so weiter ins Unendliche. Um von einem Punkt zu einem anderen zu gelangen, passiert man eine Folge unendlich vieler gegebener Punkte. Es handelt sich um eine vollendete, nicht nur um eine unvollendbare Unendlichkeit, um ein ausgeschöpftes, nicht um ein unerschöpfliches Infinitum, um etwas Bestehendes, nicht nur Potentielles (Lombardo Radice: 1981, 12). Ein Kontinuum ist demnach teilbar in eine wirklich gegebene unendliche Menge von untrennbaren Teilen.

Es mag sein, daß die Griechen den Gedanken an einen Verlauf ohne Ende beängstigend fanden, sicher ist, daß das, was wir als Paradoxa des Infiniten bezeichnen, für sie ein unüberbrückbares Hindernis darstellte (Kline: 1976, 63). Die sogenannte Exhaustionsmethode, die in der Geometrie zur Berechnung von Flächen diente, vermied es, das Unendliche und Infinitesimale direkt in die Beweisführung miteinzubeziehen. Um zu beweisen, daß eine bestimmte Figur eine bestimmte Fläche besaß, nahm man für diese Figur zunächst eine größere oder kleinere Fläche an. Aus dieser Annahme folgte – durch Betrachtung einer Reihe eingeschriebener oder umschriebener Figuren, die sich allmählich der fraglichen Figur annäherten (Approximation), und durch Hervorhebung des Widersinns alles Gegenteiligen – daß die Fläche weder größer noch kleiner sein konnte. Das gleiche Verfahren wurde bei der Berechnung von festen bzw. Hohlkörpern angewandt.

Auf die Frage, warum für ein Faß bei gleichem Fassungsvermögen weniger Holz benötigt werde als für andere Formen, hatte Kepler im Jahre 1615 eine glänzende Antwort bereit. Zum Zwecke seiner Erklärung zergliederte er die Figuren in unendlich kleine (infinitesimale) Teile, doch machte er sich nicht die Mühe, die Bedeutung der von ihm angewandten Methode zu erörtern. Galileo Galilei, in dessen Schriften atomistische Lehrsätze zu lesen sind, hatte folgende Behauptung aufgestellt: Wenn das Kontinuum in immer weiter teilbare Teile unterteilt werden könne, so bestehe es zwangsläufig aus unendlichen unteilbaren Größen «non quanti», d. h. ohne jegliche Ausdehnung. Galilei befaßte sich nicht mit reiner Mathematik, vielmehr verband er das Vorkommen von unteilbaren Größen ohne Ausdehnung mit dem Problem der Zusammensetzung von Flüssigkeiten und mit den Verdichtungs- bzw. Verdünnungsvorgängen. In seiner Schrift *Nuove scienze* stellte er die Frage nach der Vergleichbarkeit zweier Infinita und betonte das paradoxe Ergebnis der Gegenüberstellung von einer unendlichen Folge ganzer Zahlen und einer unendlichen Folge ihrer Quadrate: Wenn wir die betreffenden

Zahlen in eine Reihe schreiben (1, 2, 3, 4, 5 usw.) und in die nächste Reihe deren Quadratzahlen setzen (1, 4, 9, 16, 25 usw.) so werde klar, daß jeder Zahl nur eine Quadratzahl und jeder Quadratzahl nur eine Zahl entspreche (zwischen den beiden Folgen bestehe also eine doppelseitig-einnamige Beziehung). Trotzdem sei nicht von der Hand zu weisen, daß es mehr Zahlen gebe (einschließlich der Quadratzahlen, aber auch aller Nicht-Quadratzahlen) als Quadratzahlen. Wie aber könne ein Infinitum größer oder kleiner sein als ein anderes? Galileo sah sich hier mit einer Grundeigenschaft infiniter Größen konfrontiert: ein Teil des Ganzen kann den gleichen Umfang haben wie das Ganze selbst. In seinem *Discorso intorno a due nuove scienze* folgerte Salviati ganz richtig, daß die Anzahl der vollkommenen Quadratzahlen nicht geringer sei als die Anzahl ganzer Zahlen, doch drang er nicht bis zu dem Schluß vor, daß sie gleich seien. Galilei war der Ansicht, daß der endliche Verstand des Menschen das Unendliche nicht begreifen könne, weil wir dem Unendlichen «Eigenschaften zusprechen, die wir an dem Endlichen, Begrenzten kennen, das geht aber nicht an, denn die Attribute des Großseins, der Kleinheit und Gleichheit kommen dem Unendlichen nicht zu, daher man nicht von größeren, kleineren oder gleichen Unendlichen sprechen kann» (Galilei: 1995, 30).

Bonaventura Cavalieri (1598–1647) und Evangelista Torricelli (1608–1647), beide Schüler von Galilei, standen jeglicher atomistischen Philosophie distanziert gegenüber und vermieden überhaupt jede verbindliche philosophische Stellungnahme. Allerdings versuchten sie im Bereich der Geometrie, gerade durch den Vergleich von Infinita, «die unermeßliche Fülle an unteilbaren Größen» auszuloten. Flächen bestanden nach ihrer Vorstellung aus einer unendlichen Anzahl paralleler Segmente, Körper wiederum aus einer unendlichen Anzahl von parallelen Flächen: diese Segmente und Flächen hielten sie für unteilbare Größen. Man könne Flächen und Körper berechnen, indem man die unteilbaren Größen, in die sie zerlegt werden könnten, einzeln miteinander vergleiche. Dabei aber wurde nicht ausdrücklich bekundet, daß die Flächen als Summe unendlicher Linien oder feste Körper als Summe unendlich vieler Flächen zu verstehen seien. Vielmehr beschränkten sie sich auf die Feststellung, daß sich die Flächen zueinander wie die Segmentaggregate und die festen Körper untereinander wie die Aggregate ihrer Schnitte verhielten.

Seit alters her wurde versucht, jedes Problem arithmetischer und algebraischer Art mit Hilfe der Geometrie zu lösen. Die Quadratwurzeln negativer Zahlen, derer sich Nicolò Tartaglia (1506–1557) und Gerolamo Cardano (1501–1571) im Hinblick auf eine Lösung der (kubischen) Gleichung dritten Grades bedienten, wären für die Alten unannehmbar gewesen, da es sich um Größen handelte, die keine geometrische Interpretation zuließen. Wir sahen im Zusammenhang mit Descartes, daß sich die «Übersetzung» geometrischer Vorstellungen in arithmetische Ausdrücke als ausschlaggebend für die Mathematisierung der Physik erwiesen hatte. Die analytische Geometrie behandelte die Fragen der Geometrie mit Hilfe der Algebra, wobei die Eigenschaften einer Gleichung denen einer Kurve entsprachen. Alle Kurven, die im Zusammenhang mit der Mechanik auftraten und von der antiken Geometrie vernachlässigt worden waren, da sie nicht mit Lineal und Zirkel zu zeichnen waren, gelangten nun in den Mittelpunkt des Interesses. Im Verlauf des 17. und 18. Jahrhunderts nahm die Algebra gegenüber der Geometrie eine deutliche Vorrangstellung ein.

Mit der Infinitesimalanalyse oder -rechnung (von Newton Fluxionsrechnung genannt) war es möglich, Flächen zu berechnen, die von Kurven begrenzt werden, das Problem der Tangenten einer Kurve zu lösen und sich der Frage um die stetige Bewegung anzunehmen. Pierre Fermat (1601–1665) in Frankreich, Isaac Newton (1642–1727) in England und Gottfried Wilhelm Leibniz (1646–1716) in Deutschland befaßten sich mit den gleichen Problemen. Im Hinblick auf die Entdeckung der Infinitesimalrechnung entspann sich zwischen Leibniz und Newton jene hochberühmte wissenschaftliche Kontroverse, die die Welt der Gelehrten in zwei Lager teilte und noch heute die Aufmerksamkeit der Historiker auf sich zieht (Hall: 1980; Giusti: 1984, 1989).

Newton trat in seinen *Principia* den Beweis seiner Lehrsätze an (einschließlich der rein rechnerisch gelösten), indem er sich der traditionellen geometrischen Methode bediente. Gewiß hatte er nicht den Geist eines reinen Mathematikers, ja er bediente sich der Mathematik in Funktion der Physik. Seine Berechnungen waren für ihn von rein zweckdienlicher und praktischer Bedeutung. Allerdings hatte er sich eingehend mit der zweiten lateinischen Ausgabe von Descartes' *Géométrie* auseinandergesetzt und hatte die Algebra von François Viète (1640–1703) sowie die mathematischen Schriften von John Wallis (1616–1703) rezipiert. Vielleicht gerade aufgrund seiner mangelhaften Kenntnisse im Bereich der klassischen Geometrie vermochte er mit großer Klarheit die Bedeutung und das zentrale Moment der analytischen Geometrie zu erkennen: daß nämlich Kurven und Gleichungen sich entsprechen und daß die Gleichungen die Beschaffenheit der Kurve zum Ausdruck bringen (Westfall: 1996, 69). In seiner Schrift *Tractatus de quadratura curvarum* von 1676 wies er die Methode von Cavalieri zurück, und erklärte, daß mathematische Größen nicht aus beliebigen kleinen Teilen bestünden, sondern von einer fortlaufenden Bewegung hervorgebracht würden. Linien wurden demnach nicht mit der Addition von Teilen gleichgesetzt, sondern mittels einer fortlaufenden Bewegung der Punkte beschrieben, Flächen wurden als Bewegung von Linien aufgefaßt, feste Körper als Bewegung von Flächen, Winkel ergaben sich aus der Rotation der Schenkel, und die Zeit entsprach einem stetigen Fluß. Diese Erscheinungen «kommen in der Natur tatsächlich vor und man kann sie täglich an der Bewegung der Körper beobachten». Die von diesen Bewegungen hervorgebrachten Größen seien, bei gleicher Zeit, von ihrer mehr oder minder großen Zunahmegeschwindigkeit abhängig. In seinem *Tractatus de quadratura curvarum* schrieb Newton: «Angesichts der Tatsache, daß sich die hervorgebrachten Größen bei gleichen Zunahmezeiten als größer oder kleiner erweisen, je nach der größeren oder kleineren Geschwindigkeit, mit der sie zunehmen, habe ich eine Methode gesucht, um die Bewegungsgeschwindigkeiten und die Inkremente (Zuwächse) ihrer Entstehung zu messen. Dabei bezeichnete ich die Zunahmegeschwindigkeiten als Fluxionen und die hervorgebrachten Größen als Fluenten und gelangte somit in den Jahren 1665/66 allmählich zur Fluxionsmethode, die ich hier mit Blick auf die Quadratur der Kurven anwende» (in: Castelnuovo: 1962, 127f.). Die Fluxionen «können mit beliebig großer Annäherung als Inkremente der Fluenten angesehen werden, die in beliebig kleinen Zeitspannen hervorgebracht worden sind». Anhand der

Größen könnten die Geschwindigkeiten und anhand der Zunahmegeschwindigkeiten wiederum die Größen bestimmt werden. Die Zunahmegeschwindigkeit entspreche der (abgeleiteten) Fluxion gegebener (variabler) Fluenten. Die Erforschung der Beziehungen zwischen Fluxionen und Fluenten (heute als Integration oder Berechnung eines Integrals bezeichnet) hielt Newton für schwieriger als jene zwischen Fluenten und Fluxionen (heute im Rahmen der Differentialrechnung Ableitung genannt), obwohl ihm völlig klar war, daß es sich bei der Ableitung um eine Umkehrung der Integration handelte (Singh: 1959, 34; Giorello: 1985, 172).

Dabei kommen einige Schlüsselbegriffe zum Tragen, vor allem die Vorstellung der instantanen (zeitlich ausdehnungslosen) Geschwindigkeit, die nicht anhand der mathematischen Division von Bewegung durch Zeit definiert ist. Das Rechnen führte die Vorstellung eines Wertes ein, den die mittleren Geschwindigkeiten durch Annäherung anstreben, wenn sich die Zeiträume, wonach die mittleren Geschwindigkeiten berechnet sind, dem Nullpunkt nähern (Kline: 1964). Unabhängig voneinander kamen Newton und Leibniz auf den Gedanken, einen infinitesimalen Abstand und eine entsprechende infinitesimale Zeitspanne anzunehmen, sie zueinander in Verhältnis zu setzen und zu erproben, was geschieht, wenn die angenommene Zeitspanne unendlich verkleinert wird (Feynman: 1963).

Die fortschreitende unendliche Verkleinerung der Fluenten Newtons wurde in der Terminologie von Leibniz als Differential bezeichnet (ein Begriff, der allgemeine Verbreitung finden sollte). Leibniz zeigte sich weitaus weniger «pragmatisch» als Newton. Seine Auffassung vom Rechnen war aufs engste mit einigen Leitgedanken seiner Philosophie, vor allem mit seinen Überlegungen zu Symbolen (Charakteren) und dem Kontinuum verbunden. Ausgehend von der Existenz einfacher, elementarer und untereinander verknüpfbarer Begriffe, die er mit den Buchstaben des Alphabets verglich, entwarf er eine *universale,* dem algebraischen Zeichensystem ähnliche *Charakteristik,* dann eine philosophische oder *Universalsprache,* deren Zeichen und Worte direkt die logischen Beziehungen zwischen den Gedanken widerspiegelten, und schließlich einen *Kalkül* (calculus ratiocinator), d. h. eine formale Argumentationsstruktur, die in der Lage sein sollte,

Irrtümer sofort erkennbar zu machen und zu entfernen. Alle drei Projekte standen in unmittelbarem Zusammenhang mit dem Bestreben nach religiösem Frieden.

Die Frage um das Kontinuum war hingegen ganz eng mit seinem sogenannten Prinzip der Identität des Ununterscheidbaren verbunden. Demnach könne es in der Natur keine zwei völlig wesensgleichen Dinge geben, an denen sich kein inwendiger oder ihrer Bezeichnung innewohnender Unterschied festmachen ließe. Wenn zwei Dinge in allen Eigenschaften identisch seien, so handele es sich um dasselbe Ding; wenn man sie hingegen unterscheide, so müßten sie tatsächlich Unterschiede aufweisen, sei es auch von nicht wahrnehmbarer oder unendlich kleiner Art. Die infinitesimalen Veränderungen, die mit Hilfe der Algebra nicht faßbar waren, konnten hingegen mittels der Infinitesimalrechnung ausgedrückt werden. Letztere machte eine eigene Zeichensprache erforderlich für die Integrale (die Flächen) und die Differentiale (die infinitesimalen Veränderungen). Darüber hinaus legte Leibniz die Regeln fest, die erlaubten, mit infinitesimalen Größen zu operieren.

Leibniz lehnte die atomistische Vorstellung ab und distanzierte sich von den unteilbaren Größen Cavalieris. Die infinitesimalen Größen galten ihm als wohlbegründete Fiktion: Fiktion, weil sie in einer aus Teilchen bestehenden Wirklichkeit keine Entsprechung fänden – wohlbegründet, weil sie nicht allein rechnerisch folgerichtig seien, sondern auch von den zahlreichen Übereinstimmungen zwischen alter und neuer Geometrie und von der Metaphysik gestützt würden, nach welcher die Welt eine stetige Hierarchie von Infinita sei.

Unverständnis, Polemik und Kritik blieben nicht aus. Hier sei nur an die kritische Stellungnahme von George Berkeley (1685–1753) erinnert, der im 130. Abschnitt seiner berühmten Abhandlung *Treatise Concerning the Principles of Human Knowledge* nachdrücklich auf die «seltsamen Begriffe» («strange notions») verwies, die in der Geometrie seiner Zeit zu verzeichnen seien: Nicht allein endliche Linien könnten in unendlich viele Teile geteilt werden, sondern jedes dieser Infinita sei seinerseits unendlich teilbar, und so weiter ad infinitum. Vier Jahre später schrieb er in einer Anmerkung zu seinem Werk *Siris* von 1714: «Die Mathematiker meiner Zeit bedienen sich (trotz ihres Anspruchs auf Klarheit) dunkler Begriffe und ungewisser Meinungen und sind darüber ganz verwirrt, wobei sie sich gegenseitig widersprechen und miteinander streiten wie alle Menschen». Das Rechenresultat, so behauptete er wiederholt, beweise gar nichts. Die Richtigkeit der Resultate ergebe sich daraus, daß sich die zu hoch oder zu tief ansetzenden Fehlgriffe gegenseitig aufheben würden. Sowohl bei Newton als auch bei Leibniz seien Größen in die Rechnung einbezogen, die, je nachdem, ungleich oder gleich Null seien. Auf diese «Schwäche» kam Berkeley mit einer gewissen Eindringlichkeit immer wieder zurück (Giusti: 1990, XLII).

Mit ihnen gewaltigen Fortschritten im Laufe des 18. Jahrhunderts entwickelte sich die Rechenkunst zu einem außerordentlich leistungsfähigen Hilfsmittel. Sie eröffnete neue Wege, nicht nur hinsichtlich der Dynamik, sondern auch für die Erforschung von Elektrizität, Wärme, Licht und Schall. Durch Anwendung der Infinitesimalrechnung vermochten die Wissenschaften des 18. und 19. Jahrhunderts eine geradezu unermeßliche Anzahl von Problemen in unterschiedlichen Forschungsbereichen zu lösen oder einer Lösung näherzubringen. Mit demselben mathematischen Verfahren, das angewandt wurde, um die Veränderungsgeschwindigkeit eines Abstands im Verhältnis zur Zeit innerhalb eines Augenblicks zu errechnen, konnte man auch die Veränderungsgeschwindigkeit einer Variablen im Verhältnis zu einer anderen auf einen bestimmten Wert der letzteren hin ermitteln. Dieses Verfahren fand nicht nur Einzug in die Physik, sondern auch in die Wirtschaft und Genetik. «Um sich mit dem Gedanken einer instantanen Geschwindigkeit befassen zu können, hat die Mathematik Raum und Zeit abstrahiert und vermochte damit über etwas zu reflektieren, das in einem Augenblick und in einem Punkt des Raumes existierte. So kam sie zu der in einem Augenblick sich vollziehenden Geschwindigkeit. Phantasie und Einbildungskraft des Laien sind durch Begriffe wie Augenblick, Punkt und instantane Geschwindigkeit über alle Maßen angeregt worden, allerdings würde er lieber von Geschwindigkeiten in winzigen Zeitabständen sprechen. Die Mathematik aber entwickelte durch ihre Abstraktion nicht nur einen Begriff, sondern auch eine Formel für die Geschwindigkeit in einem bestimmten Augenblick, eine exakte Formel, die leichter anwendbar war als der Begriff der mittleren Geschwindigkeit in einem beliebigen, hinreichend kleinen Zeitabstand. Die Vorstellungskraft mochte ihre Mühen damit haben, aber dem Denkvermögen wurde aufgeholfen» (Kline: 1976, 207f.).

16.
Die Akademien

Die Universitäten

Zu Beginn der Renaissance lag der Schwerpunkt der italienischen Universitäten auf den Fächern der Jurisprudenz und Medizin, während in Nordeuropa die Theologie und die freien Künste den Vorrang hatten. Italienische Studenten gingen nach Oxford und Paris, um dort Theologie zu studieren, andere wiederum überquerten die Alpen, um in Italien ihr Studium der Rechte und Medizin aufzunehmen. Unter den drei großen Fakultäten war die juristische führend, und zwar sowohl, was das Prestige betraf, als auch im Hinblick auf die Vergütung ihrer Dozenten und die Studentenzahl. Professoren und Studenten der Theologie gab es gemeinhin wenige an der Zahl, doch verfügte die theologische Fakultät über einen beachtlichen Einfluß. An der medizinischen Fakultät konnten die Studenten einen Abschluß in den Künsten oder in Philosophie erzielen und ihre Studien fortsetzen bis zur Promotion in Medizin bzw. in «Künsten und Medizin» oder «Philosophie und Medizin», wie es bisweilen hieß. Das Studium dauerte fünf Jahre und war in zwei Abschnitte unterteilt. In der ersten, zweijährigen Studienphase besuchten die Studenten Vorlesungen in Aristotelischer Logik (Grundlagenwerk: *Analytica posteriora*) und Naturlehre (aufgrund von Werken wie: *Physik, De anima, De generatione et corruptione, Parva naturalia* usw.). In den folgenden drei Studienjahren stand die zeitlich parallele Vermittlung von Theorie und Praxis der Medizin auf dem Programm, wobei Werke von Hippokrates, Galen und Avicenna herangezogen wurden. Im Lehrplan der Künste konnten auch Mathematik, humanistische Fächer und Moralphilosophie inbegriffen sein. Anatomie und Chirurgie traten allmählich als eigene Wissenszweige hervor. Gleiches galt auch für die Botanik, die sich im Verlauf des 16. Jahrhunderts zu einem selbständigen Fach entwickelte (Schmitt: 1979, 47–51; vgl. Stelling-Michaud: 1974).

Der Mathematikunterricht spielte im Studienplan der Universitäten eine nachgeordnete Rolle. Während der zweiten Hälfte des 16. Jahrhunderts verfügte die Universität Bologna über durchschnittlich 22 Mediziner. 1590 gab es in Pisa neun Professoren für Medizin, während es in Padua 1592 ganze elf waren. Berechnungen zufolge kam an den größeren Universitäten ein Mathematiker auf ein Dutzend Mediziner – und dies, obwohl der Begriff «Mathematiker» im 16. Jahrhundert eine ganze Reihe von Fächern abdeckte, darunter Astrologie, Astronomie, Optik, Mechanik und Geographie: Die Mathematiklehrstühle vereinten mehrere naturwissenschaftliche Disziplinen. Der gegen Mitte des 16. Jahrhunderts in Ferrara aufkommende Begriff der Kosmographie umfaßte Geographie und ptolemäische Astronomie. Viele moderne Untersuchungen (Schmitt: 1979, 62) bezeugen das häufige Ausscheren der Mathematiker in Bereiche der Philosophie und Naturwissenschaften.

Im Gefolge des Konzils von Trient war ein deutlicher Anstieg an theologischen Lehrveranstaltungen zu verzeichnen. Während in Bologna vor 1550 nur eine einzige Professur für Theologie überliefert ist, gab es 1580 schon drei, im Jahre 1600 sechs und 1650 neun Lehrstühle (Dallari: 1888–1924; Schmitt: 1979, 78).

Wir sprachen bereits über die großen Vorbehalte, die Francis Bacon und René Descartes den Universitäten gegenüber hegten. Bacons Kritik führte vor allem in England zu maßgeblichen Veränderungen. Die Vertreter des Puritanismus bekämpften heftig die Unzulänglichkeit der Lehrstoffe und die Rückständigkeit der Methoden zur Wissensvermittlung. Der Versuch, neue Wissenschaften an die Universitäten zu bringen, zielte darauf ab, deren praktische Anwendung zu fördern, neue Erfindungen zu begünstigen und überdies den Kreis derer zu vergrößern, die von dem Unterricht profitierten. Seit Beginn des Bürgerkriegs im Jahre 1642 bis 1654, als Cromwell das Amt des Lordprotektors übernahm, kamen mehrere Schriften von John Milton, John Hall und John Dury ans Licht, die erneut nachdrücklich die universitäre Ausbildung zur Diskussion stellten. Auch Thomas Hobbes hatte 1650 in seinem *Leviathan* darauf hingewiesen, daß die Philosophie an den Universitäten rein aristotelisch sei, daß die Geometrie keine Beachtung finde und in der Physik keine

Erklärungen gegeben würden, vielmehr leeres Gerede an der Tagesordnung sei.

In den Niederlanden hatten der lange Unabhängigkeitskampf, die dezentrale Staatsstruktur und der international verbreitete Ruf eines toleranten und liberalen Landes eine ganz andere Ausgangslage herbeigeführt. Die Bevölkerung bestand aus einer außergewöhnlichen Mischung vieler verschiedener Völker. Zur Beförderung der nationalen Einheit hielt Wilhelm von Oranien die Schaffung eines universitären Bildungssystems für geboten, und die Generalstaaten schlossen sich dieser Politik an. Im Jahre 1575 wurde die Universität Leiden gegründet, 1614 folgte die Hochschule in Groningen und 1636 die Universität Utrecht. Finanziell waren sie gut ausgestattet. Die hoch angesetzten Gehälter zogen zahlreiche ausländische Professoren an, so daß unter den während des 17. Jahrhunderts an der Universität Groningen lehrenden 52 Professoren ganze 34 aus dem Ausland kamen. Auch viele ausländische Studenten strömten in die Niederlande: Zwischen 1575 und 1835 gab es 4300 englischsprachige Medizinstudenten in Leiden. Zwar wurde die cartesische Philosophie 1656 aus den Lehrplänen gestrichen, doch waren deshalb keineswegs traditionalistische Ansätze vorherrschend, was etwa an dem schnellen Vordringen der antiaristotelischen Lehrsätze von Petrus Ramus (1515–1572) spürbar wurde.

Doch wie in ganz Europa, so waren die Naturwissenschaften auch in den Niederlanden nicht an den Universitäten angesiedelt. Christiaan Huygens (1629–1695) hatte zwar ein Universitätsstudium absolviert, dann aber mit der akademischen Tradition gebrochen. Antonie van Leeuwenhoek (1632–1723) war Tuchhändler, und Isaac Beeckman führte über lange Jahre den väterlichen Kerzenhandel weiter. An den holländischen Universitäten war nichts von all den Fertigkeiten zu erlernen, mit denen die Holländer in aller Welt berühmt geworden waren: man denke an die Herstellung von Maschinen und Präzisionsgeräten, an den Bau von Schiffen, Kanälen und Deichen oder auch an die Landentwässerung (Hackmann: 1979, 109–113).

Der Humanismus, jene hohe Zeit europäischer Kultur, übte keine so einschneidende Wirkung auf die universitären Einrichtungen aus, wie seinerzeit die sogenannte «Renaissance des 12. Jahrhunderts». In der Tat scheint Westfalls Urteil völlig zutreffend: «Im 17. Jahrhundert vereinigten die Universitäten in ihrem Inneren Scharen hochgebildeter Gelehrter, die kaum bereit waren, die Entstehung der modernen Wissenschaften beifällig zu begrüßen, ja vielmehr dazu neigten, sie als Bedrohung – sowohl für die wahre Philosophie als auch für die geoffenbarte Religion – zu empfinden» (Westfall: 1984, 132). Die wissenschaftliche Revolution rief nun vollgültige Alternativen zur Universität ins Leben; es entstanden unterschiedliche Räume für die Vertiefung bzw. Vermittlung des Wissens (Arnaldi: 1974, 14).

Die Akademien

Die Idee eines Instituts zur Forschung war eher naturwissenschaftlichen als humanistischen oder literarischen Ursprungs. Dieser Einrichtung lag der Gedanke zugrunde, daß sie nicht der Verbreitung, sondern dem Fortkommen des Wissens dienen sollte, und daß diese Forschungsarbeit von einer Gruppe oder einem Stab unter der Leitung eines Direktors voranzubringen sei. Forschungsinstitute sind Erscheinungen des 19. Jahrhunderts, obwohl es natürlich Vorläufer gab – beispielsweise das 1576 von Tycho Brahe (1546–1601) gegründete Observatorium in Uraniborg oder das Observatorium von Paris, das der Leitung von Gian Domenico Cassini (1625–1712) unterstand.

Die im Laufe des 17. Jahrhunderts gegründeten Akademien waren, selbst wenn sie größere Ausmaße hatten, keine Forschungsinstitute im modernen Sinne. Es ging in ihrem Falle nicht darum, Wissen zu vermitteln, vielmehr handelte es sich um Orte, wo Informationen ausgetauscht und Hypothesen erörtert, gemeinschaftlich Experimente erwogen bzw. durchgeführt und wo vor allem Experimente oder Abhandlungen der Mitglieder, aber auch externer Korrespondenten bewertet und beurteilt wurden. Darüber hinaus sollte man nicht ohne weiteres von den späteren, uns vertrauteren wissenschaftlichen Einrichtungen auf die Akademien des 16. und 17. Jahrhunderts schließen. Man muß sich aber stets vor Augen halten, daß die Vereinigung in Körperschaften den Verzicht der Gelehrten auf individuelles Forschen mit sich brachte.

Girolamo Tiraboschi schrieb gegen Ende des 18. Jahrhunderts, mit dem Begriff ‹Akademien› «verbinde ich Vereinigungen gelehrter, durch gewisse selbstauferlegte Gesetze einander verbundener Männer, die bei ihren Zusammenkünften gelehrte Fragen behandeln oder Proben ihres Geistes und ihrer Forschungen hervorbringen, um sie den Kollegen zur Prüfung vorzulegen». Versammlungen, festgelegte Reglements und die Beurteilung von Erzeugnissen anderer waren also drei hervorstechende Merkmale. Die Akademiegründungen kamen dem Bedürfnis nach Gemeinschaftsarbeit entgegen, das auf die Entstehung eines Kollektivs abzielte, vor allem aber lag ihnen das Bestreben zugrunde, die Erträge der eigenen Forschung anderen zur Beurteilung und öffentlichen Überprüfung anheimzustellen. Diese Einrichtung schuf ihre eigenen Regeln: «Sie ist aufgebaut wie eine Mikro-Gesellschaft in Nachahmung der wirklichen Gesellschaft». Sie kooptierte ihre Mitglieder mittels einer Art Transitionsritus (wobei dieselben nicht selten einen neuen Namen erhielten) und schuf ein neutrales Territorium, in welchem eigens festgesetzte Regeln Gültigkeit hatten, eine Enklave innerhalb einer erheblich größeren, unruhigen und bewegten Gesellschaft (Quondam: 1981, 22 f.).

Der Name, den sich viele Akademien gaben, verwies bisweilen auf Forschungsmethoden und Zielsetzungen *(Lincei:* die Luchsartigen; *Investiganti:* die Forschenden; *Cimento:* das Prüfen; *Traccia:* die Spur; *Spioni:* die Späher; *Illuminati:* die Erleuchteten usw.), in anderen Fällen brachte er die Distanz zum Ausdruck, die zwischen Akademie und Gesellschaft bestand, manchmal sogar von Verfolgung und Widerstand geprägt war *(Incogniti:* die Unerkannten; *Segreti:* die Geheimen; *Animosi:* die Kühnen; *Affidati:* die Betrauten usw.) (Quondam: 1981; Ben David: 1975, 108).

Die frühen Akademien

Die erste, trotz aller Einschränkungen als wissenschaftliche Gesellschaft zu bezeichnende Körperschaft war nicht die von Giambattista Della Porta in Neapel begründete *Accademia Secretorum Naturae,* sondern die *Accademia dei Lincei,* die aus der Verbindung des (damals achtzehnjährigen) Marchese Federico Cesi mit drei jungen Freunden hervorging, unter denen der holländische Arzt Joannes van Heeck besonders herausragte. Die ersten Pflichten ihrer Mitglieder bestanden darin, gemeinsame Studien zu betreiben und sich gegenseitig Unterricht zu erteilen. Ablehnung seitens der Angehörigen von Cesi nötigten die Freunde, ihre Verbindung aufzulösen, doch schon 1609 wurde die Akademie wiederbelebt. Seit 1610 gehörte ihr Giambattista Della Porta (1535–1615) an, 1611 stieß Galileo Galilei (1564–1642) dazu.

Die Gegenwart zweier so unterschiedlicher Köpfe – mit ihren völlig unvereinbaren Weltanschauungen – ließ einige Historiker auf einen Mangel der Akademie an klaren Grundsätzen schließen. Doch weder die Heimlichkeit, in der alles vollzogen wurde, noch die anfänglich paracelsische Ausrichtung mindern die Bedeutung von Cesis Bemühungen, «dieses große, wahrhaftige und allumfassende Buch der Welt zu lesen», dabei «die Dinge so zu erfassen, wie sie sind», und «Experimente durchzuführen, um sie zu verändern und zu verwandeln». Nach den Plänen von Cesi sollten sowohl die Aufnahme in die Akademie als auch das Leben der Akademiker bis in alle Einzelheiten von einer ausführlichen Satzung, dem sogenannten *Linceographen,* geregelt werden. Dieser Text wurde aber nie veröffentlicht und fand kaum praktische Anwendung. Allerdings hielt man sich stets an die Regel, wonach es den Mitgliedern der Akademie verboten war, gleichzeitig einem religiösen Orden anzugehören.

Wie schon erwähnt, galten die Akademien als Mikro-Gesellschaften, die innerhalb einer weiter gefaßten und vielfältigeren Gesellschaft wirkten. Wie im Grunde alle Akademien, so war auch die *Accademia dei Lincei* bestrebt, in ihrem begrenzten Rahmen den Anspruch auf Unabhängigkeit des Wissens geltend zu machen; folglich ging sie davon aus, daß die Wissenschaft weder mit dem Glauben noch mit der Gesellschaft in Widerstreit liege. Die Akademie habe «durch besondere Regelung alle aus ihren Studien erwachsenden Kontroversen verboten, die nicht die Natur oder Mathematik betreffen, sowie alle politischen Fragen als unerwünscht beseitigt und mit Recht an die Obrigkeiten verwiesen» (Olmi: 1981, 193). Die ausdrückliche Hinwendung der *Accademia dei Lincei* zu mathematischen Fragestellungen und Naturexperimenten wie auch ihr Bestreben, sich deutlich von den literarischen Akademien abzusetzen, verweisen klar auf ihre «naturwissenschaftliche» Ausrichtung. Gleiches gilt für ihre Kritik an den Universitäten, die von ihr betriebene Aufwertung der Handwerker (die den «lehrhaft dozierenden und erhabenen Schulmeistern» vorgezogen wurden) und die Beharrlichkeit, mit der sie den öffentlichen Charakter allen Wissens betonte. Allerdings lag das Augenmerk der ersten Mitglieder dieser Akademie zweifellos mehr auf theoretischen Entwürfen als auf der praktischen Anwendung. Nach Cesi beschränkte sich der Philosoph der *Lincei* «nicht auf die Schriften und Aussagen dieses oder jenes Lehrers, sondern sucht durch umfassendes Denken und Handeln gleichermaßen einbeziehendes Wirken jede Art von Wissen zu erwerben, das uns durch eigene Ideen oder durch Mitteilung von seiten anderer zugänglich ist» (Altieri Biagi: 1969, 72).

Die *Accademia del Cimento,* die nicht ohne Grund als eine typische Erscheinung des höfischen Lebens bezeichnet worden ist (Hall: 1965, 164), existierte nur kurze Zeit, und zwar von 1657 bis 1667. Ihre Mitglieder, Universitätsprofessoren, Forscher und Handwerker, hatten sich nicht aus eigener Initiative zusammengefunden, sondern waren von Fürst Leopold von Medici, dem großen Bewunderer Galileis und Bruder des Großherzogs von Toscana Ferdinand II., berufen worden. Leopold selbst beteiligte sich an den Sitzungen der Akademie, der unter anderem Vincenzo Viviani (1622), Francesco Redi (1626–1698), Niels Steensen (1638–1686), Alfonso Borelli (1608–1679), Lorenzo Magalotti (1637–1712) und der Aristoteliker Ferdinando Marsili angehörten.

Als Leopold 1667 zum Kardinal ernannt wurde, brachen die Sitzungen ab, zumal es auch unter den Akademikern zu Unstimmigkeiten kam. Als höfische Einrichtung hatte die *Accademia del Cimento* in Form und Inhalt nichts mit einer modernen wissenschaftlichen Einrichtung gemein. Sie entbehrte einer Satzung und jeglicher Verbindlichkeit, die die Mitglieder und den Fürsten in die Pflicht genommen hätte. Ihre Zusammenkünfte waren formlos und vollzogen sich an wechselnden Orten. Es fehlte auch an einem Budget und einer Kasse. Für die Mäzene und Förderer hatte die Arbeit der Akademie rein repräsentative Funktion (Galluzzi: 1981, 790–795). Gewiß zielte die Kulturpolitik Leopolds darauf ab, die neuen wissenschaftlichen Ideen, die vor allem von Galilei kämpferisch vertreten wurden, zu unterstützen und bekannt zu machen. Doch die streng experimentelle Linie, die von den Akademiemitgliedern verfolgt wurde, machte Schlußfolgerungen theoretischer Art so gut wie unmöglich. Sollte man in den *Saggi di naturali esperienze* (erst 1667 veröffentlicht und 1684 ins Englische übersetzt) auf theoretische «Spekulationen» stoßen, «so handelt es sich doch immer um einen besonderen Begriff oder Gehalt der Akademiker, niemals aber der Akademie, deren alleinige Aufgabe darin besteht, zu experimentieren und zu berichten» (Altieri Biagi: 1969, 626). Diese sozusagen freiwillige Einschränkung auf den rein experimentellen Bereich hatte die *Accademia del Cimento* mit vielen anderen Akademien gemein. Im vorliegenden Fall kam dabei die besondere Situation, die in Italien nach der Verurteilung Galileis entstanden war, zum Tragen. In jedem Falle aber erwies sich die *Accademia del Cimento* als wirksames Instrument zur Rechtfertigung und Propagierung der Lehre Galileis (Galluzzi: 1981, 802 f.).

Von ganz anderer Prägung war die von 1663 bis 1670 bestehende neapolitanische *Accademia degli Investiganti*. Tommaso Cornelio (1614–1684), Leonardo di Capua (1617–1695) und Francesco d'Andrea (1624–1698) sahen die Erneuerung der Philosophie und der Wissenschaften untrennbar mit der Umgestaltung der beruflichen Tätigkeiten und des bürgerlichen Lebens verbunden. Die Lehren von Galilei und Descartes verbanden sich für die neapolitanischen Neuerer mit der Tradition eines Bernardino Telesio und der Naturphilosophie der Renaissance (Torrini: 1981, 847, 853, 876).

Die geschichtswissenschaftliche These eines unmittelbaren Zusammenhangs zwischen den drei hier genannten italienischen und den großen europäischen Akademien erweist sich heute als nicht mehr haltbar (Galluzzi: 1981, 762). Tiefgreifende Unterschiede in den politischen und religiösen Gegebenheiten, verschiedene philosophische Traditionen und widersprüchliche (bisweilen auch entgegengesetzte) Vorstellungen von Wissenschaft führten zu einer schwer durchschaubaren (in den einzelnen Ländern unterschiedlich ausgeprägten) Verflechtung unabhängiger Gründungen von Wissenschaftlervereinigungen mit den diesbezüglichen obrigkeitlichen Interessen.

Paris

Auch in Frankreich gab es Mäzenaten, aber wirkliche oder ideelle Begegnungsorte fanden die Wissenschaftler vielfach aus eigenem Antrieb. Man denke etwa an das über vierzig Wissenschaftler umfassende Beziehungsnetz und den ausgedehnten Briefwechsel, der von Marin Mersenne (1588–1648) unterhalten wurde, und zwar zu einer Zeit – das darf nicht vergessen werden –, da noch keine Journale und Periodika kursierten und jeglicher Gedankenaustausch über Privatkorrespondenzen vonstatten ging. Zwischen 1615 und 1662 war das *Cabinet des frères Dupuy* als wissenschaftliches Diskussionsforum bekannt. Von größerer Bedeutung aber war das Wirken der *Académie de Montmor*, die im Hause ihres Begründers Habert de Montmor (1634–1679) zahlreiche berühmte Wissenschaftler zusammenführte.

Sehr eigenartig waren die 345 öffentlichen «Konferenzen», die zwischen 1633 und 1642 montags am Nachmittag im Pariser *Bureau d'Adresse e de rencontre* stattfanden. Theophraste Renaudot, ein Arzt aus Loudun, hatte das *Bureau* um 1630 zunächst als Handelseinrichtung und Arztpraxis ins Leben gerufen. Bei den Teilnehmern der genannten Zusammenkünfte handelte es sich vornehmlich um Wißbegierige und Laien, um Anwälte, Ärzte und *beaux esprits.* Ihre völlig formlosen und äußerst lebhaften Debatten, die in eingehenden Berichten überliefert sind, betrafen alle Bereiche der Kultur und Sitten. Hinsichtlich der Philosophie, Medizin, Mathematik, Astronomie und Physik wurde fast immer versucht, zwischen Altem und Neuem zu vermitteln. Die Veranstalter, die im übrigen von Kardinal Richelieu unterstützt wurden, waren fest davon überzeugt, daß eine freie Diskussion notwendige Bedingung für eine Mehrung des Wissens sei: man müsse die Wahrheit kritisch hinterfragen, die bei begründeter Kritik ohne weiteres verändert oder ganz aufgegeben werden könne. Theorien sollten eben nicht, wie viele ihrer Mitglieder an den Universitäten zu beobachten glaubten, als prinzipiell unantastbar gelten (Borselli/Poli/Rossi: 1983, 13, 32–36).

Im Jahre 1663 wandte sich Samuel Sorbière mit der Bitte an den Wirtschafts- und Finanzminister Ludwigs XIV., Jean-Baptiste Colbert (1619–1683), der Staat möge sich an der Festigung und

Umgestaltung der Vereinigung von Montmor beteiligen. 1666 wurde daraufhin die *Académie Royale des Sciences* gegründet. In einer an Colbert adressierten Denkschrift stellte Christiaan Huygens – als ausländisches Mitglied – Versuche in Aussicht, die sich mit dem Vakuum, dem Schießpulver, der Wind- und Stoßkraft befassen sollten. Für ihn bestand «die wichtigste und nützlichste Beschäftigung der Vereinigung» darin, «nach dem von Bacon abgesteckten Programm an der Naturgeschichte zu arbeiten». Diese große Geschichte, «die Experimente und Beobachtungen umfaßt, ist der einzige Weg, um die Ursachen all dessen zu erkennen, was in der Natur faßbar ist». Es sei vonnöten, so schloß er, «mit den Gegenständen zu beginnen, die für die nützlichsten gehalten werden, und gleichzeitig mehrere davon an die unterschiedlichen Mitglieder zu vergeben, die wöchentlich darüber berichten; auf diese Weise werden alle Dinge wohlgeordnet vorangebracht und Ergebnisse von großer Bedeutung erzielt» (Bertrand: 1869, 8–10).

Mit der *Académie* entstand eine direkt vom Staat finanzierte «Forschungsstätte». Die ersten Akademiemitglieder erhielten ein Jahresgehalt in Höhe von 6000 Livres (so im Falle von Gian Domenico Cassini) bis zu 1500–2000 Livres für die französischen Wissenschaftler. Aufgrund der nur langsamen Beförderungen von einer zur nächsten Klasse handelte es sich keineswegs um eine gute finanzielle Versorgung. Die Zahl der Mitglieder stieg von anfangs sechzehn Personen auf fünfzig am Ende des 17. Jahrhunderts. Im Jahre 1699, als man 70 Mitgliedschaften verzeichnete, wurde eine stark hierarchisch geprägte Ämterverteilung festgelegt, die bis zur Revolution unverändert bestehenblieb.

Colbert verfolgte damit, wie man weiß, ganz besondere Ziele. Es ging ihm um die planmäßige Erweiterung und Expansion von Handel und Gewerbe, Seefahrt und Militärtechnik. Allerdings war er ein weitblickender Politiker, der den Mitgliedern der Akademie wahrhaft bemerkenswerte Unabhängigkeit einräumte. Die Akademie brachte in der Folge wissenschaftlich maßgebliche Vorhaben zur Ausführung, etwa die Berechnung des Erdradius durch Jean Picard (1620–1682) oder der Entfernung zwischen Erde und Sonne durch Jean Richer (1630–1696). Im allgemeinen aber – und vor allem nach Colberts Tod im Jahre 1683 – überwogen weitgehend praktisch ausgerichtete, nicht selten weniger bedeutende Unternehmungen, wie etwa die Wartung und Vervollkommnung der großen Fontänen in den königlichen Gärten. Ludwig XIV. für seinen Teil erachtete die Akademie als Zierde seiner Krone und nannte die Akademiemitglieder «meine Narren». Im Gefolge der Aufhebung des Ediktes von Nantes im Jahre 1685 verlor die Akademie auch ihre angesehensten ausländischen Mitglieder Huygens und Roemer.

Wie Roger Hahn verdeutlicht hat, deckten sich «die Bestrebungen der Forschung nach einem rationalen Verständnis der Natur» in keiner Weise mit der Situation der französischen Gesellschaft im Ancien Régime. Viele Mitglieder der Akademie seien zu Regierungsräten berufen worden, andere hätten aus wirtschaftlichen Gründen als Lehrer, Sachverständige und Verwalter in Stellung treten müssen. Der «Beruf des Wissenschaftlers» habe unter diesen Umständen nichts Selbständiges und Annehmbares besessen, und der Akademiker des 18. Jahrhunderts «wurde von Zentrifugalkräften ergriffen, die ihn in andere Richtungen trieben» (Hahn: 1971, 163).

London

London geht Paris chronologisch voraus, weil die *Royal Society* erstmals bereits im Jahre 1661 namentlich erwähnt und am 15. Juli 1662 mit einem Patent von König Karl II. förmlich aus der Taufe gehoben wurde. Von einer Ausnahme abgesehen rekrutierten sich alle Mitglieder aus einer Gruppe, die sich seit 1645 um das (1597 von einem reichen Kaufmann in seiner Wohnung eingerichtete) *Gresham College* formiert hatte. Gemäß den Erinnerungen des Mathematikers John Wallis (1616–1703), die er im Abstand von fast dreißig Jahren niederlegte, fanden die Versammlungen der Gesellschaft einmal wöchentlich in London statt; die Mitglieder entrichteten Gebühren für die Finanzierung der Experimente. «Von Fragen der Theologie und Politik absehend [...] sprachen sie über den Blutkreislauf, die kopernikanische Theorie, die Jupitermonde, das Gewicht der Luft, über Möglichkeit oder Unmöglichkeit des Vakuums und das Quecksilberexperiment Torricellis» (Johnson: 1971, 350).

Die neue Gesellschaft erwies sich als ausgesprochen heterogen. In ihr waren mathematische und astronomische, medizinisch-chemische und «technologische» Strömungen vereint. Wie aus seinen Briefen der Jahre 1646–47 hervorgeht, hatte sich Robert Boyle, der zu den einflußreichsten Mitgliedern der neuen Einrichtung gehörte, stark am Entwurf eines *Invisible College* beteiligt. Dieser Plan ging auf das Wirken von Samuel Hartlib nach 1628 in England zurück: der gebürtige Deutsche gehörte zu den Verbreitern der Pansophie von Comenius (Johannes Amos Komensky, 1592–1670). Nach Ansicht einiger Historiker hatte Boyle in dieser Hinsicht eine Art Mittlerfunktion zwischen der in Deutschland blühenden hermetischen und «schwärmerischen» Strömung und der neuen experimentellen Wissenschaft (Rattansi, in: Mathias: 1972, 1–32).

«Königlich» war an dieser Gesellschaft nur ihr Name. Sie erhielt keine finanziellen Zuwendungen von der Krone, sondern lebte von den selbstauferlegten Gebühren ihrer Mitglieder, die auch aus diesem Grund im folgenden sehr zahlreich waren. Die Gehälter des Sekretärs und des Beauftragten für die Experimente – ein Amt, das Robert Hooke bekleidete und deswegen als «erster berufsmäßiger Wissenschaftler der Geschichte» bezeichnet worden ist – waren sehr gering. Die Aufgabe der Gesellschaft bestand anfänglich darin, ganz im Sinne von Bacon «Geschichten» zusammenzustellen: Geschichten der Mechanik und Astronomie, der Berufe, der Landwirtschaft, Schiffahrt, Tuchherstellung, Färberei usw. Der Plan, buchstäblich gemeinschaftliche Forschungen zu betreiben, wurde bald aufgegeben, doch im Gegensatz zu vielen anderen Organisationen dieser Art «ließ man, wenn ein Aufsatz verlesen oder eine Idee diskutiert wurde, [...] das Thema selten fallen, ehe einige Experimente vor der versammelten Gesellschaft gemacht worden waren» (Hall: 1965, 177). Außerdem wurde ein Großteil der neueren wissenschaftlichen Literatur von der Gesellschaft gesichtet und die darin beschriebenen Versuche nachgestellt. Hooke und Boyle erwiesen sich als besonders rührig, und der Sekretär Henry Oldenburg (1615?–1677), ein gebürtiger Deutscher, der seit 1653 in England lebte, unterhielt ein sehr ausgedehntes Netz persönlicher und brieflicher Kontakte.

Im Gegensatz zur *Académie des Science*s war die *Royal Society* völlig unabhängig vom Staat: Sie genoß das Vorrecht, den diplomatischen Postverkehr für ihre Kontakte mit dem Ausland in Anspruch nehmen zu können, und ihre einzige Verpflichtung bestand in der Leitung der 1675 gegründeten Königlichen Sternwarte in Greenwich. Mit der *Royal Society* war eine Einrichtung entstanden, «die in der Lage war, einen stetigen Gedankenaustausch zwischen allen gesitteten Ländern aufrechtzuerhalten», wobei sie sich selbst als «Weltbank und Weltfreihafen» verstand. Sie nahm, wie Thomas Sprat 1667 weiter verlauten ließ, Männer unterschiedlicher Religionen, Länder und Berufe auf. «Sie erklärten, keine englische, schottische, katholische oder protestantische Philosophie, sondern eine Philosophie des Menschengeschlechts begründen zu wollen» (Sprat: 1966, 63).

Berlin

Was die deutschsprachigen Länder betrifft, so kann die *Leopoldinisch-Carolinische Deutsche Akademie der Naturforscher,* die 1652 – in Anlehnung an einen Begriff Della Portas aus dem 16. Jahrhundert – unter dem Namen *Academia Naturae Curiosorum* von vier Ärzten in Schweinfurt gegründet worden war, wohl kaum als wissenschaftliche Forschungsstätte betrachtet werden. Deutschland stellte am Ende des 17. Jahrhunderts ein Mosaik aus teils katholischen, teils lutherischen Ländern unterschiedlicher Größe dar: das Spektrum reichte vom brandenburgischen Territorium bis zu unabhängigen Herzogtümern, Städten und Dörfern. Das Hochschulwesen war nach dem Entwurf eines führenden Vertreters der deutschen Reformation, Philipp Schwarzerd, Melanchthon genannt (1497–1560), umgestaltet worden: Es gab nun eine philosophische oder Artistenfakultät, die durchlaufen werden mußte, um sich an der juristischen, theologischen oder medizinischen Fakultät einschreiben zu können. Trotz der verbreiteten Armut und der vielen Kriege begegnete man in Deutschland einem gehobenen Bildungsniveau. Schon im ersten Jahrzehnt des 18. Jahrhunderts gab es in Brandenburg-Preußen die Schulpflicht für alle Kinder (Farrar: 1979, 214–217).

Auch der große Philosoph, Mathematiker und Historiker Gottfried Wilhelm Leibniz (1646–1716) hatte keine hohe Meinung von den Universitäten. Er hielt sie für veraltet, weltfremd und mittlerweile fast völlig erstarrt. In seinen Entwürfen für eine große Akademie ging er auf das schwierige Problem der finanziellen Versorgung ein. Er orientierte sich am französischen Vorbild, wobei er aber jegliche staatliche Kontrolle ablehnte und die Notwendigkeit weitgehender Selbständigkeit für unabdingbar hielt. Überdies war er der Ansicht, daß es zu den Aufgaben einer Akademie gehöre, eine große Enzyklopädie des Wissens bereitzustellen (Hammerstein: 1981, 413–418). Die tatsächliche Ausführung hatte aber nichts mit seinen anfänglichen Träumen gemein. Leibniz verknüpfte sein Akademieprojekt schließlich mit Zielen, die Bacon nicht zu den erhabensten gerechnet hätte, d. h. mit der Erhöhung einer Nation über alle anderen (Hall: 1954, 201): Von der Errichtung einer Akademie versprach sich Leibniz in der Tat die Hebung der deutschen Sprache und Nation, eine Vertiefung wissenschaftlicher Forschung, die Expansion von Handel und Gewerbe und die Verbreitung des universalen Christentums mittels der Wissenschaften.

Den Entwürfen von Leibniz entsprechend wurde am 11. Juli 1700 unter dem Schutz von Kurfürst (später König) Friedrich III. (I.) von Brandenburg-Preußen die *Societas Regia Scientiarum* ins Leben gerufen und endgültig am 19. Januar 1711 als Akademie anerkannt. Friedrich II. veranlaßte ihre Neugestaltung, gab ihr den Namen *Königlich Preußische Akademie der Wissenschaften* und berief auf Anraten Voltaires 1746 Pierre-Louis Moreau de Maupertuis (1698–1759) zu ihrem Präsidenten. Mit dem Vorsitz von Maupertuis erreichte der französische Einfluß in Deutschland seinen Höhepunkt: Französisch war die offizielle Sprache der Akademie, deren Abhandlungen bis zum Jahre 1830 als *Mémoires* bezeichnet wurden. Die Berliner Akademie verfügte über einen Anatomiehörsaal, einen botanischen Garten und naturhistorische bzw. Instrumentensammlungen.

Bologna

Viele in Europa entstehende wissenschaftliche Gesellschaften hatten zwei Grundeigenschaften gemein: 1. Die spezifisch wissenschaftlichen Einrichtungen entwickelten sich aus Vereinigungen mit allgemeineren, weitergespannten Interessen; 2. Innerhalb dieser Einrichtungen nahmen die Empiriker im Laufe der Zeit eine dominierende Stellung ein. Im letzten Viertel des Jahrhunderts waren in den wissenschaftlichen Gesellschaften, zum Teil durch den Einfluß der Cartesischen Philosophie und des mathematischen und experimentellen Neucartesianismus (vertreten durch Huygens, Leibniz und Malebranche), Tendenzen der Professionalisierung spürbar. Doch wurde in diesen Gesellschaften mehr über Versuchsergebnisse diskutiert als über Ideen gesprochen (Hall: 1954, 199 f.).

Von entsprechender Prägung war auch das *Istituto delle Scienze* (Institut der Wissenschaften) in Bologna, in dem, so das Statut, kein Unterricht oder wissenschaftliche Vorträge gehalten werden durften, «da alle Tätigkeiten in erster Linie auf praktische Durchführung von Beobachtungen, Experimenten und ähnlichen Dingen» ausgerichtet sein mußten (Tega: 1986, 19). Für Italien stellte die Akademie der Wissenschaften in Bologna eine Neuheit dar. Schon Bonaventura Cavalieri (von 1626 bis 1647) und Marcello Malpighi (von 1666 bis 1691) hatten in Bologna gewirkt, und 1655 war dort die erste Auflage der *Opere* von Galilei veröffentlicht worden, die allerdings, wegen der Zensur, weder den *Dialogo* noch die *Lettera a Cristina di Lorena* (Brief an Christina von Lothringen) enthielten. Um 1690 wirkte in dieser Stadt die *Accademia degli Inquieti* (Akademie der Unruhigen), deren Mitglieder sich mit Astronomie, Infinitesimalrechnung und Wissenschaften des Körpers befaßten. Luigi Ferdinando Marsili (1658–1730), der ihnen sein Haus und seine Sammlungen zur Verfügung stellte, bemühte sich mit seiner 1709 veröffentlichten eindringlichen Schrift *Parallelo dell' Università di Bologna con l'altre di là dei monti* (Vergleich der Universität Bologna mit anderen jenseits der Alpen) vergebens um eine Universitätsreform.

Periodika

Sicherlich wäre es kaum möglich, die vielen Zeitungen, Journale, Gazetten, Zeitschriften, Reihen und Periodika aufzuzählen, in denen die immense Arbeit innerhalb der Akademien und der wissenschaftlichen Gesellschaften Europas ihren Niederschlag fand. Drei Fälle aber sollen hier hervorgehoben werden: Im Jahre

1665 gründete Henry Oldenburg mit den *Philosophical Transactions* die erste europäische Zeitschrift rein wissenschaftlicher Prägung, die sich mit dem *Imprimatur* der *Royal Society* schmückte und deren Korrespondenzen verwendete. Im gleichen Jahr kam in Paris das *Journal des Savans* heraus, das sich neben Mathematik und Naturlehre mit Geschichte, Theologie und Literatur befaßte. 1684 begann in Leipzig die Veröffentlichung der *Acta eruditorum,* in denen Bücher aller Wissensgebiete besprochen wurden. Die *Acta* waren in lateinischer Sprache verfaßt und von daher für alle europäischen Gelehrten und Wissenschaftler gleichermaßen verständlich.

17.
Newton

Die «mathematischen Prinzipien der Naturphilosophie»

Die 1687 in London erschienene Schrift *Philosophiae naturalis principia mathematica* (Mathematische Grundlagen der Naturphilosophie) versetzt den Leser immer wieder in Erstaunen. Es verbindet sich darin der empiristische mit dem mathematischen Geist Newtons. Die wissenschaftliche Revolution, die von Kopernikus und Galilei eingeleitet worden war, wurde in diesem Werk hinsichtlich ihrer Methode und ihrer Resultate zur Vollendung und in ein System gebracht. Dieses über so lange Zeit entstandene und nicht minder ausdauernd gepriesene Werk stellte nicht nur die wesentlichen Elemente der dann im 18. Jahrhundert vorherrschenden wissenschaftlichen und philosophischen Überzeugung zusammen, sondern begründete auch jene Vorstellung vom Weltall und seinen Gesetzen, die heute zum Bildungsgut auch derjenigen gehört, die mit fünfzehn oder sechzehn Jahren die Schule verlassen. Für mehr als zwei Jahrhunderte, bis zur sogenannten «Krise der klassischen Physik», galt dieses Bild im wesentlichen als die Physik schlechthin.

Schon der Titel dieses großen Buches, der die Grundlagen der Philosophie als mathematisch bezeichnet, liest sich wie eine Antwort auf die Cartesische Physik. Im Unterschied zu Descartes bediente sich Newton mathematischer Begriffe, um die Grundlagen der Naturphilosophie aufzuzeigen, machte sich zugleich empiristische Ansätze zu eigen und übernahm von Bacon und den Baconianern den für die wissenschaftliche Methode als grundlegend erachteten Zweifel gegenüber Theorien, die jeglicher empirischen Sicherheit entbehrten. Obwohl sie schon fast zwanzig Jahre vor seinen *Principia* entdeckt worden war, machte Newton in seinem Hauptwerk – abgesehen von einigen Andeutungen – keinen Gebrauch von der Infinitesimalrechnung, sondern bediente sich der traditionellen geometrischen Begrifflichkeit. Newton war ein großer Verehrer der antiken Geometrie, und es tat ihm später leid, daß er sich den Werken von Descartes und der Algebra zugewandt hatte, ohne zuvor mit hinreichender Aufmerksamkeit die *Elemente* von Euklid studiert zu haben (Westfall: 1996, 57). Hinter seiner Fassade klassischer Geometrie waren allerdings typische Denkansätze der Infinitesimalrechnung spürbar (Whiteside: 1970).

Nach dem Vorbild von Euklid stellte Newton zunächst die Definitionen von Masse, Kraft und Bewegung auf, um dann die Axiome der Dynamik oder Bewegungsgesetze zu formulieren, in einem weiteren Schritt die notwendigen Bedingungen anzuführen, die er Propositionen oder Lemmata nannte, und schließlich die Korollarien (Zusätze) und Scholien (erklärende Randbemerkungen) hinzuzufügen. Das 15. Kapitel des Buchs streift den großen Prioritätsstreit über die Entdeckung der Infinitesimalrechnung, bei dem sich Newton und Leibniz unversöhnlich gegenüberstanden. Ironischerweise bedienten sich alle Anhänger Newtons im 18. Jahrhundert der Leibnizschen Form der Infinitesimalrechnung, um die neue Physik der *Principia* vor Augen zu führen und die Anwendungsbereiche der Newtonschen Mechanik zu erweitern.

Newtons Physik widersprach nicht nur in Art der Darstellung und in ihrer Methode der Physik von Descartes. Für Newton hatte die Welt, im Gegensatz zu Descartes, nicht zwei (Ausdehnung und Bewegung), sondern drei Bestandteile: 1. *Materie* als eine unendliche Zahl von undurchdringlichen und unveränderbaren, aber nicht wesensgleichen Teilchen; 2. *Bewegung* als jener in sich widersprüchliche relative Zustand, der die Teilchen in keiner Weise verändert, sondern sich darauf beschränkt, sie in der unendlichen und einheitlichen Leere hin und herzubefördern; 3. *Raum* als die wirklich unendliche und einheitliche Leere, in der diese Teilchen (und die aus ihnen zusammengesetzten Körper) ihre Bewegungen vollführen, ohne auf Widerstand zu stoßen (Koyré: 1972, 35).

Die *Principia* beginnen bei den Definitionen. Die erste von ihnen bestimmt die Menge des Stoffes oder die Masse eines Körpers als Produkt aus Dichte und Rauminhalt, wobei sich die Masse eines Körpers (die an allen Stellen des Universums gleichbleibt) ganz deutlich vom Gewicht eines Körpers unterscheidet, das von der Anziehung (Schwerkraft) abhängt, sich also je nach

Abstand verändert. Für Newton war das Gewicht keine absolute Größe. Im dritten Buch setzte er die Schwerkraft mit der Zentripetalkraft gleich: die Anziehung, die von einem Körper ausgehe, sei proportional zu seiner Masse, und das Gewicht eines Körpers gleicher Masse sei an der Oberfläche der unterschiedlichen Planeten jeweils verschieden. In der zweiten Definition bezeichnet der Begriff Bewegungsmenge («Moment») das Produkt aus der Masse eines Körpers und der Geschwindigkeit. Die dritte Definition bezieht sich auf die der Materie innewohnende oder eingeborene Kraft, die bewirkt, daß jeder Körper dazu neigt, in seinem gegebenen Zustand zu verharren, sei er nun in Ruhe oder in einer gleichförmigen Bewegung längs einer Geraden: Aus diesem Grunde «kann diese innewohnende Kraft *(vis insita)* mit einer sprechenderen Bezeichnung auch Beharrungs- oder Trägheitskraft genannt werden» (Newton: 1980, 5). Die einwirkende Kraft (so die vierte Definition) ist die Wirkung auf einen Körper, die seinen Zustand der Ruhe oder der gleichförmigen geradlinigen Bewegung verändert. Der von Newton in die Physik eingeführte Begriff der Zentripetalkraft (die die Mitte sucht) – etwa jene Kraft, die die Planeten in ihren Umlaufbahnen hält – bewirkt, nach der fünften Definition, daß die Körper zu einem Mittelpunkt streben. Sie stellt das Gegenteil der Zentrifugalkraft dar (ein Begriff, der von Huygens geprägt wurde), welche verursacht, daß sich ein Körper vom Mittelpunkt entfernt.

Im «Scholium» erörterte Newton den Raum, die Zeit und die Bewegung. Die Zustände der Ruhe und der gleichförmigen geradlinigen Bewegung seien einander völlig gleichwertig und könnten nur durch Bezug auf andere, in Ruhe oder Bewegung befindliche Körper bestimmt werden. Da sich der Rückgriff auf weitere Bezugssysteme ins Unendliche fortsetzt, bildeten der ewige und gleichförmige Fluß der Zeit (absolute Zeit) und die unendliche Ausdehnung des Raums (absoluter Raum) für Newton die Koordinaten, die im Extremfall herangezogen werden müßten, um den Zustand der Ruhe oder der Bewegung von Körpern zu bestimmen. Bei relativem Raum und relativer Zeit handele es sich nämlich um Mengen, die im Verhältnis zu sinnlich wahrnehmbaren Dingen erdacht worden seien, in der Philosophie hingegen müsse man von den Sinnen abstrahieren:

«Die absolute, wirkliche und mathematische Zeit fließt in sich und in ihrer eigenen Natur gleichförmig, ohne Beziehung zu irgend etwas außerhalb ihr Liegendem, und man nennt sie mit einer anderen Bezeichnung ‹Dauer›. [...] Der absolute Raum, der aufgrund seiner Natur ohne Beziehung zu irgend etwas außer ihm existiert, bleibt sich immer gleich und unbeweglich» (Newton: 1988, 44).

Newtons Vorstellung von der Beziehung zwischen relativer und absoluter Bewegung, die bis in unser Jahrhundert unangefochten blieb, kann anhand des Kübelversuchs nachvollzogen werden, wobei man einen fast randvoll mit Wasser gefüllten Kübel an einem Seil befestigt, das Seil in sich aufdreht und dann abwickeln läßt. Wenn sich die Wasseroberfläche konkav nach innen wölbt, läßt sich beobachten, daß sich das Wasser gleichzeitig mit dem Eimer dreht. Zwischen dem Wasser und dem Behälter herrscht also relative Ruhe. Allerdings zeigt der Anstieg des Wassers am Kübelrand die Kraft an, mit der es sich von der Bewegungsachse entfernt, und diese Kraft bezeichnet «die wirkliche und absolute Kreisbewegung des Wassers» (Newton: 1988, 50).

Das erste Buch beginnt mit der Formulierung von drei Axiomen oder Bewegungsgesetzen: 1. Jeder Körper verharrt in seinem Zustand der Ruhe oder der gleichförmigen geradlinigen Bewegung, wenn er nicht durch einwirkende Kräfte gezwungen wird, seinen Zustand zu ändern; 2. Die Änderung der Bewegung ist der Einwirkung der bewegenden Kraft proportional und geschieht nach der Richtung derjenigen geraden Linie, nach welcher die Kraft wirkt; 3. Die Wirkung ist stets der Gegenwirkung gleich, oder die Wirkungen zweier Körper sind stets gleich und von entgegengesetzter Richtung («Was immer ein anderes drückt oder zieht, wird ebensosehr von diesem gedrückt oder gezogen. Drückt jemand einen Stein mit einem Finger, so wird dessen Finger ebenso vom Stein gedrückt») (Newton: 1988, 54). Die Lehrsätze und Korollarien, die Newton aus diesen Gesetzen und den einführenden Definitionen ableitete, umfaßten beispielsweise den Lehrsatz der Zerlegung oder des Parallelogramms der Bewegung. Wenn an einem Körper gleichzeitig zwei Kräfte angreifen, so beschreibt dieser die Diagonale eines Parallelogramms in der gleichen Zeitspanne, in der er unter Wirkung der Einzelkräfte die Seiten dieses Parallelogramms beschreiben würde. Im gleichen Buch leitete Newton aus den Gesetzen der Dynamik die drei Gesetze der Planetenbewegung Keplers ab. Wenn eine zentrale Kraft einen Körper von seiner Inertialrichtung ablenkt, gilt das Keplersche Flächengesetz. Wenn sich die Zentripetalkraft umgekehrt proportional zum Quadrat des Abstandes ändert, beschreibt der Körper entsprechend seiner tangentialen Geschwindigkeit einen «Kegelschnitt», d. h. eine Ellipse, eine Parabel oder eine Hyperbel.

Im zweiten Buch ging Newton von den festen Körpern, die sich reibungslos bewegten, zu Körpern über, die sich in widerstehenden flüssigen Mitteln bewegten. Damit legte er den Grundstein für die Mechanik der Flüssigkeiten oder flüssigen Körper und für die Entwicklung der Hydrodynamik (Strömungslehre). Die in diesem Buch geäußerten Überlegungen machten die Ätherwirbeltheorie von Descartes völlig zunichte. Die Bewegung eines Wirbels könne sich nicht selbst erhalten, er könne in gleichförmiger Bewegung nur fortexistieren, wenn eine äußere Kraft seine Mitte zum Kreisen bringe. Diese Bewegung verlangsame sich von daher zwangsläufig immer mehr, wenn sich ihre Energie verliere und «vom Raum verschluckt» werde. Ein Wirbel könne nicht Ursache eines Planetensystems sein, das mit den Keplerschen Gesetzen vereinbar sei: «Die Wirbeltheorie verstößt völlig gegen die astronomischen Erscheinungen und dient weniger dazu, die Himmelsbewegungen zu erklären als vielmehr zu verdunkeln» (Newton: 1980, 267).

Das dritte Buch behandelt das «Gefüge der Welt» (Newton: 1988, 166). Um von der Ebene der Definition, Axiome, Lehrsätze und Beweisführungen zu einer Beschreibung der Welt zu gelangen, hielt es Newton für nötig, «Regulae philosophandi» (methodische Regeln) aufzustellen.

Die erste Regel lautet: «Nicht mehr Ursachen der natürlichen Dinge dürfen in den Beweisgang eingeführt werden als die, die wahr sind und zur Erklärung ihrer Erscheinungen zureichen». Diese Regel bestätige die Einfachheit der Natur, die «keinen Luxus mit überschüssigen Ursachen der Dinge» treibe und nichts «überflüssigerweise» tue (Newton: 1988, 169). Mit dieser ersten Regel beförderte Newton ein Prinzip Ockhams zum Kernstück der modernen Wissenschaften: *Entia non sunt multiplicanda praeter necessitatem* (die Dinge sollen nicht stärker als nötig vermehrt werden) oder *Frustra fit per plura quod fieri potest per pauciora* (vergeblich macht man mit vielem, was mit weniger gemacht werden kann). In diesen beiden Formeln (die im vorliegenden Wortlaut nicht in den Schriften des 1347 verstorbenen Franziskaners William von Ockham zu finden sind) wurden Mäßigung oder Einfachheit von Empirismus und Nominalismus zum methodologischen Grundsatz erhoben.

Die zweite Regel lautet: «Daher muß man als Ursachen natürlicher Wirkungen derselben Art, soweit möglich, dieselben Ursachen bezeichnen.» Diese Regel bestätigte die Gleichförmigkeit der Natur bzw. die allgemeine Gültigkeit der Naturgesetze: so seien die Ursachen der Atmung bei Mensch und Tier dieselben, die Steine fielen in Europa wie in Amerika in gleicher Weise, und die Lichtreflexion der Erde entspreche der auf den anderen Planeten.

Die dritte Regel lautet: «Eigenschaften der Körper, die weder gesteigert noch vermindert werden können und die allen Körpern zukommen, an denen es möglich ist, Erfahrungen zu gewinnen, müssen für Eigenschaften aller Körper gehalten werden.» Diese Regel bestätigte die Homogenität der Natur, ihr Gepräge als beständige, regelmäßige und voraussehbare Wesenheit. Gegen den Befund von Experimenten dürften «keine grundlosen Träumereien zusammenphantasiert werden, noch darf man sich von der Analogie der Natur entfernen, die einfach und immer mit sich selbst im Einklang zu sein pflegt». Die Beschaffenheit der Körper werde «ausschließlich durch Erfahrungen bekannt, und deshalb sind alle Eigenschaften als allgemeine festzusetzen, welche im Rahmen der Erfahrungen übereinstimmen». Die Verallgemeinerungen, zu denen man durch Induktion gelange, seien gültig, wenn sie aus sinnlicher Wahrnehmung erwüchsen. «Daß alle Körper undurchdringlich sind, stellen wir nicht durch Überlegung, sondern durch sinnliche Erfahrung fest. Alles, was wir bearbeiten, wird als undurchdringlich befunden; und daraus schließen wir, daß die Undurchdringlichkeit eine Eigenschaft aller Körper ist.» Die Verallgemeinerung führe jedoch über das rein Sinnliche hinaus: «(wir) folgern [. . .], daß alle kleinsten Teile aller Körper ausgedehnt, hart, undurchdringlich, beweglich, und mit Trägheitskräften ausgestattet sind. Und das ist die Grundlage der ganzen Philosophie» (Newton: 1988, 169–170).

Die vierte Regel lautet: «In der auf Erfahrung gegründeten Philosophie müssen die durch Induktion aus den Erscheinungen gewonnenen Lehrsätze, ungeachtet entgegengesetzter Hypothesen, entweder genau oder so nahe wie möglich für wahr gehalten werden, solange bis andere Erscheinungen aufgetreten sind, durch die sie entweder genauer gemacht oder Einschränkungen ausgesetzt werden.» Diese Regel bestätigte die Notwendigkeit einer Prüfung der Theorien. Sie mußte befolgt werden, «damit nicht der Induktionsbeweis durch Hypothesen aufgehoben werden kann» (Newton: 1988, 171). Die wissenschaftlichen Theorien müssen mit den Erfahrungen übereinstimmen und für wahr gehalten werden, solange diese Übereinstimmung vorhanden ist.

Nach Vorstellung der Regeln ging Newton dazu über, den Aufbau der Welt zu erklären. Er erwies, daß die Bewegungen der Jupiter- und Saturnmonde, der Erde und der anderen Planeten des Sonnensystems den Keplerschen Gesetzen unterliegen. Er berechnete die Masse der Erde und zeigte, daß die Präzession der Tagundnachtgleichen von der Form der Erde und der Neigung ihrer Achse herrühre; letztere beruhe wiederum auf dem Doppeleffekt der von Mond und Sonne gleichzeitig ausgehenden Anziehungskraft. Das Zusammentreffen der vom Mond und von der Sonne auf die Erde wirkenden Kräfte gab ihm auch eine hinreichende Erklärung für die Gezeiten an die Hand. Der Komet, dessen plötzliches und unerklärbares Erscheinen jahrtausendelang als Widerlegung der Regelmäßigkeit himmlischer Bewegungen galt, wurde nun endlich in das Sonnensystem einbezogen. Der Komet von 1681 folge der Bahn einer Parabel (nach dem ersten Keplerschen Gesetz) und beschreibe (nach dem zweiten Gesetz) Flächen, die proportional sind zu den Zeiten.

Das universelle Gravitationsgesetz, das im dritten Buch behandelt wird, legt fest, daß zwei Himmelskörper sich gegenseitig mit einer Kraft anziehen, die direkt proportional zum Produkt der beiden Massen ist und umgekehrt proportional zum Quadrat ihres Abstands.

$$F = G \frac{m_1 \, m_2}{D^2}$$

F entspricht der Anziehungskraft, m_1 und m_2 sind die beiden Massen und D steht für den Abstand, der zwischen ihnen liegt.

G bezeichnet die Gravitationskonstante, die in allen Fällen gleich ist, ob nun im Hinblick auf die gegenseitige Anziehung zwischen der Erde und einem Apfel, zwischen Erde und Mond, Sonne und Jupiter oder zwischen zwei Sternen.

Newton war es damit gelungen, in einem einzigen Gesetz zugleich das Verhalten eines auf die Erde fallenden Apfels, den Umlauf der Planeten um die Sonne und die Gezeiten zu erklären. Die im dritten Buch durchgeführte Berechnung, wonach der Mond von derselben Gravitationskraft in seiner Umlaufbahn gehalten wird, die auch Körper auf die Erdoberfläche fallen läßt, gilt gemeinhin als einer der zentralen Punkte von Newtons Werk. Hinsichtlich der Zentripetalkraft, «die die Himmelskörper in ihren Bahnen hält», stand «bereits fest, daß sie und die Schwere eins sind» (Newton: 1988, 184). Diese Entdeckung bewegte Newton zutiefst: eine einzige Kraft vermochte die Planeten in ihren Bahnen um die Sonne und die Monde in ihrem Umlauf um die Planeten zu halten, den Fall der Körper auf die Erde und die Gezeiten zu bewirken! Daraus ergab sich ein völlig einheitliches Weltbild und die endgültige Vereinigung der Erd- mit der Astrophysik. Das Dogma vom wesentlichen Unterschied zwischen Himmel und Erde, zwischen Mechanik und Astronomie wurde überwunden, auch der «Mythos der Kreisform», der die Entwicklung der Physik für mehr als ein Jahrtausend geprägt und die Überlegungen Galileis überschattet hatte, war nun nicht mehr haltbar.

Das «Allgemeine Scholium»

Im «Allgemeinen Scholium», das der zweiten Ausgabe seiner *Principia* angefügt wurde, befaßte sich Newton mit der Regelmäßigkeit der Planetenbewegungen. Diese Regelmäßigkeit konnte seines Erachtens nicht von mechanischen Ursachen herrühren. Nicht darauf beruhe das Wesen der Welt, vielmehr müsse man teleologisch zu den letzten Gründen vordringen. Eine zufällig sich ergebende metaphysische Notwendigkeit komme als Ursache für die Mannigfaltigkeit der Schöpfung nicht in Frage. Daß sich alle Planeten gleichgerichtet in konzentrischen Bahnen bewegten, könne kein Werk blinden Zufalls sein. Die

Gleichförmigkeit des Planetensystems sei vielmehr Ausdruck einer Absicht. «Dieses uns sichtbare, höchst erlesene Gefüge von Sonne, Planeten und Kometen konnte allein durch den Ratschluß und unter der Herrschaft eines intelligenten und mächtigen wahrhaft seienden Wesens entstehen» (Newton: 1988, 226). Wer das Weltall einrichtete, habe die Fixsterne in riesigem Abstand zueinander angebracht, damit sie «nicht durch ihre Schwere wechselseitig ineinanderstürzen». In gleicher Weise könnten auch Augen, Ohren, das Gehirn, das Herz, die Flügel und die Instinkte von Insekten bzw. Tieren nichts anderes sein als Ausfluß der Weisheit und Geschicklichkeit eines mächtigen und ewigen Agens. Der übersinnliche und personale Gott Newtons befand sich im gesamten Raum, der seinerseits als göttliches Sensorium verstanden wurde. «Er lenkt alles, nicht als Weltseele, sondern als der Herr aller Dinge» (Newton: 1988, 226). Er sei immer und überall, «wie der Blinde keine Vorstellung hat von den Farben, so haben wir keine Vorstellung von den Arten und Weisen, in denen der weiseste Gott alles wahrnimmt und erkennt» (Newton: 1988, 228 f.).

Im letzten Teil des «Allgemeinen Scholium» kam er auf das Thema der Gravitation zurück. Newton schrieb, er habe zwar auf diese Kraft zurückgegriffen, um die Himmels- und Meereserscheinungen zu erklären, doch nicht die Ursache der Gravitation benannt. Im Rahmen dieser Erörterungen treffen wir auf Newtons berühmten Grundsatz hinsichtlich der Einschätzung von Hypothesen: «Eine theoretische Erklärung für diese Eigenschaften der Schwere habe ich aus den Naturerscheinungen noch nicht ableiten können, und bloße Hypothesen denke ich mir nicht aus. Was immer nämlich sich nicht aus den Naturerscheinungen ableiten läßt, muß Hypothese genannt werden, und Hypothesen, sei es metaphysische, sei es physische, sei es solche über verborgene Eigenschaften, sei es solche über die Mechanik, haben in der experimentellen Philosophie keinen Platz. In dieser Philosophie werden Lehrsätze aus Naturerscheinungen abgeleitet und durch Induktion allgemeingültig gemacht. So sind die Undurchdringlichkeit, Beweglichkeit und der Impetus der Körper, die Gesetze der Bewegung und der Schwere zu unserer Kenntnis gekommen. Und es genügt, daß die Schwere tatsächlich existiert, gemäß den von uns dargelegten Gesetzen wirkt und für alle Bewegungen der Himmelskörper und unseres Meeres hinreicht» (Newton: 1988, 230).

Die Cartesische Physik und der mechanistische Ansatz im allgemeinen bemühten sich darum, alle Erscheinungen auf Bewegungen zurückzuführen, denen ihrerseits bekannte Vorgänge (Stoß, Druck usw.) zugrunde lagen. In Newtons Physik ging es hingegen um eine (als Ursache verstandene) Fernwirkung, die anscheinend nicht unmittelbar aus einem mechanistischen Erklärungsmodell hergeleitet werden konnte. Nach Ansicht der europäischen Cartesianer und auch Leibniz hatte Newton damit erneut okkulte Qualitäten scholastischer Überlieferung in die Physik einfließen lassen, von denen sich die neue Wissenschaft gerade mit soviel Mühe befreit hatte: Er habe den festen Boden verlassen, auf dem sich die neue Physik hatte behaupten und entfalten können. Diese Auseinandersetzung sollte die Gelehrten Europas noch lange beschäftigen. Viele Materialisten des 18. Jahrhunderts hielten nachdrücklich an der streng mechanistischen Lehre von Descartes fest. Doch die Verbindung von Mechanismus und Deismus, die man in Newtons Philosophie antrifft, bestimmte weitgehend das Denken der Aufklärung.

Dennoch darf nicht vergessen werden, daß fast bis zur Mitte des 18. Jahrhunderts zwei Auffassungen von Physik nebeneinander existierten. In einer bekannten Passage seiner *Lettres philosophiques* aus dem Jahre 1734 stellte Voltaire die Toleranz und den freiheitlichen Geist der Engländer der nach wie vor feudal geprägten Welt der Franzosen gegenüber, wobei er auch auf den Gegensatz zwischen der Physik Newtons und dem Cartesianismus einging: In Paris habe die Welt die Form einer Melone, in London sei sie einem Kürbis gleich: «Ein Franzose, der in London ankommt, findet in der Philosophie wie auch im übrigen andere Verhältnisse vor. Er hat eine volle Welt verlassen, er findet sie leer. In Paris sieht man die Welt zusammengesetzt aus Wirbeln von feinster Materie; nichts davon in London. Bei uns ist es der Druck des Mondes, der die Gezeiten des Meeres verursacht, bei den Engländern ist es das Meer, das gegen den Mond strebt, [...]. Bei Ihren Cartesianern entsteht alles mit einem Impuls, den man kaum versteht, bei Newton ist es eine Anziehungskraft, deren Ursache man auch nicht besser kennt (Voltaire: 1985, 59).

Die «Optik»

Newtons Werk *Opticks, or A Treatise of the Reflections, Refractions, Inflections and Colours of Light* wurde erstmals 1704 in London veröffentlicht, als Newton bereits 62 Jahre alt war, und zu seinen Lebzeiten noch zweimal, 1717 und 1721, wiederaufgelegt. Auch die auf 1706 zurückgehende lateinische Übersetzung der Schrift hat er gegengelesen. Die genannten Ausgaben weisen deutliche Unterschiede auf: Newton überarbeitete Untersuchungen, die er bereits gegen Ende der sechziger und im Laufe der neunziger Jahre des 17. Jahrhunderts ausgiebig erörtert hatte. Wie seine *Principia* sind auch die *Opticks* in drei Bücher unterteilt. Im ersten trifft man auf eine Reihe von Definitionen und Axiomen, welche die allgemeinen Grundlagen der Optik festlegen. Es folgen Lehrsätze, die mit geometrischen Begriffen *(more geometrico)* Experimente darlegen; dabei ging es um geometrische Optik, um die Theorie der Zusammensetzung und Streuung von weißem Licht, die Aberration (Unschärfe) der Linsen, den Regenbogen und um die Klassifizierung von Farben. Das zweite Buch befaßte sich mit einer Reihe von Fragen hinsichtlich der Farben, der Interferenzringe und der Interferenzerscheinungen des Lichts bei dünnen Blättchen. Das dritte Buch war der Beschreibung einer Reihe von Versuchen gewidmet, welche die Lichtbrechung und die Farbstreifen an sehr feinen Hindernissen und scharfen Klingen ins Auge faßten.

In seiner *Micrographia* von 1665 hatte Robert Hooke die Cartesische Lehre über das Wesen des Lichts aufgegriffen. In der mechanistischen Welt, die keine Leere kannte, breitete sich Licht in gleicher Weise aus wie Schallwellen: Hooke legte die Gesetze der Lichtbrechung nieder, indem er erklärte, das Licht entstehe durch Ausbreitung von Schwingungen des Äthers oder durch deren Impulse. Im Hinblick auf Fragen zum Licht und zu den Farben zog Newton folgende Werke heran: die *Dioptrice* von Kepler, *La Dioptrique* (1664) von Descartes in lateinischer Übersetzung, das Werk *Physico-mathesis de lumine, coloribus et iride* (1665) von Francesco Maria Grimaldi (1618–1663), die *Experimenta et considerationes de coloribus* von Robert Boyle und die Zusammenfassung aus der Feder von Isaac Barrow in den *Lectiones opticae,* an denen auch Newton beteiligt war.

Bezüglich der Frage, ob das Licht aus Wellen oder ausgesandten Teilchen bestehe (Undulations- bzw. Emissionstheorie), nahm Newton – nicht zuletzt bedingt durch die heftige Auseinandersetzung, die er zwischen 1672 und 1676 mit Hooke führte – eine sehr vielschichtige Haltung ein. Nach seinen Worten neigten einige Wissenschaftler zu der Annahme, daß Licht aus unvorstellbar kleinen und schnell dahinfliegenden, von Körpern ausgesandten Teilchen zusammengesetzt sei. Andere dachten an Licht als Bewegungen in einem Medium. Zu letzteren gehörten auch Grimaldi, der das Licht für ein Fluid hielt, in dem sich Wellenbewegungen vollzogen, und Christiaan Huygens, der Längswellen annahm, die ein stehendes Fluid durchquerten. Newton versuchte, unnötige Auseinandersetzungen zu vermeiden und drang nie zu einer eindeutigen Befürwortung der Emissionstheorie vor, der er sich allerdings häufig bediente. Jede seiner Behauptungen beruhte auf empirischen Fakten, aus denen er die Grundannahmen seiner Theorien ableitete. Je nach Sachlage der Untersuchung verwies er auf eine Erklärung im Sinne der Undulations- oder der Emissionstheorie. Allerdings war er der Meinung, daß es nicht möglich sei, anhand der Undulationstheorie die geradlinige Ausbreitung des Lichts und die Schattenbildung hinter Hindernissen zu erklären. Gegen Ende des 17. Jahrhunderts verhärteten sich die Fronten zwischen den Verfechtern der Undulations- und Emissionstheorie zu einem Widerstreit unterschiedlicher Schulen, der schließlich zu einem unversöhnlichen wissenschaftsphilosophischen Gegensatz auswuchs, wobei zeitweilig im 18. Jahrhundert die Emissionstheorie, dann im 19. Jahrhundert die Undulationstheorie die Oberhand gewann, bis sich schließlich – nach 1905 – der komplementäre Ansatz der Quantenoptik durchsetzte (Bevilacqua/Ianniello: 1982, 245, 254).

Am 18. Januar 1672 schrieb Newton an den Sekretär der Royal Society, Henry Oldenburg, daß seine Farbenlehre die größte, ja die wichtigste Entdeckung aller bisherigen Naturforschungen sei (Newton: 1959–1977, I, 82–83). In den vielen, häufig verworrenen Äußerungen über ihr Wesen wurden die Farben immer den Körpern zugeschrieben, auf welche das Licht einwirkte, und nicht dem Licht selbst. Der Aristotelismus hielt Farbe für eine den Körpern eigene Beschaffenheit oder für die

Folge einer Mischung von Licht und Schatten: Rot entspreche weißem Licht, das mit etwas Dunkel vermengt sei, Blau hingegen sei weißes Licht mit einem Höchstmaß an Dunkel. Paracelsus hatte die Farben als Ausfluß des schwefligen Grundstoffs gedeutet, Descartes sprach diesbezüglich von unterschiedlichen Umdrehungs- und Translationsgeschwindigkeiten der Ätherteilchen, während Hooke dahinter eine jeweils verschiedene Wellenneigung vermutete. Newton distanzierte sich mit Entschiedenheit von der Überlieferung, aber auch von den zeitgenössischen Theorien. Er war der Ansicht, daß die Abwandlung des Lichts, aus der die Farben hervorgingen, «dem Licht innewohnende Eigenschaften (original and connate properties)» seien. Farben ergaben sich demnach nicht, wie allgemein angenommen, aus der Reflexion oder Brechung natürlicher Körper, sondern waren «ursprüngliche und natürliche, für jeden Strahl jeweils unterschiedliche Eigenschaften: manche Strahlen dienen dazu, eine rote Farbe erscheinen zu lassen und keine andere, manche eine gelbe und nichts anderes, manche eine grüne und nichts anderes, und so weiter für die übrigen» (Newton: 1959–1977, I, 97). Das Problem um die Farben betraf damit nicht mehr bloß die subjektive Wahrnehmungsfähigkeit: die Brechungswinkel wurden berechenbar, und die Farben avancierten zu einer von Fragen der Wahrnehmung deutlich geschiedenen Angelegenheit der Physik, die mit mathematischen Methoden angegangen werden konnte. Die Körper erscheinen je nach Absorptionsgrad der Oberflächen in unterschiedlichen Farben: «Die Strahlen, welche roth erscheinen oder vielmehr welche die Gegenstände roth erscheinen lassen, nenne ich ‹Roth erregende› [...]. Denn streng genommen sind die Strahlen nicht gefärbt; in ihnen liegt nichts, als eine gewisse Kraft und Fähigkeit, die Empfindung dieser oder jener Farbe zu erregen. Denn ebenso wie der Schall einer Glocke [...] nichts Anderes ist, als eine zitternde Bewegung des Körpers und die sich von ihm ausbreitende Bewegung in der Luft und das Gefühl dieser Bewegung in unserem Empfindungsorgane in Form eines Schalles, so sind die Farben an den Objekten nichts Anderes, als ihre Fähigkeit, diese oder jene Strahlenart reichlicher zu reflectiren, als die anderen, und in den Strahlen nichts Anderes als ihre Fähigkeit, diese Bewegung bis in unser Empfindungsorgan zu verbreiten, und im letzteren die Empfindung dieser Bewegungen in Gestalt von Farben» (Newton: 1983, 81). Nebenbei sei bemerkt, daß Fragen zur Wahrnehmungsfähigkeit und Psychophysiologie mit Beginn des 19. Jahrhunderts erneut Einzug in die Optik und Farbenlehre hielten. Einer der führenden Physiker unseres Jahrhunderts schrieb von daher: Die Erscheinung der Farben untersteht zum Teil der physikalischen Welt. Aber natürlich hängt diese Erscheinung auch vom Auge ab und von dem, was hinter dem Auge, im Gehirn, vor sich geht» (Feynman: 1969, I, 2, 35-1).

Das berühmte und aufwendige Prismenexperiment zeigte, daß Licht aus «unterschiedlich ablenkbaren Strahlen» zusammengesetzt war, die – je nach ihrer Brechung – in unterschiedlichen Punkten der Wand auftrafen: jedem Ablenkungsgrad entsprach eine primäre Grundfarbe. Violett wies den höchsten Ablenkungsgrad auf, Rot den niedrigsten. Somit waren Farben nicht als Lichtabweichungen zu verstehen: bei weißem Licht handelte es sich nicht um reines Licht, sondern um eine Zusammensetzung aus unterschiedlichen Strahlen, um eine Mischung der Spektralfarben. Weiß war demnach weder eine wirkliche Farbe noch eine «innewohnende Eigenschaft» des Lichtes, sondern eine Sinneserscheinung. Die Bestandteile des Lichtes konnten voneinander getrennt und wieder vereinigt werden.

Auch im Bereich der praktischen Anwendung und technologischen Entwicklung setzte Newton mit seinen optischen Untersuchungen neue Maßstäbe. Die Beobachtungen am Teleskop wurden bis dahin vom Auftreten farbiger Streifen oder chromatischer Abweichungen der Linsen beeinträchtigt. Newton baute nun eigenhändig ein Spiegelteleskop mit einem seitlich angebrachten Okular, zu dem die Strahlen mittels eines Prismas mit Totalreflexion abgelenkt wurden. Der Spiegel, der von Newton aus einer selbst entwickelten Legierung gefertigt worden war, hatte einen Durchmesser von 25 mm. Das Teleskop war nur 15 cm lang, vergrößerte aber etwa um das Vierzigfache. Das übertraf weitaus die Kapazitäten eines traditionellen, 1,80 Meter langen Teleskops. Im Jahre 1671 schickte Newton sein Teleskop an die Royal Society in London und kurz darauf folgte sein erster Bericht über die Farbenlehre, der in den *Philosophical Transactions* der Royal Society vom 19. Februar 1672 veröffentlicht wurde. «Vom Erfolg seines Teleskops mitgerissen, fand Newton öffentliche Aufnahme in die Gemeinschaft der Naturphilosophen, der er bisher nur im stillen angehört hatte» (Westfall: 1996, 117).

Das Leben Newtons

Isaac Newton wurde im Todesjahr Galileis, am 25. Dezember 1642 in Woolsthorpe, einer kleinen Ortschaft in der Grafschaft Lincolnshire, geboren. Er war kaum ein Jahr alt, als sein Vater starb, und wurde, als seine Mutter erneut heiratete, nicht im Hause des Stiefvaters geduldet, sondern einer Großmutter anvertraut. Mit 12 Jahren kam er an die öffentliche Schule von Grantham. Der erfinderische Junge, der mechanisches Spielzeug zu bauen vermochte und sein Zuhause mit selbstgefertigten Sonnenuhren anfüllte, hatte eine schwierige Jugend. Er litt sehr unter der zweiten Ehe seiner Mutter, so daß er in einer auf das Jahr 1662 zurückgehenden Auflistung seiner Sünden vermerkte: «Ich habe meinem Vater und meiner Mutter Smith gedroht, ich würde sie mitsamt dem Haus verbrennen». 1661 wurde er als *Subsizar* ins Trinity College von Cambridge aufgenommen, einer weithin berühmten Gemeinschaft von mehr als vierhundert Mitgliedern. Ein *Subsizar* war ein armer Student, der sich seinen Unterhalt als Diener des Lehrpersonals verdiente. Zu seinen Pflichten gehörte es, die *Fellows* zu wecken, ihre Schuhe zu putzen, ihnen ihre Nachttöpfe zu leeren und ähnliches mehr (Westfall: 1996, 33, 46). In Oxford bezeichnete man diese Hilfsdiener als *Servitor.* Im Jahre 1664 endete Newtons Tätigkeit als *Subsizar,* und er bekam die Möglichkeit, sich seinen Studien zu widmen. 1665 wurde er *Bachelor of arts,* 1666 *Junior Fellow* und 1668 *Master of Arts* sowie *Senior Fellow.* Im darauffolgenden Jahr überließ ihm Isaac Barrow seinen Lehrstuhl für Mathematik, wo Newton bis 1704 unterrichtete. Die 28 Jahre, die er am Trinity College von Cambridge verbrachte, gehörten allerdings zu den schlimmsten in der Geschichte dieser Institution und der Universität. Auch dies mag den eher spärlichen Umgang mit den Kollegen und die Einsamkeit verstärkt haben, die sein Leben bestimmten (Westfall, 1996, 176).

Abgesehen von einigen Lehrbüchern zur peripatetischen Philosophie hatte er sich während seines Studiums in Cambridge mit der Optik und Astronomie von Kepler befaßt, mit der *Géométrie* von Descartes und dem *Dialogo* von Galilei, des weiteren mit Werken von Boyle, Hobbes, Glanvill und des Mathematikers John Wallis. Er unterhielt freundschaftliche Beziehungen zu dem Theologen und Platoniker Henry More. Während der schrecklichen Pestjahre 1665–66 kehrte er zu seiner Mutter ins väterliche Haus zurück, wo er zwei oder drei Jahre von außerordentlicher, ja geradezu unglaublicher Schaffenskraft durchlebte. Newton bediente sich der Errungenschaften von einhundert Jahren wissenschaftlichen Forschens, um ganz privat ein Programm auszuarbeiten, durch das er zu einem führenden Vertreter der europäischen Wissenschaften aufsteigen sollte. Im Rückblick auf diese Jahre sagte Newton später, daß er sich damals mehr als in allen späteren Lebensabschnitten mit Mathematik und Philosophie beschäftigt habe. Mit 23 Jahren, gegen Ende des Jahres 1665, hatte er bereits den binomischen Satz formuliert, die Fluxionsmethode (Infinitesimalrechnung) entwickelt und war schon zu dem Schluß gelangt, daß «die Tendenz, sich von der Sonne zu entfernen [...] umgekehrt proportional dem Quadrat der Entfernung von der Sonne» ist (Westfall: 1996, 78).

Nur wenige Menschen wußten von seinen Entdeckungen, denn er hatte nichts veröffentlicht. Als er Barrows Lehrstuhl übernahm, hielt er einen Kurs über die Optik (die *Lectiones Opticae*), doch unter dem Eindruck der Auseinandersetzung mit Robert Hooke, die entfacht war, nachdem er der Royal Society eine Abhandlung über die Farben vorlegt hatte, sah er davon ab, diese Lektionen zu veröffentlichen. Er begann, sich für Alchimie, Theologie und die Deutung der Apokalypse zu interessieren. Nachdem er in seinem Werk *De motu corporum in gyrum* seine Hauptgedanken zur Himmelsmechanik niedergelegt hatte, widmete er sich der Abfassung der *Principia,* die veröffentlicht wurden, als Newton 45 Jahre alt war.

Die schöpferische Phase seines wissenschaftlichen Forschens war eigentlich mit den *Principia* abgeschlossen, da die *Opticks* zwar erst 1704, nach dem Tode Hookes, veröffentlicht wurden, aber – wie wir sahen – aus Texten bestanden, die schon viele Jahre zuvor geschrieben worden waren. Den Anfang der *Opticks* bildeten zwei mathematische Arbeiten, welche die Fluxionsmethode veranschaulichten: doch auch dabei handelte es sich um Arbeiten, deren Abfassung mehr als dreißig Jahre zurücklag. Der anstrengende und unliebsame Prioritätsstreit mit Leibniz, der mit einer Rezension in den Leipziger *Acta eruditorum* von 1705 einsetzte, gehört zu den berühmtesten Kontroversen der Wissenschaftsgeschichte (Hall: 1980).

Nachdem Newton sein Leben bis dahin inmitten der Bücher seiner Arbeitszimmer in Cambridge und London gefristet hatte, trat er nach der «Glorious Revolution» von 1688 an die Öffentlichkeit. 1696 wurde er Direktor der Königlichen Münze in London, ein Amt, das er über dreißig Jahre bekleiden sollte. 1689–90 war er Parlamentsabgeordneter der Whigs. Nachdem er 1703 zum Präsidenten der Royal Society ernannt worden war, konnte er sehr großen Einfluß auf das intellektuelle Leben in Europa nehmen. Die angesehene wissenschaftliche Gesellschaft wurde unter Newtons Führung gewissermaßen zu seiner persönlichen Domäne. Er starb 1727 im Alter von 85 Jahren.

Newton hat sich den Wissenschaften stets mit so großer Leidenschaft gewidmet, daß er nächtelang am Schreibtisch saß. Wenn ihn ein Problem beschäftigte, vergaß er oft sogar zu essen, ja es heißt, sein Kater in Cambridge sei unwahrscheinlich dick gewesen von all den Speisen, die sein Herr nicht zu sich nahm. Seine tiefsten religiösen Überzeugungen hat er zeitlebens sehr sorgfältig vor den Mitmenschen verborgen, ja er neigte überhaupt sehr zu Mißtrauen im Umgang mit anderen. Er hatte «einen strengen inneren Zensor und lebte ununterbrochen unter dem Blick dieses Wächters» (Manuel: 1974, 15 f.). Seine erste und letzte Liebesbeziehung zu einer Frau reichte zurück auf die Schulzeit in Grantham. Humphrey Newton, der in Cambridge fünf Jahre lang als sein Schreibgehilfe tätig war, gab an, er habe ihn nur einmal lachen sehen. In den Briefwechseln, die er mit Hooke und Huygens unterhielt, verlor er mehrfach die Fassung und erging sich in rücksichtslosen und überheblichen Äußerungen. In seiner Auseinandersetzung mit Leibniz, der seinerseits beständig die Anonymität wahrte, verbarg er sich hinter John Keill und einer von der Royal Society berufenen Kommission. Nach Schilderung seines Biographen wurde Newton aufgerieben von kindheitsbedingten Neurosen und von der Anspannung, die mit seiner wissenschaftlichen Arbeit verbunden war: ein geplagter Mann und ein neurotischer Charakter, der in den Jahren der Reife stets am Rande eines psychischen Zusammenbruchs stand.

Zwischenbemerkungen über Newtons Handschriften

Bevor ich auf die *Queries* (offene Fragen) zu sprechen komme, die den Abschluß der *Opticks* bilden, möchte ich zu einem Problem Stellung nehmen, das auch die vorliegenden Ausführungen betrifft. Gewiß erhebt diese Darstellung keinen Anspruch auf Originalität. Ich bin mir völlig darüber im klaren, daß von den zahlreichen Newton-Spezialisten – eine stattliche und wohl gewappnete Schar von Gelehrten – heutzutage wohl niemand mit einer inhaltlichen Schilderung von Newtons Hauptwerken begonnen hätte, um dessen Naturphilosophie näherzubringen. Aus zwei Gründen habe ich mich aber gegen den derzeit üblichen Weg entschieden. Zum einen erwuchsen Größe und Ruhm Newtons für die meisten Leser des 18., 19. und eines großen Teils des 20. Jahrhunderts vorwiegend aus seinen beiden großen Meisterwerken. Das verdienstvolle, unermüdliche und gewissenhafte Wirken vieler hervorragender Wissenschaftler hat ein wohleingerichtet erscheinendes Terrain völlig neu geordnet und dabei die Bedeutung und historische Verortung Newtons einer gründlichen und tiefgreifenden Umwertung unterzogen. Dies aber birgt die Gefahr in sich, daß die oben genannten selbstverständlichen Voraussetzungen beim heutigen Leser gänzlich in Vergessenheit geraten. Zum anderen kann die Begeisterung, mit der bisher nur wenig bekannte oder gar völlig unbekannte Texte zur Kenntnis genommen werden, zu der widersinnigen Folge führen, daß Newton auch in den wissenschafts- oder philosophiegeschichtlichen Handbüchern ausschließlich mit Blick auf genau die Schriften behandelt wird, die er selbst aus Gründen übergroßer Vorsicht und/oder unüberwindlicher Zurückhaltung nicht veröffentlicht und den Lesern vorenthalten hat. Als ich in einem dieser Handbücher (die, wie man denken sollte, vornehmlich für Studenten geschrieben sind) ein Kapitel über Newton las, in dem ausschließlich aus den unveröffentlichten Schriften zitiert wurde, stand mein Entschluß fest.

Nach dem Tode Newtons verzichtete die Royal Society auf den Ankauf seiner Handschriften religiösen Inhalts und gab sie der Familie mit der Ermahnung zurück, dieselben niemandem zu zeigen. Als Samuel Horsley, Herausgeber der zwischen 1779 und 1785 veröffentlichten *Opera omnia* Newtons, die Handschriften zu lesen bekam, «ließ er den Deckel des Koffers, in dem sie lagen, entrüstet wieder zufallen». John Maynard Lord Keynes, der bedeutende Nationalökonom, erwarb im Jahre 1936 einen Teil dieser Manuskripte. Angesichts der darin enthaltenen Masse alchimistischer Schriften belegte er Newton mit einer Bezeichnung, die Aufsehen erregte und Anlaß zu vielen Debatten gab: Er hielt denselben nicht für den ersten modernen Wissenschaftler, sondern für «den letzten Magier». Neben der ausführlichen Behandlung mathematischer, physischer, optischer und naturwissenschaftlicher Themen befaßte sich ein beträchtlicher Teil dieser Blätter in der Tat mit der Alchimie und Chronologie des Universums, mit der Auslegung der Heiligen Schrift und theologischen Kontroversen, mit der Apokalypse und der verborgenen Weisheit, aus der – gemäß der hermetischen Lehre und der Renaissancemagie – die Geschichte der Menschen hervorgegangen sein soll. Zu den Instituten, die den Kauf von Handschriften Newtons ablehnten, gehörten unter anderem die Universität Cambridge (die nur eine Reihe ausgewählter naturwissenschaftlicher Manuskripte übernahm), das British Museum und die amerikanischen Universitäten Harvard, Yale und Princeton. Im Jahre 1751 erhielt der israelische Staat einen umfangreichen Teil dieser Schriftstücke, die jedoch erst achtzehn Jahre später der University Library von Jerusalem überlassen wurden (Mamiani, in: Newton 1994, VI–VII).

Alle Newton-Forscher sind sich darin einig, daß die wissenschaftlichen Arbeiten, die vor 1945/50 entstanden sind (auch wenn sich darunter heute noch grundlegende Beiträge befinden), als gewissermaßen überholt gelten können, nachdem jüngere Forschungen mit der Auswertung der handschriftlichen Quellen begonnen haben. Die unveröffentlichten Schriften Newtons zu Themen der Mathematik und der Naturwissenschaften wurden erst in den sechziger und siebziger Jahren des 20. Jahrhunderts publiziert (Newton: 1967–1981; Newton: 1962; Herivel: 1965); wenig später kamen die unveröffentlichten Werke zur Optik und Philosophie dazu (Newton-Shapiro: 1984; Newton-McGuire: 1983). Gleiches gilt für die Herausgabe seiner Briefe (Newton: 1959–1977). Die Editionen der sogenannten *Scolii classici,* eines geplanten Anhangs zur zweiten Ausgabe der *Principia* und des *Traktats über die Apokalypse* stammen aus den vergangenen beiden Jahrzehnten (Newton: 1983; Newton: 1991; Newton: 1994). Die Wissenschaftler sahen sich nach dem Zweiten Weltkrieg einer Flut neuer Quellentexte gegenüber, die, selbst bei Beschränkung auf das Wesentliche, schon rund zwanzig Bände umfassen. Und immer noch gibt es viel neues Material zu entdecken.

In dieser Hinsicht war Newton ein wahrhaft eigentümliches Schicksal beschieden, das nicht zu vergleichen ist mit dem von Kopernikus, Descartes, Galilei oder später Darwin. Das Bild, das uns der Positivismus von diesen Männern vermittelt hat, ist zweifellos von ganz anderer Natur als moderne Schilderungen. Gewiß mögen hier und da neue Schriften entdeckt werden, sicherlich wandelt und erneuert sich auch die geschichtswissenschaftliche Forschung fortwährend: Ein Fall von ganz anderer Tragweite tritt ein, wenn geradezu unvermittelt, wiewohl gerüchteweise angekündigt, ein Berg von Schriftstücken greifbar wird, von denen für mehr als zwei Jahrhunderte nichts oder wenig bekannt war. Das nach wie vor weit verbreitete Bild Newtons als «positiver Wissenschaftler» ist nicht nur Werk der Historiker und Forscher des späten 18. und des 19. Jahrhunderts, sondern auch Ergebnis der fortwährenden und hartnäckigen Weigerung, jene übergroße Anzahl an Schriften in den Blick zu nehmen, in denen unbekannte Züge einer Erscheinung greifbar werden, die man gut zu kennen glaubte und, wie im vorliegenden Falle, stets mit dem vertrauten Bild moderner, positiver Wissenschaft in Verbindung gebracht hat.

Diese Zwischenbemerkungen über die Handschriften verfolgen einen doppelten, aber gleichgerichteten Zweck. Sie wollen dem nicht-fachkundigen Leser verdeutlichen, wie wichtig es war, besagten Koffer mit Newtons Handschriften zu öffnen und diese Schriftstücke zur Kenntnis zu nehmen. Außerdem sollen die Fachleute, die sich etwas zu sehr von ihrer Begeisterung haben hinreißen lassen, mit dem gebotenen Respekt an Folgendes erinnert werden: wären von Newton ausschließlich die unveröffentlichten wissenschaftlichen Schriften oder der gesamte Inhalt des Koffers überliefert, so wäre es kaum vertretbar, ja erschiene als absolut unsinnig, mit Newton ein Buch über die wissenschaftliche Revolution abschließen zu wollen.

Die «Queries» der *Opticks*

Die oben erwähnten unbekannten Züge Newtons waren gerade im letzten Abschnitt der *Opticks,* der, wie gesagt, den *Queries* gewidmet war, schon teilweise erkennbar. Die 16 *Queries* der ersten Ausgabe wuchsen in der lateinischen Übersetzung von 1706 zu 23 an, um in der englischen Version von 1717 einen Gesamtumfang von 31 Fragen zu erreichen. Vor allem in den letzten *Queries* befaßte sich Newton mit sehr vielen unterschiedlichen Problemen: Es ging um die Existenz der Leere, die Atome als Grundbestandteile der Materie, die elektrischen Eigenschaften der Bindekräfte zwischen den Atomen, die Polarisation des Lichts, die okkulten Erscheinungen, die Unzulänglichkeit mechanischer Ursachen, die Metaphysik von Descartes, die Beziehung zwischen Gott und Welt, das Wesen Gottes, das Verhältnis zwischen Natur- und Moralphilosophie; die vielfältige und seltsame Wandelbarkeit der Natur und um alchimistische Experimente.

In der berühmtesten und umstrittensten einunddreißigsten *Query* führte Newton die Möglichkeit vor Augen, daß in der Welt des unendlich Kleinen dieselben Ursachen wirksam waren wie im Makrokosmos. Die Teilchen der Körper hafteten mit großer Kraft aneinander. Manch einer glaubte, die Atome besäßen Haken, andere sahen den Grund für das Haftvermögen der Teilchen im Ruhezustand und griffen somit auf eine okkulte Erscheinung bzw. auf das Nichts zurück, eine weitere Gruppe sprach von relativer Ruhe, also von verbündeten Bewegungen. «Ich ziehe es vor, aus ihrer Cohäsion zu schliessen, dass die Theilchen einander mit einer gewissen Kraft anziehen, welche bei unmittelbarer Berührung ausserordentlich stark ist und bei geringen Abständen die erwähnten chemischen Vorgänge verursacht, deren Wirkung sich aber nicht weit von den Theilchen fort erstreckt» (Newton: 1983, 258). Die Kraft, die die Teilchen zusammenhalte, entspreche der Schwerkraft oder etwas sehr Ähnlichem: «Wie die Schwerkraft das Meer rings um die dichteren und schwereren Theile des Erdkörpers fluten lässt, so mag auch die Attractionskraft bewirken, dass die wässrige Säure die dichteren und compacteren Theilchen einer erdigen Substanz umfluthet, um Salzpartikeln mit ihnen zu bilden» (Newton: 1983, 256).

Die physikalischen und chemischen Eigenschaften hingen vom Teilchengefüge der Materie ab, somit schien es denkbar, Physik und Chemie zu vereinen. Die kleinsten Teilchen seien von stärksten Anziehungskräften zusammengehalten und bildeten größere Partikel, die eine geringere Kraft aufwiesen. Von diesen wiederum könnten sich viele miteinander verbinden zu größeren Partikeln mit noch geringerer Anziehungskraft «und so weiter in verschiedenen Aufeinanderfolgen, bis die Progression mit den grössten Partikeln endet, von denen die chemischen Operationen [...] abhängen» (Newton: 1983, 262).

Die Natur sei «immer gleich und einfach», da alle großen Bewegungen der Himmelskörper durch die allgegenwärtige Schwerkraft erzeugt würden und «alle die kleinen Bewegungen der Partikeln, durch gewisse andere, zwischen diesen Theilchen wirkende, anziehende und abstossende Kräfte». Warum aber gab es überhaupt Bewegung in der Welt? Der Stoß zwischen Körpern von hoher Dichte oder weichen Körpern machte ihre Bewegung zunichte. Der Stoß zwischen elastischen Körpern führte zu einem neuen Anstoß, der in jedem Falle geringer war als der anfängliche. Die Trägheitskraft war ein passives Prinzip: «Durch dieses Prinzip allein würde es niemals Bewegung in der Welt geben. Es war noch ein anderes Princip nothwendig, um die Körper in Bewegung zu setzen, und noch ein anderes, um sie in Bewegung zu erhalten» (Newton: 1983, 263–264).

Neben diesem «passiven Prinzip» der Trägheit müsse es in der Natur zwangsläufig aktive Prinzipien als Ursache der Schwerkraft, der Bindekraft zwischen den Teilchen und der Gärung geben. Zwischen dem Gott Newtons, Bacons und Galileis gab es maßgebliche Unterschiede: Newtons Gott war Bestandteil seiner Physik.

Kosmische Zyklen

Die aktiven Prinzipien, von denen Newton sprach, vermochten in gewisser Weise eine Ursache für das Vorkommen von Bewegung in der Natur abzugeben: «Ohne sie würden die Körper der Erde, der Planeten und Kometen, der Sonne und Alles auf ihnen in Kälte erstarren und unthätige Massen werden, Verwesung und Zeugung, Vegetation und Leben würden aufhören, und Planeten und Kometen könnten nicht in ihren Bahnen verharren» (Newton: 1983, 265). Das Universum bewege sich auf Verfall und Verbrauch zu und bedürfe, um am Leben zu bleiben, des göttlichen Eingriffs. Wer die Welt einrichtete, der habe auch, wie gesagt, die «einfache und gleichmäßige» Anordnung der himmlischen Bahnen festgelegt. Die wunderbare Anlage der Sonne, der Planeten und der Kometen «konnte nur durch Ratschluß und Herrschaft eines allmächtigen und verständigen Wesens» entstanden sein (Newton: 1980, 369). Es sei nicht möglich, daß die Welt mittels der einfachen Naturgesetze aus dem Chaos hervorgegangen sei. Die vom Weltenschöpfer eingerichtete Ordnung könne jedoch dank dieser Gesetze viele Ären fortleben *(being once form'd, it may continue by those laws for many ages).* Allerdings gebe es in diesem System unbedeutende Unregelmäßigkeiten (inconsiderable irregularities), die aus der gegenseitigen Wirkung der Planeten und Kometen herrühren könnten und die solange zunehmen, wie das System verbesserungsbedürftig sei *(which will be apt to increase till this System wants a Reformation)* (Newton: 1779–1785, III, 171 f.; 1721: 377 f.).

Nach Ansicht von Leibniz war Newtons Gott – als Schöpfer einer von Zeit zu Zeit verbesserungsbedürftigen Welt, die über viele Zeitalter, nicht aber in Ewigkeit fortzuexistieren vermochte – ein schlechter Uhrmacher. Die Newtonsche Weltenmaschine funktioniere nicht gut, sie halte von selbst an, gleich einer Uhr, die außerordentliche Eingriffe nötig habe und von Gott ab und zu wieder aufgezogen werden müsse: «Herr Newton und seine Anhänger haben zudem eine sehr sonderbare Ansicht von Gottes Werk. Nach ihnen muß Gott von Zeit zu Zeit seine Uhr aufziehen. Andernfalls bliebe sie stehen. Er hat nicht genug Einsicht gehabt, um ihr eine immerwährende Bewegung zu geben» (Clarke: 1990, 10).

Die Tatsache, daß die aktive Kraft in der körperlichen Welt auf natürliche Weise stetig abnehme und deshalb neuer Anstöße bedürfe, sei – so die Erwiderung des eifrigen Newtonianers Samuel Clarke – keine Unzulänglichkeit der Welt. Dies hänge nur damit zusammen, daß die Materie leblos, träge und inaktiv sei. Die Newtonsche Welt müsse ab und zu wiederbelebt, in Ordnung gebracht oder neu eingerichtet werden.

Mit Newtons Weltentstehungslehre und diesem Gedanken der Neueinrichtung des Universums hat sich die Forschung bis vor wenigen Jahrzehnten kaum befaßt. Newton galt als Vertreter einer mechanistischen Wissenschaft, die eine völlig statische Welt zum Gegenstand hatte und, ausgehend von der traditionellen (aber durchaus fundamentalen) Unterscheidung zwischen relativer und absoluter Zeit, beschrieben wurde. Doch fehlt es auch auf diesem Gebiet nicht an differenzierteren Untersuchungen. Die Bedeutung, welche die im 13. und 14. Jahrhundert verbreiteten Auseinandersetzungen über die Ewigkeit der Welt für die Debatten des 17. Jahrhunderts hatten, ist kürzlich eingehend vor Augen geführt worden (Bianchi: 1987). David Kubrin, der sich ausdrücklich mit dem Thema der Weltentstehung auseinandergesetzt hat, erbrachte den Beweis, daß im Kern der Naturphilosophie Newtons – obwohl nur vorsichtig angedeutet – eine zyklische Zeitvorstellung fest verankert ist. Nach Kubrin gelangte Newton gerade durch seine Weigerung, die Ewigkeit der Welt anzuerkennen, zu seinen kosmogonischen Überlegungen. Im Widerspruch zum Ewigkeitsgedanken teilte er mit vielen Zeitgenossen die Überzeugung von einem fortschreitenden Verfall der Kräfte und von der Regelmäßigkeit des Universums (Kubrin: 1967).

In seinem Brief an Henry Oldenburg vom 7. Dezember 1675 brachte Newton elektrische und magnetische Elemente mit der Schwerkraft in Verbindung, wobei er auch weiterhin seine Abneigung gegen Hypothesen und die sich daraus ergebenden sinnlosen Debatten unterstrich. Er machte im Äther einen grundlegenden trägen («phlegmatischen») Körper und «andere verschiedenartige ätherische Geister» aus und drang zu der Behauptung vor, daß «vielleicht das gesamte Gefüge der Natur nichts anderes sein mag, als infolge eines Gärungsvorgangs verdichteter Äther» und daß «vielleicht alle Dinge aus Äther entstanden sind» (Newton: 1959–1977, I, 364). Wenn man von dieser Hypothese ausging, mochte die Begründung der Erdanziehung nicht im «Hauptkörper des phlegmatischen Äthers» liegen, sondern in der «Verdichtung von etwas, das sich leicht und subtil in diesem Körper ausbreitet und vielleicht von öliger oder gummiartiger, fester und elastischer Beschaffenheit ist». Dieses immaterielle Prinzip *(«Spirit»)* könne in die «Poren der Erde» eindringen und sich dort verdichten (Newton: 1959–1977, I, 365). Der große Erdkörper sei in der Lage, «stetig soviel von diesem immateriellen Prinzip zu verdichten, daß es als Ersatz sehr rasch aus den Höhen absinkt». Bei seinem Absinken könne dieser «Geist» die Körper mit sich führen, die von ihm durchdrungen sind, und zwar unter Aufwendung einer Kraft, die proportional zu den Oberflächen aller Teile ist, auf die er einwirkt. In dem natürlichen Kreislauf bilde sich, hervorgerufen durch den langsamen Aufstieg der vielen Materie aus dem Erdinneren, zeitweilig die Atmosphäre. Sie werde aber stetig von neuer Luft, von Ausdünstungen und Dämpfen aus den unteren Gefilden weiter nach oben gedrückt und verflüchtige sich schließlich erneut in den ätherischen Räumen, wo sie vielleicht im Laufe der Zeit aufweiche und sich verfeinere, bis sie wieder in ihre ursprüngliche Erscheinungsform zurückkehre.

Die Vorstellung der Erde als eines großen Schwammes, der sich mit einem ätherischen Stoff (dem «aktiven Prinzip») vollsauge und sich seiner langsam wieder entledige, setzte eine Natur voraus, die «stetig in einem Kreislauf wirkt». Die Natur bringe Flüssigkeiten aus Feststoffen hervor und Feststoffe aus Flüssigkeiten, beständige Stoffe aus flüchtigen und flüchtige aus beständigen, sie schaffe leichte aus schweren und schwere aus leichten Dingen. Es gebe Stoffe, die aus dem Erdinneren aufstiegen und «die oberirdischen Säfte bilden, die Flüsse und die Atmosphäre», sowie andere Stoffe, die folglich absanken, «als Ersatz für die Erstgenannten».

Was für die Erde gelte, habe auch für die Sonne Geltung. Vielleicht sauge auch sie sich mit diesem immateriellen «Geist» voll, «um den eigenen Schein zu bewahren und die Planeten davor zurückzuhalten, sich weiter zu entfernen». Wem es gefalle, der möge sich vorstellen, daß «die weiten ätherischen Räume zwischen uns und den Gestirnen einen hinreichenden Vorrat an Nahrung für die Sonne und die Planeten bereithalten» (Newton: 1959–1977, I, 366).

Im Jahre 1675 schrieb Newton einer «ätherischen Materie» die Aufgabe zu, der Bewegung und dem Wirken des Weltalls neue Anstöße zu geben. In den *Principia* waren die Kometen damit betraut: «Um die Meere und die Flüssigkeiten der Planeten zu erhalten, bedarf es offenbar der Kometen, damit durch deren verdichtete Ausdünstungen und Dämpfe fortwährend die verbrauchte Feuchtigkeit ergänzt und erneuert werden kann, die stetig von der Vegetation und Verwesung aufgezehrt und in trokkene Erde umgewandelt wird. Denn alle Pflanzen wachsen ausschließlich durch die Flüssigkeiten und verwandeln sich später wieder in großem Maße durch Verwesung in trockene Erde; und auf dem Grunde der verfaulten Flüssigkeiten setzt sich stetig eine Art Schlamm ab. Aus diesem Grunde vergrößert sich der Umfang der festen Erde kontinuierlich und die Flüssigkeiten müßten sich unaufhörlich verringern und schließlich ganz zur Neige gehen, es sei denn, sie würden von außen gespeist. Ich vermute außerdem, daß jener «Geist», der den kleinsten aber subtilsten und nützlichsten Teil unserer Luft ausmacht und für die Erhaltung des Lebens aller Dinge so wichtig ist, hauptsächlich von den Kometen herstammt» (Newton: 1980, 359).

Die Notwendigkeit aktiver Prinzipien, die die Welt am Leben hielten, erforderte eine Vorrichtung, durch welche der Schöpfer in regelmäßigen Abständen die Bewegungen der Himmelskörper in ihrer Stärke und ihrem Gleichmaß zu erneuern vermochte. Newton erblickte diese Vorrichtung in den Kometen. Damit war nicht nur die quantitative Erneuerung der Bewegungsstärke erklärbar, sondern auch die beständige zyklische Neuschöpfung des Systems und seine in den Zwischenzeiten fortschreitende Entwicklung (Kubrin: 1967, 345).

Chronologie

Newton verwandte beträchtliche Energien auf die Frage nach der Chronologie, der damals vieldiskutierten zeitlichen Abfolge des Weltgeschehens, die eng verbunden war mit der theologischen Frage um die Beziehung zwischen der jüdischen Heilsgeschichte und der «weltlichen» Geschichte der heidnischen oder ungläubigen Völker (Rossi: 1979). Schon im letzten Jahrzehnt des 17. Jahrhunderts hatte sich Newton mit der Religion und der Theologie der Ungläubigen befaßt, und im hohen Alter legte er eine Schrift zu diesem Thema nieder, der er äußerste Sorgfalt zuteil werden ließ: In *The Chronology of Ancient Kingdoms Amended,* die 1728, ein Jahr nach seinem Tode, veröffentlicht wurde, griff er Entwürfe und Untersuchungen wieder auf, die ihn viele Jahrzehnte zuvor beschäftigt hatten. Die im Titel erwähnten Berichtigungen zielten darauf ab, die Alte Geschichte – im Sinne einer allen Orthodoxen des späten 17. und frühen 18. Jahrhunderts gemeinsamen Bestrebung – zu verkürzen. Man wollte damit den frevlerischen Ansichten entgegentreten, die von vielen Anhängern der hermetischen Lehre und von den Libertins verbreitet wurden. Für viele Philosophen hermetischer Prägung und für alle Libertins ging die Weltgeschichte weit zurück, über die in der Bibel geschilderte Geschichte des jüdischen Volkes hinaus. Aus diesem Blickwinkel hatten Kultur, Moral und Religion ihren Ursprung nicht in der Unterredung Gottes mit Moses bzw. in der Übergabe der Gesetzestafeln an Moses. Sollte es Kulturen und Völker geben, die älter waren als das Judentum (die Hermetiker dachten vor allem an die Ägypter; die Libertins hingegen an die Ägypter, die Mexikaner und Chinesen), dann schilderte die Bibel nicht mehr die Geschichte von den Anfängen der Welt, sondern bloß die Geschichte eines bestimmten Volkes; die Sintflut wäre dann nicht wirklich universal gewesen, sondern nur eine einzelne Überschwemmung, die eines der Erdenvölker heimgesucht hätte.

Newton, dessen religiöse Ansichten, wie wir sehen werden, in anderen Fragen ausgesprochen häretisch waren, entfernte sich hierbei in keiner Weise von der Auffassung vieler Protestanten und Katholiken, welche die Wahrheit und Einzigartigkeit der Heilsgeschichte verfochten. Die gesamte Geschichte der heidnischen Völker und all ihre Ansprüche, weiter in die Vergangenheit zurückzureichen als die Bibelerzählung, wurden an der biblischen Geschichte gemessen. Newton gehörte zu den zahlreichen «Verkürzern» der Geschichte. Er wollte zeigen, daß die jüdische

Kultur den Griechen und anderen Völkern vorausging. Zu diesem Ende kürzte er die gemeinhin als gültig anerkannte Zeitspanne der griechischen Geschichte um annähernd fünfhundert Jahre und beseitigte mehrere tausend Jahre aus der historischen Zeitenfolge anderer alter Völker. Vor allem aber übernahm und vertiefte er einen Gedanken, der großen Erfolg zeitigen sollte: demnach hatte das unendlich weit zurückliegende Altertum, von dem die Libertins fabulierten, nie existiert; es war bloß die Folge von dem, was Giambattista Vico als Hochmut der Nationen bezeichnen würde, also von dem Bestreben eines jeden Volkes, als das älteste und damit als Begründer der Zivilisation angesehen zu werden. Alle Völker datierten ihr Altertum zeitlich zurück, um für sich immer edlere Ursprünge geltend zu machen. Die Götter, die Könige, die göttlichen Fürsten von Chaldäa, Assyrien und Griechenland wurden für älter erklärt, als sie in Wirklichkeit waren. Aus demselben Grunde begründeten die Ägypter in ihrer Eitelkeit das Bild einer Monarchie, die mehrere Jahrtausende älter war als die Welt. Das weit zurückliegende Altertum sei, so Newton im Gefolge Bacons, ungewiß, ja häufig Werk reiner Einbildung und stets voller poetischer Fiktionen *(«full of poetical fictions»)*: «Die Ägypter rühmten sich einst eines riesiggroßen und beständigen Reiches [...]. Aus reiner Eitelkeit machten sie diese Monarchie um einige tausend Jahre älter als die Welt» (Newton: 1779–1785, V, 142–193).

In der Schrift *The Original of Monarchies,* die auf die Jahre 1693–94 zurückgeht und von Manuel veröffentlicht worden ist, treffen wir auf ganz ähnliche Behauptungen: «Bevor sie eine genaue Zeitrechnung einführten, hatten alle Völker das Bestreben, ihr Altertum auszudehnen und das Alter ihrer Erzväter höher anzusetzen, als der Wirklichkeit entsprach [...]. Aus diesem Grunde verlängerten die Ägypter und Chaldäer ihr Altertum um viele Jahrtausende mehr, als wahr gewesen wäre [...]. Die Griechen und Römer waren im Hinblick auf ihre Ursprünge bescheidener, aber auch sie haben gegenüber der Wirklichkeit übertrieben» (Manuel: 1963, 211). Voltaire schrieb dazu im siebzehnten Brief seiner *Lettres philosophiques*, daß alle Berechnungen Newtons – der mittels der Lehre von der Präzession der Tagundnachtgleichen und anhand von Beschreibungen des Himmels in der antiken Literatur Datierungen vornahm – nur dazu dienten, die Weltgeschichte zu verkürzen: «So sind uns alle Epochen nähergekommen, und alles fand später statt, als man sagte» (Voltaire: 1985, 81).

Wenn man Vico dieser «historischen» Schrift Newtons gegenüberstellt, fällt ins Auge, wie stark verbreitet und von Dauer viele Themen waren. Leider gibt es nur wenige Vico-Spezialisten, die sich mit Newton befassen und kaum mehr Newton-Forscher, die zumindest einen Blick auf die *Scienza Nuova* von Giambattista Vico geworfen hätten.

Die Weisheit der Alten

Die Untersuchung von Frank Manuel über Newton als «Historiker» (Manuel: 1963) verdeutlicht die enge Verknüpfung zwischen der «physikalischen Geschichte» der Welt und der «Geschichte der Nationen» im Werk Newtons. Nach Darstellung Manuels konnte in Newtons Gedankengebäude eine Begebenheit aus dem historischen Ablauf der Monarchien auf ein astronomisches Ereignis hinweisen und umgekehrt, weil die Geschichte im Himmel und auf Erden parallel verliefen. Wie «die Bildung der Planetenkörper und die Regulierung ihrer Bewegung einen zeitlichen Anfang hatten, so war die Welt dazu bestimmt, sich zu verbrauchen, gemäß dessen, was in der Apokalypse prophezeit worden war» (ebd., 164).

Newton war der Ansicht, daß die religiöse Überzeugung der Ungläubigen oder die Theologie der Heiden ihren Ausgang von Ägypten genommen habe. Besagte Theologie «war philosophischer Natur und hing mit der Astronomie und physikalischen Erforschung des Weltsystems zusammen». In Ägypten hatte sich Noah nach der Sintflut aufgehalten, dort hatten seine Söhne um die Nachfolge gestritten. Die dortige Religion war «eine Religion, in der ein Feuer für Opferhandlungen in der Mitte eines heiligen Platzes brannte». Als Moses ein heiliges Feuer in der Hütte aufstellte, erneuerte er den ursprünglichen Kultus, und zwar «gereinigt von dem durch die Ägypter eingebrachten Aberglauben». Dieser Aberglauben bestand in der Vergöttlichung ihrer Vorfahren, wobei andere Völker dem Beispiel der Ägypter folgten (Westfall: 1996, 181).

Die Frontstellung gegen den Libertinismus schloß keineswegs aus, dem Mythos von einer uralten, ursprünglichen und verborgenen Weisheit Glauben zu schenken. Francis Bacon hatte seine Neuordnung alles Wissens als *Instauratio* hingestellt, als Einlösung eines alten Versprechens. Die neue Wissenschaft, die nun am Werke war, sollte die Möglichkeit eröffnen, jene Macht des Menschen über die Natur wiederherzustellen, die er nach dem Sündenfall verloren hatte. Bacon hielt die «alten Erzählungen» nicht für ein Produkt ihrer Zeit oder für eine Erfindung der alten Dichter, sondern für «heilige Reliquien und sanfte, aus besseren Zeiten herüberwehende Winde, die aus der Überlieferung der ältesten Völker erwachsen und so den Flöten und Trompeten der Griechen eingehaucht worden waren» (Bacon: 1887–1892, VI, 698). Die Vorstellung, daß die Weisheit wiedererweckt werden müsse, daß sie irgendwie in den fernsten Zeiten der Menschheitsgeschichte verborgen sei, ja daß man schon vor der griechischen Philosophie einige, später ausgelöschte und verlorene Grundwahrheiten erahnt habe, war eine «hermetische» Theorie, die weite Teile der Kultur des 17. Jahrhunderts erfaßt hat und auch bei Autoren auftrat, von denen man es am wenigsten erwarten würde: Nicht nur, wie zu sehen sein wird, bei Newton, sondern beispielsweise auch in den *Regulae* von Descartes, der ganz entschieden die Überlegenheit der Modernen verteidigte: «[...] ich bin überzeugt, daß gewisse ursprüngliche, von der Natur in den menschlichen Geist eingesäte Samenkörper der Wahrheit, [...] in jenem unkultivierten und unangebauten Altertum so große Triebkraft gehabt haben, daß sie [...] die wahren Grundbegriffe der Philosophie und Mathematik erkannt haben, [...]. Diese Lehre aber wurde, wie ich annehmen möchte, später von den Schriftstellern selbst mit geradezu verhängnisvoller Schläue unterschlagen; denn so, wie es viele Erfinder bekanntlich mit ihren Erfindungen gemacht haben, fürchteten sie vielleicht, daß ihre Lehre wegen ihrer großen Leichtigkeit und Einfachheit, allen preisgegeben würde [...]» (Descartes: 1973, 171).

In seiner zwischen 1684 und 1686 entstandenen Schrift *De mundi systemate* führte Newton die Kopernikanische Lehre nicht nur bis auf Philolaos und Aristarchos, sondern weiter noch auf Platon, Anaximander und Numa Pompilius zurück und griff das Thema von der uralten Weisheit der Ägypter wieder auf: «Um die Erscheinung des Universums mit der Sonne im Mittelpunkt zu versinnbildlichen, ließ Numa Pompilius einen runden Vesta-Tempel errichten und ordnete an, daß in seiner Mitte ein ewiges Feuer aufbewahrt werden sollte. Es ist wahrscheinlich, daß diese Philosophie von den Ägyptern als den frühesten Beobachtern des Sternenhimmels ausging und so bei anderen Völkern Verbreitung fand. Denn von ihnen und ihren benachbarten Völkern übernahmen die eher der Philologie als der Naturforschung zuneigenden Griechen ihre ältesten und vernünftigsten philosophischen Begriffe: So ist im Vestakult der alte Geist der Ägypter spürbar, da sie ihre Mysterien, also ihre philosophischen Vorstellungen, die das allgemeine Verständnis überstiegen, hinter heiligen Riten und Hieroglyphen verhüllten» (Newton: 1728, 2).

In den *Scolii classici,* die er seinen *Principia* anzufügen beabsichtigte, pflichtete Newton der Vorstellung einer *prisca sapientia* (einer uralten Weisheit) bei und wollte erweisen, daß die Erscheinungen und Gesetze der Gravitations-Astronomie schon den ionischen und italischen Philosophen wie auch den ägyptischen Sternforschern bekannt waren (Newton: 1983). Ja er vertrat sogar die Ansicht, daß schon in den frühesten Zeiten der Geschichte – wenn auch nur rein sinnbildlich – bekannt war, daß die Anziehungskraft umgekehrt proportional zum Quadrat des Abstandes abnimmt: «Die Alten haben nicht hinreichend erklärt, in welchem Verhältnis die Schwerkraft zur Entfernung von den Planeten abnimmt. Dennoch hat es den Anschein, daß sie die Himmelssphären mittels der Harmonie versinnbildlicht haben, wobei die Sonne und die anderen sechs Planeten als Apoll mit der siebensaitigen Lyra dargestellt und die Abstände zwischen den Himmelskörpern durch die Intervalle der Töne abgemessen wurden [...]. Im apollinischen Orakel bei Euseb [...] wird die Sonne als König der siebenstimmigen Harmonie bezeichnet. Mit diesem Bild wollten sie verdeutlichen, daß die Sonne mit einer Kraft auf die Planeten einwirke [...], die umgekehrt proportional zum Quadrat des Abstandes sei» (Newton: 1983, 143 f.).

Höchstwahrscheinlich kommt es einer Übertreibung gleich, Newton als hermetischen Denker zu bezeichnen, es steht aber außer Frage, daß er fest davon überzeugt war, Wahrheiten der Naturphilosophie wiederzuentdecken, die sich bereits in weit zurückliegenden Zeiten der Geschichte angekündigt hatten. Gott habe sie selbst offenbart, nach dem Sündenfall seien sie der Finsternis anheimgefallen und dann von den Weisen des Altertums teilweise wieder ausfindig gemacht worden. Das große Buch der Natur sei schon in der Vergangenheit entziffert worden. Kopernikus, Kepler und Newton selbst verstanden den Fortschritt der Astronomie auch als Rückkehr (McGuire/Rattansi: 1966).

Die Alchimie

Mehrere tausend handschriftliche Seiten aus allen Phasen seines Lebens verdeutlichen, daß Newton wahrhaft beträchtliche Energien auf die Lektüre, Abschrift und Auslegung alchimistischer Texte verwandt hat. Darüber hinaus belegen diese Blätter auch eine übergroße Anzahl von Experimenten mit Alkali, Metallen und Säuren. Wenn Newton die Schwerkraft – als ein im Universum vorhandenes aktives Prinzip – mit der Bindekraft der Körper und der Gärung in Verbindung brachte, so dürfen seine Interessen im Bereich der Chemie und Alchimie nicht außer acht gelassen werden. Von daher ist gewiß, daß Newtons Experimente auf diesem Gebiet zweifellos auch eine empirische Grundlage für seine vorsichtigen und vorläufig geäußerten Hypothesen oder Fragen zu den Atomen und dem Äther bereitstellten und sein Bestreben nach einer einheitlichen Deutung bzw. einheitlichen Wissenschaft des Universums untermauerten. Dieses Bemühen um eine allumfassende Erklärung wird zum Abschluß des *Scholium generale* seiner *Principia* ganz deutlich, als er sich auf «ein gewisses äußerst feines immaterielles Prinzip (spiritus)» berief, «das dichte Körper durchzieht und in ihnen verborgen ist»: Als Folgen der Kraft und Wirkungen dieses Prinzips galten ihm die gegenseitige Anziehung und Anhaftung der Teilchen, die Fernwirkung elektrischer Körper, die Aussendung von Licht, die Reizung der Sinne und auch – in Anbetracht der Tatsache, daß die Schwingungen dieses «Geistes» sich von den Sinnesorganen zum Gehirn ausbreiten und vom Gehirn zu den Muskeln – die willkürliche Bewegung der Glieder bei Tieren. Es stehe allerdings, so sagte Newton abschließend, keine ausreichende Anzahl von Experimenten zur Verfügung, durch welche die Gesetze der Wirkungen dieses immateriellen Prinzips erst genau bestimmt und aufgezeigt werden könnten» (Newton: 1988, 230f.).

Newtons Interesse für die Alchimie ist schon bezeugt, als er noch keine dreißig Jahre alt war, sich Salpetersäure, Quecksilberdichlorid (Sublimat), Antimon, Alkohol und Salpeter zulegte und selbst, ohne einen Maurer zu bemühen, seine Ziegelöfen errichtete. Etwa zur selben Zeit (um 1669) begann er, sich der alchimistischen Literatur zu widmen. Im Zuge dieser Studien versuchte Newton eine Reihe von Grundsätzen aufzustellen, die den verschiedenen Autoren dieser Schriften gemeinsam waren, und die allgemeinen Bezugspunkte festzulegen, auf die sich die Alchimisten mit einer Vielzahl phantasiereicher Namen beriefen. Zweifellos war Newton mehr an Experimenten interessiert als an mystisch-religiösen Erfahrungen, die einen Großteil des alchimistischen Schrifttums auszeichneten. Lektürebegleitend vollzogen sich seine Versuche, und es steht – wie auch sein Biograph unterstreicht – außer Frage, daß sich Newton dem Studium dieser Kunst mit einem geistigen Rüstzeug zuwandte, das kein Alchimist je besessen hatte. Vorherrschend war sein Interesse an quantitativen Erhebungen und Messungen wie auch sein Bestreben nach strenger Begrifflichkeit, jenseits von Metaphern und Anspielungen. Zugleich aber war Newton schon sehr früh der Überzeugung, daß die mechanistische Lehre auf viel zu starren Vorgaben beruhte und in jedem Falle nicht geeignet sei, der Vielgestaltigkeit der Natur gerecht zu werden (Westfall: 1996, 189 u. ö.).

Westfall bediente sich zur Veranschaulichung von Newtons Auffassung, die nach Bekanntwerden der alchimistischen Handschriften für viele Wissenschaftler verwirrend erschien, eines ausgezeichneten Vergleichs. Demnach handelte es sich um ein Aufbegehren gegen die viel zu engen Schranken, die ihm die mechanistische Lehre setzte, gleich der Rebellion eines guterhaltenen Vierzigjährigen, der in einer anscheinend glücklichen Ehe lebte: «Die mechanistische Philosophie hatte seinem Werben nachgegeben, vielleicht allzu bereitwillig. Damit nicht zufrieden, setzte er seine Suche fort und fand in der Alchimie und in benachbarten philosophischen Gebieten eine neue, unendlich vielgestaltige Geliebte, die sich nie ganz zu ergeben schien. Während andere ihren Reiz verloren, weckte diese immer wieder neu sein Begehren. 30 Jahre lang machte Newton ihr den Hof» (Westfall: 1996, 158).

Wenn man jedoch neben den Interessen Newtons für die Alchimie auch andere, gleichgerichtete Bezeugungen ins Auge faßt – man denke etwa an seine Ablehnung einer Veröffentlichung einer Reihe von Thesen, an seine Überzeugung vom «Ende der Welt», seinen Glauben an eine in den Anfängen der Geschichte liegende ursprüngliche und verborgene Weisheit mit ihrer reinen und unverfälschten Wahrheit, an seine Ausführungen zum elektrischen Prinzip, das bisweilen stofflich, bisweilen immateriell sei und einer lebendigen Flamme gleiche (Mamiani/Trucco, in: Newton 1991), und auch an seine Äußerungen im Brief an Oldenburg über «den durch Einwirkung eines Gärungsprinzips verdichteten Äther» und die «stetig in einem Kreislauf» wirkende Natur – dann ist es wirklich schwer, dies alles nur als eine langwierige Liebeseskapade aufzufassen (Newton: 1959–1977, I, 364, 366).

Newtons Religion und die Apokalypse

Newton glaubte an Gott und die Bibel, doch hegte er insgeheim ausgesprochen häretische Überzeugungen. Zeit seines Lebens verbarg er sorgfältig viele seiner Ansichten über Jesus Christus und die christliche Religion und nahm in Sachen des religiösen Glaubens eine Haltung ein, die schon Descartes mit seinem Motto: *larvatus prodeo* (ich schreite maskiert voran) vertreten hatte. Es war ihm fast wie durch ein Wunder gelungen, kraft eines eigenen königlichen Dispenses nicht die religiösen Weihen der anglikanischen Kirche nehmen zu müssen, was ansonsten für jeden *Fellow* in Cambridge verbindlich war. Im Alter verwandte er viele Jahre darauf, als verwerflich geltende Behauptungen seiner theologischen Werke zu bereinigen, deren Veröffentlichung er in Aussicht gestellt hatte. Im Beisein von nur zwei Personen, welche die Nachricht sorgfältig geheimhielten, lehnte er auf dem Totenbett die Sakramente der Kirche ab (Westfall: 1996, 171, 385).

Newton las sehr viele Schriften der Kirchenväter und war (lange vor 1675) davon überzeugt, daß Athanasius und seine Anhänger im Zuge des heftigen Streits gegen die Arianer, der die Kirchengeschichte des vierten nachchristlichen Jahrhunderts prägte, einen riesigen Betrug verübt und die Heilige Schrift in vielen Punkten verfälscht hatten. Diese Entstellungen dienten dem Zweck, die Trinitätslehre zu bestätigen. Von 1668 an war Newton *Fellow* in einem College, das sich nach der Heiligen und Ungeteilten Dreifaltigkeit *(Holy and Undivided Trinity)* benannte. Dabei war er der Meinung, daß die Trinitätslehre dem Christentum zu Zeiten des triumphalen Sieges von Athanasius über Arius und die Arianer fälschlicherweise auferlegt worden sei. Christus als Gott zu verehren galt in seinen Augen als Idolatrie. Der Papst zu Rom habe Athanasius unterstützt, ja die römische Kirche sei Stätte eines Götzendienstes, der aufgekommen sei, nachdem die Urkirche bestimmt habe, daß ein einziger Gott anzubeten sei. Die Trinitätslehre galt unterdessen sowohl in der römisch-katholischen als auch in der anglikanischen Kirche als Dogma. Da Newton sich im geheimen zu Arius bekannte, war Christus für ihn ein «göttlicher Mittler zwischen Gott und der Menschheit, er war dem Vater, der ihn geschaffen hatte, untergeordnet». Man müsse Jesus Christus als Herrn anbeten, aber man müsse es tun, ohne das erste Gebot zu verletzen (Westfall: 1996, 165).

Christus sei Gottes Sohn, aber er sei nicht Gott und nicht wesensgleich mit Gottvater. Die beiden wichtigsten Gebote, die das Wesen der Religion bildeten, nämlich Gott und seinen Nächsten zu lieben, seien immer von allen Völkern befolgt worden, und die Ankunft Jesu Christi auf Erden habe sie nicht verändert. Sokrates, Cicero und Konfuzius hätten den Heiden die Nächstenliebe gelehrt. Das Gebot der Redlichkeit und Liebe sei den Christen durch Christus, den Juden durch Moses und der gesamten Menschheit durch das Licht der Vernunft auferlegt worden.

In vielfacher Hinsicht stand der arianische Monotheismus Newtons dem Deismus und den libertinistischen Ansichten zur Religion nahe, von daher ist es nicht zufällig, daß im 18. Jahrhundert Deismus und Newtonianismus Hand in Hand gingen (Casini: 1980, 40). Den theologischen Fragen widmete Newton weit mehr Raum als den naturwissenschaftlichen Themen. Sein Eifer auf diesem Gebiet war so groß, daß er in einigen Lebensphasen die Probleme der Optik und Physik als lästige Unterbrechungen empfand, die ihn von einer Arbeit größerer Tragweite, d. h. seiner Hinterfragung der gesamten christlichen Überlieferung, abhielten (Westfall: 1996, 160).

Das Studium der Heiligen Schrift und insbesondere die Bücher der Propheten waren für Newton Bestandteil des Urchristentums. Er glaubte, auf dem Wissensgebiet der Prophetien zu Ergebnissen von gleichem Wahrheitsgehalt vorgedrungen zu sein, zu denen er im Hinblick auf das Wesen der Farben und in bezug auf die Gesetze des Universums gelangt war. «Als ich die Erkenntnis der prophetischen Schriften begehrt und sie mir durch Gottes Gnade zuteil geworden war, sah ich mich verpflichtet, sie zum Wohle anderer kundzutun, wobei ich mich an das Urteil dessen erinnerte, der die Begabung in einem Tuche verbarg [. . .]. Ich möchte niemanden angesichts der Schwierigkeiten und des Mißerfolgs bisheriger menschlicher Versuche dieser Art entmutigt haben. Denn gerade so mußte es sein. Daniel wurde nämlich offenbart, daß die Prophetien über die letzten Fristen bis zur Zeit des Endes verschlossen und versiegelt bleiben sollten: dann aber würden die Verständigen es begreifen und die Erkenntnis nehme zu (Dan. 12. 4, 9, 10). Je länger sie also im Dunkel verharrten, um so größer ist die Hoffnung, daß die Zeit gekommen ist, da sie offenbar werden» (Newton: 1994, 3).

Der Rückgriff auf die Stelle aus dem Buch Daniel (übrigens die gleiche, die Francis Bacon ins Frontispiz des *Novum Organum* setzen ließ) führte Newtons Überzeugung deutlich vor Augen, in der Endzeit der Geschichte zu leben, zu einer Zeit also, da die Einsicht in die Bedeutung der Prophetien möglich und unausweichlich wurde. Auch wenn Newton in hohem Alter dazu neigte, seine Berechnungen bezüglich der Wiederkunft des Herrn auf das 20. oder 21. Jahrhundert zu verschieben, steht außer Frage, daß er der chiliastischen Erwartung eines Tausendjährigen Reichs Christi auf Erden huldigte (Westfall: 1996). Die Worte der Prophetien stammten, gleich denen der Natur, direkt von Gott. Newton hielt sich für einen Auserwählten Gottes und bezeichnete sich (in einem nach wie vor nur handschriftlich vorliegenden Text) als «eine der verstreuten, von Gott erwählten

Personen, die, von keinem Interesse, keiner besonderen Formung oder Autorität geleitet, aufrichtig und leidenschaftlich der Wahrheit zu Dienste sein können» (Mamiani: 1990, 109).

Die Bibelauslegung und die Deutung der Natur

Wie Maurizio Mamiani überzeugend darlegt, hatte Newton, bevor er irgendeine umfassende «wissenschaftliche» Theorie vorbrachte, schon eine Reihe von Regeln zur Deutung der Apokalypse aufgestellt. Demgegenüber erweisen sich die in den *Principia* niedergelegten *Regulae philosophandi* als Läuterung und Vereinfachung jener Regeln, die der begrifflichen Deutung der Heiligen Schrift dienten (Mamiani, in: Newton 1994, XXIX–XXXI). Bei der Schaffung der Wissenschaft, so Newton in seiner *Principia,* dürfe man sich nicht «von der Analogie der Natur entfernen, die einfach und immer mit sich selbst in Einklang zu sein pflegt» (Newton: 1988, 170). Viele Jahre zuvor hatte er dieselbe Regel für die Auslegung der Heiligen Schrift geltend gemacht: die Übereinstimmung der Schriften und die Entsprechungen des prophetischen Stils seien sorgfältig zu beobachten und nur solche Ansätze gutzuheißen, «die die Dinge zwanglos zu weitestgehender Einfachheit zurückführen [...]. Die Wahrheit muß immer in der Einfachheit gesucht werden, und nicht in der Vielfalt oder Verwirrung der Dinge. Wie die Welt, mit bloßem Auge betrachtet, eine große Mannigfaltigkeit von Gegenständen zu erkennen gibt, sich aber bei philosophischer Betrachtung in ihrer inneren Einrichtung als sehr einfach erweist und immer einfacher, je tiefergehend die Erkenntnis ist, so steht es auch mit diesen Visionen. Die Vollkommenheit der Werke Gottes führt dazu, daß sie mit größter Einfachheit vollendet sind. Er ist der Gott der Ordnung, nicht der Verwirrung» (Newton: 1994, 21, 29).

Das Verfahren zur Schriftauslegung sei im wesentlichen identisch mit der Methode, die bei der Deutung der Natur zur Anwendung gelange. Um die Wahrheit zu begreifen, gebe es also nur ein einziges Verfahren, und dieses habe gleichermaßen Gültigkeit für die Bibel wie für die Natur. Diese Methode gehöre kennzeichnend sowohl zur Wissenschaft als auch zur Religion. Schon Galilei hatte dargelegt, daß es keine Widersprüche gebe zwischen der Bibel und dem Buch der Natur, darüber hinaus aber (und dem hätte Galilei niemals beigepflichtet) mußten sie nun unter Anwendung der gleichen Verfahrensregeln rezipiert werden: «Wie man sich, will man das Gefüge der Welt verstehen, darum bemühen muß, sein Wissen so weit wie möglich zu vereinfachen, so auch bei dem Versuch, diese Visionen zu verstehen» (ebd., 28).

Den im *Traktat über die Apokalypse* eingangs aufgestellten *Regeln* folgten die *Definitionen* und *Lehrsätze.* Letztere wurden, genau wie in den *Opticks,* «auf zwei Arten erwiesen, und zwar über die Regeln und Definitionen (den mathematischen Prinzipien entsprechend) und im direkten Bezug auf die Heilige Schrift (den Experimenten, also der Erprobung an den Erscheinungen entsprechend)» (Mamiani: 1990, 110f.). Newton hielt von daher eine *wissenschaftliche* Auseinandersetzung mit der Heiligen Schrift für möglich und wünschenswert. Die Auslegung der Schrift im Sinne der von ihm vorgestellten Regeln gebe nämlich Sicherheiten und Garantien, die der wissenschaftlichen Wahrheit entsprächen: «Wenn jemand einwendet, daß mein Konstrukt von der Apokalypse ungewiß sei, und behauptet, es wäre möglich, andere Wege zu finden, so braucht man ihm keine Beachtung zu schenken, es sei denn, er würde zeigen, inwiefern dies, was ich gemacht habe, verbessert werden könnte. Sollten die Methoden, die ihm besser erscheinen, weniger natürlich oder schwächer begründet sein, so wäre dies ein hinlänglicher Beweis dafür, daß sie verfehlt sind und daß er nicht die Wahrheit sucht, sondern voreingenommen von bestimmten Interessen geleitet wird» (Newton: 1994, 28–30). Der unmittelbar nachfolgende Vergleich erweist sich als noch eingängiger: «Wie man von einer Maschine, die ein vortrefflicher Meister gebaut hat, sogleich annimmt, daß ihre Teile richtig montiert sind, wenn man sieht, wie sich wirklich eins ins andere fügt [...], so sollte man mit der gleichen Begründung das Konstrukt dieser Prophetien hinnehmen, wenn man der Ordnung ihrer Teile, die ihnen angemessen ist, und ihrer zu diesem Zwecke beigegebenen Eigenschaften ansichtig wird». Gewiß sei nicht auszuschließen, daß eine Maschine in unterschiedlicher Weise montiert werden könnte, und entsprechend sei nicht von der Hand zu weisen, daß sich die Sätze als zweideutig herausstellten, aber «dieser Einwand ist im Hinblick auf die Apokalypse unangebracht, weil Gott, der in der Lage war, sie unzweideutig einzurichten, sie als Glaubensregel einforderte» (Newton: 1994, 30).

Schluß

Nicht nur Newtons Interesse für die Alchimie und sein fester Glaube an eine frühe und ursprüngliche Weisheit, sondern auch die Zusammenhänge, die er zwischen Wissenschaft und Religion, zwischen dem Gottesgedanken und der Physik, zwischen der Methode zur Naturerforschung und dem Auslegungsverfahren der Heiligen Schrift herstellte, entfernen das gesamte Wirken Newtons nachhaltig von dem unwiederbringlich veralteten Bild eines positiven Wissenschaftlers und von der Würdigung Newtons als erstem großen Vertreter der modernen Wissenschaften.

Auch letztere feiern ihre Helden, und Newton ist vielleicht der größte unter ihnen. Die Inschrift auf Newtons Grab traf – bei allem salbungsvollem Pathos – durchaus ins Schwarze: «Alle Menschen dürfen sich freuen, daß ihnen diese große Zierde des Menschengeschlechts zuteil geworden ist». Und auch das vielzitierte Distichon von Alexander Pope brachte in gewisser Weise eine tiefere Wahrheit zum Ausdruck (Pope: 1883, 74):

Nature and Nature's laws were hid in night
God said: «Let Newton be», and all was light.

Andererseits scheint es unmöglich, sämtliche Äußerungen Newtons als ausschließlich modern hinzustellen. Für jemanden, der die (einst sogenannten) besten Jahre seines Lebens damit zugebracht hat, das Verhältnis zwischen Magie und Wissenschaft im Zeitalter der aufkommenden modernen Wissenschaften zu untersuchen, hat dieser Schluß nichts Unangenehmes. Das, was man heute als Wissenschaft bezeichnet, wurde seitens der Historiker nie als etwas Fertiges und Abgeschlossenes angesehen (und sollte m. E. auch nie so betrachtet werden), sondern als eine Folge von Versuchen, sich den damals ungelösten Problemen zu stellen, deren Erforschung nicht ohne weiteres für sinnvoll und berechtigt gehalten wurde.

Die Wissenschaftsgeschichte vermag uns daran zu erinnern, daß das rationale Denken, die logische Genauigkeit, die Überprüfbarkeit der Behauptungen, die Offenkundigkeit der Ergebnisse und Methoden, ja selbst die Struktur der wissenschaftlichen Erkenntnis, die aus sich selbst erwachsen kann, kein immerwährendes Geistesgut und auch keine unabänderlichen Gegebenheiten der Menschheitsgeschichte, sondern historische Errungenschaften sind, die, wie alle Eroberungen, per definitionem Gefahr laufen, wieder verlorenzugehen.

Und was die – vielleicht trüb und unklar erscheinenden – Ursprünge vieler jener Werte angeht, die wir heute für positiv und unabdingbar halten: Ist nicht Vergleichbares auch mit den politischen Werten der Freiheit und Toleranz geschehen?

Anhang

Zeittafel

	Daten zu Naturwissenschaft und Technik	Daten zu Politik, Religion und Kunst
1452–1519	Leonardo da Vinci, mechanische und optische Studien	
1482	Lateinische Euklid-Übersetzung	
1492	Kolumbus entdeckt Amerika	Bramante, Apsis der Kirche Santa Maria delle Grazie in Mailand; Lorenzo I Medici («il Magnifico») stirbt
1493–1541	Paracelsus (Iatro- oder Heilchemie)	
1494	Pacioli, *Summa arithmetica*	
1497		Leonardo da Vinci, *Abendmahl*
1497–1500	Seefahrten des Vasco da Gama	
1498		Verbrennung Savonarolas in Florenz
1501		Michelangelo, *David*
1509		Erasmus von Rotterdam, *Lob der Torheit*
1510–1511		Erste Negersklaven in Amerika
1513–1521		Machiavelli, *Il Principe* und *Discorsi sopra la prima decade di Tito Livio*
1516		Ariost, *Orlando furioso*
1517		Luthers Anschlag der fünfundneunzig Thesen
1519–1521	Weltumseglung Magellans	Eroberung Mexikos durch Cortez
1521		Kirchenbann über Luther
1527		Plünderung Roms
1529		Friede von Cambrai zwischen Frankreich und Spanien
1530	Fracastoro, *Syphilis sive de morbo gallico*	Kaiserkrönung Karls V

	Daten zu Naturwissenschaft und Technik	Daten zu Politik, Religion und Kunst
1533–1535		Münster in Händen der Wiedertäufer
1534		Gründung des Jesuitenordens
1535		Hinrichtung von Thomas More
1536		Calvin, *Institutio religionis christianae (Unterricht im Christentum);* Michelangelo, *Jüngstes Gericht*
1537	Lateinische Übersetzung des Apollonios von Perge	
1540	Biringuccio, *Pirotechnia;* Rheticus, *Narratio prima de libris revolutionum Copernici*	Calvin führt die Reformation in Genf ein
1542	Fuchs, *Historia stirpium* (botanische Anhandlung)	
1543	Kopernikus, *De revolutionibus orbium coelestium;* Vesal, *De corporis humani fabrica*	
1545	Cardano, *Ars magna*	Beginn des Konzils von Trient
1546	Fracastoro, *De contagione*	
1551–1558	Gesner, *Historiae animalium*	
1551	Reinhold, *Tabulae Prutenicae*	
1552	Cardano, *De subtilitate*	
1556	Agricola, *De re metallica*	
1558	Della Porta, *Magia naturalis*	
1562		Beginn der Religionskriege in Frankreich
1571		Schlacht bei Lepanto
1572		Bartholomäusnacht: Ermordung der Hugenotten in Paris
1574	Tycho Brahes Schloß Uraniborg	
1580	Palissy, *Discours admirables*	Montaigne, Essais
1582		Einführung des Gregorianischen Kalenders
1583	Cesalpino, *De plantis*	
1584	Bruno, *De l'infinito, universo e mondi*	Walter Raleigh begründet Virginia
1588	Brahe, *De mundi aetherei phaenomenis*	Niederlage der Armada

	Daten zu Naturwissenschaft und Technik	Daten zu Politik, Religion und Kunst
1589	Stevin, Grundlagen der Mechanik	
um 1590	Viète führt Buchstabenbezeichnungen in die Algebra ein	
1590	Galilei, *De motu*	
1591		Shakespeare, *Henry VI*
1596	Kepler, *Mysterium Cosmographicum*	
1598		Edikt von Nantes, das den Hugenotten freie Religionsausübung und Sonderrechte gewährt
1599–1607	Veröffentlichung der zoologischen Enzyklopädien von Aldrovandi	
1600	Gilbert, *De magnete*	Verbrennung von Giordano Bruno
1602		Campanella, *La città del Sole;* Shakespeare, *Hamlet*
1603	Gründung der ‹Accademia dei Lincei›	
1605		Cervantes, *Don Quijote*
1609	Kepler, *Astronomia nova*	
1610	Galilei, *Sidereus Nuncius*	Ermordung Heinrichs IV von Frankreich
1611	Kepler, *Dioptrice*	
1615	Galilei, *Lettera a Madama Cristina*	
1616	Die katholische Kirche verwirft die Kopernikanische Lehre	
1618		Beginn des Dreißigjährigen Krieges
1619	Kepler, *Harmonices mundi*	
1620	Bacon, *Novum Organum*	
1623	Galilei, *Il Saggiatore*	
1625		Grotius, *De iure belli ac pacis*
1626	Einrichtung des ‹Jardin des plantes› in Paris	
1627	Bacon, *Nova Atlantis*	
1629	Harvey, *De motu cordis*	
1632	Galilei, *Dialogo sopra i due massimi sistemi*	Rembrandt, Die Anatomie *des Dr. Tulp*

	Daten zu Naturwissenschaft und Technik	Daten zu Politik, Religion und Kunst
1633	Verurteilung Galileis	
1635	Cavalieri stellt die Theorie der unteilbaren Größen auf	Calderón de la Barca, *La Vida es Sueno*
1637	Descartes, *Discours de la Méthode*	Corneille, Le Cid
1638	Fermat entwickelt das Verfahren zur Berechnung der Tangenten einer Kurve; Galilei, *Discorsi intorno a due nuove scienze*	
1640	Pascal, *Traité des coniques*	Comenius, Didactica magna; 25 000 Siedler in Neuengland;
1642		Hobbes, *De cive;* Beginn des Bürgerkriegs in England
1643	Torricellis Quecksilberbarometer	
1647	Gassendi, *De vita Epicuri;* Pascal, *Expériences nouvelles touchant le vide*	Volksaufstand unter der Führung Masaniellos in Neapel
1648	Van Helmont, *Ortus medicinae*	Westfälischer Friede: Ende des Dreißigjährigen Krieges
1649	Descartes, *Les Passions de l'Âme*	Hinrichtung Karls I von England
1651	Guericke entwickelt die Luftdruckmaschine	Hobbes, *Leviathan*
1652–1654		Krieg zwischen England und Holland
1653–1658		Cromwell als Lordprotektor
1656–1663		Bernini, Kolonnaden auf dem Petersplatz
1657	Gründung der ‹Accademia del Cimento›; Pendeluhr von Huygens	Pest in Neapel
1661–1715		Regierung Ludwigs XIV in Frankreich
1661	Boyle entdeckt das Gesetz der Gase; Mikroskop Malpighis	
1662	Gründung der ‹Royal Society›	
1665	Hooke, *Micrographia;* Publikationsbeginn der «Philosophical Transactions»	Pest in London

	Daten zu Naturwissenschaft und Technik	**Daten zu Politik, Religion und Kunst**
1666	Leibniz, *De arte combinatoria;* Einrichtung der ‹Académie des Sciences› in Paris und Publikationsbeginn des «Journal des Savants»; Alkoholthermometer Magalottis	Molière, *Le misanthrope*
1667		Milton, *Paradise lost*
1668	Redis Experimente zur Urzeugung	
1669	Newton, *Methodus fluxionum*	
1670		Pascal, *Pensées;* Spinoza, *Tractatus theologico-politicus*
1671–1674	Malpighi untersucht die Zellgewebestruktur	
1671	Kircher, *Ars magna*	
1672	Newton, Farbenlehre	
1675	Leméry, *Cours de chimie*	Geburt Antonio Vivaldis
1677	Leeuwenhoek untersucht Spermien unter dem Mikroskop	Spinoza, *Ethica*
1679		In England wird mit der Habeas-Corpus-Akte der Grundsatz der Unantastbarkeit des Individuums rechtskräftig eingeführt
1680	Borelli, *De motu animalium*	
1682	Ray, *Methodus plantarum nova*	
1683		Belagerung Wiens durch die Türken
1684	Leibniz, *Nova methodus pro maximis et minimis*	
1685		Geburt Johann Sebastian Bachs und Georg Friedrich Händels; Aufhebung des Edikts von Nantes durch Ludwig XIV
1687	Newton, *Principia*	
1688		Die «Glorious Revolution» in England
1688–1713		Regierung Friedrichs III/I von Brandenburg-Preußen
1689–1725		Regierung Peters des Großen in Rußland
1689		Locke, erster Toleranzbrief

	Daten zu Naturwissenschaft und Technik	Daten zu Politik, Religion und Kunst
1690	Huygens, *Traité de la lumière*	Locke, *Essay concerning Human Understanding*
1695–1697		Bayle, *Dictionnaire*
1703		Leibniz, *Neue Versuche über den menschlichen Verstand*
1704	Newton, *Opticks*	

Bibliographie

Abbri, Ferdinando: La chimica nel Settecento, Turin 1978.

Abbri, Ferdinando (Hrsg.): Elementi, principi, particelle: le theorie chimiche da Paracelso a Stahl, Turin 1980.

Abbri, Ferdinando: Le terre, le acque, le arie: la rivoluzione chimica del Settecento, Bologna 1984.

Accademie scientifiche del Seicento. Professioni borghesi. In: Quaderni Storici XVI, 1981.

Acta Ioannis Pauli PP. In: Acta Apostolicae Sedis LXXXI, 1979.

Adelmann, H. D.: Marcello Malpighi and the Evolution of Embryology, Ithaca 1966.

Agricola, Georg (Georg Bauer): Zwölf Bücher vom Berg- und Hüttenwesen, München 1977.

Agrippa von Nettesheim, Henricus Cornelius: Opera omnia II, Lugduni ca. 1550.

Agrippa von Nettesheim, Henricus Cornelius: De Occulta Philosophia. Drei Bücher über die Magie, übers. v. Friedrich Barth, Nördlingen 1987.

Altieri Biagi, Maria Luisa: Scienziati italiani del Seicento, Mailand 1969.

Antal, Frederick: Florentine Painting and Its Social Background, London 1947.

Arnaldi, Girolamo (Hrsg.): Le origini dell' Università, Bologna 1974.

Bachelard, Gaston: La formation de l'esprit scientifique, Paris 1938 (ital. Mailand 1995).

Bachelard, Gaston: Le rationalisme appliqué, Paris 1949.

Bacon, Francis: Kleinere Schriften des Lord Bacon, übers. u. erl. v. J. Fürstenhagen, Leipzig 1884.

Bacon, Francis: Works, hrsg. von R. L. Ellis, J. Spedding, D. D. Heath, 7 Bde., London 1887–92.

Bacon, Francis: Neu-Atlantis. In: ders.: Der utopische Staat, übers. v. Klaus J. Heinisch, Frankfurt 1996, S. 171–215.

Bacon, Francis: Neues Organon der Wissenschaften, übers. u. hrsg. v. Anton Theobald Brück, Darmstadt 1962 (Nachdruck der Ausgabe Leipzig 1830).

Beguin, Jean: Les éléments de chymie, Lyon 1665.

Ben David, Joseph: The Scientist's Role in Society, Englewood Cliffs 1971 (ital. Bologna 1975).

Bernardi, W.: Le metafisiche dell' embrione: scienze della vita e filosofia da Malpighi a Spallanzani, Florenz 1986.
Bertrand, Joseph: L' Académie Royale des Sciences de 1666 à 1793, Paris 1869.
Bevilacqua, Fabio/Ianniello, Maria Grazia (Hrsg.): L' ottica dalle origini all' inizio del Settecento, Turin 1982.
Bianchi, Luca: L'inizio dei tempi: antichità e novità del mondo da Bonaventura a Newton, Florenz 1987.
Bianchi, Luca: L'esattezza impossibile: scienza e ‹calculationes› nel XIV secolo. In: Bianchi, L./Randi, E.: La verità dissonante, Roma 1990, S. 119–50.
Bianchi, Luca: La filosofia nella Università. Secoli XIII e XIV, Florenz 1997.
Biringuccio, Vannoccio: De la Pirotechnia libri dieci, Venedig 1540.
Biringuccio, Vannoccio: Pirotechnia. Ein Lehrbuch der chemisch-metallurgischen Technologie und des Artilleriewesens aus dem 16. Jahrhundert, übers. u. erl. von Otto Johannsen, Braunschweig 1925.
Borel, Pierre: Discours nouveau prouvant la pluralité des mondes, Genf 1657.
Borelli, Giovanni Alfonso: De motu animalium opus posthumum pars prima et secunda, Rom 1680–81.
Borselli, Lucilla/Poli, Chiaretta/Rossi, Paolo: Una libera communità di dilettanti nella Parigi del Seicento. In: Cultura dotta e cultura popolare nel Seicento, Mailand 1983.
Boyle, Robert: The works of the Honourable R. Boyle, hrsg. von Th. Birch, 7 Bde., London 1772.
Brahe, Tycho: Opera omnia, hrsg. von J. L. E. Dreyer, 15 Bde., Kopenhagen 1913–29.
Brizio, Anna Maria: Leonardo, saggi e ricerche, Rom 1954.
Bruno, Giordano: Opere italiane, Bd. I, Dialoghi metafisici, hrsg. v. G. Gentile, Bari 1907.
Burnet, Thomas: The Sacred History of the Earth, London 1684.
Cabeo, Niccolò: Philosophia magnetica, Ferrara 1629.
Campanella, Tommaso: Apologia di Galileo, hrsg. v. L. Firpo, Turin 1968.
Campanella, Tommaso: Sonnenstaat. In: Der utopische Staat, übers. v. Klaus J. Heinisch, Frankfurt 1996, S. 111–169.
Casini, P.: Introduzione all' Illuminismo, Rom-Bari 1980.
Caspar, Max: Johannes Kepler, Stuttgart 1948.
Cassirer, Ernst: Das Erkenntnisproblem in der Philosophie und Wissenschaft der neueren Zeit, Berlin 1911.
Castelnuovo, Guido: Le origini del calcolo infinitesimale nell'era moderna, Mailand 1962.

Clagett, Marshall: The Science of Mechanics in the Middle Ages, Madison 1959 (ital. Mailand 1981).

Clarke, Samuel: Der Briefwechsel mit G. W. Leibniz von 1715/16, übers. u. erl. v. Ed Dellian, Hamburg 1990.

Clavelin, Maurice: La philosophie naturelle de Galilée, Paris 1968.

Comenius, Johann Amos: Vorspiele. Prodromus pansophiae. Vorläufer der Pansophie, lat.-dt. Übers. v. Herbert Hornstein, Düsseldorf 1963.

Crombie, Alistair C.: Von Augustinus bis Galilei. Die Emanzipation der Naturwissenschaft, München 1977.

Crosland, M. P. (Hrsg.): The Emergence of Science in Western Europe. London-Basingstoke 1975 (ital. Bologna 1979).

Cyrano de Bergerac, Hector-Savinien de: Die Reise zum Mond, übers. v. Martha Schimper, Frankfurt ^{3}1992.

Dallari, Ugo: I rotuli dei lettori leggisti e artistidello studio bolognese dal 1384 al 1799, Bologna 1888–1924.

Debus, Allen G.: The Chemical Philosophy, New York 1977.

Debus, Allen G.: Science and education in the Seventeenth century, London 1980.

De Libera, Alain: Penser au Moyen Age, Paris 1991.

De Martino, Ernesto: La terra del rimorso: contributo ad una storia religiosa del Sud, Mailand 1961.

Descartes, René: Œuvres, hrsg. v. C. Adam u. T. Tannery, 12 Bde. u. Suppl., Paris 1897–1913.

Descartes, René: Abhandlung über die Methode, übers. v. Artur Buchenau, Leipzig 1905.

Descartes, René: Correspondence, hrsg. v. Ch. Adam u. J. Milhaud, 8 Bde., Paris 1936–63.

Descartes, René: Über den Menschen (1632) sowie Beschreibung des menschlichen Körpers (1648), übers. v. Karl E. Rothschuh, Heidelberg 1969.

Descartes, René: Regulae ad directionem ingenii, Regeln zur Ausbildung der Erkenntniskraft, lat.-dt., übers. u. hrsg. v. Heinrich Springmeyer, Lüder Gäbe u. Günther Zehl, Hamburg 1973.

Descartes, René: Die Welt oder Abhandlung über das Licht, übers. u. mit einem Nachwort v. G. Matthias Tripp, Weinheim 1989.

Descartes, René: Die Prinzipien der Philosophie. In: ders.: Philosophische Werke. Dritte Abteilung, übers. v. Artur Buchenau, Hamburg 1992 (Nachdruck der Ausgabe Leipzig 1908).

Diderot, Denis: Enzyklopädie. Philosophische und politische Texte aus der ‹Enzyklopädie› sowie Prospekt und Ankündigung der letzten Bände, übers. v. Theodor Lücke, München 1969.

Dijksterhuis, Eduard Jan: Die Mechanisierung des Weltbildes, übers. v.

Helga Habicht, Reprint d. Ausg. Berlin 1956, ergänzt um ein Geleitwort v. H. Maier-Leibnitz, Berlin u. a. 1983.

Dobell, C.: Anthony van Leeuwenhoek and His Little Animals, London 1932.

Donne, John: Poems, hrsg. v. H. J.C. Grierson, London 1933.

Duhem, Pierre: Le système du monde, 10 Bde., Paris 1914–58.

Dürer, Albrecht: Von menschlicher Proportion, Nördlingen 1980 (Faksimile-Neudruck der Originalausgabe, Nürnberg 1528).

Eamon, William: From the Secrets of Nature to Public Knowledge. In: Lindberg, D. C./Westman, R. S.: Reappraisals of the Scientific Revolution, Cambridge 1990, S. 333–65.

Eco, Umberto: Die Suche nach der vollkommenen Sprache, aus dem Ital. v. Burkhart Kroeber, München ^{3}1994.

Emery, Charles: John Wilkins' Universal Language. In: Isis 1948, S. 174–85.

Farrar, William V.: Scienza e Università in Germania: 1790–1850. In: Crosland 1979, S. 213–30.

Febvre, Lucien/Martin, Henry J.: L' apparition du livre, Paris 1958.

Ferrara, Bono da: Introductio in artem chemiae, Montisbeligardi 1602.

Feynman, Richard T./Leighton, R. B./Saads, M.: The Feynman Lectures on Physics, Addison-Wesley 1963 (ital. Mailand 1988).

Feynman, Richard T.: Lectures on physics, London 1969.

Fontenelle, Bernard de: Eloge de M. de Tournefort. In: Histoire de l'Académie des Sciences, Paris 1708.

Fontenelle, Bernard de: Dialoge über die Mehrheit der Welten, übers. v. W. Chr. S. Mylius, hrsg. v. E. H. Berninger u. a., Weinheim 1982 (Nachdruck der Ausgabe Berlin 1780).

Fracastoro, Girolamo: Opera omnia, Venedig 1574.

Fracastoro, Girolamo: Drei Bücher von den Kontagien, den kontagiösen Krankheiten und deren Behandlung (1546), übers. v. Viktor Fossel, Leipzig 1968.

Fuchs, Leonhart: New Kreüterbuch, Basel 1543.

Galilei, Galileo: Opere, 20 Bde., hrsg. v. A. Favaro, Florenz 1890–1909.

Galilei, Galileo: Sidereus Nuncius, hrsg. v. Hans Blumenberg, Frankfurt/Main 1965.

Galilei, Galileo: Dialog über die beiden hauptsächlichen Weltsysteme: das ptolemäische und kopernikanische, aus dem Ital. v. Emil Strauss, hrsg. v. Roman Sexl u. Karl von Meyenn, Stuttgart 1982.

Galileo, Galilei: Schriften, Briefe, Dokumente, hrsg. v. Anna Mudry, München 1987.

Galilei, Galileo: Unterredungen und mathematische Demonstrationen über zwei neue Wissenszweige, die Mechanik und die Fallgesetze betreffend, übers. u. hrsg. von A. v. Oettingen, Frankfurt/Main 1995 (Nachdruck der Ausgabe Leipzig 1890–1904).

Gallino, Luciano: La costruzione della conoscenza scientifica in Netropolis, relazione al Convegno „Ricerca scientifica e comunicazione nell'età della telematica", Centro Studi Telecom Italia, Venedig 10. März 1995.

Galluzzi, Paolo: L'Accademia del Cimento. In: Accademie scientifiche 1981, S. 788–844.

Garin, Eugenio: Rinascite e rivoluzioni. Movimenti culturali dal XIV al XVIII secolo, Rom/Bari 1975.

Gassendi, Pierre: Syntagma philosophiae Epicuri cum refutationibus dogmatum quae contra fidem christianam ab eo asserta sunt, Lyon 1649.

Gassendi, Pierre: Syntagma philosophicum. In: Opera Omnia, Lugduni 1658–75.

Gilbert, William: De Magnete, hrsg. v. P. F. Motteley, Dover/New York 1958.

Giorello, Giulio: Lo spettro e il libertino: teologica, matematica, libero pensiero, Mailand 1985.

Giusti, Enrico: A tre secoli dal calcolo: la questione delle origini. In: Bollettino dell' Unione Matematica Italiana VI, 3 A, 1984, S. 1–55.

Giusti, Enrico: Il calcolo infinitesimale tra Leibniz e Newton. In: Tarozzi, G./Vloten, M. van (Hrsg.): Radici, significato, retaggio dell'opera newtoniana, Bologna 1989, S. 279–95.

Giusti, Enrico: Discorsi e dimostrazioni matematiche intorno a due nuove scienze, Turin 1990.

Glauber, Johann Rudolph: Furni novi philosophici oder Beschreibung einer neu erfunden Distilirkunst und Des Teutschlands Wolfahrt, 1646–1650.

Glauber, Johann Rudolph: Opera Chymica, Bd. 1 u. 2. Frankfurt/Main 1658–59.

Gombrich, Ernst H.: Kunst und Illusion. Zur Psychologie der bildlichen Darstellung, übers. v. Lisbeth Gombrich, Köln 1967.

Gombrich, Ernst H.: Die Geschichte der Kunst, Frankfurt/Main 1996.

Grant, Edward: Much Ado about Nothing: Theories of Space and Vacuum from the Middle Ages to the Scientific Revolution, Cambridge 1981.

Guidobaldo del Monte: Le Mechanice, übers. v. F. Pigafetta, Venedig 1581.

Hacking, Ian: Representing and Intervening, Cambridge 1983. (ital. Rom 1987).

Hackmann, W. D.: Lo Sviluppo della scienza nei Paesi Bassi fra Seicento e primo Settecento. In: Crosland 1979, S. 107–30.

Hahn, Roger: The anatomy of a Scientific Institution: The Paris Academy of Sciences (1666–1803), Berkeley 1971.

Hall, Alfred Rupert: The Scientific Revolution 1500–1800: The Forma-

tion of the Modern Scientific Attitude, London 1954 (ital. Mailand 1976).
Hall, Alfred Rupert: Die Geburt der naturwissenschaftlichen Methode 1630–1720, Gütersloh 1965.
Hall, Alfred Rupert: Philosophers at War: The Quarrel between Newton and Leibniz, Cambridge 1980 (ital. 1982).
Hammerstein, Notker: Accademie e società scientifiche a Leibniz. In: Boehm, L./Raimondi E. (Hrsg.): Università, accademie e società scientifiche in Italia e in Germania dal Cinquecento al Settecento, Bologna 1981, S. 395–419.
Hegel, Georg Wilhelm Friedrich: Vorlesungen über die Philosophie der Geschichte. In: ders.: Werke, Bd. 12, hrsg. v. E. Moldenhauer u. K. M. Michel, Frankfurt/M. ^{3}1992.
Heilbron, John L.: Electricity in the 17th and 18th Centuries, Berkeley u. a. 1979.
Herivel, J.: The Background to Newton's Principia, Oxford 1965.
Hobbes, Thomas: Opera philosophica, hrsg. v. W. Molesworth, 5 Bde., London 1839–45.
Hobbes, Thomas: Grundzüge der Philosophie. Erster Theil: Lehre vom Körper, ausgew. u. übers. v. Max Frischeisen-Köhler, Leipzig 1915.
Hobbes, Thomas: Leviathan, übers. aus dem Engl. v. Jutta Schlösser, hrsg. v. Hermann Klenner, Hamburg 1996.
Hooke, Robert: Micrographia, London 1665.
Hooke, Robert: Posthumous Works, London 1705.
Huygens, Christiaan: Herrn Christian Hügens Weltbeschauer oder vernünftige Muthmaßungen, daß die Planeten nicht weniger geschmükt und bewohnet seyn, als unsere Erde, Zürich 1767.
Huygens, Christiaan: Œuvres complètes, 22 Bde., The Hague 1888–1950.
Johnson, Francis J.: Il Gresham College precursore della Royal Society. In: Wiener/Noland 1971, S. 337–61.
Kepler, Johannes: Opera omnia, hrsg. v. C. Frisch, Frankfurt/Main 1858–71.
Kepler, Johannes: Mysterium Cosmographicum. Das Weltgeheimnis, hrsg. u. übers. von Max Caspar, Augsburg 1923.
Kepler, Johannes: Gesammelte Werke, 18 Bde., hrsg. v. Max Caspar, München 1937–59.
Kepler, Johannes: Somnium, hrsg. v. E. Rosen, Madison 1967.
Kepler, Johannes: Dissertatio e Narratio, hrsg. v. E. Pasoli u. G. Tabarroni, Turin 1972.
Kepler, Johannes: Weltharmonik, übers. u. eingel. v. Max Caspar, München 1982 (Nachdruck des 6. Bandes der Ausgabe von 1929 ff.).
Kepler, Johannes: Neue Astronomie, übers. u. eingel. v. Max Caspar,

München 1990 (Nachdruck des 3. Bandes der Ausgabe von 1929ff.).
Kircher, Athanasius: Magnes sive de arte magnetica opus tripartitum, Rom 1654.
Kline, Morris: Mathematics in Western Culture, New York 1964 (ital. Mailand 1976).
Kopernikus, Nikolaus: Das neue Weltbild. Drei Texte, übers. v. Hans Günter Zekl, Hamburg 1990.
Koyré, Alexandre: Newtonian Studies, Cambridge 1965 (ital. Turin 1972).
Koyré, Alexandre: Mystiques, Spirituelles, alchimistes du XVIe siècle, Paris 1971.
Koyré, Alexandre: Von der geschlossenen Welt zum unendlichen Universum, übers. v. Rolf Dornbacher, Frankfurt/Main 1980.
Kraft, Fritz: Luoghi dell ricerca naturale, in: Boehm, L./Raimondi E. (Hrsg.): Università, accademie e società scientifiche in Italia e in Germania dal Cinquecento al Settecento, Bologna 1981, S. 421–60.
Kubrin, David: Newton and the Cyclical Cosmos: Providence and the Mechanical Philosophy. In: Journal of the History of Ideas XXVIII, 1967, S. 325–46.
Kuhn, Thomas: The Halt and the Blind: Philosophy and the History of Science. In: The British Journal for the Philosophy of Science XXXI, 1980, S. 181–92.
Kuhn, Thomas: Die kopernikanische Revolution, Braunschweig/Wiesbaden 1981.
Laudan, Harry: Science and Hypothesis, Dordrecht 1981.
Le Goff, Jacques: Quale coscienza l' Università medievale ha avuto di se stessa? In: Tempo della Chiesa e tempo del mercante e altri saggi sul lavoro e la cultura del Medievo, Turin 1977, S. 153–70.
Le Goff, Jacques: Die Intellektuellen im Mittelalter, München 1992.
Leibniz, Gottfried Wilhelm: Mathematische Schriften, hrsg. v. C. I. Gerhardt, 7 Bde., Berlin-Halle 1849–63.
Leibniz, Gottfried Wilhelm: Die philosophischen Schriften, hrsg. v. C. I. Gerhardt, 7 Bde., Berlin 1875–90.
Leibniz, Gottfried Wilhelm: Protogaea, übers. von W. v. Engelhardt. In: ders.: Werke, hrsg. v. W. E. Peuckert, Band I, Stuttgart 1949.
Leibniz, Gottfried Wilhelm: Philosophische Schriften V, hrsg. u. übers. v. Werner Wiater, Darmstadt 1989.
Leibniz, Gottfried Wilhelm: Kleine Schriften zur Metaphysik. Philosophische Schriften, Band 1, hrsg. u. übers. v. Hans Heinz Holz, Frankfurt/Main 1996.
Lémery, Nicolas: Cours de chimie, Paris 1682.

Linné, Carl von: Necessitas historiae naturalis Rossiae, quam, Preside C. Linnaeo, proposuit Alexander de Karamyschew. In: ders.: Amoenitates Academicae, VII, Holmiae 1769.
Linné, Carl von: Philosophia botanica, Coloniae 1784.
Lombardo Radice, Lucio: L'infinito, Rom 1981.
Lorini, Bonaiuto: Delle fortificazioni, Venedig 1597.
Lovejoy, Arthur O.: The Great Chain of Being, Cambridge 1936 (ital. Mailand 1966).
Luporini, Cesare: La mente di Leonardo da Vinci, Florenz 1953.
Luria, Salvatore E./Gould, Stephen J./Singer Sam: A View of Life, Menlo Park 1981 (ital. Bologna 1984).
Luther, Martin: Tischreden. In: ders.: Werke, Abt. II, Bd. IV, hrsg. u. eingel. v. E. Kroker, Weimar 1916.
Magalotti, Lorenzo: Saggi di naturali esperienze fatte nell' Accademia del Cimento, Mailand 1806.
Magalotti, Lorenzo: Saggi di naturali esperienze, hrsg. v. T. Poggi Salani, Mailand 1976.
Maldonado, Tomás: Il brevetto tra invenzione e innovazione. In: Rassegna XIII, 1991, S. 6–11.
Malpighi, Marcello: De pulmonibus seguito dalla Risposta apologetica, hrsg. von S. Baglioni, Rom 1944.
Mamiani, Maurizio: Introduzione a Newton, Rom 1990.
Manuel, Frank: Newton Historian, Cambridge 1963.
Manuel, Frank: The Religion of Isaac Newton, Oxford 1974.
Mathias, P. (Hrsg.): Science and society 1600–1900, Cambridge 1972.
Mc Guire, J. E./Rattansi, Paul M.: Newton and the 'Pipes of Pan'. In: Notes and Records of the Royal Society of London XXI, 1966, S. 108–43.
Mc Guire, J. E./Tammy, M.: Certain philosophical questions. Newton's Trinity notebook, Cambridge 1983.
Mc Luhan, Herbert Marshall: Understanding Media, New York 1964 (ital. 1967).
Mersenne, Marin: Questions inouyes ou Récreation des Sçavants, Paris 1624/1634.
Mersenne, Marin: La verité des sciences, Paris 1636.
Montaigne, Michel de: Essais, hrsg. u. mit einem Nachwort versehen v. Ralph-Rainer Wuthenow, nach der Übertragung v. Johann Joachim Bode, Frankfurt/Main 1976.
Muraro, Luisa: Giambattista della Porta, Mailand 1979.
Newton, Isaac: Opticks, London 1721.
Newton, Isaac: A Treatise of the System of the World, London 1728.
Newton, Isaac: Opera quae extant omnia 5 Bde., London 1779–85.
Newton, Isaac: The correspondence of Isaac Newton, hrsg. v.

H. W. Turnbull/J. P. Scott/A. R. Hall/L. Tilling 7 Bde., Cambridge 1959–77.

Newton, Isaac: Unpublished Scientific Papers. A Selectiom from the Portsmouth Collection, hrsg. v. A. R. Hall und M. Boas Hall, Cambridge 1962.

Newton, Isaac: The mathematical papers of I. Newton, hrsg. v. D. T. Whiteside, 8 Bde., Cambridge 1967–1981.

Newton, Isaac: Mathematical Principles of natural philosophy, Chicago 1980.

Newton, Isaac: Il sistema del mondo e gli scolii classici, hrsg. v. P. Casini, Rom 1983.

Newton, Isaac: Optik oder Abhandlung über Spiegelungen, Brechungen, Beugungen und Farben des Lichts, aus dem Engl. übers. v. Markus Fierz, Braunschweig/Wiesbaden 1983.

Newton, Isaac: The Optical Papers, hrsg. v. E. Shapiro, Cambridge 1984.

Newton, Isaac: Mathematische Grundlagen der Naturphilosophie, ausgew. u. aus dem Lat. übers. v. Ed Dellian, Hamburg 1988.

Newton, Isaac: De motu et sensatione animalium. De vita et morte vegetabili. In: Mamiani, M./Trucco, E.: Newton e i fenomeni della vita, in: Nuncius I, 1991, S. 78–87.

Newton, Isaac: Trattato sull'Apocalisse, hrsg. v. M. Mamiani, Turin 1994.

Nicolson, Marjorie: Voyages to the Moon, New York 1960.

Nocenti, Luca: Athanasius Kircher, mago ed enciclopedista, Florenz 1990–1991.

Norman, Robert: The Newe Attractive. Containing a Short Discourse of the Magnes or Lodestone, London 1581.

Olmi, Giuseppe: Federico Cesi e i Lincei. In: Boehm, L./Raimondi E. (Hrsg.): Università, accademie e società scientifiche in Italia e in Germania dal Cinquecento al Settecento, Bologna 1981, S. 169–237.

Pagel, Walter: William Harvey's Biological Ideas, New York/Basel 1966 (ital. Mailand 1979).

Palissy, Bernard: Discours admirables. In: Œuvres, Paris 1880.

Paracelsus (Theophrastus Bombastus von Hohenheim): Sämtliche Werke, hrsg. v. Karl Sudhoff, München 1922–33.

Paré, Ambroise: Œuvres complètes, 3 Bde., hrsg. v. J. F. Malgaine, Paris 1840–41.

Partington, J. R.: A History of Chemistry, Bd. II und III, London 1961–62.

Pascal, Blaise: Opusculi e scritti vari, hrsg. v. G. Prei, Bari 1959.

Perrone Compagni, Vittoria: Picatrix Latinus: concezioni religiose e prassi magica. In: Medioevo 1975, I, S. 237–337.

Pickering, A. (Hrsg.): Science as Practice and Culture, Chicago 1992.

Pope, Alexander: The poetical Works 10 Bde., hrsg. v. W. Ellwin u. W. J. Courthope, London 1871–89.
Poppi, Antonino: Cremonini e Galilei inquisiti a Padova nel 1604, Padua 1992.
Quercetanus (Joseph Duchesne): Le richezze della riformata farmacopea. Nuovamente di favella latina trasportata in italiano dal sig. G. Ferrari, Venedig 1684.
Quondam, Amadeo: La scienza e l' accademia, in: Boehm, L./Raimondi E. (Hrsg.): Università, accademie e società scientifiche in Italia e in Germania dal Cinquecento al Settecento, Bologna 1981, S. 21–68.
Ramelli, Agostino: Le diverse et artificiose macchine, Paris 1588.
Ray, John: The Wisdom of God, London 1691.
Ray, John: Philosophical Letters, London 1718.
Ray, John: Selected Remains of the Learned John Ray by the Late William Derham, London 1740.
Rattansi, Paul M.: In: Mathias 1972, S. 1–32.
Redi, Francesco: Esperienze intorno alle generazioni degli insetti, Florenz 1668.
Rheticus, Georg Joachim: Erster Bericht über die 6 Bücher des Kopernikus von den Kreisbewegungen der Himmelsbahnen, übers. v. Karl Zeller, München/Berlin 1943.
Roger, J.: Les sciences de la vie dans la pensée française du XVIIIe siècle. La génération des animaux de Descartes à l'Encyclopédie, Paris 1963.
Rossi, Paolo: I filosofi e le macchine 1400–1700, Mailand 1971.
Rossi, Paolo: I segni del tempo: storia della Terra e storia delle nazioni da Hooke a Vico, Mailand 1979.
Rossi, Paolo: Clavis Universalis: arti della memoria e logica combinatoria da Lullo a Leibniz, Bologna 1983.
Rossi, Paolo: Universal Languages, Classification, and Nomenclatures in the Seventeenth Century. In: History and Philosophy of Life Science II, 1984, S. 119–131.
Rossi, Paolo: Gli aristotelici e i moderni: le ipotesi e la natura. In: La scienza e la filosofia dei moderni, Bollati Boringhieri, Torino 1989, S. 90–113.
Rudwick, Martin J. S.: The Meaning of Fossils. Episodes in the History of Paleontology, New York 1976.
Schmitt, B.: La scienza nelle Università italiane. In: Crosland 1979, S. 45–68.
Schmitt, Charles: Experience and Experiment: A Comparison of Zabarella View with Galileo's in De Motu. In: Studies in the Renaissance XVI, 1969, S. 80–138.
Scilla, Agostino: La vana speculatione disingannata dal senso. Lettera

responsiva circa i corpori marini che pietrificati si truovano in vari luoghi terrestri, Neapel 1670.

Shapin, Steven/Shaffer, Simon: Leviathan and the Air-Pump. Hobbes, Boyle, and the Experimental Life, Princeton 1985 (ital. Florenz 1994).

Shea, William R.: Galileo's Intellectual Revolution, London 1972 (ital. Florenz 1974).

Shea, William R.: The Magic of Numbers and Motion. The Scientific Career of René Descartes, Nantucket 1991 (ital. Turin 1994).

Singh, Jagjt: Great Ideas of Modern Mathematics, New York 1959.

Smith, Logan Pearsall: The life and letters of Sir Henry Wotton, Oxford 1927.

Solinas, Giovanni: Il microscopio e le metafisiche: epigenesi e preesistenza da Cartesio a Kant, Mailand 1967.

Solinas, Giovanni: La „Protogaea" di Leibniz, ai margini della rivoluzione scientifica, Cagliari 1973.

Solmi, Edmondo: Frammenti letterari e filosofici di Leonardo da Vinci, Florenz 1889.

Sprat, Thomas: The History of the Royal Society of London for the Improving of Natural Knowledge, London 1667.

Sprat, Thomas: A History of the Royal Society of London, London 1966.

Stahl, Georg Ernst: Ausführliche Betrachtung und zulänglicher Beweis von den Saltzen, Halle 1723.

Steensen, Nils: De solido intra solidum naturaliter contento dissertationis prodomus, Florenz 1669.

Steinberg, S. H.: Five Hundred Years of Printing, Harmondsworth 1955 (ital. Turin 1968).

Stelling-Michaud, S.: La storia delle Università nel Medioevo e nel Rinascimento. In: Arnaldi 1974, S. 153–217.

Taylor, F. S.: A Survey of Greek Alchemy, New York 1949.

Tega, Walter (Hrsg.): Anatomie accademiche: I, I Commentari dell' Accademia delle Scienze di Bologna, Bologna 1986.

Thorndike, Lynn: The History of Magic and Experimental Science, 8 Bde., New York 1923.

Thorndike, Lynn: Novità e innovazione nella scienza e nella medicina del Seicento. In: Wiener/Noland: 1971.

Torrini, Maurizio: L'Accademia degli Investiganti. In: Accademie scientifiche 1981, S. 845–83.

Tournefort, Joseph Pitton de: Institutiones rei herbariae, 3 Bde., Paris 1700.

Tournefort, Joseph Pitton de: Eléments de botanique ou méthode pour connaître les plantes, 6 Bde., Lyon 1797.

Vaughan, Thomas: The Magical writings of Thomas Vaughan, hrsg. v. A. E. Waite, London 1888.

Vesalius, Andreas: Prefazione alla De humani corporis fabrica e Lettera a G. Oporino, hrsg. v. L. Premuda, Padua 1964.

Vico, Giambattista B.: Tutte le opere, hrsg. v. F. Flora, Mailand 1957.

Vitruv: I dieci libri dell' Architettura di Vitruvio tradotti e commentati da Monsignore Barbaro per Francesco Marcolini, Venedig 1556.

Voltaire (François-Marie Arouet): Œuvres Complètes, 52 Bde., hrsg. v. L. Moland, Nendeln/Liechtenstein 1967.

Voltaire (François-Marie Arouet): Philosophische Briefe, aus dem Franz. übers. v. Rudolf von Bitter, Frankfurt/Main 1985.

Webster, Charles: From Paracelsus to Newton. Magic and the making of modern science, Cambridge 1982 (ital. Bologna 1984).

Westfall, Richard S.: Force in Newton's Physics. The Science of Dynamics in the Seventeenth Century, London 1971 (ital. Bologna 1982).

Westfall, Richard S.: The Construction of Modern Science. Mechanisms and Mechanics, New York 1971 (ital. Bologna 1984).

Westfall, Richard S.: Isaac Newton. Eine Biographie, übers. v. Heiner Must, Heidelberg/Berlin/Oxford 1996.

White jr., Lynn: Medieval Technology and Social Change, Oxford 1962 (ital. Mailand 1967).

Whiteside D. T.: The Mathematical Principles Underlying Newton's Principia Mathematica. In: Journal for the History of Astronomy I, 1970, S. 116–38.

Wieland, Wolfgang: Die aristotelische Physik: Untersuchungen über die Grundlegung der Naturwissenschaft und die sprachlichen Bedingungen der Prinzipienforschung bei Aristoteles, Göttingen 1962 (ital. Bologna 1993).

Wiener, Ph./Noland A. (Hrsg.): Roots of Scientific Thought, New York 1957 (ital. Mailand 1971).

Wilkins, John: Discovery of a New World and Another Planet, London 1638.

Wilkins, John: An Essay Towards a Real Character and a Philosophical Language, London 1668.

Wisan, Winifred: The New Science of Motion. A Study of Galileo's *De motu locali*. In: Archive for the History of Exact Science, XIII, 1974, Nr. 2–3.

Woodward, John: Essay Towards a Natural History of the Earth, London 1695.

Yates, Frances A.: Gedächtnis und Erinnern. Mnemonik von Aristoteles bis Shakespeare, Berlin 1994.

Personenregister

Anzeigen